本教材（编号：JCJS2022061）由中国社会科学院大学教材建设项



# 经济动态学
## 理论和计算

# Economic Dynamics
## —Theory and Computation

【澳】约翰·斯塔修斯基（John Stachurski）/ 著
倪红福　刘维刚　傅春杨 / 译

经济管理出版社
ECONOMY & MANAGEMENT PUBLISHING HOUSE

**图书在版编目（CIP）数据**

经济动态学：理论和计算/（澳）约翰·斯塔修斯基（John Stachurski）著；倪红福等译.—北京：经济管理出版社，2022.1
ISBN 978－7－5096－8459－7

Ⅰ.①经… Ⅱ.①约… ②倪… Ⅲ.①动态经济学 Ⅳ.①F019.2

中国版本图书馆 CIP 数据核字(2022)第 090792 号

组稿编辑：申桂萍
责任编辑：申桂萍 张 艺
责任印制：张莉琼
责任校对：王淑卿

出版发行：经济管理出版社
（北京市海淀区北蜂窝 8 号中雅大厦 A 座 11 层 100038）
网 址：www.E－mp.com.cn
电 话：（010）51915602
印 刷：唐山昊达印刷有限公司
经 销：新华书店
开 本：720mm×1000mm/16
印 张：22.25
字 数：370 千字
版 次：2022 年 7 月第 1 版 2022 年 7 月第 1 次印刷
书 号：ISBN 978－7－5096－8459－7
定 价：98.00 元


联系地址：北京市海淀区北蜂窝 8 号中雅大厦 11 层
电话：（010）68022974 邮编：100038

# 中文版序言

很高兴看到本书的中文版面世，从而使更多对经济学动态模型感兴趣的同学有机会学习本书。我尽力以一种既严谨又友好并且容易理解的方式撰写本书，任何准备努力学习的同学皆可掌握。虽然本书已经问世十年，但所介绍的是基础性的知识，因此仍与十年前刚出版时一样重要且不过时。由于 Python 语言已发生重大变化，所以计算机代码有些过时。对于处理更新 Python 代码紧密相关问题，请参见网站 https：//learns. quantecon. org/。

感谢翻译者倪红福、刘维刚和傅春杨，以及经济管理出版社，他们共同促成了本书的出版。希望中国读者像我还是学生时那样喜欢本书所介绍的动态规划、马尔科夫过程以及其他主题。

约翰·斯塔修斯基

2019 年 9 月

# 序　言

本书主要是讲授关于经济动态学的主题和内容，如数值模拟、稳定性理论和动态规划，重点聚焦于离散时间的随机系统。我们遇到的大部分模型都是非线性的，强调从原始形式出发处理非线性系统，而不是利用粗略的方法逼近，比如线性化。沿着这条路径走下去，我们会深入非线性相关的领域，如不动点理论、大数定律、函数逼近和耦合理论。

撰写本书，我有两个具体目标：第一个目标，用严谨的方式来阐述现代经济动态学理论。我希望证实通过准确理解数学概念有助于编写高效的算法来解决真实问题。第二个目标，能够既简单又有趣地阅读，并强调建立直觉。因此，本书的内容以示例推进。我认为，学习示例是掌握新概念最快的方法，并广泛使用编程来说明方法。运行模拟和计算均衡有助于把抽象概念带入现实。

本书的目标受众是经济学研究生。然而，书中所讨论的是将一些标准分析工具箱用于经济建模，因此研究人员和非经济学研究生也会对此感兴趣。标准分析工具箱中有趣的示例有助于经济建模，因此本书也适合相关领域的研究者和研究生。本书尽可能自成体系，为没有编程经验或未达到大学数学水平的读者提供计算方法和分析基础。

第一部分内容涵盖了所有研究生应该知道的内容。风格相对数学化，如果进展比较困难，读者可能要先完成附录 A 中的习题。第二部分内容更加富有挑战性。设计本书时，我们本意并不是要读者学习完第一部分后进一步学习第二部分，而第二部分是为一些追求技术细节的研究人员和研究生所撰写。学习过第二部分大部分内容的读者将会对无限期动态规划和（非线性）随机模型有更深刻的理解。

首先，本书与其他相关的书有什么区别呢？虽然宏观经济学和宏观动态学的书在计算方面具有一些共性，但比较来说，本书并非针对宏观经济学。从事微观经济学、运筹学和金融学研究的学者对本书应该也会感兴趣（至少有一些）。其次，本书更强调分析和技术而非应用。尽管讨论了数值计算，但我们尝试强调算法的数学分析，从此获得概率和函数分析框架的知识并提供解决方案。

本书关注的分析的另一面是比应用更简单的模型。与其说这是一本学习经济学的书，不如说这是一本对学习经济建模技术有用的书。书中我们详细研究的模型，如最优增长模型和商品定价模型，将它们剥离出来，来揭示它们的基本结构及其相互联系。

本书包含了大量的 Python 程序代码，第 2 章重点介绍了 Python。Python 迅速发展成为一种成熟的、主要的编程语言，许多高科技公司都喜欢使用。Python 是开源的编程语言（即免费下载和发布），可获得的优秀数字图书馆使它在科学界得到普及。正文中所有的 Python 代码都可以从本书的主页下载。①

不想学习 Python 的 Matlab 爱好者仍可阅读本书。因为所有的 Python 代码清单都有对应的 Matlab 代码。在本书主页中，Python 代码的一侧列有 Matlab 程序代码。

为了便于读者阅读，我们努力保持记号最少且一致。大写字母，如 $A$ 和 $B$ 通常表示集合，小写字母，如 $x$ 和 $y$ 表示集合中的元素。函数使用大写或小写字母，如 $f$，$g$，$F$ 和 $G$。书法字母，如 $\mathscr{A}$ 和 $\mathscr{B}$ 表示集合的集合（集合族），偶尔表示函数集合。Python 语言关键词用粗体字表示。证明完毕以“■”符号表示。

本书提供了一个常用符号表。

在本书的写作过程中，我的同事为本书提供了宝贵意见和建议。我要特别感谢：Robert Becker、Toni Braun、Roger Farmer、Onesimo Hernandez - Lerma、Timothy Kam、Takashi Kamihigashi、Noritaka Kudoh、Vance Martin、Sean Meyn、Len Mirman、Tomoyuki Nakajima、Kevin Reffect、Ricard Torres 和 Yinnnis Vailakis。

许多研究生为本书的最终出版做出了贡献，他们是 Real Arai、Rosanna Chan、Katsuhiko Hori、Murali Neettukattil、Jeno Pal 和 Katsunori Yamada。我要特别感谢 Dimitris Mavridis，他对本书中理论和计算的部分内容提出了建设性的意见；Yu Away 具有超高的智力和超强的耐力，花费几周时间阅读了本书的第二部分，并求解了每一个习题和验证了每一个证明。

① 本书主页：http：//johnstachurski. net/book. html。

我从富有智慧的尊长们的慷慨帮助中获益匪浅。我特别感谢 Creeky、Cuong Le Van、Kazuo Nishimura 和 Rabee Tourky。此外，特别感谢 Kazuo，他在我彷徨时给予了我很大帮助。

麻省理工学院出版社的编辑团队是一流的，他们对工作的热情和高尚的专业精神令我敬佩，另外，他们也提出了具有洞见的批评。当作者总是盲目相信自己是对的但事实却是不对的时，这些批评对作者是无价的。

非常感激墨尔本大学的经济系、鲁汶天主教大学的运筹和计量经济中心，以及京都大学的经济研究所，他们为我提供了空间和设施来完成本书。

非常感谢我的父母、Addrij、Nic 和 Roman 的爱和支持。感谢我的其他家庭成员 Aaron、Kirdan、Merric、Murdoch 和 Simon，他们在达尔文的适者生存原则下，帮助我清除了那些没有生产力的脑细胞。特别感谢父亲对本项目长期保持的兴趣，以及为这种规模的任务提供了所必需的温和推动。

最后，感谢我美丽的妻子 Cleo，她耐心地忍受丈夫的心不在焉、午夜敲击键盘的声音以及我情绪的起落（更多的是低落），直到本书完成。本书献给你。

# 常用符号

| | |
|---|---|
| $\overset{\text{IID}}{\sim} F$ | 服从 $F$ 的独立同分布 |
| $N(\mu, \sigma^2)$ | 均值为 $\mu$ 方差为 $\sigma^2$ 的正态分布 |
| $\sim F$ | 服从 $F$ 分布 |
| $\mathfrak{P}(A)$ | $A$ 所有子集的集合 |
| $\lVert x \rVert_p$ | $\mathbb{R}^k$ 上的范数 $(\sum_{i=1}^{k} x_i^p)^{1/p}$ |
| $d_p(x, y)$ | $\mathbb{R}^k$ 上的距离 $\lVert x-y \rVert_p$ |
| $bS$ | $S$ 到 $\mathbb{R}$ 的有界函数映射集合 |
| $\lVert f \rVert_\infty$ | $bS$ 上的范数 $\sup_{x\in S} \lvert f(x) \rvert$ |
| $d_\infty(f, g)$ | $bS$ 上的距离 $\lVert f-g \rVert_\infty$ |
| $bcS$ | $bS$ 上的连续函数 |
| $ibS$ | $bS$ 上的增（非减）函数 |
| $ibcS$ | $ibS$ 上的连续函数 |
| $B(\epsilon; x)$ | 以 $x$ 为中心的 $\epsilon$ - 球 |
| $\mathbb{1}_B$ | 集合 $B$ 的指示函数 |
| $\mathscr{B}(\mathfrak{S})$ | $S$ 的博雷尔（Borel）子集 |
| $\mathscr{P}(S)$ | $S$ 上的分布 |
| $\delta_x$ | 以 $x$ 为中心的概率测度 |
| $s\mathscr{S}$ | 测度空间（$S$, $I$）上的简单函数 |
| $m\mathscr{S}$ | （$S$, $I$）上可测实值函数 |
| $b\mathscr{S}$ | $m\mathscr{S}$ 上的有界函数 |
| $\mathscr{L}_1(S, \mathscr{S}, \mu)$ | （$S$, $I$）上的 $\mu$ - 可积函数 |
| $L_1(S, \mathscr{S}, \mu)$ | $\mathscr{L}_1$（$S$, $\mathscr{S}$, $\mu$）生成的度量空间 |

| | |
|---|---|
| $\|f\|_1$ | $L_1$（$S$，$\mathscr{S}$，$\mu$）上的范数 $\mu$（$\|f\|$） |
| $d_1(f, g)$ | $L_1$（$S$，$\mathscr{S}$，$\mu$）上的距离 $\|f-g\|_1$ |
| $D(S)$ | $S$ 上的密度 |
| $b\mathscr{M}(S)$ | （$S$，$\mathscr{B}(S)$）上的有限符号测度 |
| $b\ell S$ | 度量空间 $S$ 上的有界利普希茨（Lipschitz）函数 |
| $d_{FM}$ | $\mathscr{P}(S)$ 上的 Fortet - Mourier 距离 |

# 目　录

## 高级知识和技术

# 附　录

# 第1章　导论

本书认为，举例是最好的学习方式。因此，首先考虑如下的例子——一个基准的经济动态模型：在时期 $t$，经济中的代表性个体的收入为$y_t$，并将收入分为消费$c_t$和储蓄（或投资）$k_t$。储蓄被用来生产，在投入$k_t$后可以获得产出：

$$y_{t+1}=f(k_t, W_{t+1}), \quad t=0, 1, 2, \cdots \tag{1-1}$$

其中，$(W_{t+1})_{t\geq 1}$是独立同分布的冲击序列。不断重复上述过程，如图 1－1 所示。代表性个体消费为$c_t=y_t-k_t$，获得的效用为 $U(c_t)$，时间贴现因子是$\rho\in(0, 1)$。储蓄行为被模型化为求解以下问题：

$$\max_{(k_t)_{t\geq 0}} \mathbb{E}\left[\sum_{t=0}^{\infty}\rho^t U(y_t-k_t)\right]$$

受约束于$y_{t+1}=f(k_t, W_{t+1})$，对所有 $t\geq 0$，给定$y_0$。

基于上述陈述，本书提出如下问题。比如，$(k_t)_{t\geq 0}$可行路径取自哪些集合？若产出是随机的，我们如何在开始时选择一条路径使得资源约束$0\leq k_t\leq y_t$在每期 $t$ 成立？当然，经济个体只有在知道$y_t$后才能选择$k_t$。最后，如何去计算符号$\mathbb{E}$所表达的期望值？

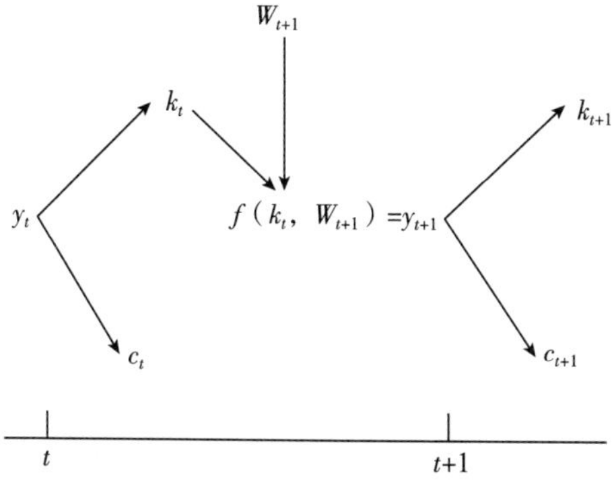


**图 1－1　时间序列和分配**

迈出良好的第一步，是把如上问题转换为经济个体对储蓄策略的选择。当前情形下，策略是如下映射 $\sigma$，当取值为 $y$ 时，策略映射返回得到的数值是$\sigma$（$y$），并满足 $0\leqslant\sigma$（$y$）$\leqslant y$。其解释能够观测到$y_t$，经济个体的反应为$k_t=\sigma$（$y_t$）。下一期的产出为$y_{t+1}=f$（$\sigma$（$y_t$），$W_{t+1}$），储蓄是 $\sigma$（$y_t$）。我们可以估计总收益为：

$$\mathbb{E}\left[\sum_{t=0}^{\infty}\rho^t U(y_t-\sigma(y_t))\right]，其中 y_{t+1}=f(\sigma(y_t),\ W_{t+1})，给定 y_0 \qquad (1-2)$$

方程$y_{t+1}=f(\sigma(y_t),\ W_{t+1})$称为随机递归序列（SRS），或随机差分方程。正如我们所见，对于每一个策略 $\sigma$，$(y_t)_{t\geqslant 0}$都可以完全被定义为一个随机变量的序列，左边的表达式估计了收入效用。

对于期望$\mathbb{E}$，我们知道一般需要计算积分。但是我们怎样理解这个积分？这有点像是对非负序列的取期望值［即路径（$y_t$）$_{t\geqslant 0}$的可能取值］。大学的微积分课程告诉我们如何对一维区间或 $n$ 维空间$\mathbb{R}^n$的子集计算积分。那么，怎么对无限维的序列空间计算积分？

可以用令人非常满意的方式计算期望值和解决其他相关问题，但要做到这一点，我们至少需要知道测度论的基础知识。几乎所有的现代概率论都是基于测度论进行定义和分析的。因此，掌握测度论的回报极高。只有使用测度论提供的工具，我们才能理解（1－2）的含义。①

一旦理解了问题的含义，下一步就是考虑如何解决这个问题。我们可以看到，该问题的解是一个策略函数。这与本科经济学不同，本科经济学问题的解通常都是一个数值或数值向量，是通过对目标函数的求导求解。在高级应用数学中，许多问题的解是函数或者映射。

问题的解为函数的数学分支，被称为泛函分析。泛函分析是解决真实世界问题的有力工具。从泛函分析基础和一些测度论知识开始，本书提供了最优化（1－2）所必备的工具，包括算法和数值方法。

一旦问题求解完成并得到了最优策略函数，收入（产出）路径（$y_t$）$_{t\geqslant 0}$ 就可以确定为一随机变量序列。下一步就是去研究经济动态特性。在该策略函数下，如何论述经济系统将“发生什么”？是否可以达到某种均衡？因为达到均衡是一种理想情形，所以我们可以做出明确的预测。预测是经济模型的终极目标，这一方面是因为预测本身就有意义，另一方面是因为预测允许我们利用数

① 研究的黄金法则是，在开始寻找答案之前，请认真定义你的问题。

据检验理论。

为了阐述动态分析，我们取特定形式的模型以深入探讨。假设效用函数 $U(c)=\ln c$，生产函数 $f(k, W)=k^{\alpha}W$。对于这种特例，不需要计算机，仅仅使用笔和纸就可以证明（参见 Stokey 等，1989，§2.2）最优策略是 $\sigma(y)=\theta y$，其中 $\theta:=\alpha\rho$。从（1－2）则可以得到状态变量 $y_t$ 的运动方程为：

$$y_{t+1}=(\theta y_t)^{\alpha}W_{t+1},\ t=0,\ 1,\ 2,\ \cdots \tag{1-3}$$

简单起见，假设 $\ln W_t \sim N(0, 1)$。此处，$N(\mu, v)$ 表示均值为 $\mu$、方差为 $v$ 的正态分布，$X\sim F$ 表示 $X$ 服从 $F$ 分布。

对（1－3）取对数，其变换为线性系统：

$$x_{t+1}=b+\alpha x_t+\omega_{t+1},\ \text{其中}x_t:=\ln y_t,\ \omega_{t+1}\sim N(0,\ 1),\ \text{及}\ b:=\alpha\ln\theta \tag{1-4}$$

该系统是易于分析的。实际上，因为 $x_1$ 是正态分布（$x_0$ 是常数，常数与服从正态分布的变量之和仍服从正态分布），同时因为当 $x_t$ 是正态分布时，$x_{t+1}$ 也是正态分布。[①] 借助数学归纳法，所以每一个 $x_t$ 都是正态分布。

正态分布的较好性质之一是其只由均值和方差两个参数决定。如果我们找到这两个参数，即可知道该分布。因此，假设 $x_t\sim N(\mu_t, v_t)$，这里 $\mu_t$、$v_t$ 的参数是给定的。如果你熟悉均值和方差的变化，则能够推导（1－4）得 $x_{t+1}\sim N(\mu_{t+1}, v_{t+1})$，其中：

$$\mu_{t+1}=b+\alpha\mu_t,\ v_{t+1}=\alpha^2 v_t+1 \tag{1-5}$$

如果初始条件 $\mu_0$、$v_0$ 已知，这些运动方程就可以确定序列 $(\mu_t)_{t\geq 0}$ 和 $(v_t)_{t\geq 0}$，以及 $x_t$ 在每一个时间点的分布 $N(\mu_t, v_t)$。图1－2描述了从 $x_t\sim N(-2, 0.8)$ 开始的序列分布。参数 $\alpha=0.4$，$\rho=0.75$。

图1－2显示这些分布逐渐收敛到一个极限分布。这归因于 $\alpha<1$（即资本的边际收益是递减的），意味着（1－5）中的序列是收敛的（若不确定你是否会证明该结论，你可以选择先接受这个结论）。极限值为：

$$\mu^*:=\lim_{t\to\infty}\mu_t=\frac{b}{1-\alpha}\text{和}v^*:=\lim_{t\to\infty}v_t=\frac{1}{1-\alpha^2} \tag{1-6}$$

① 正态随机变量的线性组合还是服从正态分布。

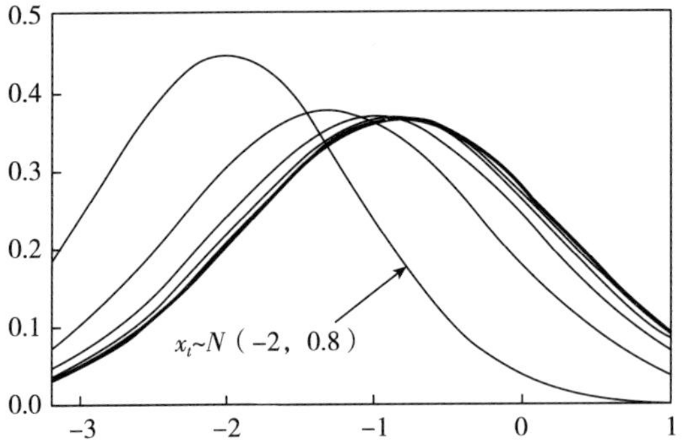


**图 1－2　边际分布的序列**

因此，$x_t$的分布 $N$（$\mu_t$，$v_t$）收敛于 $N$（$\mu^*$，$v^*$）①。注意，“均衡”指的是一个分布而非一个单点。

当然，所有这些分析都是基于下述两个假设：运动方程（1－4）是线性的，以及冲击是正态分布。这两个假设在推进我们采用简单方法中有多重要呢？答案是，这两个假设都很关键，如果不满足于其中任何一个条件，我们都需要从头开始讨论。

为了阐述这一点，我们简要讨论门限自回归模型：

$$X_{t+1}=\begin{cases}A_1X_t+b_1+W_{t+1}; & 若 X_t\in B\in\mathbb{R}^n\\ A_2X_t+b_2+W_{t+1}; & 其他\end{cases} \tag{1-7}$$

其中，$X_t$为 $n\times1$ 维随机向量，$A_i$为 $n\times n$ 维矩阵，$(W_t)_{t\geqslant1}$为独立同分布的 $n\times1$维正态分布随机向量序列。尽管上述系统与线性系统相差很少（某种意义上，上述系统是分段线性的），但是其动态分布变得比较复杂。本书将构建一系列工具，帮助我们分析类似（1－7）的非线性系统，包括检验条件，这些条件用来检验$(X_t)_{t\geqslant0}$是否收敛于稳态（极限）分布。我们也将讨论如何计算非线性随机模型的稳态分布。图 1－3 给出了给定参数值下对系统（1－7）所计算的稳态分布。

现在，我们回到线性系统(1－4)分析其样本路径。图 1－4 描述了超过 250 期的模拟时间序列。一方面，初始条件$x_0=4$，参数值与上面一样。水平线表示稳态分布的均值$\mu^*$。显然，该序列具有相关性，该序列没有收敛于常数值的趋势。另一方面，样本均值$\bar{x}_t:=\frac{1}{t}\sum_{i=1}^{t}x_i$看起来似乎收敛于$\mu^*$(见图 1－5)。

① 这里“收敛”的意思是在讨论函数序列收敛于一给定函数。但是如何定义？有多种可行方法，将得到不同均衡概念。所以我们将进一步展开对该定义以及其差异的阐述。

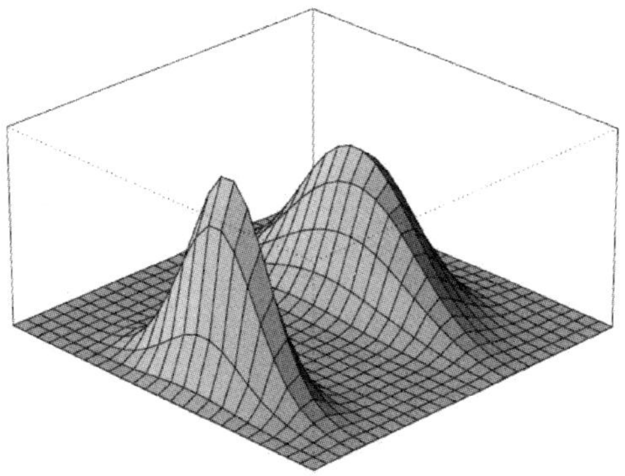

图1-3 稳态分布

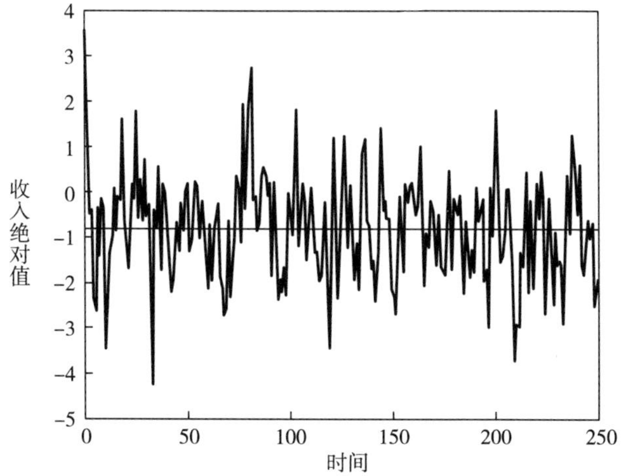


图1-4 时间序列

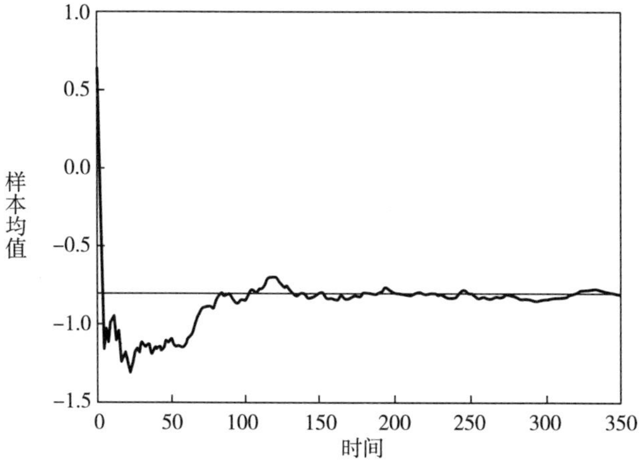


图1-5 样本均值的时间序列

上述的收敛性并不是显然的。由于 $(x_t)_{t\geq 0}$ 既不独立也不同分布，并不能从经典的大数定律来获得收敛性。然而，样本矩是否收敛于相应的稳态分布矩是一个重要的问题，对理论和计量经济学都有影响。

例如，我们用简化模型刻画给定的一段时期内的经济系统。假设不知道经济参数（$\alpha$，$\rho$）的准确值，我们期望从数据中估计它们。[①] 矩方法是指通过识别样本对应的一阶矩和二阶矩进行估计，即：

一阶矩：$=\mu^*(\alpha,\rho)=\dfrac{1}{t}\sum_{i=1}^{t}x_i$

二阶矩：$=v^*(\alpha,\rho)+\mu^*(\alpha,\rho)^2=\dfrac{1}{t}\sum_{i=1}^{t}x_i^2$

以上最右边的表达式 $\frac{1}{t}\sum_{i=1}^{t}x_i$ 和 $\frac{1}{t}\sum_{i=1}^{t}x_i^2$ 都是从数据收集的，同时求解这两个等式计算 $\alpha$、$\rho$ 的值。

支持以上估计方法的根本假设是，样本的均值收敛于总体均值。图 1－5 不能充分证明这种收敛趋势是会发生的，我们需要进一步思考如何得到这些结果。更重要的是，我们的线性正态冲击模型是非常特殊的。对于其他相关的经济模型，样本矩是否也收敛？为了回答这一深刻的问题，我们必须掌握一些概率论知识。

在学习理论的过程中，我们将会给出解决上述问题的计算代码。本书的代码清单可从本书主页下载。[②] 主页中也收集了其他的资源，以及与我们主题相关的链接。

---

① 我们也可以使用参数 $b$、$\theta$，此处 $b=\alpha\ln\theta$，$\theta=\alpha\rho$。

② 本书主页：http：//johnstachurski. net/book. html。

# 动态基础知识

# 第 2 章　程序

一些读者可能不会同意我的观点，对于我来说，数学和计算机就像啤酒和土豆片，啤酒和土豆片这两个美味应该同时享用。数学提供了模型和解决问题的算法（algorithms），计算机是执行这些算法的发动机，同时也是无价的可视化模拟工具。模拟并可视化给出直觉，直觉反过来又完善了数学模型。

该章简要地介绍科学计算，并重点讲述 Python 编程语言。Python 是最近几年发展起来的优秀编程语言之一，其特点是设计完美、语法优美、拥有强有力的数字图书馆（工具箱）。同时，尤其重要的是，因为它是免费和开源的，所以拥有一大批友好和活跃的开发者和使用者。

## 2.1　基本编程技术

该小节简要介绍程序的基本要素：算法、控制流程（Control Flow）、条件和循环。

### 2.1.1　算法

我们所研究的许多问题都可以归结为寻找算法。用来描述算法的语言称为“伪代码”（Psedo - code）。为了便于人类阅读，伪代码是用一种非正式的方法呈现算法，没有写成某种具体的计算机语言的代码。撰写伪代码是编程的良好习惯。

伪代码是一种算法描述语言。使用伪代码的目的是使被描述的算法可以容易地以任何一种编程语言（Pascal、C、Java 等）实现。因此，伪代码必须结构清晰、代码简单、可读性强，并且类似自然语言，但介于自然语言与编程语言之间，以编程语言的书写形式指明算法职能。使用伪代码，不用拘泥于具体的实现。相比程序语言（如 Java、C + + 、C、Dephi 等），它更类似自然语言。它是半格式化、不标准的语言，可以将整个算法运行过程的结构用接近自然语言的形式（可以使用任何一种你熟悉的文字，关键是把程序的意思表达出来）描述出来。

我们的伪代码主要有以下 4 个组成部分：if – then – else、while、repeat – until 和 for。

if – then – else 通常的语法结构为：

```
if  条件  then
 | 第一条序列执行语句
else
 | 第二条序列执行语句
end
```

条件以真假逻辑值表示。如果条件为真，则第一条序列执行语句运行；如果条件为假，则第二条序列执行语句运行。注意：如果没有需要执行的行动，else 下的执行语句可以省略。一个简单 if – then – else 结构体的示例为：

```
if  罐子里有饼干  then
 | 吃了他们
else
 | 去商店购买，再吃饼干
end
```

while 结构体用于在开始时满足检验条件的循环：

```
while 条件 do
 | 执行语句
end
```

该循环语句中，当且仅当条件为真时，执行语句才运行。执行语句运行完后，初始条件再次进行检验，若条件为真，该循环继续进行。只有当条件变为假时，循环终止。以下是一个例子：

```
while 罐子里有饼干 do
| 吃一块
end
```

罐子里没有饼干后，算法才终止。如果一开始罐子是空的，则"吃一块"的行动就不会发生。

repeat – until 的结构体与之相似：

```
repeat
| 执行语句
until 条件
```

这里，执行语句总是会执行一次，然后检验条件是否成立。如果条件为真，算法终止。否则，算法中的执行语句继续运行，再次检验条件是否成立，这样的循环运行下去，直到条件为真，循环终止。

由于循环运行的次数是事先确定的，所以 for 结构体被认为是具有确定循环次数的循环语句：

```
for 循环次数的序列元素 do
| 执行语句
end
```

例如，以下 for 循环算法是计算有限集合 $S$ 上的函数 $f$ 的最大值，并且打印出最大值。①

```
set c = −∞
for x in S do
| set c = max{c, f(x)}
end
print c
```

在 for 循环中，$x$ 首先取 $S$ 中的第一个元素，然后语句 set $c = \max\{c, f(x)\}$ 运行，接着再取 $S$ 中的第二个元素，执行语句运行，一直运行到取遍 $S$ 中的所有元素。语句"set $c = \max\{c, f(x)\}$"应该理解为：首先 $c$ 取原赋值，运行 $\max\{c, f(x)\}$，再把这个值赋给 $c$。

**习题 2.1.1**　修改算法，输出取得最大值的元素 $x$，并解释取最大值的元素的重要性。

考虑另一简单的例子。假设集合 $A$ 和 $B$，我们想判断 $A$ 是否是 $B$ 的子集。以下伪代码算法将告诉我们 $A$ 是否属于 $B$。

① 把计算结果输出。术语"打印"这个说法来源于需要用打印机给程序员输出信息的时代。

```
set subset = True
for a in A do
 |  if a ∉ B then  set subset = False
end
print subset
```

**习题 2.1.2** 在低级的程序语言中，语句 $a \notin B$ 可能需要更底层的代码检验①，重新利用基层循环语句来编程以实现该任务。我们循环查找 $B$ 中的所有元素 $b$，如果 $a = b$，则设为“1”（True），如果没有匹配，$a \neq b$，则设为“0”（False）。

最后，假设我们扔一个有偏的硬币，以概率 $p$ 表示出现正面（head）的次数。现在我们可以直接使用一个随机数生成函数（［0，1］上均衡分布随机变量）。以下算法就利用了随机数来得到扔十次硬币的结果和打印输出的结果［正面（heads）和反面（tails）］，也输出产生“head”的次数。②

```
set H = 0
for i in 1 to 10 do
 |  draw U from the uniform distribution on [0,1]
 |  if U < p then                                      // With probability p
 |   |  print "heads"
 |   |  H = H + 1
 |  else                                                // With probability 1 − p
 |   |  print "tails"
 |  end
end
print H
```

注意：书写中每段开端的空格和页边空白距是为了增强程序代码的可读性。

**习题 2.1.3** 考虑一个博弈游戏，在扔 10 次硬币的实验中，当连续出现 3 次正面时，可获得收益 1 美元，否则收益为 0。修改上述算法，得到博弈游戏的算法并打印收益。

**习题 2.1.4** 假设 $b$ 是由元素 0 和 1 构成的向量。这个向量记录了某一个体的就业历史状况。元素为 1 时，表示其在该时刻处于就业，否则为失业。编写一个算法计算其最长的就业时间（也就是连续就业最长时间）。

### 2.1.2 代码：第一步

对于一种程序语言，如何判断它是否适用于科研工作呢？完成一项程序项目

---

① 实际上，在很多高级语言中，你将根据运算符来判断一个变量是否是一个集合中的元素。在本习题中，我们假设不存在运算符这种情形。

② 扔 10 次硬币的总概率分布是什么？

耗费的时间包括两部分：写代码耗费的时间和机器运行耗费的时间。一个理想的语言应该尽量缩短这两者的时间。令人失望的是，设计这样一种语言不是很容易。由于人类和计算机的思考方式不同，所以我们需要对人工时间和计算机的计算时间进行权衡：对于人类思维友好的语言往往对计算机计算不友好，需要更多的时间，反之亦然。

根据这个权衡，我们可以把计算机语言分为两类：①底层语言（机器语言），如 Fortran、C/C + + 和 Java。这些编程语言的计算运行速度快且需要的时间短，但是编写这些程序代码却是一项繁重的任务。②上层语言（灵活的语言），如 Python、Perl、Ruby、Octave、R 和 Matlab。这些语言相对容易写且便于调试，但是机器运行速度相对慢且需要的时间长。

为了展示这两类的区别，我们举个例子。现需写一个程序打印“Hello word”。在底层语言之一的 C 语言中，这个程序的代码如下：

```
#include <stdio.h>

int main(int argc, char *argv[]) {
     printf("Hello world\n");
     return 0;
}
```

我们把以上文本命名为 hello. c。利用 gcc（GNU Project C）编辑器，我们在命令提示符下输入①：

```
gcc -o hello hello.c
```

这产生一个名称为“hello”的可执行文件，可在提示符下输入该名称后运行该程序。

作为对比，让我们来看，用上层语言的 Python 是如何编写“Hello world”的，可简单写为：

```
print("Hello world")
```

然后可以在任何提示符下运行：

```
python hello.py
```

我们看到这两种语言的差异了吗？非常明显的是，C 语言需要写入很多样板代码（boilerplate）。总体上来说，C 语言非常繁琐，需要我们为计算机提供一些看起来不是我们任务的指令。即使对于熟练的程序员，撰写样板代码也是单调乏味和易错的。然而，Python 却是相对简短、直接和直观的。

---

① 不要担心，假如你对这些提示符和程序代码不熟悉，我们现在用粗线条画来描绘。

执行 C 语言一般要两个步骤：编译和运行。编译器把我们的程序变为特定操作系统的机器代码。在运行程序之前，编译器查看所有代码，之后再优化机器代码，以提高运行速度。相反，Python 解释器直接把每条指令输入中央处理器。虽然程序执行速度慢，但是这种直接输入和解释的方法具有较强的交互性，有助于程序调试。我们单独运行程序的一部分，直接检查部分程序的输出结果以评估程序的好坏。

综上所述，第一层级的语言（C、Fortran 等）使用相对更底层的方法运行，也给编程者带来了更多的任务去编写繁琐的样板代码。而第二层级的语言（Python、Matlab 等）避免了这些繁琐的样板代码，使程序员与机器可以更直接地交互。诚然，这要牺牲程序的运行速度。随着计算机越来越便宜和运算能力的强大，这些“文本式”的高级语言也越来越受欢迎。为什么不让计算机来完成这些复杂、繁琐和艰苦的工作呢?

本书中我们只用解释性高级语言，对于第一层级的高级语言，请读者自己去深入研读。然而，根据经验我们也发现，大家通过利用混合语言编程，可以在一定程度上更好地平衡运行速度的快慢和编程难度。我们认为，如果代码不是很多，且执行次数较多的程序，我们应该对这些瓶颈程序尽量优化以提高速度。因此，现代数值计算编程一般是先用高级（解释性）语言（如 Python）编写完整个程序，然后运行程序找出使运行速度变慢的瓶颈程序模块，再利用第一层级的底层语言（C、Fortran）编写。①

本书中我们主要用 Python。Matlab 代码见本书的主页。Matlab 也是便于学习的程序且具有良好的数值计算的工具箱。对 Matlab 比较熟悉或不愿意学习 Python 的读者可以跳过的内容。

Python 是现代的面向对象的程序语言，广泛应用于学术圈和一些私人部门。除了能编写大规模的应用程序外，从一开始就为人类阅读而设计的 Python 语言还以极简的编写风格和简洁的语法结构而著名。在这些面向对象的高级语言中（Perl、Visual Basic），Python 也许是最适合科学和数值计算领域的，并拥有像 Matlab 的工具箱一样的 SciPy 程序工具箱。②配上这些科学工具箱，Python 非常适合数值计算编程。

---

① 另外一个很好的选择是 Cython，该语言与 Python 相似，但能产生更优化的 C 代码。

② 也可以参考 Sage，这也是一个基于 Python 的数学工具箱。

Python 是开源的，这意味着它可以免费下载。① 我们也可以细细品味不同工具箱中的源代码，以了解其如何运行并做必要的修改。

与其直接利用 Python 语言解释器，还不如一开始就使用 IDLE。② IDLE 是一个基于 Python 设计的免费的跨平台的开发环境，并捆绑了许多 Python 的工具箱。当你打开 IDLE 后，你会看到一个比标准 Python 编译器更为友好的界面，IDLE 界面提供彩色语法高亮显示、完整的命令列表，等等。③ 在 IDLE 的命令提示符下，你可以开始输入命令并查看结果。

```
>>> 10 * 10
100
>>> 10**2   # exponentiation（指数）
100
```

当你按下回车键（Return Key）时，计算结果将直接输出。注意，我们在第二个计算中加入了一个注释（comment），以“#”开头，后接文本内容。所有“#”后的内容都不会被编译器解释，也就是说这些内容都不会被执行。注释是为了便于阅读。

继续讨论 Python，接下来我们给变量赋值。变量是内存中存储数值的名称。以下是一个例子：

```
>>> x = 3          #Bind x to integer 3（把整数3赋给变量x）
>>> y = 2.5        #Bind y to floating point number 2.5（把浮点数2.5赋给变量y）
>>> x              #Query the value of x（查找变量x的值）
3
>>> z = x * y      #Bind z to x * y = 7.5（把x乘以y的值7.5赋给z）
>>> x = x + 1      #Rebind x to integer 4（把整数4重新赋给x）
>>> a, b = 1, 2 #Bind a to 1 and b to 2（把整数1赋给a，把整数2赋给b）
```

名称（x，y 等）也称为标识符，被赋予标识符的值称为对象（object）。形象地说，你可以认为标识符为内存中存储的位置点，值是存储的内容。标识符是区分大小写的（也就是 X 和 x 是不同的），必须是字母（或者下划线，under-

① Python 的主要资料来源于 python. org。最近出现了一些有关 Python 工具箱的资料库。本书的主页上给出了一些建议并列出了链接。

② 参见 http：//johnstachurski. net/book. html，可获取更多信息了解如何使用 Python。

③ IDLE 不是 Python 最好的开发环境，但它很容易被初学者接受。一个更强大的开发环境是 IPython shell，它同时带有一个文本编辑器（如 Emacs、Vim）。本书接下来的讨论，都假设你使用的是 IDLE。如果使用其他 Python 开发环境，你应该知道你在做什么，因此，不需要格外说明。

score），但不能是 Python 中的关键字。①

给变量名称赋值是通过"＝"实现的。分配（赋值，Assignment）也称为捆绑（Binding）：x＝3 把整数 3 的对象捆绑到标识符 x。对于语句 z＝x ＊y，编译器先计算等号右边的表达式 x＊y，等到 7.5 时储存在内存中，然后把这个值赋给等号左边的标识符 z。语句 x＝x＋1，与上述的运行过程相似（从右到左），形成一个新的整数 4 再重新赋值给标识符 x。

内存中存储的对象（值）是有不同类型的。对象的类型可以用内嵌的 type（）函数查找：

```
>>> type(x)           # x = 4
<type 'int'>
>>> type(y)           # y = 2.5
<type 'float'>
```

标识符 x 被赋予整数值 4，y 被赋予浮点型数值 2.5。浮点型数值是带有小数的数。与其他程序语言一样，Python 区分浮点型和整数型数值，这是因为整数在运算操作中（加法、乘法）更有效率。

另外一个类型是字符：

```
>>> s = "godzilla"          # Single or double quotes（单引号或双引号）
>>> s.count("g")            # How many g's? Returns 1（字母g的个数，返回1）
>>> s.startswith("god")     # Returns True（返回 True）
>>> s.upper()               # Returns "GODZILLA"（返回"GODZILLA"）
>>> s.upper()               # Returns "GODZILLA"（返回"GODZILLA"）
>>> s.replace("l", "m")     # Returns "godzimma"（返回"godzimma"）
>>> s2 = """
... Triple quotes can be used to create multi-line
... strings, which is useful when you want to
... record a lot of text."""
```

我们使用 Python 中的字符串方法来操作字符"godzilla"。在讨论这些方法之前，我们先介绍第四种称为列表（list）的数据类型。列表是一个储存不同对象的容器。

```
>>> X = [20, 30, 40]  # Bind X to a list of integers（赋予X一列整数）
>>> sum(X)            # Return 90（返回90）
>>> max(X)            # Return 40（返回40）
```

我们使用中括号从列表中提出元素。与大多数程序语言一样，第一个索引为 0 而非 1。因此 X［0］指的是列表中的第一个元素（20），X［1］指的是第二个

① 这些关键字为：and，del，from，not，while，as，elif，global，or，with，assert，else，if，pass，yield，break，except，import，class，exec，in，raise，continue，finally，is，return，def，for，lambda，try，true，False 和 None。

元素（30），依次类推。此处的0、1、2 称为列表的索引。可以利用以下索引方法来修改列表：

```
>>> X[0] = "godzilla"   # Now X = ["godzilla", 30, 40]
>>> del X[1]            # Now X = ["godzilla", 40]
```

列表可以拆分，并赋值给其他变量：

```
>>> x, y = ["a", "b"]  # Now x = "a" and y = "b"
```

我们知道前面介绍了一些 Python 字符串的操作方法，如 s. count（“g”），其中 s 为变量名（标识符），被赋予了字符串“godzilla”，count（）是字符串操作方法的名称，它可以被任何字符串调用。列表中的对象也有相应的操作方法。字符串、列表和其他对象调用的操作方法的通用语法结构为：

```
identifier.methodName(arguments)  # e.g., s.count("g")
```

例如：X. append（3），表示把3 附加到 X 的末尾。X. count（3）表示计算出 X 中 3 出现的次数。在 IDLE 中的提示符下输入 X，然后点击 TAB 键，以获取对列表的操作方法［更一般的是，查找对象的类型可以用 type（X）表示］。

### 2.1.3 模块与脚本

与 Python 解释器进行交互的方式有以下两种：其中一种代表性的交互方式是在提示符下直接输入命令；另一种更为普遍的交互方式是在文本文件中写下命令，然后执行文件。这有很多种方式去实现，你最终可选择一种适合你的。最简单的一种方式是利用 IDLE 中的编辑器（Editor）；在菜单（File）中建立一个新的窗口，输入一个命令，如 print（“hello world”），然后在当前目录下保存文本文件为 hello. py。你可以点击 F5 或者选中“Run Module”来执行该文件，“Hello world”将显示在提示符下。

通过编译器执行的文本文件（如 hello. py）一般称为脚本。在 Python 中，这种文件被称为模块，一个模块是指 python 函数或者其他定义。执行模块一般可以利用关键词“import”。因此，我们利用 IDLE 的“Run Module”来运行 hello. py，在提示符下输入以下内容：

```
>>> import hello   # Load the file hello.py and run
'Hello world'
```

当你首次输入模块 hello 后，Python 将创建一个包含 hello. py 中指令的字节编译文件 hello. pyc。如果你现在就改写 hello. py，并重新输入 import，hello. pyc 是不会变动的。要想真正改变 hello. py 的改变，需要重新装载 hello，即 reload（hello），这才能改写 hello. pyc。

Python 模块的工具箱很多①，部分工具箱与 Python 捆绑在一起。一个有用的例子是 math：

```
>>> import math      # Module math
>>> math.pi          # Returns 3.1415926535897931, 返回
>>> math.sqrt(4)     # Returns 2.0 , 返回2.0。
```

这是 math 提供的浮点型的圆周率，sqrt( )为开平方函数。总体上来说，这些操作对象都是 math 模块的性质。

另一个在标准数学工具箱的模块是随机数。

```
>>> import random
>>> X = ["a", "b", "c"]
>>> random.choice(X)              # Returned "b"
>>> random.shuffle(X)             # X is now shuffled
>>> random.gammavariate(2, 2)     # Returned 3.433472
```

通过利用模块名称、标识符的形式调用模块。任一模块都有自己的名称空间(namespace)，名称空间中储存了从标识符到对象映射的信息。例如，在 math 的名称空间中定义了 pi，并赋值为 3. 14…1。不同名称空间中的标识符是独立的，因此，在 mod1 和 mod2 中可以有不同性质的 a。由于它们分别以 mod1. a 和 mod2. a 的形式调用，所以不会产生混淆。②

如果在命令行（也就是，Python 提示符下）输入 x = 1，标识符 x 被储存在交互名称空间。③ 当我们输入模块（如 math）时，只有模块的名称储存在交互空间中。模块 math 的性质需要按上述的形式调用（如，math. pi 指的是浮点对象 pi 记录在 math 名称空间中）。④此外，我们也可以在交互名称空间中直接输入模块的性质，如：

```
>>> from math import sqrt , pi
>>> pi * sqrt(4)                # Returns 6.28...  返回 6.28
```

注意：当一个模块 mod 是在 IDLE 上利用“Run Module”运行时，命令是在交互名称空间中执行的。因此，mod 中的性质可直接调用，而无须加上前缀 mod。同样，也可以在提示符下输入以下内容得到。

① 参见 http：//pypi. python. org/pypi。

② 我们可以把名称空间想象为一个街道地址。街道名称为名称空间，而街道的数字号码为性质。当两个房子有相同的数字号码 10，但其街道名称不同时，我们也不会混淆这两个房子。

③ 在内部，交互名称空间被称为_ _ main_ _ 的顶层模块。

④ 为了查看交互名称空间中的内容，可以在提示符下输入 Var( )。你可能看到一些此前没有讨论的内容，如_ _ doc_ _ etc。再加上任何你曾定义的变量和输入的模块，如果输入了模块 math，并输入 vars( math)，你将看到这个模块的所有性质。

```
>>> from mod import *    # Import everything
```

总之，最好是有选择性地在交互名称空间中输入模块的性质。其原因是，交互名称空间中可能充满着变量，也可能掩盖一些交互名称空间中已存在的变量。

像 math、sys 和 os 等模块一般与 Python 版本捆绑在一起，而其他模块需要格外安装。安装通常很简单，并为每个模块提供文档记录。一旦安装完，这些模块就可以像标准库的模块一样导入调用。对于我们来说，最重要的第三方模块①是科学计算包 SciPy，它反过来又依赖于快速数组处理模块 NumPy。后者对于重要的数字运算是必不可少的，而 SciPy 则提供了许多功能，这些函数利用了在 NumPy 中基于高效 C 和 Fortran 库的数组处理的功能。② SciPy 和 NumPy 的文档可以在 SciPy web 网站和文本主页中找到。以下例子应该给出了一些基本概念：

```
>>> from scipy import *
>>> integral, error = integrate.quad(sin, -1, 1)
>>> minimizer = optimize.fminbound(cos, 0, 2 * pi)
>>> A = array([[1, 2], [3, 4]])
>>> determinant = linalg.det(A)
>>> eigenvalues = linalg.eigvals(A)
```

像 sin( )和 cos( )这样的 SciPy 函数被称为矢量化（或常用）函数，这意味着它们接受数字或序列（列表、NumPy 数组等）作为参数。当执行一个序列时，通过运行序列每个元素使函数返回数组。例如：

```
>>> cos([0, pi, 2 * pi]) # Returns array([ 1., -1.,  1.])
```

也开发了一些用于绘图和可视化的模块。在写作本书的时候，Matplotlib 和 PyX 很受欢迎，与 SciPy 很好地互动。在网上搜索一下可以得到许多替代方案。

### 2.1.4 流程控制

条件和循环可以用来控制要执行的命令和执行的顺序。让我们看看 if/else，其通用的语法结构为：

```
if <expression>:      # If <expression> is true, then
    <statements>      # this block of code is executed
else:
    <statements>      # Otherwise, this one
```

其中 else 模块是可选择的。表达式（expression）可以是任何形式的代码，执行这些代码能得到一个值，如 if 条件中加任何表达式都是有效的。如果表达式的

① 实际上是一个模块包（模块的集合），而非一个模块。

② 对于符号代数（与数字运算不同），可参见 SymPy 或者 Sage。

布尔值为错误（0），例如：2 <1，或者列表为空等，表达式被认为“假”（false），其他的表达式都被认为真。

```
>>> if 42 and 99: print("foo")  # Both True, prints foo
>>> if [] or 0.0: print("bar")  # Both False
```

前面阐述中，一个等号表示变量赋值，而不是比较（例如，检验等式是否成立）。为了检验等式是否成立，需同时使用两个等号。

```
>>> x = y = 1                    # Bind x and y to 1
>>> if x == y: print("foobar")   # Prints foobar
```

检查列表中是否存在给定的元素，我们可以使用 Python 中的关键字 in：

```
>>> 1 in [1, 2, 3]       # Evaluates as True
>>> 1 not in [1, 2, 3]   # Evaluates as False
```

重复运行一程序代码，直到某一条件不满足。Python 提供了 while 循环语句，其语法结构为：

```
while <expression>:
    <statements>
```

以下是利用 While 语句产生列表 X = ［1，...，10］：①

```
X = []                 # Start with an empty list
i = 1                  # Bind i to integer object 1
while len(X) < 10:     # While length of list X is < 10
    X.append(i)        # Append i to end of list X
    i += 1             # Equivalent to i = i + 1
print("Loop completed")
```

起初时，X 和 i =1 是空的。由于 len（X）为 0，在关键字 while 后的条件表达式为真。这样，我们执行 while 循环，得到 X = ［1］和 i = 2。当表达式 len（X） <10 时，重新进行检验，其布尔值仍然为真，while 循环中的两行语句继续执行，得到 X = ［1，2］和 i =3。以上过程继续执行，直到 len（X） =10，这时 while 循环终止，最后一行语句执行。

注意语法结构。冒号后面的两行代码，构成 while 循环的主体，缩进相同数量的空格。这不仅仅是增强可读性，而且实际上，Python 解释器是使用缩进来确定代码块的开始和结束。缩进的增加表示代码块的开始，而减少缩进意味着它的结束。在 Python 中，惯例上是使用四个空格来缩进每个块，我建议您遵循它。②

① 在接下来的代码中，如果每行代码的前面没有 Python 的提示符，那么该代码是以文本（模块）形式撰写和运行的。

② 在文本文件中，Tab 键与空格不同。如果您使用的是文本编辑器而不是 IDLE，您应该配置 Tab 键来插入四个空格。大多数优秀的文本编辑器都具有这种功能。

这里还有一个使用 break 关键字的例子。我们想模拟一下随机变量 $T:=\min\{t\geq 1: W_t>3\}$，其中$(W_t)_{t\geq 1}$是独立的标准正态分布序列。

```
from random import normalvariate
T = 1
while 1:                          # Always true
    X = normalvariate(0, 1)       # Draw X from N(0,1)
    if X > 3:                     # If X > 3,
        print(T)                  # print the value of T,
        break                     # and terminate while loop.
    T += 1                        # Else T = T + 1, repeat
```

该程序返回第一个满足 $W_t>3$ 的时间 $t$。

另一种类型的循环是 for 循环。for 循环通常用于对列表执行操作。例如，假设我们有一个列表 X，我们希望创建一个列表 Y 包含 X 中所有严格少于 0 的元素的平方。

这是第一次：

```
Y = []
for i in range(len(X)):      # For all indexes of X
    if X[i] < 0:
        Y.append(X[i]**2)
```

这是传统的 C－类型的循环语句。迭代索引 0 到 len（X）－1。在 Python 中，for 循环可以遍历任何列表，而不仅仅是整数序列（即索引），这意味着上面的代码可以简化为：

```
Y = []
For i in range (len(X)):    # For all x in X, starting with X[0]
    if x < 0
        Y.append(X[i]**2)
```

实际上，Python 提供了一个非常有用的构造，称为列表理解（List Comprehension），我们需要在一行中进行循环操作。

```
Y = [x**2 for x in X if x < 0]
```

for 循环可以实现习题 2.1.2 中讨论的算法：

```
subset = True
for a in A:
    if a not in B:
        subset = False
print(subset)
```

这里 A 和 B 为列表。[①]

习题 2.1.2 算法的编码如下：

```
from random import uniform
H, p = 0, 0.5                          # H = 0, p = 0.5
for i in range(10):                    # Iterate 10 times
    U = uniform(0, 1)                  # U is uniform on (0, 1)
    if U < p:
    print("heads")
        H += 1                         # H = H + 1
    else:
        print("tails")
print(H)
```

**习题 2.1.5** 把习题 2.1.3 的伪代码变为 Python 代码。

用于循环的 Python 语句可以遍历可迭代的任何对象。例如：

```
from urllib import urlopen
webpage = urlopen("http://johnstachurski.net")
for line in webpage:
    print(line)
```

在这里，循环作用于由调用 urlopen（）创建的“类文件”对象。更多有关的信息请参阅 Python 文档中有关迭代的说明。

最后，应该指出的是在脚本语言中，for 循环是缓慢的。以下是对一个数组利用 for 循环和 Numpy 中的 sum（）函数求和的速度比较。

```
import numpy, time
Y = numpy.ones(100000)     # NumPy array of 100,000 ones
t1 = time.time()           # Record time
s = 0
for y in Y:                # Sum elements with for loop
    s += y
t2 = time.time()           # Record time
s = numpy.sum(Y)           # NumPy's sum() function
t3 = time.time()           # Record time
print((t2-t1)/(t3-t2))
```

在电脑上运行该程度，输出的结果为 200，也就是说对这一数组，NumPy 中 sum（）函数的计算速度至少比 for 循环快 200 倍。其原因是 NumPy 中sum（）函数直接转化为高效的 C 代码。

① 实际上，它们需要可迭代的。还需注意，Python 有一个 set 数据类型，它将执行这个测试。具体细节不再赘述。

## 2.2　程序设计

到目前为止，我们所讨论的 Python 编程语言已经足够解决规划问题了。我们接下来要讨论的问题是程序设计：如何构建清晰和可读性强的程序。我们从构建函数开始，函数一般是指用于执行某种特定操作的代码块。

### 2.2.1　用户定义函数

通往优秀的程序设计道路的第一步是学习如何将你的程序分解成函数。函数是程序员实现分治策略的关键工具：较大规模的问题被分解成较小规模的子问题，对子问题以函数的形式进行编码。然后主程序调用这些函数功能，以在适当的时候完成它们的工作。

具体地说，当我们输入命令 x = 3，一个值为 3 的整数对象被赋值给标识符 x。以类似的方式，我们也可以创建一组指令来完成给定的任务，然后，存储指令，并赋予一个标识符（名字），用于调用（运行）该指令集，这个指令集叫作函数。Python 提供了一些内置函数，如 max（）和 sum（），以及允许用户自己定义函数。下面举一个简单的例子：

```
def f(x, y):          # Bind f to a function that
    print(x + y)      # prints the value of x + y
```

在 IDEL 中的新窗口中输入这些代码，保存并运行它。随后，我们就可以在命令提示符输入以下内容调用 f：

```
>>> f(2,3)                   # Prints 5
>>> f("code ", "monkey")     # Prints "code monkey"
```

注意定义 f 的语法结构。我们从 def 开始，它是用于创建函数的 Python 关键字。接下来是函数名称和括号中参数。在右括号之后，需要使用冒号。在冒号之后，我们有一个由函数体组成的代码块。和之前提到的一样，缩进是被用来分隔代码块的。

注意参数传递给函数的顺序非常重要。f（a，b）和 f（b，a）产生不同的输出。当有很多参数时，很难记住哪个参数应该第一个传递，哪个应该第二个传递等情况。在这种情况下，一种可能性是使用关键字参数：

```
def g(word1="Charlie ", word2="don't ", word3="surf."):
    print(word1 + word2 + word3)
```

给参数提供的值一般是默认值。如果在调用函数时没有将值传递给给定的参数，则参数名称将被赋予其默认值：

```
>>> g()                 # Prints "Charlie don't surf"
>>> g(word3="swim")     # Prints "Charlie don't swim"
```

如果我们不希望指定任何的缺省值，那么一般应该使用 None，如 x = None。

通常人们希望创建返回对象（结果）的函数，即返回其内部计算的结果。为此，我们使用 Python 关键字 return 实现。以下是一个计算两个数列之间的标准距离的例子：

```
def normdist(X, Y):
    Z = [(x - y)**2 for x, y in zip(X, Y)]
    return sum(Z)**0.5
```

其中，我们利用了内置的函数 zip（），它允许我们逐步选取 x，y 对其计算，并形成一个新的列表 Z。函数调用形式：

```
>>> p = normdist(X, Y)  # X, Y are lists of equal length
```

把调用函数的计算结果赋予标识符 p。

在函数定义中如果包含一个 doc 字符串说明这是很好的做法。doc 字符串是对函数功能进行说明，并在函数代码块的开始处出现。例如：

```
def normdist(X, Y):
    "Computes euclidean distance between two vectors."
    Z = [(x - y)**2 for x, y in zip(X, Y)]
    return sum(Z)**0.5
```

当然，我们可以使用标准注释符号，虽然 doc 字符串有一些优点（此处我们不再阐述）。在本书的代码中，根据空间约束情况，我们会选择使用或省略 doc 字符串。

Python 提供了第二种方法来定义函数，即可用 lambda 关键字。通常，lambda 用于创建小的、仅一行代码的函数，比如：

```
f = lambda x, y: x + y  # E.g. f(1,2) returns 3
```

值得注意的是，函数可以返回任何形式的 Python 对象，包括函数。例如，假设我们希望能够创建柯布—道格拉斯生产函数 $f(k)=Ak^{\alpha}$，其中 $A$，$\alpha$ 为任意参数。下面是以 $A$，$\alpha$ 为参数定义函数并返回函数 $f$：

```
def cobbdoug(A, Alpha)
    return lambda k: A * k**alpha
```

在保存并运行以上代码后，我们可以在提示符下调用 cobbdoug 函数：

```
>>> g = cobbdoug(1, 0.5)   # Now g(k)  返回1*k**0.5
```

### 2.2.2 更多的数据类型

我们已经遇到了几个原生的 Python 数据类型，比如整数、列表和字符串。除此之外的原生 Python 数据类型是元组（tuple）：

```
>>> X = (20, 30, 40)   # Parentheses are optional（括号是可选的）
```

元组的运算类似于列表，其中可以使用索引访问元组中的元素。因此，X［0］返回 20、X［1］返回 30，以此类推。然而，有一个关键的区别：列表是可变数据类型，而元组（与字符串类似）是不可变的。本质上，可变数据类型（如列表）可以更改，即它们的内容可以在不创建新对象的情况下改变，而不可变数据类型（如元组）则不能。例如，如果 X 是一个元组，X［0］ = 3 将引发异常（错误）。如果 X 是一个列表，那么同样的语句会将 X 的第一个元素改变为 3。

元组、列表和字符串被统称为序列类型，它们支持许多常见的操作（基于从 0 开始的索引访问单个元素）。例如，把两个序列连接起来的操作，（1，2） +（3，4）创建元组（1，2，3，4），而 ab + cd 创建 abcd。一个序列的 n 次乘方得到 n 个副本的序列，如［1］ * 3 创建［1，1，1］。序列也可以解压：x，y =（1，2）将 x 赋值 1，y 赋值 2，而 x，y =ab 将 x 赋值 a，y 赋值 b。

另一个有用的数据类型是字典，也称为映射，或关联数组。在数学上，字典只是有限集合中的一个函数，在这里，程序员把函数的定义域加上函数像域的元素作为元素。字典中的点被称为它的键（keys）。通过指定键/值对（key/value pairs）来创建字典 d。例如：

```
>>> d = {"band": "AC/DC", "Track": "Jailbreak"}
>>> d["Track"]
"Jailbreak"
```

正如对列表和字符串有的运算方法一样，字典也有字典的运算方法。例如，d. keys（）返回键的列表，d. values（）返回值列表值。请看下面的代码，假设 d 如上所述：

```
>>> for key in d.keys(): print(key, d[key])
```

字典的值可以是任何对象，而键可以是任何不可变对象。

这让我们再次回到对可变和不可变数据类型讨论的话题。了解可变和不可变数据类型之间的差异，有助于保持对变量的跟踪。与此同时，下面的讨论相对技术性较强，如果您没有编程经验，可以选择跳过。

考虑图 2－1。一方面，语句 x＝y ＝［1］，给标识符 x 和 y 赋值（可变）列表［1］。接下来的 y［0］＝2 修改了相同的列表对象，因此，此时它的第一个（也是唯一的）元素是 2。请注意，x 的值现在已经发生了变化，因为它所绑定的对象已经改变了。另一方面，x ＝y＝ 1 将 x 和 y 绑定到一个不可变的整数 1 上。由于这个对象不能被修改，所以赋值 y ＝ 2 将 y 重新绑定到一个新的整数对象 2 上，x 保持不变。①

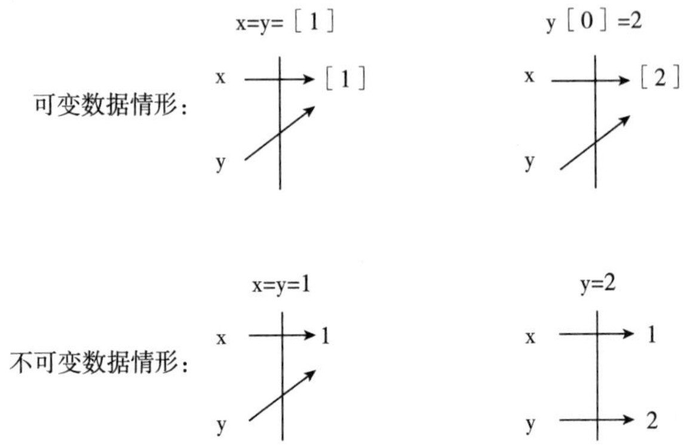


**图 2－1　可变数据和不可变数据类型**

当变量参数传递给函数时，可变和不可变的数据类型会导致运算出不同的结果。例如，考虑以下代码块：

```
def f(x):
    x = x + 1
    return x
x = 1
print(f(x), x)
```

这个输出 2 作为 f（x）的值，输出 1 作为 x 的值，其工作原理如下：在函数定义之后，x ＝ 1 创建一个全局变量 x，并将其绑定到整数对象 1 上。当调用函数 f（x）时，在内存中分配变量的本地名称空间，函数内的 x 作为该名称空间中的局部变量而创建，并绑定到相同的整数对象 1 上。由于整数对象 1 是不可变的，所以 x ＝x＋ 1 的语句创建了一个新的整数对象 2，并将本地 x 重新与它绑定。再传递给调用代码，因此 f（x）的值变为 2。接下来，本地名称空间被释

① 您可以通过在提示符中键入 id（x）和 id（y）来检查 x 和 y 是否指向不同的对象。它们唯一的标识符（恰好是它们在内存中的位置）应该是不同的。

放，本地 x 消失。在整个过程中，全局 x 仍然是 1。

当我们使用诸如列表之类的可变数据类型时，情况就不同了。

```
def f(x):
    X[0] = x[0] + 1
    return x
x = [1]
print(f(x), x)
```

这个输出［2］，作为 f（x）和 x 的值，在这里全局 x 绑定到列表对象［1］上，当调用 f（x）时，将创建本地 x 并绑定到相同的列表对象。由于［0］是可变的，x［0］ = x［0］ + 1 在不改变内存位置的情况下修改该对象，因此本地 x 和全局 x 现在都绑定到［2］上。所以，全局变量 x 在函数调用后被修改，与前述的不可变的情况相反。

### 2.2.3 面向对象编程

Python 支持面向过程和面向对象编程（OOP）。虽然任何编程任务都可以用传统的程序设计风格来完成，但 OOP 已经成为现代编程设计的核心部分，即使在这里进行小型投资也会得到丰厚回报。它的成功使用是因为它的设计模式很适合人类的大脑和自然逻辑，且代码简洁并能高效地使用。它很适合数学，因为它鼓励抽象。正如数学中的抽象，使我们开发适用于许多情形下的一般概念，编程中的抽象概念让我们可以在不同的编程问题中构建需要使用的程序结构。

程序化编程基于函数（过程）。程序有一个其变量值的状态。根据任务目标，通过调用函数对这些数据进行操作。数据通过函数调用传递给函数，再返回修改调用后的值。然而，在 OOP 中，数据和函数被绑定到称为抽象数据类型（ADTs）的逻辑实体中。类定义是一个 ADT 的蓝图，它描述了其存储的数据类型和在这些数据上执行的操作。对象是 ADT 的一个实例：一个类定义的蓝图实现，通常有自己独特的数据。在类中的定义函数被称为方法。

我们在前面已经介绍了对象和方法这两个概念。回想一下，当 Python 解释器接收到指令 X = ［1，2］时，它存储内存中的数据［1，2］将其作为类型列表的对象记录下来。标识符 X 被绑定到这个对象上，我们可以使用它来调用处理数据的方法。例如，x. reverse（）将数据更改为［2，1］。此方法是列表方法之一，此外还有字符串方法、字典方法等。

到目前为止，我们还没有使用类定义创建自己的 ADTs。首先，您可能会发现类定义语法有些繁琐，但随着您研究的深入，它的表示会变得更加直观。为了说明语法，我们将构建一个简单的类来表示并操作多项式函数。这里的数据是系数（$a_0$，$a_1$，…，$a_N$），定义一个唯一的多项式：

$$p(x) = a_0 + a_1 x + a_2 x^2 + \cdots + a_N x^N = \sum_{n=0}^{N} a_n x^n (x \in R)$$

为了操作这些数据，我们将使用两种方法：一种方法是从系数中求多项式的值再返回 p（x）的值；另一种方法是求多项式的导数，并将原多项式系数（$a_0$，$a_1$，…，$a_N$）变为 $p'$的系数。

首先，列表 2-1 是一个类定义的伪代码。这不是真正的 Python 代码，它的目的是让您了解类定义，同时省略一些样板文件。类的名称是多项式（Polynomial），通过关键字“class”来定义。这个类定义由三个方法组成。让我们按它们出现的顺序来讨论。

**Listing 2-1 （polyclass0. py）A polynomial class in pseudo-Python**

```
class Polynomial:

    def initialize(coef):
        """Creates an instance p of the Polynomial class,
        where p(x) = coef[0] x^0 + ... + coef[N] x^N."""

    def evaluate(x):
        y = sum(a*x**i for i, a in enumerate(coef))
        return y

    def differentiate():
        new_coef = [i*a for i, a in enumerate(coef)]
        # Remove the first element, which is zero
        del new_coef[0]
        # And reset coefficients data to new values
        coef = new_coef
```

第一种方法叫作 initialize（），表示一个构造（constructor），这是大多数语言中提供的一种特殊方法，在类定义中构建对象（构造一个实例）。构造方法通常把数据作为参数变量的形式来设置一个特定实例，在本示例中是系数向量（a0，…）。函数应该传递一个列表或元组，并赋予一个标识符。这里，coef［i］代表 ai。

第二种方法叫作 evaluate（），用来求 p（x）的系数。我们使用内置函数 enumerate（），它允许我们对任何列表中的 i，X［i］进行运算。

第三种方法叫作 differentiate（），它修改多项式实例的数据，重新对系数 coef的赋值从($a_0$，$a_1$，…，$a_N$)改为($a_1$，$2a_2$，$3a_3$，…，$Na_N$)。修改后的多项式

表示为 $p'$。

我们已经用伪代码编写了类定义的提纲，现在让我们用 Python 语言重写它。修改后的代码在列表 2－2 中给出。在正式讨论这些类定义的语法之前，让我们看一下使用这个类的例子，它保存在一个名为 polyclass. py 的文件中。

```
>>> from polyclass import Polynomial
>>> data = [2, 1, 3]
>>> p = Polynomial(data)  # Creates instance of Polynomial class
>>> p.evaluate(1)         # Returns 6
>>> p.coef                # Returns [2, 1, 3]
>>> p.differentiate()     # Modifies coefficients of p
>>> p.coef                # Returns [1, 6]
>>> p.evaluate(1)         # Returns 7
```

文件名 polyclass. py 也是模块的名称（此处后缀 . py 省略），我们从它导入类多项式。一个临时 p 是由表达式 p ＝polynomial（data）调用创建的。在程序运行背后，调用构造函数方法，它将临时 p 作为对象存储在内存中。作为该过程的一部分，也会赋予创建对象 p 的名称空间，该名称空间被注册为名称 coef，并把数据［2，1，3］赋予该名称空间。[①]可以使用 p. attribute 访问 p 的属性；这些属性包括方法（在本例中的 evaluate( )和 differentiate( )）和临时变量（在本例中的 coef）。

**Listing 2－2 （polyclass. py）A polynomial class，correct syntax**

```
class Polynomial:

    def __init__(self, coef):
        """Creates an instance p of the Polynomial class,
        where p(x) = coef[0] x^0 + ... + coef[N] x^N."""
        self.coef = coef

    def evaluate(self, x):
        y = sum(a*x**i for i, a in enumerate(self.coef))
        return y

    def differentiate(self):
        new_coef = [i*a for i, a in enumerate(coef)]
        # Remove the first element, which is zero
        del new_coef[0]
        # And reset coefficients data to new values
        self.coef = new_coef
```

现在让我们浏览一下列表 2－2 中的 Python 的语法结构。首先，构造方法给

① 在提示符下输入 type p. －－dict－－，可以查看名称空间的内容。

出正确的名称，这是__ init__ 。双下划线符号提醒我们这是一种特殊的 Python 方法（我们将在稍后遇到另一个例子）。其次，每个方法都以 self 作为其第一个参数，并且在类定义中调用属性也会加上前缀 self（例如，self . coef）。

使用 self 引用的思想是，它们代表随后创建的任何临时的名称。因此，请注意调用 p . evaluate（1）相当于调用：

```
>>> Polynomial.evaluate(p, 1)
```

这种语法形式相对繁琐，通常不使用，但是我们可以看到 p 是如何替换 self 的，这是对 evaluate（）方法的第一个参数的传递方法。如果我们想象 evaluate（）方法是用 p 而不是 self 来处理的，我们的代码就会显得更加自然：

```
def evaluate(p, x):
    y = sum(a*x**i for i, a in enumerate(p.coef))
    return y
```

在结束之前，让我们简要讨论另一个有用的特殊方法。一个不重要的多项式类定义的方法是对于一个多项式 p 对应的给定临时 p，p（x）值是通过调用 p . evaluate（x）获得的。如果我们可以用 p（x）来替换它，那就更接近数学的符号了。实际上这很简单：我们只需用__ call__ . objects 替换列表 2 - 2 中的 evaluate。这个类的对象现在被认为是可调用的，而 p（x）相当于 p . __call__ （x）。

## 2.3 结语

Python 是由 Guido van Rossum 开发的，第一个版本发布于 1991 年。它现在是开放源码模型的主要成功案例之一，且拥有活跃的用户和开发人员社区。van Rossum 继续以 BDFL（仁慈的独裁者）的名义指导该语言的发展。近年来，Python 的使用迅速增加。

有许多关于 Python 编程的好书。提供了一个概括性的介绍的是 Zelle (2003)，关于数值方法的更高级的著作是 Langtangen（2008）。然而，最好的学习地方是互联网。在 Python 主页（python. org）上有官方 Python 文档和各种教程。与这一章相关的链接、讲座、MATLAB 代码和其他相关的信息，可以在网站（http：//johnstachurski. net/book. html）找到。

计算经济学是一个快速发展的领域。对于相关文献，请查阅 Amman 等 (1996)、Heer 和 Maussner (2005)、Kendrick 等 (2005) 或 Tesfatsion 和 Judd (2006)。

# 第 3 章　度量空间分析

度量空间在数学中是指一个集合，该集合（空间）中的任意两个元素（点）之间定义了满足某些公理的距离。我们可以从这些公理中推导出如收敛、连续、有界，以及其他学习动态方法所必备的概念。度量空间理论提供了强大的分析框架，可用于分析各种问题，同时也是分析思维的训练场和工具箱，所以仔细阅读本章能够增强读者数学证明的阅读和写作能力。

本章假设读者已有所了解实分析导论或高等微积分等相关内容，一方面附录 A回顾了这些知识点。另一方面如果读者已熟悉度量空间的基础知识，可以快速浏览本章，并根据需要再返回学习。

## 3.1　度量空间初步了解

考虑集合$\mathbb{R}^k$，其中元素记为 $x=(x_1,\ \cdots,\ x_k)$，$x_i\in\mathbb{R}$，这些元素又称向量。接下来我们介绍$\mathbb{R}^k$中一些重要的拓扑概念，这些概念涉及空间中的集合和函数。为介绍这些概念，我们首先从向量的欧氏距离开始介绍。定义$d_2$：$\mathbb{R}^k\times\mathbb{R}^k\to\mathbb{R}$：

$$d_2(x,y) :=: \| x-y \|_2 := \left[\sum_{i=1}^{k}(x_i-y_i)^2\right]^{1/2} \tag{3-1}$$

毫无疑问，读者之前已了解过这种距离。对任意 $x$，$y$，$v\in\mathbb{R}^k$，它满足如下三个条件：

(1) $d_2(x,\ y)=0$，当且仅当 $x=y$；

(2) $d_2(x,\ y)=d_2(y,\ x)$；

(3)$d_2(x, y) \leqslant d_2(x, v) + d_2(v, y)$。

性质(1)表示点仅与自身距离为0，而不同点之间的距离恒为正。性质(2)表示对称性。性质(3)为三角不等式，唯一不够直接明显的性质。

这三个性质是理解距离概念的基础。事实上，如果读者阅读过一些重要结论的证明时，比如$\mathbb{R}^k$上有界闭集到$\mathbb{R}$上的连续函数有最大值和最小值，会发现这些证明没有使用$d_2$的其他性质。

现在事实证明，我们可以在$\mathbb{R}^k$上定义许多其他也满足性质(1)~(3)的距离函数。任何仅使用性质(1)~(3)的欧氏距离(即$d_2$)情形的证明，同样适用于其他距离。对一些问题，使用其他距离概念可能更简单，这促使我们讨论$\mathbb{R}^k$上一般化的距离。

当我们将$\mathbb{R}^k$上向量间的距离概念一般化时，一个值得思考的问题是，如何定义其他研究对象的距离。如果可以定义两个(无限)序列、两个函数或者两个概率分布的距离，那么可以定义第1章中非正式讨论的分布收敛问题。

### 3.1.1 距离和范数

如下为重要定义：

**定义 3.1.1** 度量空间是一个非空集合$S$，其度量或距离$\rho$: $S \times S \to \mathbb{R}$，对任意$x, y, v \in S$满足：

(1)$\rho(x, y) = 0$当且仅当$x = y$；

(2)$\rho(x, y) = \rho(y, x)$；

(3)$\rho(x, y) \leqslant \rho(x, v) + \rho(v, y)$。

除要求集合非空外，集合$S$也是任意的。上下文内度量空间中的元素通常称为点。与在欧氏距离中的情形一样，性质(3)称为三角不等式。

定义3.1.1中性质的直接结果(有时也称Hausdorff假设)是$\rho(x, y) \geqslant 0$，对任意$x, y \in S$。为验证这一点，若$x, y$为集合$S$中的任意两点，则$0 = \rho(x, x) \leqslant \rho(x, y) + \rho(y, x) = \rho(x, y) + \rho(x, y) = 2\rho(x, y)$。因此，$\rho(x, y) \geqslant 0$成立。

如上所讨论，空间$(\mathbb{R}^k, d_2)$是度量空间。最重要的情形是$k = 1$，对任意$x, y \in S$，$d_2(x, y)$简化为$|x - y|$。符号"$\mathbb{R}, |\cdot|$"表示一维空间。

$\mathbb{R}^k$上许多度量空间可由赋范空间生成。

**定义 3.1.2** 范数是定义在$\mathbb{R}^k$上的映射$\mathbb{R}^k \ni x \to \|x\| \in \mathbb{R}$，对任意的$x, y \in \mathbb{R}^k$和$\gamma \in \mathbb{R}$使：

（1）$\| x \| = 0$，当且仅当 $x = 0$；

（2）$\| \gamma x \| = |\gamma| \| x \|$；

（3）$\| x + y \| \leqslant \| x \| + \| y \|$。

每一个$\mathbb{R}^k$上的范数$\| \cdot \|$可通过$\rho := \| x - y \|$生成$\mathbb{R}^k$上的度量$\rho$。

**习题 3.1.3** 证明$\rho$的确是一个度量，即满足定义 3.1.1 中的 3 个性质。

**习题 3.1.4** 令$\| \cdot \|$为$\mathbb{R}^k$上的范数。证明对任意 $x$，$y \in \mathbb{R}^k$，有$\big| \| x \| - \| y \| \big| \leqslant \| x - y \|$。

$\mathbb{R}^k$上最重要的范数是$\| x \|_2 := \left( \sum_{i=1}^{k} (x_i)^2 \right)^{1/2}$，可生成欧氏距离$d_2$。把$\| x \|_2$视为特例的一类范数是$\| x \|_p$族，定义为：

$$\| x \|_p := \left( \sum_{i=1}^{k} |x_i|^p \right)^{1/p} \quad (x \in \mathbb{R}^k) \tag{3-2}$$

其中，$p \geqslant 1$。可允许 $p = \infty$，则对应范数$\| x \|_\infty := \max_{1 \leqslant i \leqslant k} |x_i|$。

对于任意 $p \geqslant 1$，证明$\| x \|_p$的确是一个范数并不困难，但也并非显而易见。因为，证明三角不等式需要用到 Minkowski 不等式。任何一本有关范数的书中都会有该不等式的证明，所以此处省略。

**习题 3.1.5** 证明当 $p = 1$ 和 $p = \infty$ 时，$\| \cdot \|_p$是$\mathbb{R}^k$上的范数。

范数$\| \cdot \|_p$可生成度量空间$(\mathbb{R}^k, d_p)$，其中对任意 $x$，$y \in \mathbb{R}^k$，$d_p(x, y) := \| x - y \|_p$。

目前，讨论的皆是有限维向量空间上的不同度量，接下来讨论一个函数空间的例子。令 $U$ 为任意集合，令 $bU$ 表示所有的有界函数$f$：$U \to R$（即$\sup_{x \in U} |f(x)| < \infty$）的集合，并令：

$$d_\infty(f, g) := \| f - g \|_\infty := \sup_{x \in U} |f(x) - g(x)| \tag{3-3}$$

空间$(bU, d_\infty)$是一个度量空间，读者可以自行验证度量空间定义中的前两个性质。三角不等式证明如下：令$f$，$g$，$h \in bU$，任取 $x \in U$。则有：

$$|f(x) - g(x)| \leqslant |f(x) - h(x)| + |h(x) - g(x)| \leqslant d_\infty(f, h) + d_\infty(h, g)$$

由于 $x$ 是任取的，可得：$d_\infty(f, g) \leqslant d_\infty(f, h) + d_\infty(h, g)$[①]。

---

① 做一个补充，读者或许注意到度量空间$(bU, d_\infty)$看似由“范数”$\| f \|_\infty = \sup_{x \in U} |f(x)|$所定义，但根据定义 3.1.2，这并不是范数，因为生成度量的范数要求空间是$\mathbb{R}^k$而并不是 $bU$。然而，可对抽象向量空间定义更一般的范数，$\| \cdot \|_\infty$是最简单的例子。细节不再赘述，可参考任一泛函分析教科书。

### 3.1.2　序列

令 $S=(S,\ \rho)$ 为度量空间。序列 $(x_n)\subset S$ 收敛于 $x\in S$，若对所有的 $\epsilon>0$，存在 $N\in N$，当 $n\geqslant N$ 时，有 $\rho(x_n,\ x)<\epsilon$。换句话说，$(x_n)$ 收敛于 $x$，当且仅当$\mathbb{R}$上实序列 $\rho(x_n,\ x)\to 0$（当 $n\to\infty$）（更多实序列内容参见附录 A.2）。若该条件满足，记为 $\lim\limits_{n\to\infty}x_n=x$ 或 $x_n\to x$，点 $x$ 为序列的极限。图 3-1 给出了二维欧式空间的示例。

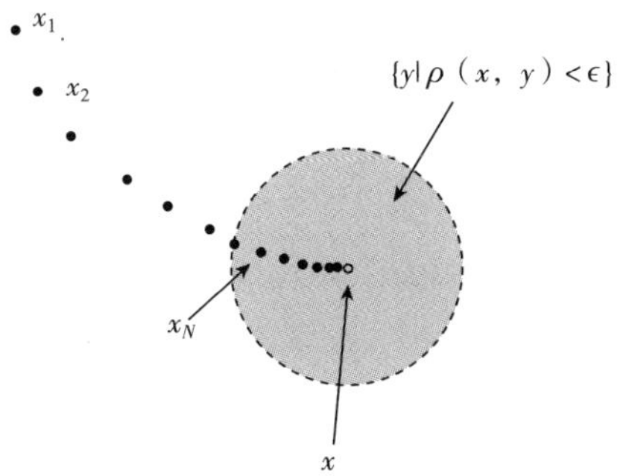


图 3-1　序列的极限

**定理 3.1.6**　$(S,\ \rho)$ 中序列至多有一个极限。

证明：读者可尝试使用反证法作为练习进行证明。此处给出直接证明。令 $(x_n)$ 为 $S$ 中任一序列，$x$，$x'$ 为两个极限点。则有：

$0\leqslant\rho(x,\ x')\leqslant\rho(x,\ x_n)+\rho(x_n,\ x')$，$\forall\, n\in\mathbb{N}$

根据附录 A 中的定理 A.2.12 和定理 A.2.13，则有 $\rho(x,\ x')=0$。因此，$x=x'$。

**习题 3.1.7**　令 $(x_n)$ 和 $(y_n)$ 为 $S$ 中的序列。证明若 $x_n\to x\in S$，$\rho(x_n,\ y_n)\to 0$，则 $y_n\to x$。

根据距离函数，可以定义一个非常重要的概念：开球。开球或 $\varepsilon$ - 开球 $B(\varepsilon;\ x)$ 是以 $x\in S$ 为中心，$\varepsilon>0$ 为半径的集合。

$B(\varepsilon;\ x):=\{z\in S:\ \rho(z,\ x)<\varepsilon\}$

平面中 $\rho=d_2$，$\varepsilon$ - 开球是圆，$R^3$ 中是球。图 3-2 描述了闭区间有界函数 $f\in(b[a,\ b],\ d_\infty)$ 附近的 $\varepsilon$ - 开球。

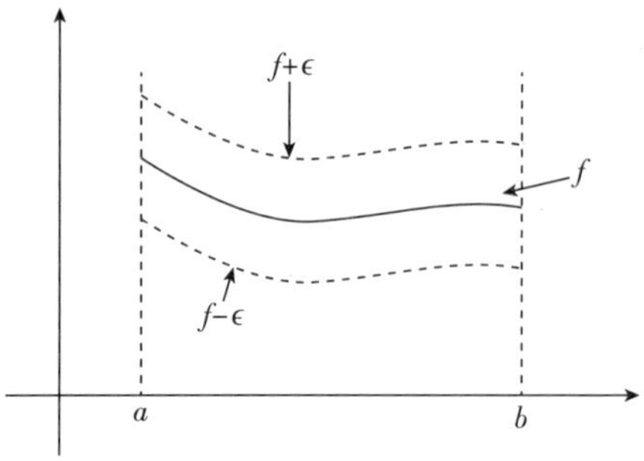


图 3－2 $d_\infty$ 下的 $\varepsilon$－开球

**习题 3.1.8** 令 $(x_n)\in S$，$x\in S$。证明 $x_n\to x$，当且仅当所有 $\varepsilon>0$，开球 $B(\varepsilon; x)$ 包含除 $(x_n)$ 有限项外的所有项。

$S$ 的子集 $E$ 有界，若对某些 $x\in S$ 和充分大的 $n\in N$ 有 $E\subset B(n; x)$。$S$ 中序列 $(x_n)$ 被称为有界的，若 $\{x_n: n\in N\}$ 是有界集。

**习题 3.1.9** 证明 $S$ 中任意收敛序列都是有界的。

与实数列的子序列定义相似，给定序列 $(x_n)\subset S$，$(y_n)$ 称为 $(x_n)$ 的子序列，若存在严格的增函数 $f$：$\mathbb{N}\to\mathbb{N}$，使所有 $n\in N$ 满足 $y_n=x_{f(n)}$。通常使用 $(x_{n_k})$ 表示 $(x_n)$ 的子序列。

**习题 3.1.10** 证明序列 $(x_n)\subset S$ 和某一 $x\in S$，$x_n\to x$，当且仅当 $(x_n)$ 的任意子序列都收敛于 $x$。

对于欧氏空间（$\mathbb{R}^k$，$d_2$），有以下引理：

**引理 3.1.11** （$\mathbb{R}^k$，$d_2$）中序列 $(x_n)=(x_n^1, \cdots, x_n^k)$ 收敛于 $(x^1, \cdots, x^k)\in\mathbb{R}^k$，当且仅当 $\mathbb{R}=(\mathbb{R}, |\cdot|)$ 中 $x_n^j\to x^j$，对所有的 $j=1, \cdots, k$。

**证明**：对 $j\in\{1, \cdots, k\}$，有 $|x_n^j-x^j|\leqslant d_2(x_n, x)$。因此，若 $d_2(x_n, x)\to 0$，则 $|x_n^j-x^j|\to 0$，对每一个 $j$。反过来，固定 $\varepsilon>0$，对每一个 $j\in\{1, \cdots, k\}$，选取 $N^j\in\mathbb{N}$，使 $n\geqslant N^j$ 时 $|x_n^j-x^j|<\varepsilon/\sqrt{k}$。取 $n\geqslant\max_j N^j$，则 $d_2(x_n, x)<\varepsilon$。（为什么？）■

引理 3.1.11 非常重要，读者最好能对 $k=2$ 的情形进行证明以培养直觉。进一步我们将发现，该引理对 $\mathbb{R}^k$ 中任一范数得到的度量（距离）都成立，而不是限于距离 $d_2$。

令 $S$ 和 $Y$ 为两个度量空间。与附录 A2.3 一样，定义 $f$：$S\supset A\to Y$ 在 $a\in A$ 处

连续，若任意序列$(x_n)\in A$收敛于$a\in A$，有$f(x_n)\to f(a)\in Y$。若在任意$a\in A$处连续，则称$f$在$A$上连续。对于$f: A\to Y$和$a\in A$，若对每一序列$(x_n)\subset A$，$x_n\to a$，有$f(x_n)\to y$，则记为$y=\lim_{x\to a}f(x)$。明确地，$f$在$a$处连续，当且仅当$\lim_{x\to a}f(x)=f(a)$。

**例题 3.1.12** 若$S$为一度量空间，给定$\bar{x}\in S$，则映射$S\ni x\to\rho(x, \bar{x})\in\mathbb{R}$在$S$上连续。为了证明连续，我们任取$x\in S$，任一序列$(x_n)\subset S$，$x_n\to x$，两次使用三角不等式可得：

$$\rho(x, \bar{x})-\rho(x_n, x)\leqslant\rho(x_n, \bar{x})\leqslant\rho(x_n, x)+\rho(x, \bar{x}), \quad \forall n\in\mathbb{N}$$

现在取极限（应用定理 A.2.12）。

**习题 3.1.13** 令$f(x, y)=x^2+y^2$。证明$f$是$(\mathbb{R}^k, d_2)$到$(\mathbb{R}, |\cdot|)$的连续函数。①

综观全书，如果$S$是集合，$f: S\to\mathbb{R}$，$g: S\to\mathbb{R}$，则$f+g$表示$S$上的函数$x\to f(x)+g(x)$，$fg$表示$S$上的函数$x\to f(x)g(x)$。

**习题 3.1.14** 假设$f$，$g$为如上所定义函数，$S$为一度量空间。证明：若$f$，$g$为连续函数，则$f+g$和$fg$也连续。

**习题 3.1.15** 函数$f: S\to\mathbb{R}$在$x\in S$上半连续(usc)，若对每一$x_n\to x$，有$\limsup_n f(x_n)\leqslant f(x)$；函数$f: S\to\mathbb{R}$在$x\in S$下半连续(lsc)，若对任一$x_n\to x$，有$\liminf_n f(x_n)\geqslant f(x)$。证明：①$f$是在$x\in S$上半连续，当且仅当$f$在$x\in S$是下半连续；②$f$在$x\in S$连续，当且仅当$f$在$x\in S$既是上半连续又是下半连续。

### 3.1.3 开集、闭集

任意空间中任意子集的性质可能难以驾驭。因此，识别一些性质良好的集合是有用的。这些集合与常用的函数相匹配，或能用简单方式表示，或便于测度。本小节中，我们将研究一类称为开集（open set）的集合，以及开集的补集、闭集（closed set）。

对任意$\varepsilon>0$，若开球$B(\varepsilon; x)$中包含至少一个集合$E$中的点，则称$x\in S$附着（adhere）于集合$E\in S$（或称聚点）。②若对某一$\varepsilon>0$有$B(\varepsilon; x)\subset E$，则称$x\in S$为集合$E$的内点（interior）；若$E$中每一个点都是内点③，则集合$E\subset S$为开集。若$E$包含其所有的附着点，则集合$E\subset S$是闭集。在我们熟悉的度量空

---

① 提示：使用引理 3.1.11。

② 在一些教材中，也称$x$是$E$的连接点（contact point）。

③ 尝试从$(\mathbb{R}^2, d_2)$中找一些例子。

间（$\mathbb{R}$，$|\cdot|$）中，经典例子是区间（$a$，$b$）和［$a$，$b$］，它们分别为开集和闭集。[①] 开集和闭集是数学中最成熟和重要的概念之一。

**习题 3.1.16** 证明 $x\in S$ 是 $E\subset S$ 的附着点，当且仅当 $x$ 是 $E$ 中某一序列的极限点。

**定理 3.1.17** 集合 $F\subset S$ 是闭集，当且仅当每一收敛序列完全包含于 $F$，序列的极限点也属于 $F$。

**证明**：读者尽量把该证明作为一个习题，若不能证明，请继续阅读。假设 $F$ 为闭集，选取一个包含在 $F$ 中的收敛于 $x\in S$ 的序列。根据习题 3.1.16，可得 $x$ 是 $F$ 的附着点，根据闭集定义，可得 $x\in F$。反过来，假设 $F$ 中收敛序列的极限也属于 $F$。任取一点 $x\in S$ 是 $F$ 的附着点，由习题 3.1.16 可知，$F$ 中存在序列收敛于 $x$。因此，$x\in F$，$F$ 为闭集。■

开集和闭集是密切相关的。有以下基本定理：

**定理 3.1.18** 任意度量空间 $S$ 的子集是开集（闭集），当且仅当其补集是闭集（开集）。

**证明**：该证明是一个很好的练习。这里给出“若 $G$ 为开集，则 $F:=G^c$ 为闭集”的证明。取 $(x_n)\subset F$，$x_n\to x\in S$，我们希望证明 $x\in F$。事实上，这显然是成立的。若 $x\notin F$，则 $x\in G$，即存在 $\varepsilon>0$，使 $B(\varepsilon, x)\subset G$。由于 $(x_n)\subset F$，$x_n\to x\in S$，所以 $\exists N$，且当 $n>N$ 时，$x_n\in B(\varepsilon, x)$，所以当 $n>N$ 时，$x_n\in G$。显然这与 $(x_n)\subset F$ 矛盾。■

定义 $D(\varepsilon; x):=\{z\in S: \rho(z, x)\leqslant\varepsilon\}$ 是以 $x$ 为中心的闭球。正如定义所预期的那样，任一 $D(\varepsilon; x)\subset S$ 为闭集。为求证，取 $(a_n)\subset D(\varepsilon; x)$ 收敛于 $a\in S$，需证明 $a\in D(\varepsilon; x)$ 或等价 $\rho(a, x)\leqslant\varepsilon$。因为 $\rho(a_n, x)\leqslant\varepsilon$，$\forall n\in N$，借助于极限的保序性和 $y\mapsto\rho(y, x)$ 连续性，则有 $\rho(a, x)=\lim\rho(a_n, x)\leqslant\varepsilon$。

**习题 3.1.19** 类似于 $S$ 中每一个开球 $B(\varepsilon; x)$ 是开集的证明。直接证明或者重复前述示例步骤证明 $B(\varepsilon; x)^C$ 是闭集。

如果 $(S, \rho)$ 为任一度量空间，那么全集 $S$ 既是开集也是闭集。这一结论看起来似乎很难令人信服，可能导致一些混淆。例如，考虑度量空间 $(S, |\cdot|)$，其中 $S=(0, 1)$，因为 $(0, 1)$ 是全集，所以它又是闭集。同时，作为 $(S, |\cdot|)$ 的子集，$(0, 1)$ 又是一个开集。综述，开和闭是相对概念，而非绝对概念。

① 此刻，读者若发现证明比较困难，本章结束后将不会有这样的感觉。

**习题 3.1.20** 对任意度量空间（$S$，$\rho$），空集$\varnothing$既是开集也是闭集。

**习题 3.1.21** 证明：对任意度量空间（$S$，$\rho$），若 $x\in S$，则集合 $\{x\}$ 总是闭集。

**定理 3.1.22** 若 $F$ 是（$\mathbb{R}$，$|\cdot|$）的有界闭子集，则 $\sup F\in F$。

**证明**：令 $s:=\sup F$，因为 $F$ 是闭集，所以可证明存在序列$(x_n)\subset F$，$x_n\to s$。根据引理 A.2.19，该序列存在。■

**习题 3.1.23** 证明：序列收敛于点 $x$，当且仅当该序列最终在每个包含 $x$ 的开集中。

**习题 3.1.24** 证明：若$\{G_\alpha\}_{\alpha\in A}$都是开集，则$\cup_{\alpha\in A}G_\alpha$是开集。

**习题 3.1.25** 证明：若 $A$ 是有限集，$\{G_\alpha\}_{\alpha\in A}$是开集族，则$\cap_{\alpha\in A}G_\alpha$是开集。

换句话说，开集的任意并集和有限交集都是开集。需要注意：开集的无限交集并不一定是开集。例如，考虑度量空间($\mathbb{R}$，$|\cdot|$)。如果$G_n=\left(-\frac{1}{n},\ \frac{1}{n}\right)$，那么$\cap_{n\in N}G_n=\{0\}$(单点集是闭集)。证明如下：

$$x\in\cap_{n\in\mathbf{N}}G_n\Leftrightarrow-\frac{1}{n}<x<\frac{1}{n},\ \forall n\in\mathbb{N}\Leftrightarrow x=0$$

**习题 3.1.26** 证明：$\cap_{n\in\mathbf{N}}\left(a-\frac{1}{n},\ b+\frac{1}{n}\right)=[a,\ b]$。

**习题 3.1.27** 证明：若$\{F_\alpha\}_{\alpha\in A}$是闭集，则$\cap_{\alpha\in A}F_\alpha$也是闭集。

**习题 3.1.28** 证明：①若 $A$ 是有限集，$\{F_\alpha\}_{\alpha\in A}$是闭集族，则$\cup_{\alpha\in A}F_\alpha$是闭集。②$\cup_{n\in\mathbf{N}}\left[a+\frac{1}{n},\ b-\frac{1}{n}\right]=(a,\ b)$。

**习题 3.1.29** 证明：$G\subset S$ 是开集，当且仅当 $G$ 可表示为任意数量的开球的并。

集合 $E$ 的闭包是指所有 $E$ 的附着点（聚点）构成的集合，记为 $clE$。根据习题3.1.16，当且仅当$x\in clE$，存在序列（$x_n$）$\subset E$，$x_n\to x$。集合 $E$ 是所有内点的集合，记为 $intE$。

**习题 3.1.30** 证明：①$clE$ 总是闭集。②若所有闭集 $F$ 满足 $F\supset E$，则 $clE\subset F$。利用这个结论，证明 $clE$ 为所有包含 $E$ 的闭集的交。

根据习题3.1.30可知，给定集合的闭是包含该集合的最小闭集。下一个习题将证明，给定集合的内部是包含于该集合的最大开集。

**习题 3.1.31** 证明：①$intE$ 总是开集。②若所有开集 $G$ 满足 $G\subset E$，则 $\mathrm{int}E\supset G$，利用这个结论，证明 $\mathrm{int}E$ 为所有包含于 $E$ 的开集的并。

**习题 3.1.32**　证明：①$E=clE$ 当且仅当 $E$ 是闭集。②$E=\text{int}E$ 当且仅当 $E$ 是开集。

开集和连续函数的联系非常密切。例如，有以下基本定理。

**定理 3.1.33**　函数 $f$：$S\to Y$ 是连续的，当且仅当每一个开集 $G\subset Y$ 的原像 $f^{-1(G)}$ 在 $S$ 中是开集。

**证明**：假设 $f$ 是连续函数，令 $G$ 为 $Y$ 的开子集。若 $x\in f^{-1}(G)$，则 $x$ 为内点。若所有的点为内点，则$f^{-1}(G)$为开集。若 $x$ 不是内点，则存在序列$x_n\to x$，且对所有 $n$，$x_n\notin f^{-1}(G)$，因此，我们得到$f(x_n)\notin G$。但是，由函数 $f$ 的连续性可知 $f(x_n)\to f(x)$，又因为 $f(x)\in G$，这就意味着 $f(x)\in G$ 不是 $G$ 中的内点。所以矛盾。

反过来，假设开集的原像是开集。任取$\{x_n\}_{n\geq 1}\cup\{x\}\subset S$，$x_n\to x$，取以$f(x)$为中心的 $\varepsilon$－开球 $B$，则原像$f^{-1}(B)$ 为开集。这样，存在充分大的 $N$，当 $n>N$ 时，$x_n\in f^{-1}(B)$，即可得当 $n>N$ 时，$f(x_n)\in B$。■

**习题 3.1.34**　令 $S$，$Y$，$Z$ 为度量空间，$f$：$S\to Y$，$g$：$Y\to Z$。证明：若 $f$ 和 $g$ 连续，则 $h:=g\circ f$ 是连续的。

**习题 3.1.35**　令 $S=\mathbb{R}^k$，若 $x=y$，则$\rho^*(x, y)=0$；否则，$\rho^*(x, y)=1$。证明$\rho^*$是$\mathbb{R}^k$上的一个度量。该空间下哪些子集是开集？哪些子集是闭集？什么样的函数 $f$：$S\to\mathbb{R}$是连续的？什么样的序列是收敛的？

## 3.2　更多性质

如上已经讨论了收敛、连续、开集和闭集等基本概念，现讨论度量空间理论中两个重要概念：完备性和紧性。介绍其定义和基本性质后，本节将阐述完备性和紧性概念如何应用于最优值存在性和不动点理论。

### 3.2.1　完备性

度量空间$(S, \rho)$中序列$(x_n)$称为柯西序列，若 $\forall\varepsilon>0$，则 $\exists N\in\mathbb{N}$，当 $j\geq N$，$k\geq N$ 时，$\rho(x_j, x_k)<\varepsilon$。若 $A$ 中的每一个柯西序列都收敛于 $A$ 中的某一点。则度量空间 $S$ 的子集 $A$ 称为完备的。当集合 $A$ 是整个空间 $S$ 时，称 $S$ 为完备度量

空间。如附录 A. 2 所讨论，实数空间($\mathbb{R}$，$|\cdot|$)具有完备性，而许多其他度量空间并没有这种特征。

要注意的是，完备性是给定集合 $A$ 和 $A$ 上度量 $\rho$ 的内在属性，$(A, \rho)$ 上中每个柯西序列要么收敛，要么不收敛。另外，开和闭是相对性质，集合 $A:=[0, 1)$ 在($\mathbb{R}$，$|\cdot|$)并不是开子集，但是在($\mathbb{R}_+$，$|\cdot|$)是开子集。

求解问题时，完备性具有重要意义。构造一个柯西序列，若其极限存在，该极限可能为问题解。这样，在完备空间中，我们就能确定问题的解存在。

**习题 3.2.1**　度量空间 $(S, \rho)$ 中序列 $(x_n)$ 是柯西序列，当且仅当 $\lim_{n\to\infty}\sup_{k\geqslant n}\rho(x_n, x_k)=0$。

**习题 3.2.2**　证明：①若度量空间 $(S, \rho)$ 中序列 $(x_n)$ 收敛，则该序列是柯西序列。②若 $(x_n)$ 是柯西序列，则 $(x_n)$ 有界。

哪些度量空间是完备的呢？虽然 $\mathbb{R}=(\mathbb{R}, |\cdot|)$ 是完备的，但 $\mathbb{R}$ 的子集不一定是。例如，度量空间 $(S, \rho)=((0, \infty), |\cdot|)$，一方面，$(x_n)=(1/n)$ 是 $S$ 中的柯西序列，但收敛点不在 $S$ 中。另一方面，对于 $(S, \rho)=(\mathbb{R}_+, |\cdot|)$，序列 $(1/n)$ 的极限点在 $S$ 中。的确，该空间是完备的，如 $\mathbb{R}$ 中的任意闭子集一样。

更一般地，有：

**定理 3.2.3**　令 $S$ 为一完备度量空间，子集 $A\subset S$ 是完备的，当且仅当 $A$ 是 $S$ 中的闭子集。

**证明**：假设 $A$ 是完备的。

为证明 $A$ 是闭集，令 $(x_n)\subset A$，$x_n\to x\in S$，因为 $(x_n)$ 收敛，其必为柯西序列。由于 $A$ 是完备的，我们有 $x\in A$，则 $A$ 包含该序列的极限点，因此其为闭集。反过来，假设 $A$ 是闭集，令 $(x_n)$ 为 $A$ 中的柯西序列，因为 $S$ 是完备的，故 $(x_n)$ 收敛于 $x\in S$。由于 $A$ 是闭集，因此极限点 $x\in A$，则 $A$ 是完备的。■

欧氏空间 $(\mathbb{R}^k, d_2)$ 是完备的。为证明，首先观察以下引理：

**引理 3.2.4**　$(\mathbb{R}^k, d_2)$ 中序列 $(x_n)=(x_n^1, \cdots, x_n^k)$ 是柯西序列，当且仅当每个分量（component）序列 $(x_n^j)$ 是 $\mathbb{R}=(\mathbb{R}, |\cdot|)$ 中的柯西序列。

对引理 3.2.4 的证明留作练习。[①] 该引理非常重要，因为它说明 $\mathbb{R}^k$ 继承了 $\mathbb{R}$ 的完备性（公理 A. 2. 4）。

**定理 3.2.5**　欧氏空间 $(\mathbb{R}^k, d_2)$ 是完备的。

---

① 提示：读者应该再次阅读引理 3. 1. 11 的证明。

**证明**：令$(x_n)=[(x_n^1, x_n^2, \cdots, x_n^k)']$都是$(\mathbb{R}^k, d_2)$中的柯西序列，则每个分量元素$(x_n^j)$都是$\mathbb{R}=(\mathbb{R}, |\cdot|)$中的柯西序列。根据$\mathbb{R}$的完备性，我们可知每个分量元素$(x_n^j)$收敛于$R$中某点。根据引理3.1.11，$(x_n)=[(x_n^1, x_n^2, \cdots, x_n^k)']$收敛于$\mathbb{R}^k$中某一点，因此$(\mathbb{R}^k, d_2)$是完备的。■

$(bU, d_\infty)$是有界实值函数$f: U\to\mathbb{R}$，距离为$d_\infty$，该空间也继承了$\mathbb{R}$的完备性。

**定理3.2.6** 令$U$为任意集合，则度量空间（$bU, d_\infty$）是完备的。

**证明**：令$(f_n)\subset bU$是柯西序列。我们要证明存在函数$f\in bU$使$d_\infty(f_n, f)\to 0$。为此，观察对每个$x\in U$，都有$\sup_{k\geqslant n}|f_n(x)-f_k(x)|\leqslant \sup_{k\geqslant n} d_\infty(f_n, f_k)\to 0$，因此$[f_n(x)]$是柯西序列。根据$\mathbb{R}$的完备性，$[f_n(x)]$收敛，可定义新函数$f\in bU$，$f(x)=\lim_{n\to\infty} f_n(x)$。①

如下证明$d_\infty(f_n, f)\to 0$。固定$\varepsilon>0$，选取$N\in\mathbb{N}$，使当$n$，$m\geqslant N$时，$d_\infty(f_n, f_m)<\varepsilon/2$。任取$x\in U$，对任意$m\geqslant n$，则有$|f_n-f_m|<\varepsilon/2$。因此，对$m$取极限，则有$|f_n(x)-f(x)|\leqslant\varepsilon/2$，由于$x$是任取的，则$d_\infty(f_n, f)\leqslant\dfrac{\varepsilon}{2}<\varepsilon$。■

这是简要讨论函数收敛的好机会。若每个$x\in U$，当$n\to\infty$时，$|f_n(x)-f(x)|\to 0$，则称集合$U$到$\mathbb{R}$的函数序列$(f_n)$逐点收敛到$f: U\to\mathbb{R}$；若$d_\infty(f_n, f)\to 0$，则称一致性收敛。逐点收敛是非常重要的，但其明显弱于$d_\infty$中的收敛。例如，假设$U$是度量空间，$f_n\to f$且$f_n$是连续的，我们希望极限$f$继承函数序列的连续性。但是对逐点收敛来讲，$f$不一定继承连续性②，对于一致收敛时，函数$f$满足连续性。

**定理3.2.7** 令$(f_n)$和$f$为度量空间$U$上的实值函数，若$f_n$在$U$上对所有的$n$连续，且$d_\infty(f_n, f)\to 0$，则$f$在$U$上连续。

**证明**：取$(x_k)\subset U$，$x_k\to\bar{x}\in U$。固定$\varepsilon>0$，取$n\in\mathbb{N}$，对所有的$x\in U$使$|f_n(x)-f(x)|\leqslant\varepsilon/2$。任意给定$k\in\mathbb{N}$，根据三角不等式可得：

$$|f(x_k)-f(\bar{x})|\leqslant|f(x_k)-f_n(x_k)|+|f_n(x_k)-f_n(\bar{x})|+|f_n(\bar{x})-f(\bar{x})|$$

$$|f(x_k)-f(\bar{x})|\leqslant|f_n(x_k)-f_n(\bar{x})|+\varepsilon\ (k\in\mathbb{N})$$

根据习题A.2.28，我们有$0\leqslant\limsup_k|f(x_k)-f(\bar{x})|\leqslant\varepsilon$。因为$\varepsilon$是任意

---

① 为什么$f\in bU$，即为何$f$在$U$上有界？参见习题3.2.2。

② 一个反例是，$U=[0, 1]$，$f_n(x)=x^n$，在$[0, 1)$上，$f(x)=0$，以及$f(1)=1$。

的，所以 $\limsup_k |f(x_k)-f(\bar{x})| = \lim_k |f(x_k)-f(\bar{x})| = 0$。■

现在我们介绍另外一个重要的度量空间。

**定义 3.2.8** 给定度量空间 $U$，令 $(bcU, d_\infty)$ 为 $bU$ 上距离为 $d_\infty$ 的连续函数构成的度量空间。

**定理 3.2.9** $(bcU, d_\infty)$ 总是完备的。

**证明**：根据定理 3.2.3（完备空间的闭子集是完备的），定理 3.2.6［$(bU, d_\infty)$ 是完备空间］和定理 3.2.7（作为 $bU$ 子集的空间 $bcU$ 是闭集），可以证明。■

### 3.2.2 紧集

现在讨论紧性概念。若 $(S, \rho)$ 中的子集 $K$ 的每一序列有子序列收敛于 $S$，则称子集 $K$ 为 $S$ 上的预紧集。若 $K$ 中每一序列有子序列收敛于 $K$，则称集合 $K$ 为紧集。(因此，每一 $S$ 的紧子集在 $S$ 上是预紧的，任何闭预紧子集都是紧集。) 紧性概念对我们的分析至关重要。正如我们将会看到的，收敛子序列的存在通常能使我们容易解决一些棘手问题。

紧性具有一些其他重要特征。初看起来，这些性质（或定义）与序列定义的紧性相差较大。为表述以下定理，对 $S$ 中的集合 $K$，其中一个开覆盖是 $S$ 开子集族 $\{G_\alpha\}$，使 $K \subset \cup_\alpha G_\alpha$。若其仅包含有限多个集合，则该覆盖被称为有限覆盖。

**定理 3.2.10** 任意度量空间 $S$ 中的子集 $K$ 是紧的，当且仅当每一个 $K$ 的开覆盖可选取一个有限子覆盖。

换句话说，集合 $K$ 是紧的，当且仅当给定任意开覆盖，我们选取有限开集并剔除所有其他开集，选取的有限开集仍能覆盖 $K$。定理 3.2.10 的证明可以在任何一本实证分析书中找到。

**习题 3.2.11** 举例说明 $\mathbb{R}^k$ 的开覆盖不能选取有限子覆盖。构造一个 $\mathbb{R}^k$ 的序列，该序列不存在收敛子序列。

**习题 3.2.12** 利用定理 3.2.10 证明：度量空间 $S$ 中每一紧子集都是有界的［即对足够大的 $n \in N$ 和 $x \in S$ 的点，紧子集包含于开球 $B(n; x)$］。

**习题 3.2.13** 证明：度量空间的每一紧子集都是闭集。

度量空间上的有界闭子集并不总是紧集。

**习题 3.2.14** 令 $(S, \rho) = ((0, \infty), |\cdot|)$ 和 $K = (0, 1]$。证明虽然 $K$ 是

$S$ 中有界闭集，但不是预紧的。

**习题 3.2.15** 证明：紧集的每一子集都是预紧的，每一闭子集都是紧的。

**习题 3.2.16** 证明：任意度量空间中，紧集的任意交是紧集，紧集的有限并是紧集。

**习题 3.2.17** 作为一个更高级的练习，请读者尝试证明：预紧集的闭包是紧集，预紧集都是有界的。

讨论预紧和紧性时，欧氏空间（$\mathbb{R}^k$，$d_2$）是非常特殊的。例如，波尔查诺－维尔斯特拉斯（Bolzano－Weierstrass）定理：

**定理 3.2.18** 欧氏空间（$\mathbb{R}^k$，$d_2$）中每一有界序列，至少存在一个收敛子序列。

**证明**：我们来验证 $k=2$ 时的情形。令（$x_n$）＝（$x_n^1$，$x_n^2$）⊂（$\mathbb{R}^2$，$d_2$）是有界序列。因为（$x_n^1$）是$\mathbb{R}$中有界序列，故可找到序列$n_1$，$n_2$，$\cdots=:$（$n_j$），使（$x_{n_j}^1$）收敛于$\mathbb{R}$（定理 A.2.10）。现在讨论（$x_n^2$）。该序列也是有界的，故一定有一个收敛子序列。从$n_1$，$n_2$，$\cdots=:$（$n_j$）中剔除更多元素，可得子序列（$n_i$）⊂（$n_j$），使（$x_{n_i}^2$）收敛。因为（$n_i$）⊂（$n_j$），所以序列（$x_{n_i}^1$）同样收敛。根据引理 3.1.11，可得（$x_{n_j}$）在（$\mathbb{R}^2$，$d_2$）中收敛。■

可以直接得到以下海涅－博雷尔（Heine－Borel）定理。

**定理 3.2.19** （$\mathbb{R}^2$，$d_2$）的子集在（$\mathbb{R}^2$，$d_2$）上是预紧的，当且仅当它是有界集；是紧的，当且仅当它是有界闭集。

如我们所见，（$\mathbb{R}^k$，$d_2$）中一些性质可以直接推广到任意的度量空间，而另一些性质却不能。例如，任意度量空间中的有界闭集不一定是紧的。然而，在 3.2.3 中，$\mathbb{R}^k$上由范数得到任意距离 $d$ 都与$d_2$等价。因此，（$\mathbb{R}^k$，$d$）的子集是紧的，当且仅当它是有界闭集。

### 3.2.3 优化和等价

优化理论不仅对经济学重要，而且对统计学、数值计算、工程学以及其他科学领域也很重要。在经济学中，理性是具有代表性的经济个体行为的基准假设，并经常要求经济个体求解优化问题。在统计学中，优化理论用于最大似然和其他相关估计程序，以及其他的“最佳”估计证明和构造。对于数值方法和近似理论，人们经常寻求在某种合适的度量意义上与给定函数 $f$ “最接近”的简单表达 $f_n$。

在任何给定的优化问题中，我们面对的首要问题是最优解是否存在？例如，需求函数一般是从消费者的最优问题中求解所得，当最优解不存在时，那将会很尴尬。这同样适用于供给函数，以及指定状态下“操纵者”最优行为的策略函数。所以我们一般从如下定理开始讨论最优解的存在性。

**定理 3.2.20**　令 $f$: $S \to Y$，其中 $S$，$Y$ 是度量空间，$f$ 是连续的。若 $K \subset S$ 是紧集，则在 $f$ 下 $K$ 的像 $f(K)$ 也是紧集。

**证明**：选取 $f(K)$ 的一个开覆盖，在 $f$ 下这些开覆盖的原像是 $K$ 的一个开覆盖（定理 3.1.33）。由于 $K$ 是紧集，可以取得 $K$ 的有限开覆盖（定理 3.2.10）。在 $f$ 下，$K$ 的有限开覆盖的像是开集族，且是 $f(K)$ 的有限开覆盖，因此 $f(K)$ 是紧的。■

**习题 3.2.21**　使用紧集的序列定义和连续性重新证明定理 3.2.20。

以下的定理是优化理论中最重要的定理之一。该定理指出，定义在紧集上的连续函数总是存在最优值。

**定理 3.2.22**　（维尔斯特拉斯，Weierstrass）令 $f$: $K \to \mathbb{R}$，$K$ 是任意度量空间 $(S, \rho)$ 的子集。若 $f$ 连续，$K$ 是紧集，则 $f$ 在 $K$ 上能取得上确界和下确界。

换言之，存在 $\alpha := \sup f(K)$，且存在 $x \in K$，使 $f(x) = \alpha$。对下确界也有相应结论。

**证明**：关于上确界，可直接从定理 3.2.20 和定理 3.1.22 中得到。根据这些定理，读者应该能够证明 $\alpha := f(K)$ 的存在，且 $\alpha \in f(K)$。根据 $f(K)$ 的定义且 $K$ 为紧集，存在 $x \in K$，使 $f(x) = \alpha$。即证明了上确界问题，同理可证明下确界问题。■

一般地，对于 $f$: $S \to R$，若实值 $y \in R$，对所有 $x \in A$，有 $f(x) \leqslant y$，以及存在某一 $\bar{x} \in A$，使 $f(\bar{x}) = y$，称 $y \in R$ 为 $f$ 在 $A \subset S$ 上的最大值，且最多存在一个最大值。

$f$ 在 $A$ 上的最大值点记为：

$$\underset{x \in A}{\operatorname{argmax}} f(x) := \{x \in A: f(x) = y\} = \{x \in A: f(z) \leqslant f(x),\ z \in A\}$$

最小值和最小值点的定义方式相似。

有了以上证明，可以重新表述定理 3.2.22 为：若 $K$ 是紧集，$f$: $K \to \mathbb{R}$ 连续，则至少包含 $f$ 在 $K$ 上的一个最小值点和一个最大值点。

**习题 3.2.23**　令 $f$: $K \to \mathbb{R}$，其中 $K$ 是紧集，$f$ 连续。证明：若 $f$ 在 $K$ 上严格为正，则 $\inf f(K)$ 也严格为正。

作为定理 3.2.22 的应用，让我们证明$\mathbb{R}^k$中所有范数基本上诱导相同的度量空间。我们从定义开始：令 $S$ 为非空集，$\rho$ 和 $\rho'$ 为 $S$ 上的两个度量，我们就说 $\rho$ 和 $\rho'$ 是等价的，若存在常数 $K$ 和 $J$ 则使：

$$\rho(x, y) \leqslant K\rho'(x, y) \text{和} \rho'(x, y) \leqslant J\rho(x, y), \quad \forall x, y \in S \tag{3-4}$$

等价的概念非常重要，因为等价度量拥有相同的收敛序列和柯西序列。度量空间（$S$，$\rho$）和（$S$，$\rho'$）拥有相同的开集、闭集、紧集和有界集。

**引理 3.2.24** 令 $\rho$ 和 $\rho'$ 是 $S$ 上的等价度量，$(x_n) \subset S$。序列 $(x_n)$ $\rho$ - 收敛于 $x \in S$，当且仅当序列 $(x_n)$ $\rho'$ - 收敛于 $x$。[①]

**证明**：若 $\rho(x_n, x) \to 0$，则 $\rho'(x_n, x) \leqslant J\rho(x_n, x) \to 0$。反之也成立。■

**习题 3.2.25** 令 $\rho$ 和 $\rho'$ 是 $S$ 上的等价度量，$(x_n) \subset S$。证明：序列 $(x_n)$ 是 $\rho$ - 中的柯西序列，当且仅当它是 $\rho'$ - 的柯西序列。[②]

**习题 3.2.26** 令 $\rho$ 和 $\rho'$ 是 $S$ 上的等价度量，$A \subset S$。证明：$A$ 是 $\rho$ - 完备的，当且仅当它是 $\rho'$ - 完备的。

**习题 3.2.27** 令 $\rho$ 和 $\rho'$ 是 $S$ 上的等价度量。证明：（$S$，$\rho$）和（$S$，$\rho'$）拥有相同的开集、闭集、有界集和紧集。

**习题 3.2.28** 令 $\rho$ 和 $\rho'$ 是 $S$ 上的等价度量，$f$：$S \to R = (R, |\cdot|)$。证明：$f$ 是 $\rho$ - 连续的，当且仅当 $f$ 是 $\rho'$ - 连续的。

**习题 3.2.29** 令 $S$ 为任意非空集合，$\rho$、$\rho'$ 和 $\rho''$ 是 $S$ 上的度量。证明：等价具有传递性，即若 $\rho$ 和 $\rho'$ 等价，$\rho'$ 和 $\rho''$ 等价，则 $\rho$ 和 $\rho''$ 也等价。

**定理 3.2.30** $\mathbb{R}^k$上由范数诱导的所有度量都是等价的。

**证明**：定理 3.1.2 中表述，若 $\|\cdot\|$ 和 $\|\cdot\|'$ 是 $\mathbb{R}^k$ 上的两个范数（见定义 3.1.2），测度 $\rho$ 和 $\rho'$ 分别定义为：$\rho(x, y) := \|x-y\|$ 和 $\rho'(x, y) := \|x-y\|'$，则 $\rho$ 和 $\rho'$ 等价。根据习题 3.2.29，我们只需证明这些度量与 $d_1$ 等价就足矣。为了证明这些度量中任意一个等价于$d_1$，我们只需证明，若$\|\cdot\|$是$\mathbb{R}^k$上任意范数，则存在常数 $K$ 和 $J$ 满足：

$$\|x\| \leqslant K\|x\|_1 \text{和} \|x\|_1 \leqslant J\|x\|, \text{任意 } x \in R^k \tag{3-5}$$

为证明(3-5)中第一个不等式，令$e_j$为$\mathbb{R}^k$中第 $j$ 个基准向量（即第 $j$ 个分量为 1，其他分量为 0）。令 $K := \max_j \|e_j\|$，对任意 $x \in \mathbb{R}^k$，有：

---

① 这里 $\rho$ - 收敛是指在度量空间（$S$，$\rho$）上收敛。

② 提示：使用习题 3.2.1 结论证明。

$$\|x\| = \|x_1 e_1 + x_2 e_2 + \cdots + x_k e_k\| \leqslant \sum_{j=1}^{k} \|x_j e_j\| = \sum_{j=1}^{k} |x_j| \|e_j\| \leqslant K \|x\|_1$$

为了证明(3-5)中第二个不等式，已知 $x \mapsto \|x\|$在度量空间($\mathbb{R}^k$, $d_1$)上是连续的，因为若在$d_1$下$x_n \to x$，则：

$$| \|x_n\| - \|x\| | \leqslant \|x_n - x\| \leqslant K \|x_n - x\|_1 \to 0 (n \to \infty)$$

现在考察集合 $E := \{x \in \mathbb{R}^k: \|x\|_1 = 1\}$，这里对定理3.2.19的证明所作改动，与($\mathbb{R}^k$, $d_2$)中的结论相似，($\mathbb{R}^k$, $d_1$)中的有界闭集是紧集①，可得 $E$ 为$d_1$-的紧集。现在根据定理3.2.22，$x \mapsto \|x\|$在 $E$ 上得到最小值，即有$x^* \in E$ 满足$\|x^*\| \leqslant \|x\|$，对所有 $x \in E$，显然$\|x^*\| \neq 0$。现在观察一下，对任意 $x \in \mathbb{R}^k$，有：

$$\|x\| = \left\| \frac{x}{\|x\|_1} \right\| \|x\|_1 \geqslant \|x^*\| \|x\|_1$$

令 $J := 1/\|x^*\|$，则可以得到第二个不等式。■

### 3.2.4 不动点

接下来我们开始讨论不动点。不动点定理告诉我们对于给定 $T$: $S \to S$，如何找到 $x$ 求解 $Tx = x$。②如优化理论一样，不动点理论也具有重要的应用价值。我们对问题研究的结果经常是一些适当构造函数的不动点。在本小节讨论的定理中，其中一个使用凸性，即著名的 L. E. J. Brouwer 定理；另外两个讨论的定理则基于压缩映射定理，即著名的 Stefan Banach 定理，以及该定理的变体。

另外，不动点和优化问题是密切相关的。在研究动态规划时，优化问题将转换为不动点问题，从而在这一过程中得到有效的计算方法。另外，若 $T$: $S \to S$ 在度量空间（$S$, $\rho$）中有唯一的不动点，则求解不动点等价于求解 $g(x) := \rho(x, Tx)$ 的最小值点。

因此，令 $T$: $S \to S$，其中 $S$ 为任意集合，若 $Tx^* = x^*$，则$x^* \in S$ 是 $T$ 在 $S$ 上的不动点。$S$ 为$\mathbb{R}$ 的子集，则 $T$ 在 $S$ 上的不动点是 $T$ 与45°线的交点，如图3-3所示。

---

① 或者，你可以直接证明($R^k$, $d_2$)和($R^k$, $d_1$)是等价的，对(3-5)中，设$\|\cdot\| = \|\cdot\|_2$，则(3-5)中第一个不等式已证明。对第二个不等式，直接利用 Cauchy Schwartz 不等式可得到。

② 在不动点理论中，我们经常利用大写字母（如 $T$）表示函数，且省略变量和括号。其原因是 $S$ 经常表示一个函数空间。这样$f$, $g$ 将保留用来表示 $S$ 中的元素。

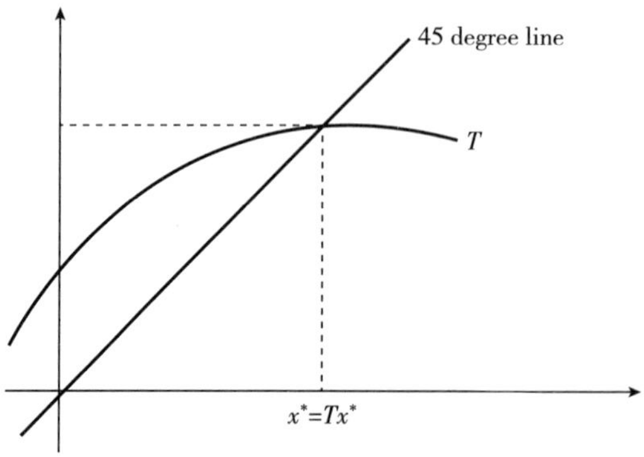


图 3－3　一维空间上的不动点

**习题 3.2.31**　证明：若 $S=\mathbb{R}$ 和 $T$：$S\to S$ 是递减的（$x\leqslant y$，意味着 $Tx\geqslant Ty$），则 $T$ 至多有一个不动点。

集合 $S\subset\mathbb{R}^k$ 是凸的，若对所有的 $\lambda\in[0,1]$，$a$，$a'\in S$，有 $\lambda a+(1-\lambda)a'\in S$。以下是布劳威尔（Brouwer）不动点定理：

**定理 3.2.32**　考虑空间（$\mathbb{R}^k$，$d$），$d$ 是由任意范数诱导的度量。[①]令 $S\subset\mathbb{R}^k$，$T$：$S\to S$。若 $T$ 是连续的，$S$ 是凸集和紧集，则 $T$ 在 $S$ 上至少存在一个不动点。

该定理的证明比较繁琐且非本书重点，故省略。[②]下面讨论压缩映射，令（$S$，$\rho$）为度量空间，$T$：$S\to S$。

$T$ 是 $S$ 上非扩展的映射：

$$\rho(Tx,\ Ty)\leqslant\rho(x,\ y),\quad\forall x,\ y\in S \tag{3-6}$$

$T$ 为 $S$ 上压缩的映射：

$$\rho(Tx,\ Ty)<\rho(x,\ y),\quad\forall x,\ y\in S,\ x\neq y \tag{3-7}$$

$T$ 是 $S$ 上模为 $\lambda$ 的一致压缩映射：

$$0\leqslant\lambda<1,\ \rho(Tx,\ Ty)\leqslant\lambda\rho(x,\ y),\quad\forall x,\ y\in S \tag{3-8}$$

**习题 3.2.33**　证明：若 $T$ 在 $S$ 上是非扩散映射，则 $T$ 在 $S$ 上也是连续的（基于相同度量 $\rho$）。

**习题 3.2.34**　证明：若 $T$ 在 $S$ 上是压缩映射，则 $T$ 在 $S$ 上至多有一个不动点。

---

①　所有这样的测度都是等价的。参见定理 3.2.30。

②　读者也许可以考虑 $S=[0,1]$ 的情形，以获得直观认识。

对于 $n\in N$，符号$T^n$表示 $T$ 的第 $n$ 次复合。因此，$T^n x$ 表示映射 $T$ 作用于 $x$，然后 $T$ 再作用于其结果，如此重复 $n$ 次。为了记号方便，$T^0$等同于映射 $x\mapsto x$。[1]

**习题 3.2.35** 令 $T$ 是 $S$ 上模为 $\lambda$ 的一致压缩映射及$x_0\in S$。定义$x_n:=T^n x_0$，$n\in\mathbb{N}$。利用归纳法证明，对所有的 $n\in\mathbb{N}$，都有 $\rho(x_{n+1},\ x_n)\leqslant\lambda^n\rho(x_1,\ x_0)$。

以下定理是泛函分析的基石。

**定理 3.2.36** （巴拿赫，Banach）令 $T$：$S\to S$，（$S$，$\rho$）为完备度量空间。若 $T$ 是 $S$ 上模为 $\lambda$ 的一致压缩映射，则 $T$ 存在唯一不动点$x^*\in S$。而且，对于每一 $x\in S$，$n\in\mathbb{N}$，我们有 $\rho$（$T^n x$，$x^*$）$\leqslant\lambda^n\rho$（$x$，$x^*$）。因此，当 $n\to\infty$ 时，$T^n x\to x^*$。

证明：令 $\lambda$ 如（3－8）所示，$x_n:=T^n x_0$，其中$x_0\in S$。根据习题 3.2.35，对所有的$n\in\mathbb{N}$，$\rho$（$x_{n+1}$，$x_n$）$\leqslant\lambda^n\rho$（$x_1$，$x_0$），表明（$x_n$）是$\rho$－的柯西序列。事实上，可以证明，若 $k$，$n\in\mathbb{N}$，$k>n$，则$\rho$（$x_n$，$x_k$）$\leqslant\sum_{j=n}^{k-1}\lambda^j\rho$（$x_0x_1$）。

$$\rho(x_n,\ x_k)<\frac{\lambda^n}{1-\lambda}\rho(x_0,\ x_1),\ (n,\ k\in N,\ n<k)$$

由于$(x_n)$为柯西序列，因此序列存在极限$x^*\in S$。也就是说，$T^n x_0\to x^*\in S$。接下来，证明$x^*$是 $T$ 的不动点。由于 $T$ 是连续的，故 $T(T^n x_0)\to T x^*$。显然 $T(T^n x_0)\to x^*$ 也成立。由于度量空间中序列至多有一个极限点，故一定有$Tx^*=x^*$。

关于唯一性，令 $x$，$x'$是 $T$ 在 $S$ 上的不动点，则：

$\rho(x,\ x')=\rho(Tx,\ Tx')\leqslant\lambda\rho(x,\ x')$

得到$\rho(x,\ x')=0$，从而 $x=x'$。

定理中$\rho$（$T^n x$，$x^*$）$\leqslant\lambda^n\rho$（$x$，$x^*$）的证明留作习题。■

如果仅是压缩映射而非一致，那么 Banach 定理的稳定性证明将会失效，从而不动点可能不会存在。一方面，在一致压缩映射下，由 $T$ 导致的压缩速度是几何级的，这一过程中的极限就是不动点。另一方面，基于压缩映射我们知道在这一过程中每步都会变慢，但这并不能保证序列收敛。想象一下一个快速移动的粒子，时刻 $t$ 的移动速度为 $1+\frac{1}{t}$，虽然其移动速度在每一刻都在下降，但是粒子的速度总是大于 0。

[1] 换句话说，$T^0:=\{x\mapsto x\}$和$T^n:=T\circ T^{n-1}(n\in N)$。

**习题 3.2.37** 令 $S:=\mathbb{R}_+$，距离为 $|\cdot|$，$T$：$x \mapsto x+e^{-x}$。证明 $T$ 是 $S$ 上的压缩映射，但 $T$ 不存在不动点。

然而，如果我们把集合 $S$ 是紧的条件加到 $T$ 的压缩性上，这一问题就会被修正。现在不能脱离主要条件太远，因为会违反收敛子序列存在性。

**定理 3.2.38** 若（$S$，$\rho$）是紧的，且 $T$：$S \to S$ 是压缩映射，则 $T$ 存在唯一的不动点 $x^* \in S$。进一步，$T^n x \to x^*$，对所有的 $x \in S$。

为了保持连续性，证明放到附录中。

## 3.3 评述

1906 年，法国数学家莫里斯·弗雷歇（Fréchet）（1878～1973）在他的博士论文中提出了度量空间的概念。度量空间这一名称可追溯到费利克斯·豪斯多夫（Felix Hausdorff）（1968～1942）。与度量空间相关的其他重要的空间概念有拓扑空间（一种一般化的度量空间）和赋范线性空间（具有代数结构的度量空间）。关于度量空间理论从基础到高级的参考文献有：Light（1990）、Kolmogorov 和 Fomin（1970）、Aliprantis 和 Burkinshaw（1998）、Aliprantis 和 Border（1999）。关于经济应用的书，参见 Ok（2007）。

本章只是对不动点和优化专题的初步探讨。Sundaram（1996）是一本较好的优化理论著作。布劳威尔（Brouwer）不动点定理的扩展都是可用的，包括角谷静夫定理［对应部分，可参见 Maclennan 和 Tourky（2005）的有趣证明］、Schauder 定理（对无限维空间）。Aliprantis 和 Border（1999）也是能够学习到更多知识的优秀参考文献。

# 第 4 章　动态系统导论

## 4.1　确定性动力系统

对编程和度量空间理论进行了一定程度的讨论，使我们拥有了动态分析的充足工具。接下来，我们首先阐述确定性动力系统（dynamical systems），建立基本理论和稳定性概念。其次讨论随机模型，随机模型中状态变量的演化受到噪声干扰。确定性动力系统是随机动力系统的一个特例（白噪声方差为 0），我们认为随机模型可内嵌于确定性框架。最后基于此，可利用确定性动态模型来研究随机动态模型的性质。

### 4.1.1　基本模型

假设可以观测到度量空间 $S$ 中变量 $x$ 的时间路径，系统在时刻 $t$ 的状态记为 $x_t$。再假设可使用映射 $h$ 计算从状态 $x_t$ 到时刻 $t+1$ 的值 $x_{t+1}$，即 $x_{t+1}=h(x_t)$。这两个原始要素 $S$ 和 $h$ 构成了这一动力系统。

**定义 4.1.1**　$(S, h)$ 是一个动力系统，其中 $S=(S, \rho)$ 为任一度量空间，$h$ 是 $S$ 到自身的映射。

使用 $h$ 对 $x\in S$ 进行 $n$ 步迭代，记为 $h^n(x)$。一般地，记为 $h^0(x):=x$。在 $h$ 作用下，$x\in S$ 的轨迹是序列 $(h^t(x))_{t\geqslant 0}$。如前所述，若 $h(x^*)=x^*$，则 $x^*\in S$ 是 $h$ 的不动点。不动点也被称为在 $h$ 下的稳定点或不变点①。图 4－1 描述了 $\mathbb{R}^2$ 中

① 相似术语也可以应用于集合，例如，若 $h(A)\subset A$，则称 $A$ 在 $h$ 下是不变的。

特定映射 $h$ 的动力系统，箭头指向表示 $x$ 到 $h(x)$，其中 $x$ 是网格中的一点。

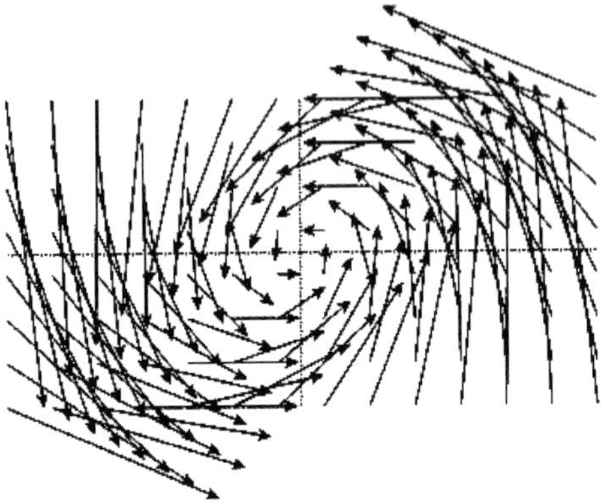

图 4-1　一个动力系统

**习题 4.1.2**　证明：若 $(S, h)$ 为动力系统，$x' \in S$ 为某一轨迹的极限点（即对 $x \in S$，当 $t \to \infty$ 时，有 $h^t(x) \to x'$），以及 $h$ 在 $x'$ 点连续，则 $x'$ 是 $h$ 的不动点。①

**习题 4.1.3**　证明：若 $h$ 在 $S$ 上连续以及 $h(A) \subset A$，即 $h: A \to A$，则 $h(clA) \subset clA$。

令 $x^*$ 为 $S$ 上 $h$ 的不动点。$x^*$ 的稳定集 $\Lambda(x^*)$ 中的元素 $x$ 满足：$\lim_{t\to\infty} h^t(x) = x^*$，$x \in S$。显然，$\Lambda(x^*)$ 是非空的（为什么？$x^*$ 就是其一元素）。若存在开集 $G$ 满足 $x^* \in G \subset \Lambda(x^*)$，则称 $x^*$ 为局部稳定（locally stable）或吸引子（attractor）。等价地说，若从围绕 $x^*$ 的 $\varepsilon$-开球出发的轨迹都收敛于 $x^*$，那么 $x^*$ 是局部稳定的。

**习题 4.1.4**　证明：$x^*$ 是局部稳定的，当且仅当存在 $\varepsilon > 0$ 使 $B(\varepsilon, x^*) \subset \Lambda(x^*)$。

本书更感兴趣于全局稳定（global stability）：

**定义 4.1.5**　若：

（1）在 $S$ 上 $h$ 有唯一的不动点 $x^*$；

① 提示：令 $x_t := h^t(x)$，则 $x_t \to x'$。考虑序列 $(h(x_t))_{t\geq 1}$，证明 $h(x_t) \to h(x')$，并证明 $h(x_t) \to x'$ 同样成立。

（2）$h^t(x) \to x^*$，当 $t \to \infty$ 时，对于所有的 $x \in S$。

则动力系统（$S$，$h$）称为全局稳定或渐近稳定。

**习题 4.1.6**　证明：若 $x^*$ 是动力系统（$S$，$h$）中的不动点，且任一轨迹都收敛于该点，则 $x^*$ 是（$S$，$h$）中的唯一不动点。

图 4－2 有助于可视化全局稳定的概念，图中描绘了 $\mathbb{R}^2$ 上稳定映射 $h$ 的 20 条轨迹。图 4－3 也描绘了一个一维全局稳定的动力系统（$S$，$h$），$S := (0, \infty)$，$h(k) := sAk^{\alpha}$，其中 $s \in (0, 1]$，$A > 0$ 和 $\alpha \in (0, 1)$。该动力系统是索罗－斯旺（Solow－Swan）增长模型，下一期的资本存量 $h(k)$ 等于储蓄率 $s$ 与当期产出 $Ak^{\alpha}$ 的乘积。$A$ 是生产率参数，$\alpha$ 表示资本密集度。图 4－3 为 45 度图示。当曲线 $h$ 在 45 度线上方（或下方），有 $h(k) > k$（或 $h(k) < k$），此时轨迹将向右（或左）移动。可证明这两条轨迹收敛于唯一不动点 $k^*$。

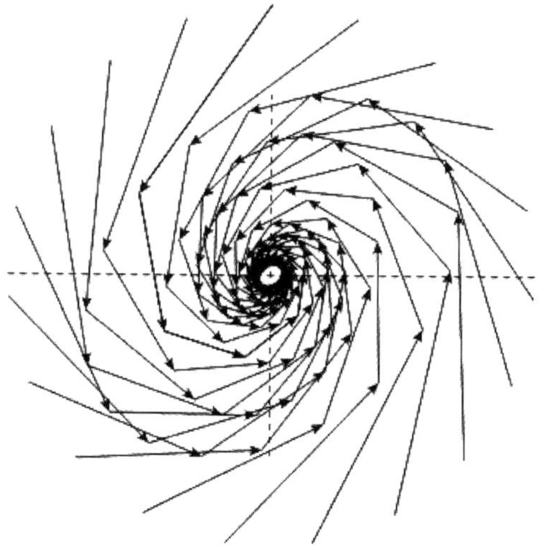

**图 4－2　全局稳定**

当 $S$ 是 $\mathbb{R}$ 上的开子集时，对于系统（$S$，$h$）的局部稳定性，有以下引理：

**引理 4.1.7**　若函数 $h$ 连续可导 $h'$，且 $|h'(x^*)| < 1$，$x^*$ 为 $h$ 的一个不动点，则 $x^*$ 是局部稳定的。

尽管该引理对本书后续研究并不重要，但对该引理感兴趣的读者可尝试证明。

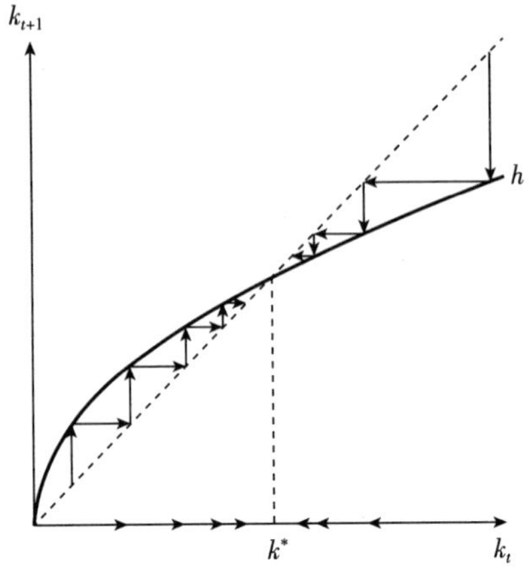


图 4-3　45°图示

**例题 4.1.8**　考虑一个具有"门槛"非凸性的增长模型$k_{t+1}=sA(k_t)k_t^{\alpha}$，其中$s\in(0, 1]$。$k\mapsto A(k)$是一个递增函数，当$k>0$时，$A(k)>0$。假设$A$是一个阶梯函数，形式如下：

$$A(k)=\begin{cases}A_1, & 0<k<k_b\\ A_2, & k_b\leqslant k<\infty\end{cases}$$

其中，$k_b$为资本存量的门槛值，$0<A_1<A_2$。当$k=s\,A_ik^{\alpha}$，$i=1, 2$的解存在时，令$k_i^*$为其解。图 4-4 描绘了$k_1^*<k_b<k_2^*$时的情形，这两个不动点都是局部吸引子，可用引理 4.1.7 验证。长期均衡结果依赖于初始条件，故可认为该模型具有路径依赖性。

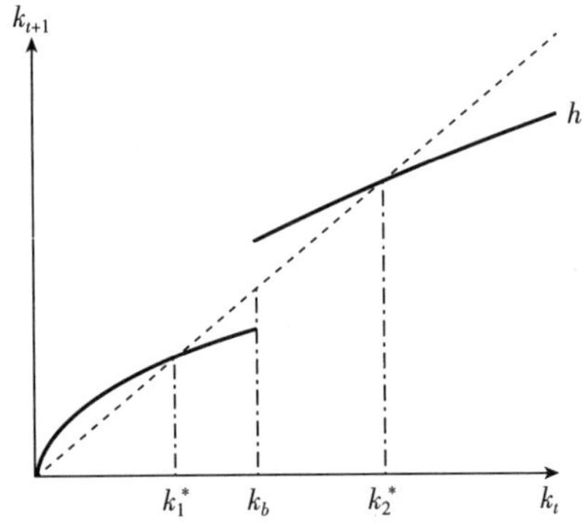


图 4-4　门槛外部性

**习题4.1.9** 若$S$中每一轨迹都是预紧的，则动力系统（$S$，$h$）称为拉格朗日式稳定。换言之，对任意$x \in S$，集合$\{h^n(x): n \in \mathbb{N}\}$是预紧的。①证明：若$S$是$\mathbb{R}^k$上的有界闭子集，则对于任何映射$h$，动力系统（$S$，$h$）是拉格朗日式稳定的。

**习题4.1.10** 给出一个动力系统（$S$，$h$）的例子，满足：虽然$S$是无界的，但（$S$，$h$）是拉格朗日式稳定的。

**习题4.1.11** 令$S=\mathbb{R}$，$h$：$\mathbb{R} \to \mathbb{R}$是一个递增函数，即若$x \leqslant y$，则$h(x) \leqslant h(y)$。证明：$\mathbb{R}$上$h$的每一轨迹都是单调序列（或增或减）。

**习题4.1.12** 现在$\mathbb{R}^n$上排序，对于所有的$i \in \{1, 2, \cdots, n\}$，若$x_i \leqslant y_i$，则序关系$x \leqslant y$（$x$中每一元素都被$y$中对应元素主导）。令$S=\mathbb{R}^n$，$h$：$S \to S$单调递增（定义如前述相同）。证明：$h$不一定产生单调轨迹。

### 4.1.2 全局稳定性

全局稳定性是本书接下来讨论的一个重要概念。我们首先从一维线性系统（更准确地说是仿射系统）开始研究全局稳定性。

**习题4.1.13** 令$S=(\mathbb{R}^n, |\cdot|)$和$h(x)=ax+b$。证明：

$$h^t(x) = a^t x + b\sum_{i=0}^{t-1} a^i (x \in S, \ t \in N)$$

提示：利用归纳法。根据以上表达式，证明：当$|a|<1$时，动态系统（$S$，$h$）是全局稳定的，并写出不动点。

**习题4.1.14** 证明：$|a|<1$是动态系统（$S$，$h$）的全局稳定的必要条件。即如果$|a| \geqslant 1$，则动态系统（$S$，$h$）不是全局稳定的。特别地，仅当$x_0=x^*$时，$h^t(x_0)$收敛于$x^* := b/(1-a)$。

在习题4.1.13中，可以直接证明仿射系统（$|a|<1$）的全局稳定性。然而对一些复杂的系统，直接证明的方法可能无效。这时，需要开发强有力的新工具，例如Banach不动点定理（定理3.2.36）。

**习题4.1.15** 令（$S$，$h$）如习题4.1.13中所定义。利用定理3.2.36证明：当$|a|<1$时，动态系统（$S$，$h$）是全局稳定的。

**习题4.1.16** 令$S:=(0, \infty)$和$\rho(x, y) := |\ln(x) - \ln(y)|$。证

① 等价于证明，任一迹子序列具有一个收敛的子序列。

明：$\rho$ 是 $S$ 上的测度，且（$S$，$\rho$）是完备度量空间。① 考虑图 4－3 中的增长模型 $k_{t+1}=h(k_t)=sAk_t^{\alpha}$，其中，$s\in(0,1]$，$A>0$，$\alpha\in(0,1)$。转换到动态系统（$S$，$\rho$），利用定理 3.2.36 来证明全局稳定性。

接下来，考虑$\mathbb{R}^n$中的线性系统。一般地，函数 $h$：$\mathbb{R}^n\to\mathbb{R}^n$称为线性，若：

$$h(\alpha x+\beta y)=\alpha h(x)+\beta h(y),\quad \forall x, y\in\mathbb{R}^n,\quad \forall \alpha, \beta\in R \tag{4-1}$$

可证明 $h$ 是连续的。若 $E$ 为 $n\times n$ 矩阵，则定义在$\mathbb{R}^n$上的映射 $x\mapsto Ex$ 是线性的。实际上，可以证明所有线性映射 $h$：$\mathbb{R}^n\to\mathbb{R}^n$都存在矩阵 $E_h$，且 $h(x)=E_hx$（$x\in\mathbb{R}^n$）。$\mathbb{R}^n$上的仿射映射 $h$：$\mathbb{R}^n\to\mathbb{R}^n$的定义如下：

$$h(x)=Ex+b$$

其中，$E$ 为 $n\times n$ 矩阵，$b\in\mathbb{R}^n$。

为了进一步研究该系统，令$\|\cdot\|$为$\mathbb{R}^n$上的任一范数，定义：

$$\lambda:=\max\{\|Ex\|: x\in R^n, \|x\|=1\} \tag{4-2}$$

**习题 4.1.17** 证明上述最大值存在。利用范数和 $E$ 的线性性质，证明：对于$\forall x\in\mathbb{R}^n$，有$\|Ex\|\leqslant\lambda\|x\|$，如果 $\lambda<1$，则（$\mathbb{R}^n$，$h$）是全局稳定的。

看一下以上理论是如何运用的。在经典文献中，Long 和 Plosser（1983）使用多部门增长模型研究了经济周期。求解模型后，他们得到一个对数产出的动态系统：$y_{t+1}=Ay_t+b$。这里 $A=(a_{ij})$ 为部门间的投入产出弹性系数矩阵，$y_t$是 $6\times1$ 向量，记录了农业、采矿业、建筑业、制造业、运输业和服务业的产出。② 利用成本份额数据和完全竞争假设，作者计算 $A$ 为：

$$A=(a_{ij})=\begin{pmatrix}0.45 & 0.00 & 0.01 & 0.21 & 0.10 & 0.16\\ 0.00 & 0.09 & 0.04 & 0.17 & 0.05 & 0.49\\ 0.00 & 0.01 & 0.00 & 0.42 & 0.12 & 0.09\\ 0.06 & 0.03 & 0.01 & 0.46 & 0.06 & 0.13\\ 0.00 & 0.00 & 0.02 & 0.12 & 0.10 & 0.32\\ 0.02 & 0.02 & 0.06 & 0.20 & 0.09 & 0.38\end{pmatrix}$$

**习题 4.1.18** 证明 Long 和 Plosser 的动态系统是稳定的。思路如下：假设 $A=(a_{ij})$ 是 $n\times n$ 矩阵，且每一行的和小于 1（即$\max_i\alpha_i<1$，$\alpha_i=\sum_{j=1}^{n}|a_{ij}|$）。

---

① 提示：取（$S$，$\rho$）中柯西序列（$x_n$），该柯西序列映射为序列（$\ln x_n$），证明（$\ln x_n$）为（$R$，$|\cdot|$）中的柯西序列。因此，（$\ln x_n$）收敛于 $R$ 中一点 $y$。再证明在测度空间（$S$，$\rho$）中，$x_n\to e^y$。

② 在该模型中，$b$ 是随机的。此处的讨论我们考虑这种随机的复杂情形。

在（4－2）中选取范数$\|\cdot\|_\infty$，证明对于矩阵$A$，有$\lambda<1$。现在，论证 Long 和 Plosser（1983）中的（$y_t$）收敛于$y^*$，其独立于初始产出$y_0$，且是方程$y^*=Ay^*+b$的唯一解。[①]

**习题 4.1.19**　令$B=(b_{ij})$是$n\times n$矩阵，其中列向的元素和严格小于 1，即$\max_j\beta_j<1$，$\beta_j:=\sum_i^n|b_{ij}|$。使用（4－2）中的范数$\|\cdot\|_1$，证明对于$B$，有$\lambda<1$。若$h(x)=Bx+b$，则动力系统（$\mathbb{R}^n$，$h$）是全局稳定的。

以下结论在后文中用到：

**习题 4.1.20**　假定$h$是完备空间$S$上的一致压缩映射，则动力系统（$S$，$h$）是全局稳定的。证明：如果$A\subset S$是一个非空闭集，且在$h$上保持不变，即$h(A)\subset A$，则$h$的不动点在$A$中。

**引理 4.1.21**　令（$S$，$h$）是一个动力系统。若$h$是非扩展的，对于某一$N\in\mathbb{N}$的动力系统（$S$，$h^N$）是全局稳定的，则（$S$，$h$）也是全局稳定的。

**证明**：根据假设，$h^N$有唯一的不动点$x^*\in S$，且$\forall x\in S$，当$k\to\infty$有$h^{kN}(x)\to x^*$和$h^{kN}(x^*)\to x^*$时。对于$\forall\varepsilon>0$，$\exists k_0\in\mathbb{N}$，使$\rho(h^{k_0N}(x),x^*)<\varepsilon$。则：

$$\rho(h(x^*),x^*)=\rho(h(h^{k_0N}(x^*)),x^*)=\rho((h^{k_0N}(h(x^*)),x^*)<\varepsilon$$

因此，$x^*$是$h$的不动点（为什么?）。

稳定性：取$\forall\varepsilon>0$，$x\in S$。选取$k\in\mathbb{N}$使$\rho(h^{k_0N}(x),x^*)<\varepsilon$。非扩展性意味着对任意$n>kN$，都有：

$$\rho(h^n(x),x^*)=\rho(h^{n-k_0N}(h^{k_0N}(x)),x^*)\leqslant\rho(h^{k_0N}(x),x^*)<\varepsilon$$

也就是说，（$S$，$h$）是全局稳定的。■

### 4.1.3　混沌动力系统

该节简要介绍的是复杂动力系统。混沌动力系统的研究是遭受过度炒作的，但对动力系统的学生来讲仍然是很有趣的。本节不会讲述太多理论，将使用编程重点阐述实际应用。

考虑动力系统（$S$，$h$）：

$$h(x)=4x(1-x),\quad x\in S:=(0,1) \tag{4-3}$$

函数$h$称为二次或逻辑映射，经常应用到人口动态的生物学模型。读者可验

---

① 我们证明了轨道的$d_\infty$收敛。但是根据定理 3.2.30，这也等价于$d_2$收敛。

证 $h$ 映射 $S$ 到自身。

前一小节定义了全局稳定性，对于一个稳定系统，迹将收敛于一个点，长序列的平均值将无限接近该点。其他的系统可能有多个吸引点，迹的最终收敛点取决于初始条件。动力系统（4－3）更加复杂。

图 4－5 显示了初始点为 0.11 时的迹。生成该图的代码见表 4－1，其使用了 Python 中的 Matplotlib 下的 pylab 绘图模块。

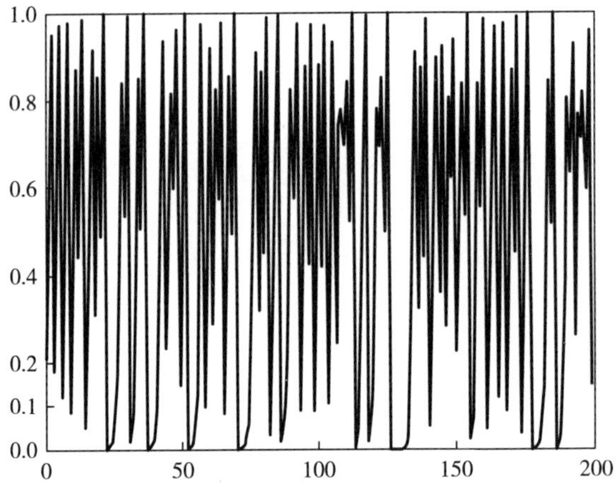


**图 4－5　二次映射的迹**

**表 4－1　（quadmap1. py）二次映射的迹**

```
from pylab import plot, show   # Requires Matplotlib

datapoints = []                # Stores trajectory
x = 0.11                       # Initial condition
for t in range(200):
    datapoints.append(x)
    x = 4 * x * (1 - x)

plot(datapoints)
show()
```

表 4－2 提供了使用 OOP 产生迹的另一个方法（见 2. 2. 3 对 OOP 的介绍）。动力系统很自然地可表示为对象，因为它们将数据（当前状态）和操作（映射

的迭代）结合起来。这里，定义一个动力系统的抽象 DS 类。这类定义相对来说是很容易理解的。虽然，对这个简单的 DS 问题使用 OOP 可能是相对多余和复杂的，但是可以看到抽象代码被重复利用，即 DS 可以用来生成任意动态系统的轨迹。表 4－3 给出了一个示例。

表 4－2　（ds. py）一个抽象的动力系统

```
class DS:

    def __init__(self, h=None, x=None):
        """Parameters: h is a function and x is a number
        in S representing the current state."""
        self.h, self.x = h, x

    def update(self):
        "Update the state of the system by applying h."
        self.x = self.h(self.x)

    def trajectory(self, n):
        """Generate a trajectory of length n, starting
        at the current state."""
        traj = []
        for i in range(n):
            traj.append(self.x)
            self.update()
        return traj
```

表 4－3　（testds. py）应用示例

```
from ds import DS           # Import from listing 4.2

def quadmap(x):
    return 4 * x * (1 - x)

q = DS(h=quadmap, x=0.1)  # Create an instance q of DS
T1 = q.trajectory(100)     # T1 holds trajectory from 0.1

q.x = 0.2                  # Reset current state to 0.2
T2 = q.trajectory(100)     # T2 holds trajectory from 0.2
```

注意在图 4-5 中，迹在空间中来回穿梭最终并未稳定下来。一些实验表明，在大多数初始条件下这种情况都会发生（但不是对所有的初始条件，二次映射有不动点吗?）。此外，初始条件的微小变化，通常会导致形成一个与前一个时期没有明显相似的时间序列。

科学和数学都是有关由繁至简的理论。例如，在一个全局稳定的系统中，通常可把注意力集中在稳定状态上。在这个状态下，图 4-5 显示的结果有点令人沮丧。除非初始条件非常特殊，而且可以确切地知道无法预测长期的结果。① 然而，这个结论太过悲观，正如下面习题所示。

**习题 4.1.22** 使用你喜欢的绘图工具，从不同初始条件绘制二次映射所产生的迹的直方图。使用比较长的迹（例如，大约 5000 个点），以及一个精细的直方图（大约 40 个组距）。你能观察到什么规律?

顺便一提，图 4-5 中的时间序列看起来非常随机。在习题 4.1.22 中，通过计算其直方图来对轨迹进行"统计"处理。实际上，这种复杂的动力系统与由随机变量扰动所产生的系统有什么明显的区别吗?

Kolmogorov 给出了一个答案，他建议用一串可以复制的最短的计算机程序来测量一系列数字的"随机性"。②一方面，这个度量的上限是字符串本身的大小，如有必要可以简单地枚举字符串。这个上界与完全随机性有关。另一方面，因为仅使用了几行代码生成二次映射的时间序列，所以 Kolmogorov 得分较低。在这个意义上，可以将其与随机字符串区分。

当参数 $r$ 取不同于 4 的值时，二次映射是如何表现的? 考虑更一般的映射：$x \to rx(1-x)$，其中 $0 \leqslant r \leqslant 4$。图 4-6 给出了沿着 45 度线的部分映射子集，更大的曲率对应于更大的 $r$。对于某些 $r$ 值，这个系统是全局稳定的；对于其他值（比如4），这个系统是非常复杂的。

图 4-7 的分叉图有助于理解混沌动态。在 $x$ 轴上，参数 $r$ 的取值范围为 $[2.7, 4]$，$y$ 轴对应于状态空间 $S$。在 $[2.7, 4]$ 网格上的每个 $r$ 值，生成长度为 1000 的迹。前 950 个点被丢弃，最后 50 点被绘制到图中。当 $r \leqslant 3$ 时，内点收敛于唯一的内部稳定状态。当 $r \in (3, 1+\sqrt{6})$ 时，内点在两个"周期性吸引点"中振荡。之后，周期性吸引点的数量迅速增加，以至于系统特征则相应变得

① 科学研究的问题——从这些模型中可以得出哪些可证伪的结论? 科学依据的实质是，从这些模型中能提炼出能够被反复检验的理论。

② 换一种说法，我们能压缩这一系列数字吗?

更加“混沌”。

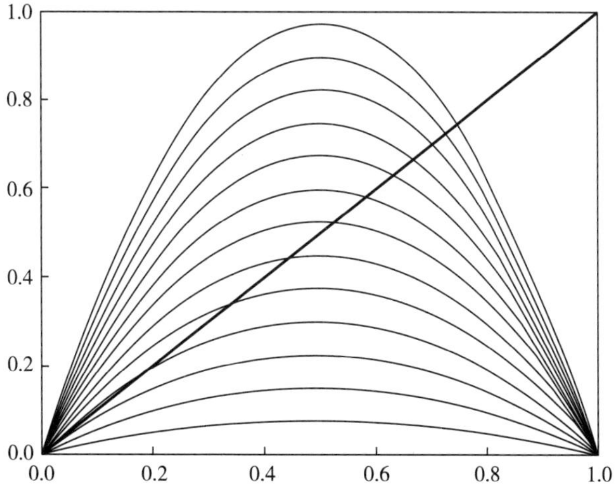


**图 4 - 6 二次映射，$r \in [0, 4]$**

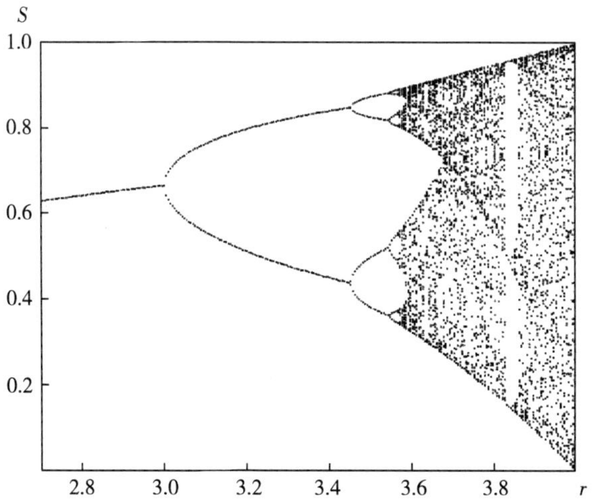


**图 4 - 7 分叉图示**

**习题 4.1.23** 使用 Python 或你偏好的绘图工具复制图 4 - 7。

### 4.1.4 等价动态系统和线性化

一般来说，非线性模型比线性模型更难分析，研究人员一般使用线性模型来逼近非线性模型。通常，可通过一阶泰勒展开并得到线性模型。由于不动点是分析重点，在固定点进行一阶泰勒展开是标准的分析方法。

下面来看在一维情形下如何分析。令（$S$，$h$）是一个动力系统，$S$ 是$\mathbb{R}$中的开子集，$h$ 是连续可微的，在 $S$ 中的导数为 $h'$。任取一点 $a \in S$，在 $a$ 点附近的一阶泰勒展开式$h_1$为：

$$h_1(x) = h(a) + h'(a)(x - a) \tag{4-4}$$

注意，$h_1$是$\mathbb{R}$上的仿射函数，满足 $h(a) = h_1(a)$。显然，当 $|x - a|$ 很小时，$h_1$非常接近 $h$。因此，称之为在 $a$ 附近的 $h$ 线性逼近。

现在令$x^*$为 $h$ 的不动点，于是：

$$h_1(x) = h(x^*) + h'(x^*)(x - x^*) \tag{4-5}$$

可验证$x^*$也是$h_1$的不动点。显然，当 $|h'(x^*)| < 1$ 时，$x^*$是$h_1$的稳定点。这恰好是$x^*$为 $h$ 局部吸引子（Local Attractor）的条件（引理 4.1.7）。因此，可以通过研究简单仿射映射$h_1$和$h_1^t(x)$产生轨道，来分析当 $|x - x^*|$ 较小时 $h'(x)$的特征。

著名的 Hartman - Grobman 定理阐述了该思想。为更好地陈述该定理，需要介绍一个抽象但有价值的概念——拓扑共轭性。首先，令 $S$ 和$\hat{S}$为两个度量空间。若函数$\tau$是连续、双射且它的逆$\tau^{-1}$也为连续，则称函数$\tau$为 $S$ 到$\hat{S}$的同胚。其次两个动态系统（$S$，$g$）和（$\hat{S}$，$\hat{g}$）被称为拓扑共轭，如果存在 $S$ 到$\hat{S}$的同胚函数$\tau$满足 $g$ 和$\hat{g}$可交换，即在$\hat{S}$上有$\hat{g} = \tau \circ g \circ \tau^{-1}$。换言之，映射$\hat{g}$把$\hat{x} \in \hat{S}$转移到$\hat{g}(\hat{x})$，等价于$\tau^{-1}$把$\hat{x}$变换到 $S$，然后经过 $g$ 映射，最后通过$\tau$返回。如下图所示：

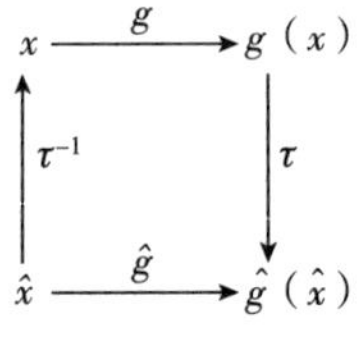


**习题 4.1.24** 令 $S := ((0, \infty), |\cdot|)$和$\hat{S} := (R, |\cdot|)$，$g(x) = Ax^{\alpha}$，其中 $A > 0$，$\alpha \in \mathbb{R}$；令$\hat{g}(\hat{x}) = \ln A + \alpha \hat{x}$。证明：在函数$\tau := \ln$ 下，$g$ 和$\hat{g}$是拓扑共轭。

**习题 4.1.25** 证明：若$(S, g)$和$(\hat{S}, \hat{g})$是拓扑共轭，则$x^* \in S$ 是 $g$ 在 $S$ 中的不动点，当且仅当 $\tau(x^*) \in \hat{S}$是$\hat{g}$在$\hat{S}$中的不动点。

**习题 4.1.26**　令 $x^* \in S$ 是 $g$ 上的一个不动点，$x$ 为 $S$ 中任意点。证明：$\lim_{t\to\infty} g^t(x) = x^*$ 当且仅当 $\lim_{t\to\infty} \hat{g}^t(\tau(x)) = \tau(x^*)$。

**习题 4.1.27**　令 $x^* \in S$ 是 $g$ 上的一个不动点。证明：如果 $x^*$ 是 $(S, g)$ 的局部吸引子，则 $\tau(x^*)$ 是 $(\hat{S}, \hat{g})$ 的局部吸引子；如果 $(S, g)$ 是全局稳定，则 $(\hat{S}, \hat{g})$ 也是全局稳定。

现在，可以陈述 Hartman - Grobman 定理。

**定理 4.1.28**　（Hartman - Grobman）令 $S$ 为 $\mathbb{R}$ 中的开集，$h$：$S\to S$ 是一连续可微函数，且 $x^* \in S$ 是 $h$ 的不动点，$h_1$ 是（4 - 5）的泰勒展开形式。如果 $|h'(x^*)| \neq 1$，则存在一个包含 $x^*$ 的开集 $G$，使 $h$ 和 $h_1$ 在 $G$ 上拓扑共轭。①

在应用这个定理时要小心，这是所有经济学中被滥用的数学定理之一。它只提供了 $S$ 的一个局部邻域，使逼近行为与初始系统的性质相似。正如它所表明的那样，Hartman - Grobman 定理没有为定量分析提供基础。

## 4.2　有限状态马尔科夫链

接下来进入随机动力系统。随机动力系统是一个对技术要求很高的领域，主要是因为在一般状态空间上任何严谨的概率论应用都至少需要一定程度的测度理论。现在，主要集中在有限的状态空间，几乎不需要测度理论。然而，有限状态随机动力系统的处理方法有助于培养一般情形（不可数状态）下的理解和直觉，熟悉符号和工具等。

### 4.2.1　定义

状态空间 $S$，一个有限集合 $\{x_1, x_2, x_3, \cdots, x_N\}$。$S$ 中的典型的元素通常用 $x$ 表示，而不用 $x_i$ 和 $x_n$ 表示，使与后续所讨论连续情形保持一致。状态空间 $S$ 上的分布记为 $\mathscr{P}(S)$，包含所有函数 $\phi$：$S\to\mathbb{R}$，其中对所有 $x\in S$，$\phi(x) \geqslant 0$，以及 $\sum_{x\in S}\phi(x) = 1$。通常在某些情形下，$\phi(x)$ 表示的是状态空间 $S$ 中点 $x$

① 为明白 $|h'(x^*)| = 1$ 如此重要，可考虑 $h(x) = \arctan x$ 的情形。

的概率。①

题外话：虽然 $\phi$ 是 $S$ 到 $\mathbb{R}$ 上的函数，但也可认为是 $S$ 与 $R$ 对应的向量：

$$\mathscr{P}(S) \ni \phi \leftrightarrow (\phi(x))_{x \in S} := (\phi(x_1), \cdots, \phi(x_N)) \in \mathbb{R}^N \tag{4-6}$$

在与（4-6）对应下，函数集合族 $\mathscr{P}$（$S$）可以看成是向量空间 $\mathbb{R}^N$ 的子集。特别是 $\mathbb{R}^N$ 中的元素非负且和为 1，这个子集合称为标准单纯形（Unit Simplex）。图 4-8 显示了当 $N=3$ 时的图形。

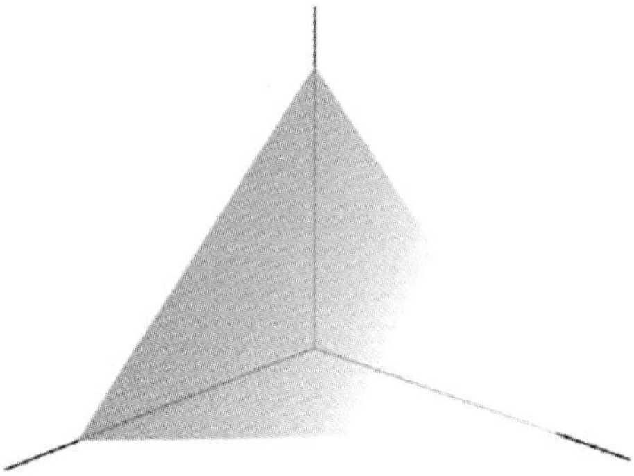

**图 4-8　当 $N=3$ 时的标准单纯形**

有限状态 $S$ 上离散时间的马尔科夫链（MCs）的基本概念是随机核函数，定义如下：

**定义 4.2.1**　随机核函数 $p$ 是从 $S \times S$ 到 $[0, 1]$ 的函数，满足：

（1）任何 $S \times S$ 中的（$x$，$y$），都有 $p$（$x$，$y$）$\geqslant 0$；

（2）对于 $\forall x \in S$，$\sum_{y \in S} p(x, y) = 1$。

换句话说，对于任意 $x \in S$，都有函数 $S \ni y \mapsto p$（$x$，$y$）$\in R$ 是 $\mathscr{P}$（$S$）中的元素。下文中用 $p$（$x$，$dy$）表示分布函数。

除作为一个函数外，分布函数 $p$（$x$，$dy$）也可以看作是 $\mathbb{R}^N$ 中的行向量（$p$（$x$，$x_1$），$\cdots$，$p$（$x$，$x_N$））②，位于标准单纯形。这些向量堆叠可以得到一个 $N \times N$ 矩阵，且矩阵中行元素都是非负的且和为 1。

① 我们所说的分布，也被称为概率质量函数。

② 在马尔科夫链文献中，当将分布视为向量处理时，将其写为行向量是惯例。

$$p = \begin{pmatrix} p(x_1, dy) \\ \vdots \\ p(x_N, dy) \end{pmatrix} = \begin{pmatrix} p(x_1, x_1) & \cdots & p(x_1, x_N) \\ \vdots & & \vdots \\ p(x_N, x_1) & \cdots & p(x_N, x_N) \end{pmatrix} \tag{4-7}$$

反过来，任何满足非负且行向量中元素和为 1 的 $N \times N$ 矩阵可定义一个随机核函数。但是，当扩展到无限状态空间时，就不存在矩阵概念了。因此，大多数理论都是用核来表述的。

本章将研究随机变量序列 $(X_t)_{t \geq 0}$，其中$X_t$取值于 $S$。随机序列按以下规则更新：如果$X_t = x$，则下一期$X_{t+1}$以概率 $p(x, y)$ 取值 $y$。换言之，一旦当前状态$X_t$实现，$X_{t+1}$的概率就由 $p(X_t, dy)$ 给定。图 4-9 描述了一个简单的马尔科夫链，其中 $S = (x_1, x_2, x_3)$，$p(x_i, x_j)$ 是$X_t$从 $t$ 时刻状态$x_i$转变为 $t+1$ 时刻$x_j$的概率。

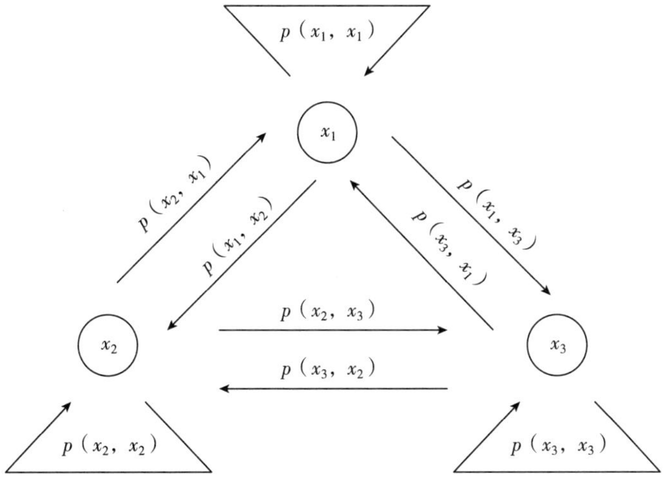


**图 4-9　有限状态的马尔科夫链**

每个时刻的转移概率都依赖于当前状态，这就是马尔科夫假设。此外，转移概率不依赖于时间，这叫作时间齐次性。这些假设，对某些模型的拟合很好刻画，而对有些模型拟合效果就很差。尽管它们有些限制，但是事实证明，经过一些变换，大型复杂系统可以嵌入基本的马尔科夫框架。

最近，汉密尔顿（2005）在一项研究中使用了随机核函数，基于美国失业数据，他构建了商业周期的非线性统计模型。作为计算的一部分，他估算了核：

$$p_H := \begin{pmatrix} 0.971 & 0.029 & 0 \\ 0.145 & 0.778 & 0.077 \\ 0 & 0.508 & 0.492 \end{pmatrix} \tag{4-8}$$

其中 $S = \{x_1, x_2, x_3\} = \{NG, MR, SR\}$，$NG$ 表示正常增长，$MR$ 表示温和经济衰退，$SR$ 表示严重经济衰退。具体来看，经济从严重衰退变为温和衰退的概率为 0.508。如上时期的长度为 1 个月。

另外一个马尔科夫模型是 Quah（1993）的增长动态分析模型，其分析了典型国家的实际人均 GDP 相对世界平均水平的演化过程。比如，$X_t = 2$ 表示被研究国家的人均收入是世界平均水平的 2 倍。该模型的状态空间为 $\mathbb{R}_+$，为便于分析，Quah 把状态空间值离散化为 5 个区间：$[0, 0.25)$，$[0.25, 0.5)$，$[0.5, 1)$，$[1, 2)$，$[2, \infty)$。他按照国家从状态 $x$ 转移到状态 $y$ 的频率计算随机核函数 $p(x, y)$。[①] 计算结果如下：

$$p_Q := \begin{pmatrix} 0.97 & 0.03 & 0.00 & 0.00 & 0.00 \\ 0.05 & 0.92 & 0.03 & 0.00 & 0.00 \\ 0.00 & 0.04 & 0.92 & 0.04 & 0.00 \\ 0.00 & 0.00 & 0.04 & 0.94 & 0.02 \\ 0.00 & 0.00 & 0.00 & 0.01 & 0.99 \end{pmatrix} \tag{4-9}$$

例如，一个处于最低收入水平区间的国家向处于第二低收入水平区间的国家的转移概率为 0.03。

**算法 4-1　马尔科夫链的模拟**

```
draw X_0 ~ ψ and set t = 0
while True do                          // "while True" means repeat forever
    draw X_{t+1} ~ p(X_t, dy)
    set t = t + 1
end
```

现在，正式定义对应随机核函数 $p$ 的马尔科夫链为 $(X_t)_{t \geq 0}$。假设在计算机

① 他的数据跨度从 1962 年到 1984 年，一共有 118 个国家的样本，转移时间为一年。模型被假设转移概率是稳定的（转移概率不随时间而变化），所以所有的转移过程（1962 ~ 1963 年，1963 ~ 1964 年，等等）都可以混合起来计算转移概率。

上模拟 $(X_t)_{t\geqslant 0}$。首先，从前定的初始条件下 $\psi\in\mathscr{P}(S)$ 中生成 $X_0$。其次，由于 $p(x, dy)$ 是给定 $X_t=x$ 下 $X_{t+1}$ 的转移概率，可使用 $p(X_0, dy)$ 生成 $X_1$，进而可使用 $p(X_1, dy)$ 生成 $X_2$，最后，依次类推。这正是算法 4-1 的内容，也是以下的定义。

**定义 4.2.2**　令 $\psi\in\mathscr{P}(S)$，$S$ 上的随机序列 $(X_t)_{t\geqslant 0}$ 称为 $(p, \psi)$ 马尔科夫链，若：

（1）在 0 时期，$X_0$ 是依据 $\psi$ 生成的；

（2）在 $t+1$ 时期，$X_{t+1}$ 是依据 $p(X_t, dy)$ 生成的。

如果对于某 $x\in S$，$\psi(x)=1$，则 $(X_t)_{t\geqslant 0}$ 称为 $(p, x)$ 马尔科夫链。

尝试模拟 $(p, \psi)$ 马尔科夫链。表 4-4 给出了一个方法。在上面定义 sample（）函数用来生成有限分布函数，该分布函数是利用逆变换算法构造的。①接下来定义马尔科夫链类，它类似于表 4-2 中的动力系统类。一个实例是一个随机核函数 $p$ 和一个初始状态 $X$，随机核函数 $p$ 应该满足 $p[x]$ 是一个表示 $p(x, dy)$ 的序列。表 4-5 给出了示例是函数 update（）使用sample（）更新当前状态，从 $p(X_t, dy)$ 中生成 $X_{t+1}$。②

在表 4-5 中，由 Hamilton 的随机核函数 $p_H$ 构造了马尔科夫链 $h$，并使用 sample_ path（）方法生成时间序列。在代码中，genfinitemc 是表 4-4 中的文件名称。图 4-10 显示了一个马尔科夫链的模拟序列。

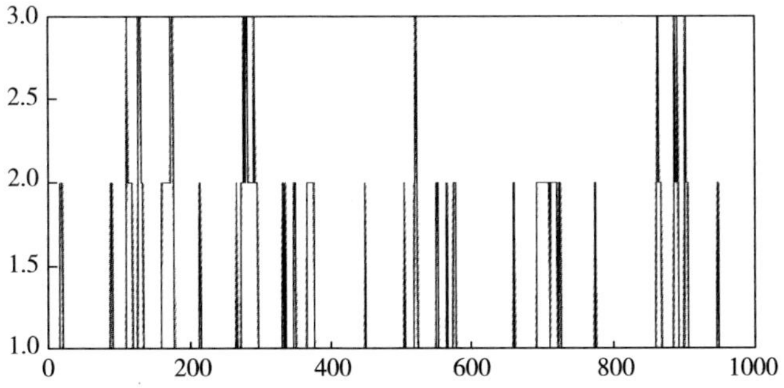


**图 4-10　马尔科夫链的模拟序列**

---

① 现成的函数库可以完成这项工作，但是在 sample（）中使用的技术随后将会重新讨论（参见算法 5-3），我们在此阐述是为了后续引用。如果逻辑还不清楚，不要担心。

② 所有这些代码都是为了清晰阐述而不是为了运算速度写的，而且只适合于小的状态空间。可以查看文本主页来获得更高效的方法。

表 4-4 （genfinitemc. py）有限马尔科夫链

```
from random import uniform

def sample(phi):
    """Returns i with probability phi[i], where phi is an
    array (e.g., list or tuple)."""
    a = 0.0
    U = uniform(0,1)
    for i in range(len(phi)):
        if a < U <= a + phi[i]:
            return i
        a = a + phi[i]


class MC:
    """For generating sample paths of finite Markov chains
    on state space S = {0,...,N-1}."""

    def __init__(self, p=None, X=None):
        """Create an instance with stochastic kernel p and
        current state X. Here p[x] is an array of length N
        for each x, and represents p(x,dy).
        The parameter X is an integer in S."""
        self.p, self.X = p, X

    def update(self):
        "Update the state by drawing from p(X,dy)."
        self.X = sample(self.p[self.X])

    def sample_path(self, n):
        """Generate a sample path of length n, starting from
        the current state."""
        path = []
        for i in range(n):
            path.append(self.X)
            self.update()
        return path
```

表 4－5　（testgenfinitemc. py）实例应用

```
from genfinitemc import sample, MC  # Import from listing 4.4

pH = ((0.971, 0.029, 0.000),
      (0.145, 0.778, 0.077),
      (0.000, 0.508, 0.492))

psi = (0.3, 0.4, 0.3)            # Initial condition
h = MC(p=pH, X=sample(psi))      # Create an instance of class MC
T1 = h.sample_path(1000)         # Series is Markov-(p, psi)

psi2 = (0.8, 0.1, 0.1)           # Alternative initial condition
h.X = sample(psi2)               # Reset the current state
T2 = h.sample_path(1000)         # Series is Markov-(p, psi2)
```

### 4.2.2　边际分布

令$(X_t)_{t\geqslant 0}$为$(p, \psi)$马尔科夫链。对于每一个$t\in\mathbb{N}$，$\psi_t\in\mathscr{P}(S)$，$\psi$都表示$X_t$的分布，即$\psi_t(y)$表示$X_t=y$的概率，给定$X_0$是由初始分布$\psi$生成的，随后马尔科夫链按$X_{t+1}\sim p(X_t, dy)$生成，这一分布有时称为$X_t$的边际分布或无条件分布。可以作如下理解：生成$n$个独立变量$X_t$，来计算随机变量取值$y$的比例(频率)，记为$\psi_t^n(y)$。概率$\psi_t(y)$可视为$n\to\infty$时$\psi_t^n(y)$的极限。

算法 4－2 给出了计算比例$\psi_t^n(y)$的方法。在算法中，生成$X\sim p(X, dy)$的指令应被解释为：根据分布$X\sim p(X, dy)$生成随机变量$Y$，然后令$X=Y$。$1\{X_t^i=y\}$是一个指示函数，等价于：当$X_t^i=y$时，函数值为 1，否则为 0。

算法 4－2　近似的边际分布

**for** *i in 1 to n* **do**
　draw $X\sim\psi$
　**for** *j in 1 to t* **do**
　　draw $X\sim p(X, dy)$
　**end**
　set $X_t^i = X$
**end**
**return** $(1/n)\sum_{i=1}^n \mathbb{1}\{X_t^i = y\}$

**习题 4.2.3** 利用算法 4－2 计算汉密尔顿马尔科夫链近似边际分布。[①] 令 $\psi=(0,\ 0,\ 1)$，因此经济以概率 1 从严重衰退开始。当 $t=10$，$y=NG$ 时，计算 $\psi_t(y)$ 的近似值。当 $n$ 充分大时，解接近 0.6。

**习题 4.2.4** 使用计数方法重写算法 4－2：当内部循环的输出值等于 $y$ 时，计数增加 1，而不再记录 $X_t^i$ 的其他值。

现在继续考虑马尔科夫链 $(X_t)_{t\geq 0}$，对任意的随机核 $p$ 和初始条件 $\psi$。如上，令 $\psi_t\in\mathscr{P}(S)$ 为 $X_t$ 边际分布。基于 $\psi_t$ 和对 $p$ 的动态完全描述，可以计算 $X_{t+1}$ 分布。也就是说，能够通过 $p$ 把 $\psi_t$ 和 $\psi_{t+1}$ 联系起来。事实上，递归性是马尔科夫链最基础也是最重要的性质。

取任意点 $y\in S$。使用全概率公式（A－13），可以把 $X_{t+1}=y$ 的概率分解为条件概率，如下：

$$\mathbb{P}\{X_{t+1}=y\}=\sum_{x\in S}\mathbb{P}\{X_{t+1}=y\mid X_t=x\}\mathbb{P}\{X_t=x\}$$

使用边际和条件概率重写可得：

$$\psi_{t+1}(y)=\sum_{x\in S}p(x,\ y)\psi_t(x),\ y\in S \tag{4－10}$$

这恰是所寻找的递归类型。接下来介绍一些其他概念来帮助使用这一表达。

**定义 4.2.5** 给定随机核，与 $p$ 对应的马尔科夫算子是一个映射 $\mathbf{M}$，$\mathscr{P}(S)\ni\psi\mapsto\psi\mathbf{M}\in\mathscr{P}(S)$，其中 $\psi\mathbf{M}$ 定义为：

$$\psi\mathbf{M}(y)=\sum_{x\in S}p(x,\ y)\psi(x),\ y\in S \tag{4－11}$$

这一表达显然不合习惯，通常写作 $\mathbf{M}(\psi)$ 而非 $\psi\mathbf{M}(y)$ 来表示 $\mathbf{M}$ 映射下 $\psi$ 的像。然而，在关于马尔科夫相关文献中这是传统表达，其表示对分布 $\psi\in\mathscr{P}(S)$ 马尔科夫算子是由随机核（视为矩阵）对行向量的 $(\psi(x))_{x\in S}$ 的后乘（右乘）。

结合（4－10）和（4－11），可得如下基础递归：

$$\psi_{t+1}=\psi_t\mathbf{M} \tag{4－12}$$

仔细学习这一表达，直至对此感到熟悉。

（4－12）是易于计算的。比如，假设想从 $\psi_j$ 得到 $\psi_{j+k}$。

$$\psi_{j+k}=\psi_{j+k-1}\mathbf{M}=(\psi_{j+k-2}\mathbf{M})\mathbf{M}=\psi_{j+k-2}\mathbf{M}^2=\cdots=\psi_j\mathbf{M}^k$$

其中，$\mathbf{M}^m$ 是对自身第 $m$ 次映射。特别地，令 $j=0$，$k=t$，则有 $X_t\sim\psi\,\mathbf{M}^t$，

---

① 在理想情况下，您应该向类 MC 增加额外的功能，而不是专门为汉密尔顿链编写它。请注意，在 Python 中，如果 $Y$ 是一个包含对 $X_t$ 观察的序列，那么 count（$Y$）给出了等于 $Y$ 的元素个数。

当$X_0 \sim \psi$。这一结果可表述为下述定理：

**定理 4.2.6** 令$(X_t)_{t \geqslant 0}$为$(p, \psi)$马尔科夫过程，$\mathbf{M}$是与$p$对应的马尔科夫算子。若$\psi_t$是每一时期$t$下$X_t$的边际分布，那么$\psi_{t+1} = \psi_t \mathbf{M}$，$\psi_t = \psi \mathbf{M}^t$。

为说明这一思想，继续考虑 Quah 所计算的核$p_Q$。令$\mathbf{M}_Q$为马尔科夫算子。可评估并使用$\mathbf{M}_Q$对初始条件$\psi$迭代得到的序列$(\psi \mathbf{M}_Q^t)$是在给定国家随时间推移不同结果下的概率。图 4－11 展示了这一序列的$\mathbf{M}_Q^{10}$，$\mathbf{M}_Q^{60}$，$\mathbf{M}_Q^{160}$元素。在图示上方展示的是在这个问题中初始状态处于最穷群体的国家，所以$\psi = (1, 0, 0, 0, 0)$。图示下方展示的是初始条件为$\psi = (0, 0, 0, 1, 0)$的对应国家。

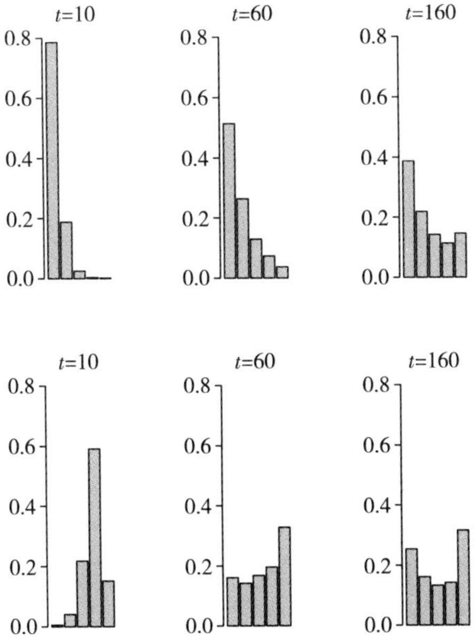


**图 4－11 上图：$X_0 = 1$；下图：$X_0 = 4$**

### 4.2.3 其他等式

深入思考下马尔科夫算子$\mathbf{M}$的迭代。首先选取核$p$和马尔科夫算子$\mathbf{M}$，定义$t$阶核$p^t$如下：

$$p^1 := p,\ p^t(x, y) := \sum_{z \in S} p^{t-1}(x, z) p(z, y) \quad ((x, y) \in S \times S,\ t \in \mathbb{N})$$

**习题 4.2.7** 证明：$\forall t \in \mathbb{N}$，$p^t$在$S$上是一个随机核。（提示：归纳法）

可用如下引理解释$p^t$。

**引理 4.2.8** 如果$\mathbf{M}$是由$S$上的随机核$p$所定义的马尔科夫算子，则$t$次迭代$\mathbf{M}^t$是由$t$阶核$p^t$所定义的马尔科夫算子。换言之，对任意的$\psi \in \mathscr{P}(S)$，则有：

$$\psi \mathbf{M}^t(y) = \sum_{x \in S} p^t(x, y)\psi(x), \quad (y \in S)$$

此处，仅证明当$t=2$时的情形，读者可以完成全部证明。（提示：归纳法）

取任意$\psi \in \mathscr{P}(S)$，以及$y \in S$，则有：

$$\begin{aligned}\psi \mathbf{M}^2(y) = ((\psi \mathbf{M})\mathbf{M})(y) &= \sum_{z \in S} p(z, y)\psi \mathbf{M}(z) \\ &= \sum_{z \in S} p(z, y) \sum_{x \in S} p(x, z)\psi(x) \\ &= \sum_{z \in S}\sum_{x \in S} p(x, z)p(z, y)\psi(x) = \sum_{x \in S} p^2(x, y)\psi(x)\end{aligned}$$

现在令$\delta_x \in \mathscr{P}(S)$分布满足，所有的质量在$x \in S$，即若$y=x$，则$\delta_x(y)=1$、其他情况则$\delta_x(y)=0$。使用引理 4.2.8 以及$\psi=\delta_x$，可得$\delta_x \mathbf{M}^t(y)=p^t(x, y)$，是对所有的$y \in S$。换言之，分布$p^t(x, dy)$为$X_0=x$时$X_t$的分布$\delta_x \mathbf{M}^t(y)$。更一般地，$p^k(x, y)$是由状态$x$经过$k$步转移到$y$时的概率：

$$p^k(x, y) = P\{X_{t+k}=y \mid X_t = x\}, \quad (x, y \in S, k \in \mathbb{N})$$

其中，$p^k(x, y)$是给定$X_t=x$时$X_{t+k}$的条件分布。

**习题 4.2.9** 令$t \in \mathbb{N}$。证明：如果$p$被解释为（4-7）中的矩阵，则$p^t$（$x$，$y$）是矩阵$t$次幂的（$x$，$y$）个元素。

现在介绍马尔科夫算子$\mathbf{M}$的另一个运算。截至目前，$\mathbf{M}$在分布的右边起作用，$\psi \mathbf{M}(y) = \sum_{x \in S} p(x, y)\psi(x)$。现在令$\mathbf{M}$在左边起作用，如下：

$$\mathbf{M}h(x) = \sum_{y \in S} p(x, y)h(y), \quad (x \in S) \tag{4-13}$$

其中，$h: S \to \mathbb{R}$为任意函数。因此，$\mathbf{M}$作用于$S$上的给定函数$h$，然后生成新的函数$\mathbf{M}h$。关于矩阵的代数形式，这是用矩阵(4-7)前乘列向量$(h(y))_{y \in S}$。

为理解（4-13），如果$Y$是$S$上分布为$\phi \in \mathscr{P}(S)$的随机变量(即$P\{Y=y\}=\phi(y)$，所有的$y \in S$)，$h$是$S$上的实值函数，则$h(Y)$的期望$\mathrm{E}h(Y)$等于所有$h(Y)$值以概率$P\{Y=y\}$为权重的加权值：

$$\mathrm{E}h(Y) := \sum_{y \in S} h(y)P\{Y=y\} = \sum_{y \in S} \phi(y)h(y)$$

写成向量形式，我们仅计算内积即可。

现在可知，$\mathbf{M}h(x) = \sum_{y \in S} p(x, y)h(y)$应当被理解为在给定$X_t=x$时$h(X_{t+1})$

的期望。类比于引理 4.2.8 中的结果，则有：

$$\mathbf{M}^t h(x) = \sum_{y \in S} p^t(x, y) h(y), \; x \in S, \; t \in \mathbb{N} \tag{4-14}$$

因为$p^t(x, y)$是给定$X_0 = x$时，$X_t$的分布，则$\mathbf{M}^t h(x)$是给定$X_0 = x$时，$h(X_t)$的期望。

**习题 4.2.10** 使用归纳法，证明（4－14）。

选取初始条件分布 $\psi \in \mathscr{P}(S)$，函数 $h$ 如上文所定义，$k \in \mathbb{N}$。定义：

$$\psi \mathrm{M}^k h := \sum_{y \in S} \sum_{x \in S} p^k(x, y) \psi(x) h(y) \tag{4-15}$$

基于线性代数，这一表达可被理解为 $\psi \mathrm{M}^k$和 $h$ 的内积。因为 $\psi \mathrm{M}^k$是$X_t \sim \psi$ 时 $X_{t+k}$的分布，(4－15)给出了 $h(X_{t+k})$的期望，表示为：

$$\psi \, \mathbf{M}^t h = E[h(X_{t+k}) \mid X_t \sim \psi] \tag{4-16}$$

**习题 4.2.11** 验证 Champman－Kolmogrov 方程：对任意 $k$，$j \in \mathbb{N}$，

$$p^{k+j}(x, y) = \sum_{z \in S} p^j(z, y) p^k(x, z), \; ((x, y) \in S \times S)$$

下方给出了给定核 $p$ 时算子 $\psi \mapsto \psi \mathbf{M}$ 运行的代码。映射 $h \mapsto \mathrm{M}h$ 也可进行类似运行。第一步，从 NumPy 导入 dot（），执行矩阵运算。第二步，从表 4－2 导入 DS 类。第三步，构建汉密尔顿核，并定义相应的马尔科夫算子作为分布的函数。最后使用 DS 类计算序列$(\psi \, \mathbf{M}^t)_{t \geqslant 0}$的 100 个元素。

```
from numpy import dot                    # Matrix multiplication
from ds import DS                        # Dynamical system class
pH = ((0.971, 0.029, 0.000),             # Hamilton's kernel
      (0.145, 0.778, 0.077),
      (0.000, 0.508, 0.492))
psi = (0.3, 0.4, 0.3)                    # Initial condition
M = lambda phi: dot(phi, pH)             # Define Markov operator
markovds = DS(h=M, x=psi)                # Instance of class DS
T = markovds.trajectory(100)             # Compute trajectory
```

**习题 4.2.12** 假设经济周期按照 $S = \{NG, MR, SR\}$ 上的汉密尔顿核$p_H$，企业在这三种状态下获取利润：$\{1000, 0, -1000\}$。给定经济状态是 $NG$，计算 $t = 5$ 时的期望利润。当经济初始状态是 $SR$ 时，利润将改变多少？

**习题 4.2.13** 分别在三种状态下计算 $t = 1000$ 时的期望利润。有何发现？

**习题 4.2.14** 假设初始状态基于 $\psi =$（0.2，0.2，0.6）生成。使用（4－16）计算 $t = 5$ 时的期望利润。

### 4.2.4 构建联合分布

现在讨论$(p, \psi)$马尔科夫链序列$(X_t)_{t\geqslant 0}$的联合分布。不仅是讨论序列中单个元素的概率，而且还讨论元素集合的概率。例如，如何计算$(X_t, X_{t+1}) = (x, y)$时的概率，或$j<t$时$X_j \leqslant x$的概率？

首先考虑数对$(X_1, X_0)$，可理解为取值$S^2 := S \times S$的变量为随机变量。联合分布是$\mathscr{P}(S^2)$的一个元素。$S^2$典型的元素是数对$(x^0, x^1)$，其中$x^j \in S$。① 我们希望得到概率$P\{X_0 = x^0, X_1 = x^1\}$。

首先，选取任意$(x^0, x^1) \in S^2$，令：

$$q_2(x^0, x^1) := \mathbb{P}\{X_0 = x^0, X_1 = x^1\} = \mathbb{P}\{X_0 = x^0\} \cap \mathbb{P}\{X_1 = x^1\}$$

基于（A.2），对任意事件 A 和 B，有$\mathbb{P}(A \cap B) = \mathbb{P}(A)\mathbb{P}(A \mid B)$。因此，

$$q_2(x^0, x^1) = P\{X_0 = x^0\} P\{X_1 = x^1 \mid X_0 = x^0\} = \psi(x^0) p(x^0, x^1)$$

类似地，$(X_0, X_1, X_2)$的分布$q_3 \in \mathscr{P}(S^3)$表示为：

$$\begin{aligned} q_2(x^0, x^1, x^2) &= P\{X_0 = x^0, X_1 = x^1, X_2 = x^2\} \\ &= P\{X_0 = x^0, X_1 = x^1\} P\{X_2 = x^2 \mid X_0 = x^0, X_1 = x^1\} \\ &= \psi(x^0) p(x^0, x^1) p(x^1, x^2) \end{aligned}$$

注意，我们使用了$\mathbb{P}\{X_2 = x^2 \mid X_0 = x^0, X_1 = x^1\} = p(x^1, x^2)$。这是合理的，因为若$X_1 = x^1$，则$X_2 \sim p(x^1, dy)$。

以此类推可得更一般化的表达：

$$q_{T+1}(x^0, \cdots, x^T) = \psi(x^0) \prod_{t=0}^{T-1} p(x^t, x^{t+1}) \tag{4-17}$$

为评估给定随机核$p$和初始条件$\psi$下路径$x^0$，…，$x^T$的概率，可使用如下函数：

```
def path_prob(p, psi, X):  # X a sequence giving the path
    prob = psi[X[0]]
    for t in range(len(X) - 1):
        prob = prob * p[X[t], X[t+1]]
    return prob
```

这里的$p$［$x$，$y$］与$p$（$x$，$y$）相对应②，psi［x］表示基于$\psi$的初始状态下

① 表达提示：上标表示时间，因此$x^0 \in S$是$X_0$的典型实现，$x^1 \in S$是$X_1$的典型实现，以此类推。

② 比如，$p$可作为2D Numpy运行。或者，可使用序列的序列，$p[x, y]$变为$p[x]p[y]$。

的概率，$X$ 是一个序列表示要估计的路径。

**习题 4.2.15** 证明：在汉密尔顿核$p_H$，以及 $\psi=(0.2, 0.2, 0.6)$ 下，路径（$NG$，$MR$，$NG$）的概率是 0.000841。

**习题 4.2.16** $q_{T+1}(x^0, \cdots, x^T)=q_T(x^0, \cdots, x^{T-1})p(x^{T-1}, x^T)$对每一个路径和 $T$ 都成立。熟悉调用递归函数的读者可尝试使用递归重写 path_ prob（）。

通过（4－17）中$q_{T+1}$的表达，可计算更为复杂的事件。事件是指$S^{T+1}$中的任意子集 $B$。例如，一个事件可表示为：

$$B:=\{(x^0, \cdots, x^T)\in S^{T+1}: x^t\leqslant x^{t+1}, t=0, \cdots, T-1\}$$

它包含了$S^{T+1}$的所有递增（或非减）路径$(x^0, \cdots, x^T)$。为得到任意事件 $B$ 的概率，可把 $B$ 中所有不同路径的$q_{T+1}(x^0, \cdots, x^T)$加总即可。

一个重要特例是：

$$D^0\times\cdots\times D^T=\{(x^0, \cdots, x^T)\in S^{T+1}: x^t\in D^t, t=0, \cdots, T\}$$

其中对每一个 $t$，$D^t\subset S$。则 $P\{(x^0, \cdots, x^T)\in D^0\times\cdots\times D^T\}=P\cap_{t\leqslant T}\{X_t\in D^t\}$。对这一类事件，如下引理适用。

**引理 4.2.17** 如果$D^0$，…，$D^T$是 $S$ 的任意子集簇，则：

$$P\cap_{t\leqslant T}\{X_t\in D^t\}=\sum_{x^0\in D^0}\psi(x^0)\sum_{x^1\in D^1}p(x^0, x^1)\cdots\sum_{x^T\in D^T}p(x^{T-1}, x^T)$$

**证明**：对任意集合$D^t$，概率 $P\cap_{t\leqslant T}\{X_t\in D^t\}$ 可由加总不同路径计算：

$$P\cap_{t\leqslant T}\{X_t\in D^t\}=\sum_{(x^0,\cdots,x^T)\in D^0\times\cdots\times D^T}q_{T+1}(x^0, \cdots, x^T)$$

$$=\sum_{x^0\in D^0}\cdots\sum_{x^T\in D^T}q_{T+1}(x^0, \cdots,x^T)$$

最后一步基于（4－17）中$q_{T+1}$的表达。

**习题 4.2.18** 再次考虑汉密尔顿核$p_H$，以及 $\psi=(0.2, 0.2, 0.6)$。计算当经济初始为衰退期时，穿过 0、1、2 期后持续处于衰退期的概率。（即，$t=0$，1，2 时，$x^t\neq NG$）［答案：0.704242］

另一个计算方法是蒙特卡洛法。

**习题 4.2.19** 从初始条件 $\psi=(0.2, 0.2, 0.6)$，生成$(X_0, X_1, X_2)$的 10000 个观测值，计算没有进入 NG 状态路径的数量，然后除以 10000 得到持续处于衰退期的比率。这一比率收敛于事件的概率，因此可以得到习题 4.2.18 中近似的数值。

现在考虑计算期望。回顾习题 4.2.12 中的企业问题；如果该企业一直营业到 $T$ 期且利率是 $r$，则企业的净现值（NPV）是折现利润的期望加总：

$E\Pi(X_0, \cdots, X_T)$

其中 $\Pi(X_0, \cdots, X_T) := \sum_{t=0}^{T} \rho^t h(X_t)$，$\rho := 1/(1+r)$。有限状态的期望可通过以概率为权重的加总得到。这个例子中：

$$E\Pi(X^0, \cdots, X^T) = \sum \Pi(X^0, \cdots, X_T) q_{T+1}(x^0, \cdots, x^T) =: \sum \Pi(x) q_{T+1}(x)$$

其中，对所有的 $x \in S^{T+1}$ 加总。

**习题 4. 2. 20** 当 $T=2$，$r=0.05$ 时，取习题 4. 2. 15 中的初始条件。计算 NPV。[答案：$-396.5137$]

对于较大的 $T$ 和 $S$，这种计算会存在问题。比如 $S$ 有 10 个元素，$T=100$，那么必须对 $\Pi(x) q_{T+1}(x)$ 加总 $10^{100}$ 次。

**习题 4. 2. 21** 如果计算机每秒可计算 10 亿次路径，需要多少年才可以计算出所有的路径，并与当前所估计宇宙年龄比较一下。

高维状态下，最好使用蒙特卡洛法对期望值进行估计。

**习题 4. 2. 22** 使用蒙特卡洛法重做习题 4. 2. 20。产生（$X_0$，$X_1$，$X_2$）的 10000 个观测值，并估计平均利润。

实际上，一直讨论的计算问题可在特殊情况下通过线性期望来极大简化：

$$E\Pi = E\left[\sum_{t=0}^{T} \rho^t h(X_t)\right] = \sum_{t=0}^{T} \rho^t E h(X_t) = \sum_{t=0}^{T} \rho^t \psi \mathbf{M}^t h$$

第二个等式可通过联合分布的定义证明，也可在更一般的情况下证明。第三个等式基于式（4-16）。

**习题 4. 2. 23** 使用最后表达式重做习题 4. 2. 20，参数 $T$，$r$，$\psi$ 的取值和上面习题中的一样。画出利润关于 $T$ 的图像，并计算多少期后企业的期望利润为正？

# 4.3 有限状态马尔科夫链的稳态

第 1 章研究了对数收入的马尔科夫模型，其分布收敛到唯一分布 $N(\mu^*, v^*)$ 中，且与初始条件无关。这一特征意味着极限分布知识给了我们很多能够预测长期可能的结果。实际上，马尔科夫过程的稳态性质给出了该过程的许多统计性质，这些属性是时间序列计量经济学的核心。因此，有必要去研究以有限状态马尔科夫链为例，何时可以开始观察到稳态。

请再次考虑图4－11中的分布序列。如果扩大时间范围会发生什么？换句话说，这些序列如果存在的话，具有什么样的极限性质？图4－12复制了相同的分布预测图（projections），但这次是对于时间 $t=160$、$t=500$ 和 $t=1000$ 的。首先看上图，请注意大约在 $t=500$ 之后 $\psi_t$ 的变化就很小。换言之，似乎序列（$\psi_t$）是收敛的。有趣的是，图4－12中的序列似乎收敛于相同的极限。

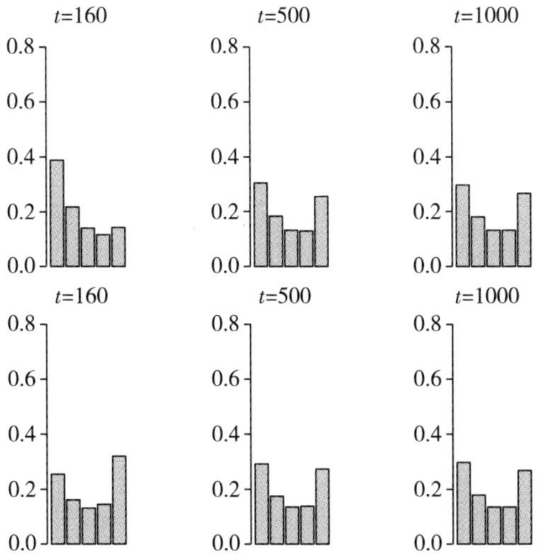


**图4－12　上图：$X_0=1$；下图：$X_0=4$**

难道我们再次观察到了一种全局稳定的形式？的确如此，但我们得首先定义马尔科夫链的稳态，并推导出这一性质的定理。

### 4.3.1　稳态分布

回顾一下，动力系统 $(U, h)$ 包含度量空间 $\mathcal{U}$，映射 $h: U \to U$，以及给定随机核 $p$ 时马尔科夫算子 $\mathbf{M}$ 的定义：给定 $\psi \in \mathscr{P}(S)$，算子 $\mathbf{M}$ 是 $\psi$ 到 $\psi\mathbf{M}$ 的映射，其中 $\psi\mathbf{M}(y) = \sum_{x \in S} p(x, y)\psi(x)$，$\forall y \in S$。我们现在要做的是把 $(\mathscr{P}(S), \mathbf{M})$ 本身视为一个动力系统。回想一下，$(\psi\mathbf{M}^t)_{t \geqslant 0}$ 的轨迹对应于马尔科夫过程。为此，需要引入 $\mathscr{P}(S)$ 的一个度量，并确定 $\mathbf{M}$ 的确是由 $\mathscr{P}(S)$ 映射到 $\mathscr{P}(S)$。

**习题4.3.1**　证明 $\psi\mathbf{M} \in \mathscr{P}(S)$，只要 $\psi \in \mathscr{P}(S)$。

为设定 $\mathscr{P}(S)$ 是一个度量空间，对每一个 $\psi \in \mathscr{P}(S)$，以及 $d_1(\psi, \psi') :=$

$\| \psi - \psi' \|_1$，定义：

$$\| \psi \|_1 := \sum_{x \in S} | \psi(x) |$$

如果视 $\mathscr{P}(S)$ 为 $\mathbb{R}^N$ 上的单纯形，而非函数空间，则范数和距离只是 $\mathbb{R}^N$ 的 $\| \cdot \|_1$ 范数和 $d_1$ 距离。可以理解为，$\mathscr{P}(S)$ 是 $(\mathbb{R}^N, d_1)$ 上的有界闭子集，因此既是紧的又是完备的。①

**习题 4.3.2** 令 $\psi_1$，$\psi_2 \in \mathscr{P}(S)$，对每一 $A \subset S$，令 $\Psi_i(A) := \sum_{x \in A} \psi_i(x)$，即为根据分布 $\psi_i$ 下 $A \subset S$ 的概率。证明 $\| \psi - \psi' \|_1 = 2\, sup_{A \subset S} | \Psi_1(A) - \Psi_2(A) |$②。

为描述动力系统 $(\mathscr{P}(S), \mathbf{M})$ 及其轨迹，考虑汉密尔顿核 $p_H$ 和所对应的算子 $\mathbf{M}_H$。此处，$\mathscr{P}(S)$ 可被认为是 $\mathbb{R}^3$ 上的简单形。图 4-13 展示了通过 $\mathbf{M}_H$ 对四个不同初始条件 $\psi$ 迭代生成的四条轨迹，所有的轨迹向右边底部角收敛。我们将在下面证明 $(\mathscr{P}(S), \mathbf{M})$ 是全局稳定的。

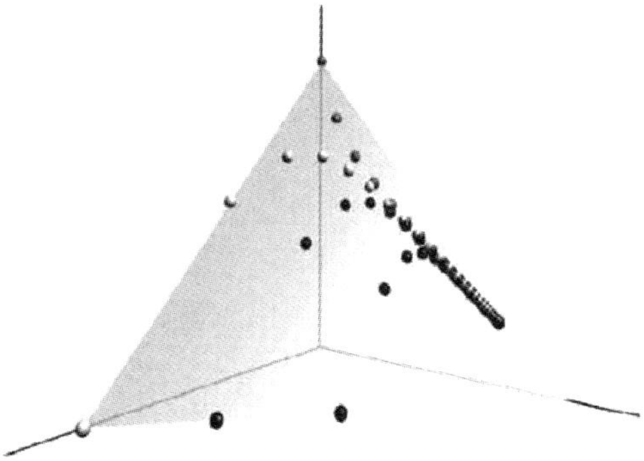

**图 4-13　($\mathscr{P}$ (S)，$\mathbf{M}_H$) 的轨迹**

**习题 4.3.3** 令 $\mathbf{M}$ 为马尔科夫算子，由一任意随机核 $p$ 确定。证明 $\mathbf{M}$ 在

① 感兴趣的读者可以提供这一论述的细节。函数空间 $(\mathscr{P}(S), d_1)$ 和单纯形 $(\mathbb{R}^N, d_1)$ 的关联可以使用同构概念准确刻画。度量空间 $(S, \rho)$ 和 $(S', \rho')$ 成等距同构，若存在双射 $\tau$：$S \to S'$ 使 $\rho(x, y) = \rho'(\tau(x), \tau(y))$，对所有的 $x$，$y \in S$。本例中，双射是(4-6)。若 $(S, \rho)$ 和 $(S', \rho')$ 是等距同构，则 $(S, \rho)$ 是完备的当且仅当 $(S', \rho')$ 是完备的，$(S, \rho)$ 是紧的，当且仅当 $(S', \rho')$ 是紧的。

② 提示：这一表达中包含上确界的集合是 $A := \{x \in S: \psi_1(x) \geq \psi_2(x)\}$。使用事实 $\sum_{x \in A} (\psi_1(x) - \psi_2(x)) = \sum_{x \in A^c} (\psi_2(x) - \psi_1(x))$。现在把 $\| \psi - \psi' \|_1$ 分解为 $A$ 和 $A^c$ 上的和。

$\mathscr{P}(S)$上是$d_1$非扩张的，即对任意的$\psi$，$\psi' \in \mathscr{P}(S)$，则有$d_1(\psi\mathbf{M}, \psi'\mathbf{M}) \leqslant d_1(\psi, \psi')$。

现在讨论系统($\mathscr{P}(S)$，$\mathbf{M}$)中不动点的存在性。对于马尔科夫链中的不动点是指平稳分布。

**定义 4.3.4** 若$\psi^*\mathbf{M}=\psi^*$，则称分布$\psi^* \in \mathscr{P}(S)$是$\mathbf{M}$下平稳或不变分布。换言之，如果它是动力系统($\mathscr{P}(S)$，$\mathbf{M}$)下的一个不动点，那么$\psi^*$是$\mathbf{M}$下平稳。

如果$\psi^*$是$\mathbf{M}$下平稳，$\mathbf{M}$对应核$p$，$(X_t)_{t\geqslant 0}$是马尔科夫($p$，$\psi$)，$X_t$对$t$有分布$\psi^*$，则$X_{t+1}$有分布$\psi_{t+1}=\psi_t\mathbf{M}=\psi^*\mathbf{M}=\psi^*$。实际上，迭代证明$X_{t+k}$对每一个$k\in\mathbb{N}$都有分布$\psi^*$，所以概率分布随时间的推移是平稳的。更进一步，若$(X_t)_{t\geqslant 0}$是马尔科夫($p$，$\psi$)，则对所有的$t$有$X_t\sim\psi^*$，随机变量$(X_t)_{t\geqslant 0}$是同分布(并非IID，为何?)

另外，平稳分布仅是动力系统$(X_t)_{t\geqslant 0}$的不动点。这将便于分析，因为我们已经知道用多种技术来研究确定性动力系统下不动点和稳态性质。比如，假设$\mathscr{P}(S)$是$\mathbb{R}^N$下的单纯形，$\psi\mapsto\psi\mathbf{M}$是与$p$对应的矩阵对向量$\psi\in\mathbb{R}^N$的后乘。这一映射是$d_1$非扩张的(回顾习题 4.3.3)，以及是$d_1$连续的(习题 3.2.22)。单纯形式($\mathbb{R}^N$，$d_1$)下的紧的凸子集。应用布劳威尔定理(定理 3.2.32)，可以得到马尔科夫链的最重要的结论。

**定理 4.3.5** 有限状态空间上的每一个马尔科夫链至少有一个平稳分布。当然，会有多个平稳分布，正如其他动力系统有多个不动点一样。

**习题 4.3.6** 对每一个核$p$，$\psi\in\mathscr{P}(S)$是平稳的吗?

考虑使用逆矩阵计算不动点的技巧。关于线性代数，行向量$\psi\in\mathscr{P}(S)$是平稳的，当且仅当$\psi(\mathbb{1}_N-p)=0$。其中，$\mathbb{1}_N$是$N\times N$单位矩阵，$p$是(4-7)中的矩阵。一个想法是尝试求逆$(\mathbb{1}_N-p)$，然而，这并没有强加限制条件$\psi$是$\mathscr{P}(S)$中的一个元素。限制条件可以通过如下方法加入:

**习题 4.3.7** 令$\mathbb{I}_N$是$1\times N$行向量(1，…，1)，$\mathbb{I}_{N\times N}$是$N\times N$元素为1的矩阵。证明如果$\psi$是平稳的，则:

$$\mathbb{1}_N=\psi(\mathbf{I}_N-p+\mathbb{1}_N) \tag{4-18}$$

下面解释这是如何强加$\psi$的元素总和为1的限制。

对(4-18)求转置，则有$\mathbb{1}_N^{\mathrm{T}}=(\mathbf{I}_N-p+\mathbb{1}_N)^{\mathrm{T}}\psi^{\mathrm{T}}$。这是一个形式为$Ax=b$的线性系统，可以求解$x=A^{-1}b$。(解并不唯一，下面将讨论唯一性问题。)表4-7说明如何使用 Python 中的 NumPy 求解。

表 4－6　（fphamilton. py）计算平稳分布

```
from numpy import ones, identity, transpose
from numpy.linalg import solve

pH = ((0.971, 0.029, 0.000),           # Hamilton's kernel
      (0.145, 0.778, 0.077),
      (0.000, 0.508, 0.492))

I = identity(3)                        # 3 by 3 identity matrix
Q, b = ones((3, 3)), ones((3, 1))      # Matrix and vector of ones
A = transpose(I - pH + Q)
print(solve(A, b))
```

**习题 4.3.8**　使用这一技术求解 Quah 核$p_Q$的平稳分布①。画出直方图，与图 4－12中 $t=1000$ 时的分布进行对比。

**习题 4.3.9**　回顾 56 页介绍的企业。计算平稳分布下的利润，与习题 4.2.13 所计算利润对比。

**习题 4.3.10**　根据平稳分布的定义，如果$\psi^*$是关于$p_H$平稳的，则对所有的 $t$ 有$X_t \sim \psi^*$。使用算法 4－2，通过表 4－6 所计算的平稳分布抽取$X_0$验证$p_H$，然后计算 $T=20$ 时$X_T$的分布$\psi_T$的近似值。

### 4.3.2　多布鲁申（Dobrushin）系数

现在考虑平稳分布的收敛。继续对 $\mathscr{P}(S)$ 强加距离$d_1$来研究动力系统 $(\mathscr{P}(S), \mathbf{M})$。根据定义 4.1.5，动力系统全局稳定，如果：

（1）有唯一不动点（平稳分布）$\psi^* \in \mathscr{P}(S)$；

（2）对所有的$\psi \in \mathscr{P}(S)$，当$t \to \infty$，则$d_1(\psi \mathbf{M}^t, \psi^*) := \| \psi \mathbf{M}^t - \psi^* \|_1 \to 0$。

第二个条件意味着如果$(X_t)_{t \geq 0}$是马尔科夫$(p, \psi)$，对所有的 $\psi \in \mathscr{P}(S)$，有$X_t$的分布收敛于$\psi^*$。②

**习题 4.3.11**　习题 4.3.6 要求举一个全局稳定失效的核的例子。另一例子是周期马尔科夫链：

$$p = \begin{bmatrix} 0 & 1 \\ 1 & 0 \end{bmatrix}$$

① 后面会证明不动点是唯一的。

② 这一背景下，全局稳定有时被称为遍历性。

**证明：** $\psi^*:=(1/2,\ 1/2)$是唯一稳定分布。给出对所有的$\psi\in\mathscr{P}(S)$，当$t\to\infty$时，$\|\psi\mathbf{M}^t-\psi^*\|_1\to 0$的一个反例。

如何验证给定核$p$和所对应动力系统$(\mathscr{P}(S),\ \mathbf{M})$的稳定性？习题4.3.3给出了直接方法：$\mathbf{M}$在$\mathscr{P}(S)$上是非扩张的，如果可以将其升级到一致压缩，则Banach不动点定理意味着（$\mathscr{P}$（$S$），$\mathbf{M}$）是全局稳定的，以几何速率收敛到均衡。

哪些核可以升级为压缩映射？直觉上，稳态核的当前状态对未来状态影响非常小。一个极端的例子是在分布$p(x,\ dy)$上都相等：对所有的$x\in S$，$p(x,\ dy)=q\in\mathscr{P}(S)$。这种情况下，当前状态对未来状态是没有影响的。的确，对所有的$t$，$X_t\sim q$，这一过程是IID。马尔科夫算子满足对所有的$\psi\in\mathscr{P}(S)$，$\psi\mathbf{M}=q$，$(\mathscr{P}(S),\ \mathbf{M})$是全局稳定的。

一个次极端例子是对$x\in S$分布$p(x,\ dy)$"相似"。两个分布$p(x,\ dy)$和$p(x',\ dy)$的相似测度是$\sum_y p(x,\ y)\wedge p(x',\ y)$，其中$a\wedge b:=\min\{a,\ b\}$。如果$p(x,\ dy)=p(x',\ dy)$，则该值等于1。如果$p(x,\ dy)$和$p(x',\ dy)$的支撑集不相交①，则该值等于0。这便得到Dobrushin系数，其测度给定核$p$的稳定性。

**定义4.3.12** 给定随机核$p$，Dobrushin系数$\alpha(p)$定义为：

$$\alpha(p):=\min\left\{\sum_{y\in S}p(x,\ y)\wedge p(x',\ y):\ (x,\ x')\in S\times S\right\} \tag{4-19}$$

**习题4.3.13** 证明$0\leqslant\alpha(p)\leqslant 1$恒成立。

**习题4.3.14** 证明$\alpha(p)=1$，当且仅当对所有的$x\in S$，$p(x,y)$等于常分布$q\in\mathscr{P}(S)$。

**习题4.3.15** 证明$\alpha(p)=0$时习题4.3.11中的周期核，以及对于单位矩阵所对应的核$p$。

**习题4.3.16** 若存在$y$使$\phi(y)>0$和$\psi(y)>0$，则分布$\phi$和$\psi$称为交叠。证明$\alpha(p)>0$当且仅当对每一对$(x,\ x')\in S\times S$，分布$p(x,\ dy)$和$p(x',\ dy)$交叠。

如下结果通过Banach不动点定理连接了Dobrushin系数和稳定性。

**定理4.3.17** 如果$p$是$S$上的随机核，马尔科夫算子是$\mathbf{M}$，则：

$$\|\phi\mathbf{M}-\psi\mathbf{M}\|_1\leqslant(1-\alpha(p))\|\phi-\psi\|_1,\quad\forall\phi,\ \psi\in\mathscr{P}(S)$$

---

① $\psi\in\mathscr{P}$（$S$）的支撑为$\{y\in S:\ \psi\ (y)>0\}$。

此外，在这种意义下，若 $\lambda < 1 - \alpha(p)$，则存在 $\mathscr{P}(S)$ 中的 $\phi$，$\psi$ 使 $\| \phi\mathbf{M} - \psi\mathbf{M} \|_1 > \lambda \| \phi - \psi \|_1$。

定理的前半部分说如果 $\alpha(p) > 0$，则 $\mathbf{M}$ 为一致压缩，其模为 $1 - \alpha(p)$。因为($\mathscr{P}(S)$，$d_1$)是完备的，Banach 的不动点定理意味着($\mathscr{P}(S)$，$\mathbf{M}$)全局稳定。定理的第二部分说速率 $1 - \alpha(p)$ 是最好的，反过来表明 Dobrushin 系数是 $\mathbf{M}$ 稳定性的较好的测度指标。例如，若 $\alpha(p) = 0$，则可以确定 $\mathbf{M}$ 不是一致压缩。

如上讨论定理 4.3.17 的一些直觉，以及其稳定性含义。当所有分布 $p(x, dy)$ 相似，系数越大(接近于 1)则当前状态对未来状态几乎没有影响，这是平稳情形。当存在状态 $x$ 和 $x'$ 使 $p(x, dy)$ 和 $p(x', dy)$ 有不相邻的支撑集，如单位核和周期核。下一节将介绍更多关于 $\alpha(p)$ 的正性和稳定性连接的直觉。

本章附录给出了定理 4.3.17 的证明。$1 - \alpha(p)$ 作为最优速率的事实意味着这一证明并非完全不重要。我们必须比粗略的不等式做得更好。除了感兴趣的读者之外，其他读者可跳过证明直接转到下一节。

### 4.3.3 稳定性

令 $p$ 为 $S$ 上的随机核。如果 $\alpha(p) > 0$，则根据 Banach 不动点定理，($\mathscr{P}(S)$，$\mathbf{M}$) 是全局稳定。实际上，可以讨论更多。现在讨论有限马尔科夫链的主要稳定性结论，这些阐释解释了 Dobrushin 系数和稳定性关系。

**定理 4.3.18** 令 $p$ 为 $S$ 上的随机核，有马尔科夫算子 $\mathbf{M}$。则如下陈述等价：

(1) 动力系统全局稳定；

(2) 存在 $t \in \mathbb{N}$ 使 $\alpha(p^t) > 0$。

这一定理的另一种阐释方式是($\mathscr{P}(S)$，$\mathbf{M}$)是全局稳定的，当且仅当存在 $t \in \mathbb{N}$ 使给定任意对状态 $x$，$x'$，可以发现至少一种状态 $y$ 使 $p^t(x, y)$ 和 $p^t(x', y)$ 皆为正。因此，如果从两个初始点 $x$，$x'$ 运行两个马尔科夫链，它们以正概率相遇。这与全局稳定相关，因为它排除了例 4.1.8 中初始条件决定长期结果的情况。

**习题 4.3.19** 考虑习题 4.3.11 中的周期核，证明对任意 $t \in \mathbb{N}$ 使 $\alpha(p^t) = 0$。

**习题 4.3.20** 证明：对于某一 $\bar{y} \in S$，如果 $\min_{x \in S} p^t(x, \bar{y}) =: \varepsilon > 0$，则 $\alpha(p^t) \geqslant \varepsilon$，以及($\mathscr{P}(S)$，$\mathbf{M}$)是全局稳定。

**习题 4.3.21** Stokey 和 Lucas（1989，定理 11.4）证明：若存在 $t \in \mathbb{N}$ 使 $\sum_{y \in S} \min_{x \in S} p^t(x, \bar{y}) > 0$，($\mathscr{P}(S)$，$\mathbf{M}$)是全局稳定。证明定理 4.3.18 如何得到这一结果。

**习题 4.3.22** 证明定理 4.3.18。使用引理 4.2.8 和定理 4.3.17 证明由（2）可得(1)。证明由(1)可得(2)，令$\psi^*$为稳态分布。注意$\exists \bar{y} \in S$，有$\psi^*(\bar{y})>0$。证明：对任意$x$，$p^t(x, \bar{y}) \to \psi^*(\bar{y})$。使用$S$的有限性，证明存在$t \in \mathbb{N}$使$\min_{x \in S} p^t(x, \bar{y})>0$，及$\alpha(p^t)>0$。

考虑如何应用定理 4.3.18。习题 4.3.20 中，如果对所有$x \in S$，存在$y$使$p(x, y)>0$，则$\alpha(p)>0$及全局稳定。一个典型的例子是汉密尔顿核(4－8)，第二栏严格为正的结果是全局稳定。

接下来考虑 Quah 的核$p_Q$。从定理 4.3.5 可知，至少存在一个稳定分布，习题 4.3.8 中计算了一个稳态分布。我们现在应该检验并不存在多个稳态分布，否则展示其中一个稳态分布并不是很有趣。另外，若知道所有的轨迹都收敛于它，稳态分布将成为很好的结果预测。

**习题 4.3.23** 证明 Dobrushin 系数$\alpha(p_Q)$为 0。

因为$\alpha(p_Q)=0$，看一下高阶迭代。Quah 在其研究中计算了 23 阶核：

$$p_Q^{23}=\begin{pmatrix} 0.61 & 0.27 & 0.09 & 0.03 & 0.00 \\ 0.37 & 0.32 & 0.20 & 0.09 & 0.02 \\ 0.14 & 0.23 & 0.31 & 0.25 & 0.07 \\ 0.04 & 0.11 & 0.25 & 0.39 & 0.22 \\ 0.00 & 0.01 & 0.04 & 0.12 & 0.82 \end{pmatrix} \tag{4-20}$$

**习题 4.3.24** 证明$\alpha(p_Q^{23})>0$。

**习题 4.3.25** 由于$(\mathscr{P}(S), \mathbf{M}_Q)$是全局稳定，可以从任意初始条件$\psi$迭代$\mathbf{M}_Q$，计算近似不动点$\psi^*$。取$\psi=(1, 0, 0, 0, 0)$为初始分布，迭代直至$d_1(\psi \mathbf{M}_Q^t, \psi \mathbf{M}_Q^{t+1})<0.0001$。并对比习题 4.3.8 的结果。

**习题 4.3.26** 编程函数，取核分布$p$作为一个参数得到$\alpha(p)$。编写两个函数，重复调用第一个函数计算最小的$t \geqslant 1$使$\alpha(p^t)>0$，一并输出$t$和$\alpha(p^t)$。求解最大值$T$，满足：当函数得到信息对所有$t \leqslant T$有$\alpha(p^t)=0$时，$t$达到$T$时函数终止运输。现在证明使$\alpha(p_Q^t)>0$第一个$t$是 2。

一个关于稳定分布的有趣事实是：令$p$为核使$(\mathscr{P}(S), \mathbf{M})$是全局稳定，$\psi^*$为唯一稳定分布。令$(X_t)_{t \geqslant 0}$是马尔科夫$(p, x)$，其中$\psi^*(x)>0$。返回$x$的时间定义为随机变量：

$$\tau(x):=\inf\{t \geqslant 1: X_t=x\}$$

事实证明，如此定义的$\tau(x)$，有$\mathbb{E}\,\tau(x)=1/\psi^*(x)$。我们略过证明[见 Norris

(1997)的定理1.7.7]，但尝试模拟。算法4-3中的伪代码表示如何估计$\mathbb{E}\,\tau(x)$。①

**习题4.3.27** 对汉密尔顿马尔科夫链运行算法4-3。检验对于不动点$x \in S$，结果收敛于$1/\psi^*(x)$，随着$n \to \infty$。

最后，让我们考虑一个稍微复杂的应用，即所谓存货动态$(s, S)$。存货管理是运营研究中的主要问题，由于存货对整体需求的影响，其在宏观经济学中也发挥作用。$(s, S)$离散选择的特征符合资本投资动态的数据。

**算法4-3 计算返回时间均值**

```
for i in 1 to n do                          // n is the number of replications
    set t = 0
    set X = x
    repeat
        draw X ~ p(X, dy)
        set t = t + 1
    until X = x
    set τ_i = t
end
return n^{-1} Σ_{i=1}^{n} τ_i
```

令$q$，$Q \in \{0\} \cup \mathbb{N}$，$q \leqslant Q$，考虑一个企业在初始时间$t$有存货$X_t \in \{0, \cdots, Q\}$。这里，$Q$是企业存储能力的最大存货水平。[鉴于符号$S$已被使用，所以我们研究$(q, Q)$存货动态。]如果$X_t \leqslant q$，则企业订购存货$Q - X_t$，使当前存量达到$Q$。如果$X_t > q$，则企业不采购。时期$t$结束后，可观测需求$D_{t+1}$，企业满足这些需求直至当前库存水平。任何剩余存货将转入下一期，因此：

$$X_{t+1} = \begin{cases} \max\{Q - D_{t+1}, 0\}, & \text{若} X_t \leqslant q \\ \max\{X_t - D_{t+1}, 0\}, & \text{若} X_t > q \end{cases}$$

如果采用符号$x^+ := \max\{x, 0\}$，则用$\mathbb{1}\{x \leqslant q\}$表示：当$x \leqslant q$时，值为1，其他情况等于0时，则上式简记为：

$$X_{t+1} = (X_t + (Q - X_t)\mathbb{1}\{x \leqslant q\} - D_{t+1})^+$$

或者，若$h_q(x) := x + (Q - X_t)1\{x \leqslant q\}$是存货订购完成后库存量，则：

$$X_{t+1} = (h_q(X_t) - D_{t+1})^+$$

① 如果$\psi^*(x) > 0$，则$(X_t)_{t \geqslant 0}$以概率1返回$x$（无限次），因此算法在有限次情况下以概率1终止。

假设$(D_t)_{t\geq 0}$是 IID 序列，在$\{0\}\cup\mathbb{N}$上取值，服从分布$b(d):=\mathbb{P}\{D_t=d\}=(1/2)^{d+1}$。

**习题 4.3.28**　令$S=\{0, 1, \cdots, Q\}$。给出对应于重新进货政策$q$的随机核$p(x, y)$的表达。①

**习题 4.3.29**　令$\mathbf{M}_q$为对应的马尔科夫算子。证明$(\mathscr{P}(S), \mathbf{M}_q)$恒为全局稳定，独立$q$，$Q$的精确值。令$\psi^*$表示对应门槛$q$的稳态分布。数值证明若$Q=5$，则：

$\psi_2^*(0.0625, 0.0625, 0.125, 0.25, 0.25, 0.25)$

现在考虑企业利润。假设企业购买产品的单位成本是 0 美元，单位成本加成为 1 美元，$t$ 期的收入是 $\min\{h_q(X_t), D_{t+1}\}$。当发出库存订单时会产生固定成本。因此，时期$t$企业的利润如下：

$\pi_q(X_t, D_{t+1})=\min\{h_q(X_t), D_{t+1}\}-C\mathbb{1}\{x_t\leq q\}$

给定$X_t=x$，如果我们现在对$D_{t+1}$的结果进行加总，则有：

$$g_q(x):=\mathbb{E}[\pi_q(x, D_{t+1})]=\sum_{d=0}^{\infty}\pi_q(x, d)b(d)=\sum_{d=0}^{\infty}\frac{\pi_q(x, d)}{2^{d+1}}$$

这可以解释为存货状态$X_t$等于$x$时，是前期的期望利润。

**习题 4.3.30**　库存策略的一种常见性能指标是长期平均利润(这种情况下选择$q$)，定义为$\mathbb{E}\,g_q(X)$当$X\sim\psi_q^*$，则$\sum_{x\in S}g_q(X)\psi_q^*(x)$。数值模拟证明：根据这一性能指标，当$Q=20$和$C=0.1$时，最优政策$q=7$。

### 4.3.4　大数定律

通过讨论样本路径的一些概率性质来结束稳定性的讨论。特别地，在马尔科夫链情形下讨论大数定律。

算法 4-2 通过蒙特卡洛法计算了边际分布$\psi_t$的近似值。蒙特卡洛法的基础是来自固定概率分布的若干样本的独立分布，计算事件发生的频率，频率趋近于事件发生的概率（概率分布所确定的），这也是概率的频率定义，但可以通过概率理论的公理证明。所需定理是大数定律（LLN），其变体如下：

**定理 4.3.31**　如果$F$是$\mathbb{R}$上的累积分布函数，$(X_t)_{t\geq 1}\sim F$，$h$：$\mathbb{R}\to\mathbb{R}$是一个

① 提示：如果$a$是任意整数，$D$的分布$b$定义如上，则$(a-D)^+$的概率是多少？你可以发现，首先考虑$y=0$的情形，然后再考虑$y>0$是比较方便的。

可测函数，且 $\int |h(x)| F(dx) < \infty$，则：

$$\frac{1}{n}\sum_{i=1}^{n} h(X_i) \to \mathbb{E}h(X_1) := \int |h(x)| F(\mathrm{d}x),\ n\to\infty \text{ 以概率 1 成立} \tag{4-21}$$

这个结果是统计学的基础结论。它指出对于 IID 序列，随着样本量的增大，样本均值收敛于总体均值。稍后我们会给出独立性的正式定义及该定理的一个证明。彼时，将讨论“可测函数”这一术语和概率为 1 时收敛的性质。对于我们考虑的问题，现仅需知道 $h$ 的可测性从来不是一个有约束力的限制。

**例 4.3.32** 若 $(X_i)_{i=1}^{n}$ 是独立标准正态随机变量，则根据定理 4.3.31 可得 $\frac{1}{n}\sum_{i=1}^{n} X_i^2 \to 1$。读者可以尝试用 Python 计算并使用一些变形：

```
>>> from random import normalvariate
>>> Y = [normalvariate(0, 1)**2 for i in range(10000)]
>>> sum(Y) / 10000
```

LLN 的另一个用途：假设我们希望计算 $\mathbb{E}h(X)$，其中 $h$ 是实函数。可使用纸和笔利用积分知识来求解积分 $\int_{-\infty}^{\infty} h(x)F(\mathrm{d}x)$。然而在一些情况下，这并不容易。相反，我们可利用随机数生成器生成服从 $F$ 的独立抽样 $X_1$，$X_2$，…，然后基于产生的大量样本，取 $h(X_i)$ 的均值，则可得到(4-21)。

在（4-21）中，随机变量序列是 IID。在某些情况下，LLN 拓展至既不是独立也不是相同分布的序列。例如，我们有关于平稳马尔科夫链的以下结果：

**定理 4.3.33** 令 $S$ 有限，$\psi \in \mathscr{P}(S)$，$p$ 是 $S$ 上的随机核，对某些 $t \in \mathbb{N}$，$\alpha(p^t) > 0$，以及 $h: S \to \mathbb{R}$。若 $(X_t)_{t\geq 0}$ 是马尔科夫 $(p, \psi)$，则：

$$\frac{1}{n}\sum_{t=1} h(X_t) \to \sum_{t=1} h(x)\psi^*,\ n\to\infty \text{ 当概率为 1 时成立} \tag{4-22}$$

其中，$\psi^*$ 是 $p$ 的唯一平稳分布。

左边是 $h(X_t)$ 的平均值，右边是 $X \sim \psi^*$ 时 $h(X)$ 的期望值。注意，这一结果对任意初始条件 $\psi \in \mathscr{P}(S)$ 都成立。

证明定理 4.3.33 需要比我们手头更多的工具①。直觉是，当马尔科夫链是全局稳定且 $t$ 较大时，$X_t$ 近似服从 $\psi^*$ 分布。此外，稳定性意味着初始条件并不重要，同样对于较大的 $k$，$X_t$ 对 $X_{t+k}$ 几乎没有影响。因此，马尔科夫链中具有渐进

① 11.1.1 提供了定理 4.3.33 的一个弱版本证明。

独立性。这两个事实共同意味着马尔科夫链近似满足推导大数定律的 IID 条件。

如果假设当时 $x = yh(x) = 1$，其他情况下为 $h(x) = 0$（即 $h(x) = 1\{x = y\}$），则(4－22)变为：

$$\frac{1}{n}\sum_{t=1}^{n} h(X_t) = \frac{1}{n}\sum_{t=1}^{n} 1(X_t = y) \to \psi^*(y) \ , \ n \to \infty \tag{4-23}$$

蒙特卡洛法为计算稳态分布提供了新的技巧。习题 4.3.34 示例。

**习题 4.3.34** 令 $p_H$ 为汉密尔顿核，若 $x = NG$，$h(x) = 1$；其他情况 $h(x) = 0$，给定任意初始条件，提取长度为 50000 的序列。计算(4－22)左边值并与通过表 4－6 计算的右边值比较。

当状态空间非常小时，相比于使用表 4－6 中的代数方法计算稳态分布，蒙特卡洛法的计算效率较低。然而，随着状态空间的增大，代数方法的计算负担将迅速增加。对于大的或无穷的状态空间，习题 4.3.34 中所使用的 LLN 变体技术则成为核心工具。细节参见 6.1.3。①

定理 4.3.33 的重要性超越了计算稳态分布的这一新技术。它为稳态分布提供了新的解释：对于(4－23)，可得：

$\psi^*(y) \simeq X_t$ 出现状态 $y$ 次数的比例

虽然其通常是无效的，除问题中的马尔科夫链是稳定的（这种情况下，LLN 适用），但是这确实是对 $\psi^*$ 的新解释。

**习题 4.3.35** 举例：这种解释不适用于核 $p$ 和初始条件 $\psi$。

在前面的讨论中，$h$ 是一个指标函数，这把求解期望问题简化为计算随机过程中出现 1 的频率。现在考虑更一般的期望。

**习题 4.3.36** 回顾 59 页所介绍的公司。扩展习题 4.3.34，使用定理 4.3.33，计算在稳态分布下的近似预期利润，与习题 4.3.9 的结果进行对比。

因此，对于稳态分布，LLN 提供了一种新的方法计算期望。然而，正如与上面概率例子的情况一样，当马尔科夫链是平稳的时，它也对这些期望提供了新解释。如果 $h$ 表示利润，则有：

$$\sum_{x \in S} h(x)\,\psi^*(y) \simeq \text{长期平均利润}$$

再次，当问题中的马尔科夫链是平稳的时，这一解释依然是有效的，但其他情况可能不成立。

① 6.1.3 中介绍了前瞻方法涉及无限状态空间，但它可通过相应修改应用于有限状态空间。

## 4.4 评述

关于确定性动力系统和离散动力系统，可参见一个很好的数学导论 Holmgren（1996），其内容涉及了基本理论、拓扑共轭，以及混沌系统。关于经济视角的动力系统，可参考 Stokey 和 Lucas（1989），Azaruadis（1993），de la Fuente（2000），Turnovsky（2000），Shone（2003），Ljungqvist 和 Sargent（2004），Caputo（2005），Gandolfo（2005）。

例 4.1.8 中的阈值外部性模型是 Azariadis 和 Drazen（1990）的简化版本。多重均衡的随机模型可参见 Durlauf（1993）。

本书讨论混沌动力系统时忽略了对经济应用的讨论，因为在这方面的应用较多。略加修改，Solow－Swan 模型便转化为混沌动力系统（Böhm 和 Kaas，2000）。此外，在无限期的理性行为假设下，优化模型的解存在混沌、周期和复杂动态的可能。例如，Benhabib 和 Nishimura（1985），Boldrin 和 Montrucchio（1986），Sorger（1992），Nishimura 等（1994），Venditti（1998），Mitra 和 Sorger（1999）。有关复杂的经济动态的更多讨论，见 Grandmont（1985），Chiarella（1988），Galor（1994），Medio（1995），Brock 和 Hommes（1998），Barnett 和 Serletis（2000），Kikuchi（2008）。

有限状态马尔科夫链的两个很好的参考文献是 Norris（1997）和 Häggström（2002）。基于不可约性和非周期性，这些文献使用更加传统的方法介绍了马尔科夫链的稳定性。可以证明，每个不可约和非周期马尔科夫链都是全局稳定的，因此满足定理 4.3.18 的条件［特别地，$\alpha(p^t)>0$，其中 $t\in\mathbb{N}$］。但反过来并不一定成立，因此定理 4.3.18 更具一般性。

Dobrushin（1956）介绍了 Dobrushin 系数。Bremaud（1999）在有限状态马尔科夫链的背景下讨论了 Dobrushin 系数。

基于 Norris（1997），4.3.3 中对（$s$，$S$）动力系统的讨论可放松。关于库存动态的另一个讨论见 Stokey 和 Lucas（1989），一个对总体影响的有趣分析见 Nirei（2008），离散调整模型的现代分析可参见 Stokey（2008）。

# 第5章 有限马尔科夫链的更多主题

我们现在已经涵盖了有限状态马尔科夫链的基本理论，接下来将转向更多应用主题。在5.1中，我们考虑动态规划问题，即通过行动控制马尔科夫链来实现既定目标。在5.2中，我们研究了马尔科夫链和随机递归序列的联系。

## 5.1 最优化

在本节中，我们将首先介绍随机动态规划。术语“动态规划”是理查德·贝尔曼在20世纪50年代初创造的，并且属于一类多阶段随机规划问题。因为随机动态规划问题通常涉及马尔科夫链，它们也被称为马尔科夫决策问题、马尔科夫控制问题或马尔科夫控制过程。我们会专注于解决一个简单的示例问题，把更难的证明推迟到第10章。

### 5.1.1 问题大纲

我们的目标是构建模型用来刻画库尔茨（Kurtz）上校的行为，他在农河的小岛上以钓鲇鱼为生。当地的鲇鱼只在黎明时咬钩，上校可捕获随机数量 $W \in \{0, \cdots, B\}$，$W \sim \phi$。钓上的鲇鱼在热带地区很快变质，只能冷藏保存。上校的制冷设施有限，最多 $M$ 条鱼可以被放进冰箱。令$X_t$为 $t$ 天中午鲇鱼的存量，$C_t$为被消费掉的数量，剩下的$R_t = X_t - C_t$被冷冻。基于第二天早晨鱼捕获情况，状态 $X_{t+1} = R_t + W_{t+1}$。

作为一个经济学家，我们毫不迟疑地把库尔茨上校刻画为理性的消费者，其目标是最大化跨期加总效用。用$\rho$估计他的贴现因子，期间效用函数为$U$。假设库尔茨的固定策略函数$\sigma$：基于观测状态$X_t$，上校储存鲇鱼数量$R_t=\sigma(X_t)$。对这一状态空间，取$S:=\{0, \cdots, M+B\}$，因为$X_t \leqslant M+B$恒成立。函数$\sigma$是$S$到$\{0, \cdots, M\}$的映射，满足可行性约束$0 \leqslant \sigma(x) \leqslant x$，对所有的$x \in S$。我们把这些可行性集合用$\Sigma$表示，给定$\sigma \in \Sigma$，状态演进根据：

$$X_{t+1}=\sigma(X_t)+W_{t+1}, \ (W_t)_{t \geqslant 1} \overset{\text{IID}}{\sim} \phi, \ X_0=x \in S \tag{5-1}$$

**习题 5.1.1** 对于任意$a \in \{0, \cdots, B\}$，令$\gamma(a, dy) \in \mathscr{P}(S)$为$a+W$的分布，即对$y \in S$，$\mathbb{P}\{a+W=y\}=\gamma(a, y)$。验证$S \times S \ni (x, y) \mapsto \gamma(\sigma(x), y) \in \mathbb{R}$是$S$上的随机核。

使用$\gamma$的定义，可以发现给定$X_t$时$X_{t+1}$的分布是$\gamma(\sigma(X_t), dy)$，(5-1)中的$(X_t)_{t \geqslant 0}$是马尔科夫$(p_\sigma, x)$，其中$p_\sigma(x, y):=\gamma(\sigma(x), y)$。令$M_\sigma$为$p_\sigma$对应的马尔科夫算子。对任意给定$h$：$S \to \mathbb{R}$，我们有：

$$\mathbf{M}_\sigma^t h(x)=\sum_{y \in S} p_\sigma^t(x, y) h(y), \ (t \geqslant 0) \tag{5-2}$$

重要一点是，当库尔茨上校选择了一个策略的同时，他也在$S$上选择了一个马尔科夫链。

我们把库尔茨上校的优化问题建模如下：

$$\max_{\sigma \in \Sigma} \mathbb{E}\left[\sum_{t=0}^{\infty} \rho^t U(X_t-\sigma(X_t))\right], \text{对所有(5-1)给定的}(X_t)_{t \geqslant 0} \tag{5-3}$$

让我们尽可能清楚地理解这个目标函数。对于每一个给定$\sigma$，马尔科夫链却由(5-1)决定。如第9章进一步所讨论的，随机变量是被认为在某些包含随机抽取的可能结果的空间$\Omega$上面的函数。开始时，自然根据给定概率$\mathbb{P}$选择元素$\omega \in \Omega$。因为冲击$(W_t)_{t \geqslant 1}$是结果函数，所以随机抽取并决定了冲击的路径$(W_t(\omega))_{t \geqslant 1}$。[①] 从法则$W_{t+1}(\omega)=\sigma(X_t(\omega))+W_{t+1}(\omega)$及$X_0(\omega)=x$，可得状态变量的时间路径$(X_t(\omega))_{t \geqslant 0}$。反过来，每一个路径都给了我们一个对应路径的实数值$Y_\sigma(\omega)$：

$$Y_\sigma(\omega)=\sum_{t=0}^{\infty} \rho^t U(X_t(\omega)-\sigma(X_t(\omega))), \ \omega \in \Omega \tag{5-4}$$

$Y_\sigma$值本身是随机变量，是$\omega$的函数，目标函数则对$Y_\sigma$取期望。

对有限集合$\Omega$上的概率，随机变量$Y$的期望由 sum $\sum_{\omega \in \Omega} Y(\omega) \mathbb{P}\{\omega\}$ 给

① 注意，尽管所有随机结果都是在开始时通过$\omega$的实现所确定的，但是在$t$之前，时刻$t$ $W_t(\omega)$的值被认为是“不可观测的”。

定。然而，在目前情况下，事实证明 Ω 不可数的（参见定义 A.1.4），并且和也未被定义。我们必须等到讨论测度论后，才可构建不可数空间上的广义期望定义。但我们可以通过截取某（大但是有限）点 $T\in\mathbb{N}$ 近似（5－3）。这可以让我们回到如上所讨论的有限情形：给定 $\sigma\in\Sigma$，$(X_t)_{t=0}^{T}$是马尔科夫（$p_\sigma$，$x$），我们可以通过（4－17）构建联合概率。联合分布定义在有限集合$S^{T+1}$上，因此期望可通过加总计算。如果：

$$F:\ S^{T+1}\ni x:=(x^0,\ \cdots,\ x^T)\mapsto\sum_{t=0}^{T}\rho^t U(x^t-\sigma(x^t))\in\mathbb{R}$$

以及$q_{T+1}$是$(X_t)_{t=0}^{T}$的联合分布，则：

$$\mathbb{E}\left[\sum_{t=0}^{T}\rho^t U(X_t-\sigma(X_t))\right]=\sum_{x\in S^{T+1}}F(x)q_{T+1}(x)\tag{5-5}$$

事实上，我们可以使用期望的线性性质进一步简化：

$$\mathbb{E}\left[\sum_{t=0}^{T}\rho^t U(X_t-\sigma(X_t))\right]=\sum_{t=0}^{T}\rho^t\mathbb{E}U(X_t-\sigma(X_t))$$

令$r_\sigma(x):=U(x-\sigma(x))$，使用(5－2)，我们可以记为：

$$\mathbb{E}U(X_t-\sigma(X_t))=\mathbb{E}\,r_\sigma(X_t)=\sum_{y\in S}p_\sigma^t r_\sigma(y)=\mathbf{M}_\sigma^t r_\sigma(x)$$

$$\therefore\ \mathbb{E}\left[\sum_{t=0}^{T}\rho^t U(X_t-\sigma(X_t))\right]=\sum_{t=0}^{T}\rho^t\mathbf{M}_\sigma^t r_\sigma(x)\tag{5-6}$$

通过一些测度理论，可证明（见第 10 章）（5－6）右边的极限等于无限水平问题（5－3）中的目标函数。特别地，如果$v_\sigma$（$x$）表示在策略 $\sigma$ 下总的奖励（效用），当初始条件 $x\in S$，则：

$$v_\sigma(x):=\mathbb{E}\left[\sum_{t=0}^{\infty}\rho^t U(X_t-\sigma(X_t))\right]=\sum_{t=0}^{\infty}\rho^t\mathbf{M}_\sigma^t r_\sigma(x)\tag{5-7}$$

### 5.1.2　值迭代

（5－7）中的$v_\sigma$（$x$）项给出了策略 $\sigma$ 下的期望贴现收益。给定 $x$，我们的工作是找到策略集合 Σ 上的最大值$v_\sigma$（$x$）。我们所讨论的第一个方法是值迭代。首先，定义值函数：

$$v^*:=\sup\ \{v_\sigma(x):\ \sigma\in\ \sum\}\ (x\in S)\tag{5-8}$$

不难发现，值函数满足贝尔曼方程。令 $\Gamma(x):=\{0,\ 1,\ \cdots,\ x\wedge M\}$，$x\wedge M:=\min\ \{x,\ M\}$ 为可行性行动集(鱼可以被冷藏的数量)，当前状态是 $x$ 时，贝尔曼方程记为：

$$v^*(x) := \max_{a \in \Gamma(x)} \left\{ U(x-a) + \rho \sum_{z=0}^{B} v^*(a+z)\phi(z) \right\} \quad (x \in S) \tag{5-9}$$

后面将详细证明式式（5－9）下的思想是，根据最大化未来收益的不同状态的值，权衡并选择最优的行动所带来的两种效应：当前收益和下一期转移到新状态下的未来收益（转换概率由行动决定）。最优权衡选择的结果是在当前状态下最大化的值，即（5－9）的左边。

给定 $w$：$S \to \mathbb{R}$，我们称 $\sigma \in \Sigma$ 为 $w$ 贪心的（欲望的），若：

$$\sigma(x) \in \operatorname*{argmax}_{a \in \Gamma(x)} \left\{ U(x-a) + \rho \sum_{z=0}^{B} w(a+z)\phi(z) \right\} \quad (x \in S) \tag{5-10}$$

进一步，策略 $\sigma \in \Sigma$ 称为最优，若$v_a = v^*$，即策略 $\sigma$ 下所得值最大。第 10 章一个重要结论是：策略$\sigma^*$是最优的当且仅当$v^*$是贪心的。因此，计算最优策略是必然的，如果知道值函数$v^*$，那么我们仅需使用$v^*$来替换 $w$ 求解式(5－10)对所有的 $x \in S$。

因此，如何去求解值函数？（5－9）是一个追尾（Tail－Chasing）方程，如果我们知道$v^*$，则可以把它代入右边求得$v^*$。当它以函数的形式进入方程时，则可以用 Banach 不动点定理求解它们。令 $bS$ 为函数的集合 $w$：$S \to \mathbb{R}$,[①] 定义贝尔曼算子 $bS \ni v \mapsto Tv \in bS$，如下：

$$Tv(x) = \max_{a \in \Gamma(x)} \left\{ U(x-a) + \rho \sum_{z=0}^{B} v(a+z)\phi(z) \right\} (x \in S) \tag{5-11}$$

第 10 章将会证明，$T$ 是模为 $\rho$ 在（$bS$，$d_\infty$）上的一致压缩，其中$d_\infty$（$v$，$w$）$:=\sup_{x \in S} |v(x) - w(x)|$。根据构建方式，$Tv^*(x) = v^*(x)$ 是对所有的 $x \in S$，因此$v^*$是 $T$ 的一个不动点。根据 Banach 不动点定理，$v^*$是 $bS$ 中 $T$ 唯一的不动点，而且当 $n \to \infty$ 对任意给定 $v \in bS$，$d_\infty$（$T^n v$，$v^*$）$\to 0$。[②]

算法 5－1 中提出的值迭代算法表明：[③] 如果容忍误差非常小，则该算法产生的函数$T^n v$ 接近于$v^*$。因为$v^*$贪心策略（Greedy Polocies）是最优的，$T^n v$ 几乎接近$v^*$，所以$T^n v$ 贪心策略可能是最优的。这个直觉是正确的，在 10.2.1 中将得到证实。

---

① 这是我们通常用于从 $S$ 到$\mathbb{R}$有界函数的符号。由于 $S$ 是有限的，所有实值函数在 $S$ 上是有界的，而 $bS$ 只是 $S$ 上的实值函数。

② 提示：（$bS$，$d_\infty$）是完备的（参见定理 3.2.6）。

③ 让人想起习题 4.3.25 用于计算平稳分布的迭代方法。

**算法 5-1 值迭代算法**

pick any $v \in bS$
**repeat**
  compute $Tv$ from $v$
  set $e = d_\infty(Tv, v)$
  set $v = Tv$
**until** *e is less that some tolerance*
solve for a $v$-greedy policy $\sigma$

贝尔曼算子 $T$ 在表 5-1 中实现。在表中，效用函数是 $U(c) = c^\beta$，$\phi$ 在 $\{0, \cdots, B\}$ 上均匀分布。算子 $T$ 作为函数 T（）实现。它将序列 $v$ 作为输入，对应于 $S$ 上的函数 $v$，并返回表示 $T$ 下 $v$ 的像的列表 $Tv$。外部循环逐步通过每个 $x \in S$，计算（5-11）右边的最大值，并分配给 Tv [x]。内部循环逐步通过每个可行行动 $a \in \Gamma(x)$ 在 $x$ 处找到最大值。①

**表 5-1 （kurtzbellman. py）贝尔曼算子**

```
beta, rho, B, M = 0.5, 0.9, 10, 5
S = range(B + M + 1)  # State space = 0,...,B + M
Z = range(B + 1)      # Shock space = 0,...,B

def U(c):
    "Utility function."
    return c**beta

def phi(z):
    "Probability mass function, uniform distribution."
    return 1.0 / len(Z) if 0 <= z <= B else 0

def Gamma(x):
    "The correspondence of feasible actions."
    return range(min(x, M) + 1)

def T(v):
    """An implementation of the Bellman operator.
    Parameters: v is a sequence representing a function on S.
    Returns: Tv, a list."""
```

① 通常，此处的代码是为了清晰表达而不是速度而编写的。对于大型状态空间，需要重写代码并使用程序库进行快速数组处理，如 SciPy 和 NumPy，或者用 C 和 Fortran 语言重写内部循环，然后从 Python 调用它。

续表

```
Tv = []
for x in S:
    # Compute the value of the objective function for each
    # a in Gamma(x), and store the result in vals
    vals = []
    for a in Gamma(x):
        y = U(x - a) + rho * sum(v[a + z]*phi(z) for z in Z)
        vals.append(y)
    # Store the maximum reward for this x in the list Tv
    Tv.append(max(vals))
return Tv
```

**习题 5.1.2** 完成表 5－1 中算法 5－1 的实现，计算一个（近似）最优策略。对于初始条件，你可以使用 $v$ 定义 $v(x)=U(x)$。①

**习题 5.1.3** 使用习题 4.3.26 中编写的代码，证明 $(X_t)_{t\geqslant 0}$ 在最优策略下是稳定的［特别地，证明数值 $\alpha(p_{\sigma^*})>0$］。计算稳定分布。

### 5.1.3 策略迭代

求解动态规划问题的另一种常用方法是策略迭代，如算法 5－2 所示。② 这一方法易于编程，通常比值迭代算法更快。对于有限状态它具有很好的特性，是最优策略能在有限时间内被精确计算（模数值误差）。

首先，选择任意策略 $\sigma$。接下来计算这一策略的值 $v_\sigma$。从 $v_\sigma$ 可计算 $\sigma'$ 的 $v_\sigma$ 贪心策略：

$$\sigma'(x)\in \underset{0\leqslant a\leqslant x\wedge M}{\operatorname{argmax}}\left\{U(x-a)+\rho\sum_{z=0}^{B}v_\sigma(a+z)\phi(z)\right\}\quad(x\in S)$$

**算法 5－2 策略迭代算法**

```
pick any σ ∈ Σ
repeat
    compute v_σ from σ
    compute a v_σ-greedy policy σ'
    set e = σ − σ'
    set σ = σ'
until e = 0
```

① 你将有机会在下一节中检查所计算的策略是否正确。

② 有时称霍华德的策略改进算法。

$e$ 记录了 $\sigma$ 和 $\sigma'$ 之间的偏差。如果策略相同，则循环终止。否则，我们令 $\sigma=\sigma'$，并继续迭代。

编程该算法最困难的部分是在给定策略下计算值，即从 $\sigma$ 计算 $v_{\sigma}$。算法 5－2 给出了一种实现此目的的方法，基于当 $T$ 大时估算（5－6）的右边。首先从 NumPy 导入 zeros、dot 和 array，一是生成零数组；二是矩阵乘法；三是转换其他数据类型，比如列表转成 NumPy 数组。其次利用表 5－1 中的 kurtzbellman 导入参数。

**表 5－2　（kurtzvsigma. py）$v_{\delta}$ 近似**

```
from numpy import zeros, dot, array
from kurtzbellman import S, rho, phi, U  # From listing 5.1

def value_of_policy(sigma):
    "Computes the value of following policy sigma."

    # Set up the stochastic kernel p_sigma as a 2D array:
    N = len(S)
    p_sigma = zeros((N, N))
    for x in S:
        for y in S:
            p_sigma[x, y] = phi(y - sigma[x])

    # Create the right Markov operator M_sigma:
    M_sigma = lambda h: dot(p_sigma, h)

    # Set up the function r_sigma as an array:
    r_sigma = array([U(x - sigma[x]) for x in S])
    # Reshape r_sigma into a column vector:
    r_sigma = r_sigma.reshape((N, 1))

    # Initialize v_sigma to zero:
    v_sigma = zeros((N,1))
    # Initialize the discount factor to 1:
    discount = 1

    for i in range(50):
        v_sigma = v_sigma + discount * r_sigma
        r_sigma = M_sigma(r_sigma)
        discount = discount * rho

    return v_sigma
```

接下来，我们定义函数 value_ of_ policy ( )，取数组 sigma 表示一个可行策略 $\sigma \in \Sigma$ 作为其参数，并返回 NumPy 数组 v_ sigma，表示$v_\sigma$。在函数开始时，我们生成一个 2D 数组 p_ sigma 对应如上所定义的随机核$p_\sigma(x, y) := \gamma(\sigma(x), y)$。从该数组中我们生成对应于$\mathbf{M}_\sigma$的 M_ sigma ( ) 的函数。此外，生成数组 r_ sigma( )，对应于$r_\sigma$。最后，我们逐步执行 50 个$\rho^t \mathbf{M}_\sigma^t r_\sigma$，将每一项加到返回值。

**习题 5.1.4** 完成算法 5－2 的实现。由此产生的策略应该与习题 5.1.2 中所计算相同。

## 5.2 马尔科夫链和随机递归序列

本节中，我们将研究随机核所生成的马尔科夫链和随机递归序列（随机差分方程）的关系。我们会发现每一个马尔科夫链对应至少一个随机递归序列（实际上有许多）。这为我们提供了分析和模拟马尔科夫链的新方法。

### 5.2.1 从 MCs 到 SRSs

当我们开始学习有限状态空间中的过程时，通常会对随机递归序列感兴趣。在有限情形下，典型的 SRS 有这样的形式：

$$X_{t+1} = F(X_t, W_{t+1}), \quad X_0 \sim \psi \in \mathscr{P}(S), \quad F: S \times Z \to S \tag{5-12}$$

其中，$(W_t)_{t \geq 1}$是独立冲击序列，在任意集合 $Z$ 中取值。如 5.1.1 所讨论，冲击$W_t$被认为是在共同空间 $\Omega$ 中的函数。在初时期，自然按概率$\mathbb{P}$ 选择 $\omega \in \Omega$。它提供了路径$(W_t(\omega))_{t \geq 1}$完全实现。同时 $\omega$ 的值以$\mathbb{P}\{\omega: X_0(\omega) = x_i\} = \psi(x_i)$决定$X_0$。给定 $(W_t)_{t \geq 1}$ 和 $X_0$ ($\omega$)，通过以下方式，我们构建对应时间路径$(W_t(\omega))_{t \geq 0}$：

$$X_1(\omega) = F(X_0(\omega), W_1(\omega)), \quad X_2(\omega) = F(X_1(\omega), W_2(\omega)) \text{ 等}$$

在开始时所有的不确定性可以通过观测 $\Omega$ 中的 $\omega$ 来实现，这一简洁的理念可以给出充分的数学直觉。正如我们可以通过调用随机数生成器画出$(W_t)_{t \geq 1}$的完整路径。然后，你可以通过等价转化两种思想方法，把 $\omega$ 视为在模拟开始时实现。生成 $n$ 个随机数可认为是观测到这一序列中的前 $n$ 个观测值。大多数随机数生成器的默认行为是生成（准）独立的冲击序列。

给定 SRS（5－12），我们可得 $S$ 上随机核：

$$p(x, y) = \mathbb{P}\{F(x, W_t) = y\} := \mathbb{P}\{\omega \in \Omega: F(x, W_t(\omega)) = y\}$$

实际上，我们也可以采用另一种方式，用如（5－12）中的一个 SRS 表示任意的马尔科夫－（$p$，$\psi$）。这对模拟非常有用，对动态的概率结构有更深的理解。

首先，令 $W$ 是在 $(0, 1]$ 上的均匀分布。因此，对任意的 $a \leqslant b \in (0, 1]$，我们有 $\mathbb{P}\{a < W \leqslant b\} = b - a$，是区间 $(a, b]$ 的长度。[①]给定分布 $\phi \in \mathscr{P}(S)$，我们尝试构建一个 $(0, 1]$ 到 $S$ 的函数 $z \mapsto \tau(z; \phi)$，使 $\tau(W; \phi)$ 的分布是 $\phi$：

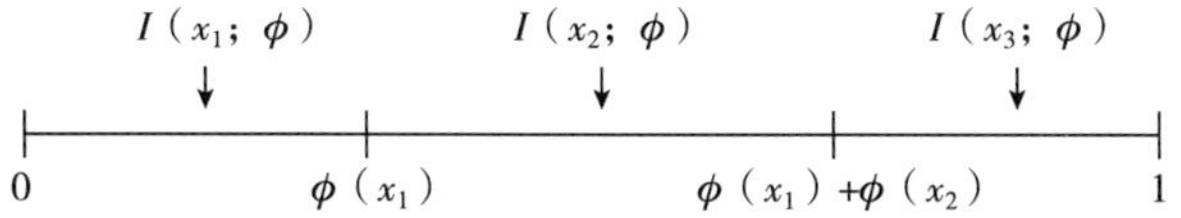


**图 5－1　$\phi$ 生成的划分 $(I(x; \phi))_{x \in S}$**

$$\mathbb{P}\{\tau(W; \phi) = x\} = \phi(x) \quad (x \in S)$$

方法是把单位区间 $(0, 1]$ 分成 $N$ 个不相交的子区间，对应每一个 $x \in S$。具有代表性的区间是 $I(x; \phi)$，长度是 $\phi(x)$。具体的例子是：

$$I(x; \phi) := (\phi(x_1) + \cdots + \phi(x_{i-1}), \phi(x_1) + \cdots + \phi(x_i)]$$

其中，$I(x_1; \phi) = (0, \phi(x_1)]$。图 5－1 给出了 $S = \{x_1, x_2, x_3\}$ 的图。

现在考虑函数 $z \mapsto \tau(z; \phi)$，其定义为：

$$\tau(z; \phi) := \sum_{x \in S} x \mathbb{1}\{z \in I(x; \phi)\} \quad (z \in (0, 1]) \tag{5-13}$$

其中，当 $z \in I(x; \phi)$ 时，$\mathbb{1}\{z \in I(x; \phi)\}$ 等于 1，其他情形下等于 0。

**习题 5.2.1**　证明 $\forall x \in S$，$\tau(z; \phi) = x$ 当且仅当 $z \in I(x; \phi)$。

随机变量 $\tau(W; \phi)$ 的分布为 $\phi$。为验证，取任意 $x \in S$，观测到当 $W \in I(x; \phi)$ 时，$\tau(z; \phi) = x$。从 $\phi(x)$ 的构建过程可知这一事件的概率是区间 $I(x; \phi)$ 的长度。因此，对所有的 $x \in S$，$\mathbb{P}\{\tau(W; \phi) = x\} = \phi(x)$ 都成立。算法 5－3 给出了函数 $z \mapsto \tau(z; \phi)$ 的实现。[②]

---

① 不等号是弱还是严格概率相同不论。

② 该算法曾在表 4－4 中使用过。

**算法 5-3　函数 $z \mapsto \tau(z;\ \phi)$**

```
read in z
set a = 0
for x in S do
    if a < z ≤ a + φ(x) then return x
    a = a + φ(x)
end
```

使用这些结果，我们可以把任意马尔科夫 -$(p,\ \psi)$链表示为 SRS。根据定义，这样一个马尔科夫链服从$X_0 \sim \psi$ 和$X_{t+1} \sim p(X_t,\ dy)$，对 $t \geqslant 0$。把它写成一个随机递归序列，令$(W_t)_{t \geqslant 0}$是 IID 序列且在(0，1]上均匀分布，及：

$$X_0 = \tau(W_0;\ \psi),\ X_{t+1} = \tau(W_{t+1};\ p(X_t,\ dy)) \tag{5-14}$$

等式可以写成：

$$X_{t+1} = F(X_t,\ W_{t+1}),\ \text{其中}\ F(x,\ z) := \tau(z;\ p(x,\ dy)) \tag{5-15}$$

你应当说服自己，如果 $W$ 在(0，1]上均匀分布，则 $F(x,\ W)$的分布是 $p(x,\ dy)$，(5-14)和(5-15)生成的序列$(X_t)_{t \geqslant 0}$服从$X_0 \sim \psi$ 和$X_{t+1} \sim p(X_t,\ dy)$，对$t \geqslant 0$。

表 5-3 提供了从给定核 $p$ 生成 $F$ 的代码。核 $p$ 被表示为序列的序列。调用 $F$ = createF($p$)添加到 $F$，函数 $F(x,\ z) := \tau(z;\ p(x,\ dy))$。

**表 5-3　(p2srs. py) 对核 $p$ 生成 $F$**

```python
def createF(p):
    """Takes a kernel p on S = {0,...,N-1} and returns a
    function F(x,z) which represents it as an SRS.
    Parameters: p is a sequence of sequences, so that p[x][y]
    represents p(x,y) for x,y in S.
    Returns: A function F with arguments (x,z)."""
    S = range(len(p[0]))
    def F(x,z):
        a = 0
        for y in S:
            if a < z <= a + p[x][y]:
                return y
            a = a + p[x][y]
    return F
```

**习题5.2.2** 使用表5.3实现作为随机递归序列的汉密尔顿马尔科夫链。通过证明当$n \to \infty$时，$\frac{1}{n}\sum_{t=1}^{n} 1\{X_t = y\} \to \psi^*(y)$，验证大数定律仍然成立（等式的右边可以使用表4-6计算。现在使用表5-3计算左边，并比较）。

顺便说一下，SRSs有时被称为随机递归序列。在这一框架下，通过随机函数$F_{W_{t+1}} := F(\cdot, W_{t+1})$从状态$X_t$更新到$X_{t+1}$。虽然我们现在是按随机函数处理，听起来非常花哨，实际上与式（5-12）相比仅仅改变了如下记号：$X_{t+1} = F_{W_{t+1}}(X_t)$。主要优势我们可以记为：

$$X_t = F_{W_t} \circ F_{W_{t-1}} \circ \cdots \circ F_{W_1}(X_0) = F_{W_t} \circ F_{W_{t-1}} \circ \cdots \circ F_{W_1}(\tau(W_0; \psi))$$

我们可见$X_t$仅是到时期$t$一个冲击的固定函数。

### 5.2.2 应用：均衡选择

本节中，我们考虑一个作为SRS出现的有限状态马尔科夫链的应用。主要内容是博弈的均衡选择，我们看看如何在多个帕累托占优与纳什均衡博弈中识别随机稳定均衡。

我们所考虑的应用是有$N$个参与者的协调博弈。参与者使用计算机进行项目协调，代理人选择他们个人操作系统（OS），假设存在一个被称为U的个人操作系统和一个被称为W的个人操作系统。对于这个项目，个人操作系统U具有先天优势。与此同时，合作通过使用通用系统得到加强。因此，W可能更好，如果使用它的人足够多。

具体地，我们假设使用U和W的单个一期奖励分别为：

$$\Pi_u(x) := \frac{x}{N}u \text{ 和 } \Pi_w(x) := \frac{N-x}{N}w \quad (0 < w < u)$$

其中，$x$是使用U的参与者的人数。参与者根据当前的奖励选择如何升级他们的操作系统。根据他们的行动，使用U的参与者人数的运动方程为$x_{t+1} = B(x_t)$，其中函数$B$定义为：

$$B(x) := \begin{cases} N & \text{若} \Pi_u(x) > \Pi_w(x) \\ x & \text{若} \Pi_u(x) = \Pi_w(x) \quad \left(\Leftrightarrow x = N\left(1 + \frac{u}{w}\right)^{-1}\right) \\ 0 & \text{若} \Pi_u(x) < \Pi_w(x) \end{cases}$$

图5-2描述了$B$的45度线，当$N=12$，$u=2$以及$w=1$时，有三个不动点分别是$x=0$，$x = x_b := N(1+u/w)^{-1} = 4$以及$x = N$。点$x_b$是$x$的值使收益相等，即$\Pi_u(x_b) = \Pi_w(x_b)$。

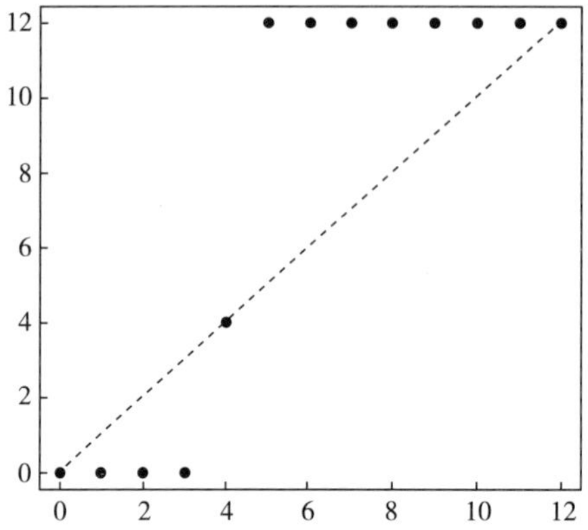


**图 5-2 最优反映动态**

在这些确定性动态下，博弈的长期结果是由初始条件$x_0$决定的，与最初使用 U 的参与人数对应。注意，较大部分的初始条件导致在 U 上协调，基于我们假设 U 本身就是优越的，即 $u > w$。

到目前为止，讨论过的动力系统，其解答可能是多重均衡，也可能存在着路径依赖性（长期结果由初始条件决定）。有些作者通过添加“学习”或“突变”寻求对这些协调模型的更强预测（以唯一和稳定均衡的形式）。

例如，假设在通过最优反应函数 $B$ 确定 OS 的选择，参与人数转换到备选 OS 的概率 $\varepsilon > 0$。因此，每一个 U 的 $B(x)$ 用户转换到 W 的概率是 $\varepsilon$，每一个 W 的 $N-B(x)$ 用户与转换到 U 的 $B(x)$ 用户的概率相同。使用$X_t$表示 $t$ 时 U 用户的（随机）数量，动态则为：

$$X_{t+1} = B(X_t) + V_t^u - V_t^w \tag{5-16}$$

其中，$V_t^u$和$V_t^w$以概率 $\varepsilon$ 独立同分布，大小分别为 $N - B(X_t)$ 和 $B(X_t)$。① 此处，$V_t^u$是从 W 转换到 U 的数量，$V_t^w$是从 U 转换到 W 的数量。

随着随机“突变”的加入，可得到稳定状态的唯一性和稳定性。

**习题 5.2.3** 令 $p(x, y) := \mathbb{P}\{X_{t+1} = y \mid X_t = x\}$ 为对应于 SRS(5-16)的随机核，$\mathbf{M}$ 是马尔科夫算子，$S := \{0, \cdots, N\}$。证明对任意的不动点 $\varepsilon \in (0, 1)$，系统$(\mathscr{P}(S), \mathbf{M})$是全局稳定的。

令$\psi_\epsilon^*$为 $\epsilon \in (0, 1)$ 的唯一稳态分布。已证明（参见 Kandori，Mailath 和 Rob，1993）当 $\epsilon \to 0$ 时，分布$\psi_\epsilon^*$聚焦于帕累托占优均衡 $N$，即当 $\varepsilon \to 0$ 时，$\psi_\epsilon^*(N) \to 1$。

① 具有概率 $p$ 和大小为 $n$ 的二项式随机变量计数 $n$ 个二元试验中成功的次数，每个独立试验成功的概率为 $p$。

其解释是参与人在面临较低水平的突变时，很少偏离最有吸引力的均衡。

对 $N$ 的聚焦可通过模拟观察：令 $(X_t^\epsilon)_{t=0}^n$ 为某一固定 $\epsilon \in (0, 1)$ 生成的时间序列。则大数定律(定理 4.3.33)意味着对于较大的 $n$ 有：

$$\frac{1}{n}\sum_{t=1}^{n}\{X_t^\epsilon = N\} \simeq \psi_\epsilon^*(N)$$

图 5－3 描述了当 $\epsilon$ 在区间 $[0.001, 0.1]$ 上取值时 $\frac{1}{n}\sum_{t=1}^{n}\{X_t^\epsilon = N\}$ 的模拟。参数是 $N = 12$，$u = 2$ 以及 $w = 1$。序列长度 $n$，模拟使用 $n = 10000$。图示表明当 $\epsilon \to 0$ 时，稳态概率聚焦于 $N$。

**习题 5.2.4**　复制图 5－3。对每一个 $\epsilon$ 生成一个长度为 $n = 10000$ 的时间序列，绘制每个序列在状态 $N$ 中花费的时间。

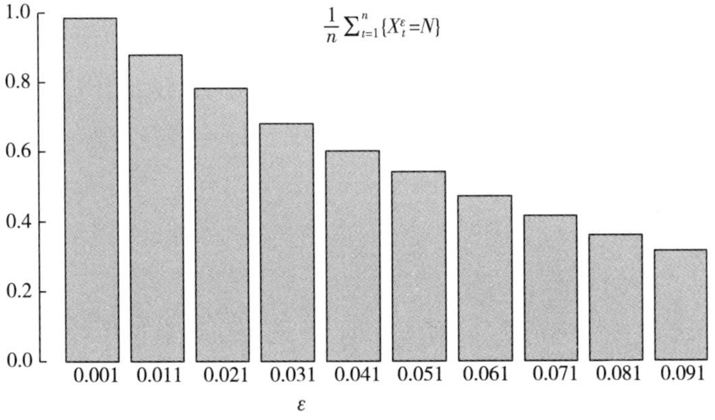


**图 5－3　在状态 $N$ 花费的时间比例，当 $\varepsilon \to 0$**

### 5.2.3　耦合方法

马尔科夫链的许多现代理论都基于概率方法（如与不动点理论等分析技术相对立）。耦合是一个很好的例子。在许多文章中发现，耦合是一种研究各种概率现象强大而优雅的技术。自沃尔夫冈·多布林（Wolfgang Doeblin，1938）以来，耦合已被用来证明马尔科夫过程的稳定性。

我们将使用耦合来证明马尔科夫链的全局稳定性，Dobrushin 系数是严格正的，不依赖于定理 4.3.18 中使用的压缩影射定理。我们的主要目的是提供耦合方法的基本直觉。当我们转向无限状态空间中的马尔科夫链的稳定性时，你会在这里培养有价值的直觉。但请注意，本节内容是技术性的。那些已经感觉充分了解稳定性的读者，现在可以继续学习。

首先，考虑 $\alpha$（$p^t$）>0 的随机核 $p$。为简化讨论，我们假设 $t=1$。虽然在一般情况下有点复杂，但可以沿着同样的路线工作。一点思考会说服你 $\alpha$（$p^{t)>0}$ 等价于式（5-17）严格为正：

$$\epsilon := \min \left\{ \sum_{y \in S} p(x, y) \cdot p(x', y) : (x, x') \in S \times S \right\} \tag{5-17}$$

条件 $\epsilon > 0$ 可以理解如下：如果我们运行两个独立的马尔科夫链 $(X_t)_{t \geq 0}$ 和 $(X'_t)_{t \geq 0}$，都根据核 $p$ 升级，则 $S \times S$ 上的联合过程 $(X_t, X'_t)_{t \geq 0}$ 的核是 $p(x, y) \cdot p(x', y)$。如果 $X_t = x$，$X'_t = x'$，则两个马尔科夫链在下一期遇到相同状态的概率是 $\sum_{y \in S} p(x, y) \cdot p(x', y)$，即 $X_{t+1} = X'_{t+1}$ 的概率。因此，$\epsilon > 0$ 是指无论当前状态如何，下一时期两个价值链相遇的概率为正。这又与稳定性相关，因为它表明初始条件相对不重要。

为使论点更具体，固定 $\psi \in \mathscr{P}(S)$ 并考虑两个独立马尔科夫链 $(X_t)_{t \geq 0}$ 和 $(X_t^*)_{t \geq 0}$，其中 $(X_t)_{t \geq 0}$ 是马尔科夫 -（$p$，$\psi$），$(X_t^*)_{t \geq 0}$ 是马尔科夫 -（$p$，$\psi^*$），对某些稳态分布 $\psi^* \in \mathscr{P}(S)$，① 则有 $X_t \sim \psi \mathbf{M}^t$，$X_t^* \sim \psi^*$。现在考虑第三个过程 $(X'_t)_{t \geq 0}$，跟随 $(X_t)_{t \geq 0}$ 直到 $v := \min\{t \geqslant 0: X_t = X_t^*\}$，然后转换到 $(X_t^*)_{t \geq 0}$。换言之，$X'_t = X_t$ 对 $t \leqslant v$，$X'_t = X_t^*$ 对 $t \geqslant v$。随机变量 $v$ 即所谓耦合时间。算法 5-4 给出了产生这三个过程的方法。

我们称 $X_t$ 和 $X'_t$ 的分布相同，对所有的 $t$，则有 $X'_t \sim \psi \mathbf{M}^t$。为验证后者，需要证明 $(X'_t)_{t \geq 0}$ 是马尔科夫 -（$p$，$\psi$）。的确 $(X'_t)_{t \geq 0}$ 是马尔科夫 -（$p$，$\psi$），因为在时期 0，我们有 $X'_0 = X_0 \sim \psi$，后续 $X'_{t+1} \sim p(X'_t, dy)$。

**算法 5-4　两个马尔科夫链的耦合**

generate independent draws $X_0 \sim \psi$ and $X_0^* \sim \psi^*$
set $X_0' = X_0$
**for** $t \geq 0$ **do**
　draw $X_{t+1} \sim p(X_t, dy)$ and $X_{t+1}^* \sim p(X_t^*, dy)$ independently
　**if** $X_t' = X_t^*$ **then**
　　set $X_{t+1}' = X_{t+1}^*$
　**else**
　　set $X_{t+1}' = X_{t+1}$
　**end**
**end**

① 根据定理 4.3.5，至少存在一个。

$X'_{t+1}$在每一$t \geqslant 0$从$p(X'_t, dy)$中提取，可以通过算法5-4仔细验证。另一个方法验证$X'_{t+1} \sim p(X'_t, dy)$是$(X_t)_{t \geqslant 0}$和$(X_t^*)_{t \geqslant 0}$作为随机递归序列，通过如下形式：

$$X_{t+1} = F(X_t, W_{t+1}), \ X_0 \sim \psi, \ X_{t+1}^* = F(X_t^*, W_{t+1}^*), \ X_0^* \sim \psi^*$$

其中，随机变量$(W_t)_{t \geqslant 0}$和$(W_t^*)_{t \geqslant 0}$独立并在(0, 1]上均匀分布，$F$由(5-15)确定。现在，我们生成$(X'_t)_{t \geqslant 0}$。令$X'_t = X_0$，$X'_{t+1} = F(X'_t, W_{t+1})$对$t < v$，$X'_{t+1} = F(X'_t, W_{t+1}^*)$对$t \geqslant v$。在耦合时，通过转换冲击源，$X'_t$改变方向开始遵循$(X_t^*)_{t \geqslant 0}$。然而，$(X'_t)_{t \geqslant 0}$总是通过$F(\cdot, W)$升级，对一些均匀独立分布$W$，意味着在每一步$X'_{t+1} \sim p(X'_t, dy)$，因此$X'_t \sim \psi \mathbf{M}^t$。

下一步的证明使用以下耦合不等式。

**引理5.2.5** 如果$X$和$Y$是随机变量，在$S$上取值，分别有分布$\phi_X$和$\phi_Y$，则：

$$\| \phi_X - \phi_Y \|_\infty := \max_{x \in S} | \phi_X - \phi_Y | \leqslant \mathbb{P}\{X \neq Y\}$$

直观地，如果$X$与$Y$的差异很小，那么它们分布之间的距离也是如此。本书后面会给出一个几乎相同的证明，所以我们在这里省略了证明。[①]

对$X'_t$和$X_t^*$使用引理5.2.5。因为$X'_t \sim \psi \mathbf{M}^t$和$X_t^* \sim \psi^*$，所以：

$$\| \psi \mathbf{M}^t - \psi^* \|_\infty \leqslant \mathbb{P}\{X'_t \neq X_t^*\}$$

因为我们希望证明不等式的右边是零，所以这就是引入$X'_t$的原因。不仅它有分布$\psi \mathbf{M}^t$，而且我们知道如果$X'_t$不同于$X_t^*$，则对所有的$j \leqslant t$，$X_j$和$X_j^*$也不同。因为，$\mathbb{P}\{X'_t \neq X_t^*\} \leqslant \mathbb{P} \cap_{j \leqslant t} \{X_j \neq X_j^*\}$。[②] 所以，

$$\| \psi \mathbf{M}^t - \psi^* \|_\infty \leqslant \mathbb{P} \cap_{j \leqslant t} \{X_j \neq X_j^*\} \tag{5-18}$$

因此，为证明$\psi \mathbf{M}^t$收敛于$\psi^*$，它足以说明随着$t \to \infty$，$X_j$和$X_j^*$在$t$时永不相遇的概率趋近于零。这正是(5-17)中$\epsilon$为正的地方。它意味着在每一个期$j$相遇的机会$\epsilon$，独立于$X_{j-1}$和$X_{j-1}^*$的位置。因此，永不相遇的概率趋近于零。

**命题5.2.6** 对所有的$t \in \mathbb{N}$，我们有$\mathbb{P} \cap_{j \leqslant t} \{X_j \neq X_j^*\} \leqslant (1-\epsilon)^t$。

从命题5.2.6和(5-18)可知，如果$\epsilon$严格是正值，则$\| \psi \mathbf{M}^t - \psi^* \|_\infty \to 0$以几何速率收敛到零。

**命题5.2.6的证明：**$(X_t, X_t^*)_{t \geqslant 0}$过程是$S \times S$上的马尔科夫链。$S \times S$上的

---

① 见引理11.3.2。

② 如果$A$和$B$是两个事件且$A \subset B$（即$A$发生意味着$B$发生），则$\mathbf{P}(A) \leqslant \mathbf{P}(B)$。详细参见第9章。

典型元素表示为$(x, s)$。鉴于$(X_t)_{t\geqslant 0}$和$(X_t^*)_{t\geqslant 0}$具有的独立性，$(X_t, X_t^*)_{t\geqslant 0}$的初始条件$\psi\times\psi^*$（即$\mathbb{P}\{(X'_0, X_0^*)=(x, s)\}=(\psi\times\psi^*)(x, s):=\psi(x)\times\psi^*(x)$），随机核是：

$$k((x, s), (x', s'))=p(x, x')p(s, s')$$

为简化符号，把$(x, s)$记为$x$，因此$k((x, s), (x', s'))$可被简单表示为$k(x, x')$，以及集合$D:=\{(x, s)\in S\times S: x=s\}$。显然，

$$\mathbb{P}\cap_{j\leqslant t}\{X_j\neq X_j^*\}=\mathbb{P}\cap_{j\leqslant t}\{(X_j, X_j^*)\in D^c\}$$

鉴于引理4.2.17，这一概率等于：

$$\sum_{x^0\in D^c}(\psi\times\psi^*)(x^0)\sum_{x^1\in D^c}k(x^0, x^1)\cdots\sum_{x^{t-1}\in D^c}k(x^{t-2}, x^{t-1})\sum_{x^t\in D^c}k(x^{t-1}, x^t) \tag{5-19}$$

现在考虑这一表达中的最后一项，我们有：

$$\sum_{x^t\in D^c}k(x^{t-1}, x^t)=1-\sum_{x^t\in D}k(x^{t-1}, x^t)$$

根据$k$和$D$的定义，可得：

$$\sum_{x^t\in D}k(x^{t-1}, x^t)=\sum_{(x^t,s^t)\in D}p(x^{t-1}, x^t)p(s^{t-1}, s^t)=\sum_{y\in S}p(x^{t-1}, y)p(s^{t-1}, y)$$

$$\therefore\ \sum_{x^t\in D}k(x^{t-1}, x^t)\geqslant\epsilon$$

$$\therefore\ \sum_{x^t,\in D^c}(x^{t-1}, x^t)\leqslant 1-\epsilon$$

回到（5-19），对每一项应用相同的逻辑，可证明（5-19）小于$(1-\epsilon)^t$。这证明了该命题。■

# 5.3　评述

动态规划的早期理论大部分归功于贝尔曼（1957）。离散状态环境下关于动态规划的一个好的参考是 Puterman（1994）。Miranda 和 Fackler（2002，第7章）给出了应用概述。进一步的参考资料可以在第6章和第10章的评述中找到。

5.2.2 中对递归序列的马尔科夫链表达，可以视为 Häggström（2002，第3章）的一般情况。5.2.2 中的应用来自 Kandori 等（1993）。5.2.3 中的耦合方法在某种程度上并不标准。更多信息可在第11章的评述中找到。

# 第 6 章　无限状态空间

在本章中，我们将开始研究无限状态空间上的随机系统。尽管对这一领域的严格处理需要用到测度论（第 7 章及之后章节），我们可以通过启发式论证、模拟和类比有限情形来很好地理解关键主题（动态、优化等）。在此过程中，我们将遇到一些更具挑战性的编程问题。

## 6.1　第一步

本节中，我们研究了在$\mathbb{R}$取值的随机递归序列的动态学。我们的主要兴趣在于追踪随时间推移而变化的概率，如这一过程的边缘分布。我们还将讨论平稳分布，即 4.3.1 中讨论的无限状态平稳分布情形，以及如何计算它们。

### 6.1.1　基础模型和模拟

我们的基础模型设定如下。令状态空间 $S$ 为$\mathbb{R}$子集，$Z \subset \mathbb{R}$。令 $F$：$S \times Z \to S$ 为给定函数，考虑 SRS：

$$X_{t+1} = F(X_t, W_{t+1}), \quad X_0 \sim \psi, \quad (W_t)_{t \geqslant 1} \overset{\text{IID}}{\sim} \phi \tag{6-1}$$

这里$(W_t)_{t \geqslant 1} \overset{\text{IID}}{\sim} \phi$ 表示$(W_t)_{t \geqslant 1}$是冲击的 IID 序列，累积分布函数是 $\phi$。换言之，对所有的 $z \in Z$，$\mathbb{P}\{W_t \leqslant z\} = \phi(z)$。同样，$\psi$ 是 $X_0$的累积分布函数，$X_0$独立于$(W_t)_{t \geqslant 1}$。注意，因为 $X_t$ 仅依赖于初始条件，冲击 $W_1$，…，$W_t$ 都独立于 $W_{t+1}$，所以 $X_t$ 和 $W_{t+1}$是独立的。

**例 6.1.1**　考虑索洛 – 斯旺（Solow – Swan）增长模型的随机情形，产出 $f$ 是

资本 $k$ 和实值冲击 $W$ 的函数。生产率冲击序列 $(W_t)_{t\geq 1}\stackrel{\text{IID}}{\sim}\phi$。$t+1$ 期资本等于上一期储蓄（占产出比重为 $s$）加上未折旧资本，可得运动方程：

$$k_{t+1}=F(k_t, W_{t+1}):=sf(k_t, W_{t+1})+(1-\delta)k_t \tag{6-2}$$

消费给定为 $c_t=(1-s)f(k_t, W_{t+1})$。生产函数满足 $f$: $\mathbb{R}_+^2\to\mathbb{R}_+$ 和 $f(k, z)>0$，其中 $k$，$z>0$。对状态空间我们可选 $S_0=\mathbb{R}_+$、$S=(0, \infty)$ 以及 $Z:=(0, \infty)$。

**习题 6.1.2** 证明：若 $k\in S_0$（或 $S$），$z\in Z$，则下一期资本存量 $F(k, z)$ 在 $S_0$（或 $S$）上。

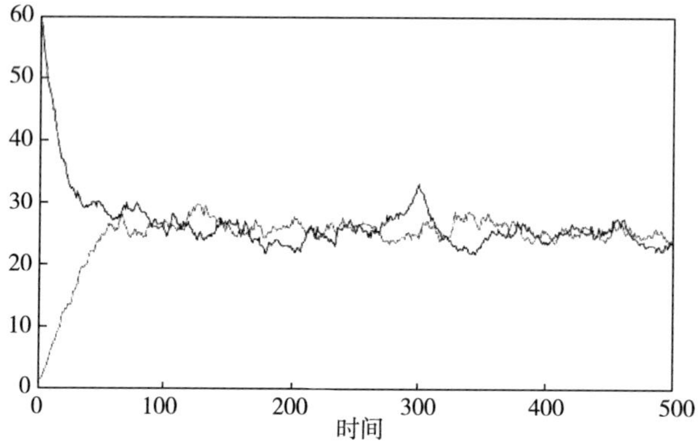


**图 6－1 时间序列图**

**例 6.1.3** 令 $Z=S=\mathbb{R}$，考虑平滑转移门限自回归模型（Smooth Transition Threshold Autoregression，STAR）：

$$X_{t+1}=g(X_t)+W_{t+1}, \quad (W_t)_{t\geq 1}\stackrel{\text{IID}}{\sim}\phi \tag{6-3}$$

$$g(x):=(\alpha_0+\alpha_1 x)(1-G(x))+(\beta_0+\beta_1 x)G(x)$$

这里 $G$: $S\to[0, 1]$ 是一个平滑转移函数，比如逻辑函数，满足 $G'>0$，$\lim_{x\to-\infty}G(x)=0$，以及 $\lim_{x\to\infty}G(x)=1$。

表 6－1 给出了从任意 SRS 模拟时间序列的代码。在（6－1）中定义了一类 SRS 实现规范化 SRS。[①] 该类的行为类似于表 4－4 中 MC 类的行为，这些方法在文档字符串中进行了解释。

① 为 SRSs 设计抽象类的好处是代码重用：该类可用于研究任意系统。鼓励读者在做本章的习题时向该类中添加功能。

表6-1 （srs.py）SRSs的模拟

```
class SRS:

    def __init__(self, F=None, phi=None, X=None):
        """Represents X_{t+1} = F(X_t, W_{t+1}); W ~ phi.
        Parameters: F and phi are functions, where phi()
        returns a draw from phi. X is a number representing
        the initial condition."""
        self.F, self.phi, self.X = F, phi, X

    def update(self):
        "Update the state according to X = F(X, W)."
        self.X = self.F(self.X, self.phi())

    def sample_path(self, n):
        "Generate path of length n from current state."
        path = []
        for i in range(n):
            path.append(self.X)
            self.update()
        return path
```

表6-2提供了一个使用范例。该代码创建了一个SRS实例，对应于（6-2）中的索洛-斯旺模型，当$f(k, W) = k^{\alpha} W$和$\ln W_t \sim N(0, \sigma^2)$。图6-1展示了此代码生成的两个示例路径。

表6-2 （testsrs.py）示例应用

```
from srs import SRS                 # Import from listing 6.1
from random import lognormvariate

alpha, sigma, s, delta = 0.5, 0.2, 0.5, 0.1
# Define F(k, z) = s k^alpha z + (1 - delta) k
F = lambda k, z: s * (k**alpha) * z + (1 - delta) * k
lognorm = lambda: lognormvariate(0, sigma)

solow_srs = SRS(F=F, phi=lognorm, X=1.0)
P1 = solow_srs.sample_path(500)    # Generate path from X = 1
solow_srs.X = 60                   # Reset the current state
P2 = solow_srs.sample_path(500)    # Generate path from X = 60
```

**习题 6.1.4** 使用 SRS 类重做习题 5.2.2。

回到 SRS（6－1），我们考虑任意 $X_t$ 分布，对任意的 $t \in \mathbb{R}$。这个分布用 $\psi_t$ 表示，现在可以把它看作是一个累积分布函数（即 $\psi_t$（$x$）是 $X_t \leq x$ 的概率），它也被称为 $X_t$ 的边缘分布。从概念上讲，它相当于在 4.2.2 中我们遇到的离散状态名称。

为通过模拟研究 $\psi_t$，我们需要从这个分布中取样。最简单的方法是：首先抽取 $X_0 \sim \psi$，并生成在时间 $t$ 处停止的样本路径。现在重做习题，但新抽取的 $X_0$，$W_1$，…，$W_t$，产生独立于第一个的 $X_t$ 的新抽取。如果我们这样做 $n$ 次，可从目标分布 $\psi_t$ 中得到 $n$ 个独立样本 $X_t^1$，…，$X_t^n$。算法 6－1 包含此操作的伪代码。图 6－2是外循环 3 次迭代后算法的可视化。

**算法 6－1　从边缘分布中提取**

```
for i in 1 to n do
    draw X from the initial condition ψ
    for j in 1 to t do
        draw W from the shock distribution φ
        set X = F(X, W)
    end
    set X_t^i = X
end
return (X_t^1, ..., X_t^n)
```

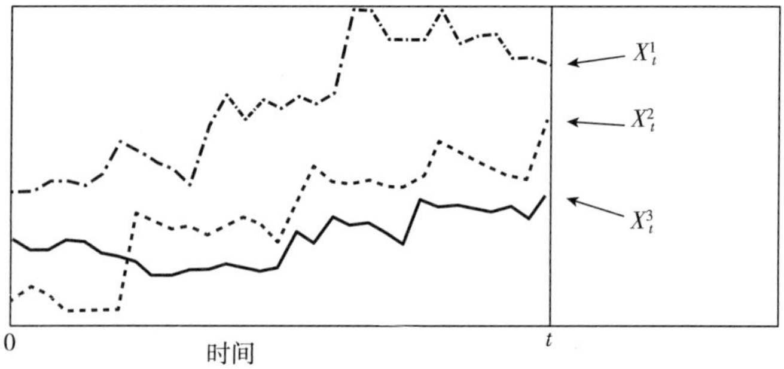


**图 6－2　边缘分布抽样**

**习题 6.1.5**　研究 $f(k, W) = k^{\alpha}W$ 和 $\ln W_t \sim N(0, \sigma^2)$ 时索洛 - 斯旺模型中 $\psi_t$ 的均值。取 $k_0 = 1$，$t = 20$，$\delta = 0.1$，$s = 1/2$，$\sigma^2 = 0.2$，$\alpha = 0.3$ 进行模拟。抽取 $n = 1000$ 时的样本。使用统计 $n^{-1}\sum_{i=1}^{n} k_t^i$ 计算 $\mathbb{E}\, k_t$。解释定理 4.3.31 如何证明统计数据是正确的。

**习题 6.1.6**　重做习题 6.1.5，但现在令 $s = 3/4$。估计有什么变化？请解释。

**习题 6.1.7**　重做习题 6.1.5，但现在设置 $k_0 = 5$，$k_0 = 10$ 和 $k_0 = 20$。尽你所能，解释结果。

**习题 6.1.8**　重做习题 6.1.5，但现在设置 $k_0 = 50$，$k_0 = 100$ 和 $k_0 = 200$。如何进行估计？请解释。

**习题 6.1.9**　重做习题 6.1.7，但令 $t = 200$ 而不是 $t = 20$。试着解释结果。

回想一下，如果 $X_1$，…，$X_n$ 是 IID 随机变量的一个样本，然后将样本均值定义为 $\bar{X}_n := \frac{1}{n}\sum_{i=1}^{n} X_i$，而样本方差为：

$$\hat{\sigma}_n^2 := \frac{1}{n-1}\sum_{i=1}^{n} (X_i - \bar{X}_n)^2$$

假设 $X_i$ 的二阶矩有限，中心极限定理经常被称为 Slutsky 定理的收敛结果有：

$$\frac{\sqrt{n}(\bar{X}_n - \mathbb{E}X_1)}{\hat{\sigma}_n} \xrightarrow{d} N(0, 1) \text{ 当 } n \to \infty \text{ 时，其中 } \hat{\sigma}_n := \sqrt{\hat{\sigma}_n^2}$$

**习题 6.1.10**　基于这个事实，为 $\mathbb{E}\, k_t$ 的估计值构造一个 95% 的置信区间。（使用习题 6.1.5 中的参数。）

**习题 6.1.11**　考虑与习题 6.1.5 中相同的模型，但现在令 $\delta = 1$。这个经典的黄金法则优化问题是选择索洛 - 斯旺模型中的储蓄率最大化稳态下的消费。让我们考虑随机模拟，最简单的标准是最大化预期的稳态消费。本模型中，当 $t = 100$，$j \geq t$ 时，$c_j$ 的分布变化很小（稍后我们将进一步了解）。因此，我们考虑 $c_{100}$ 作为预期的稳态消费。计算 $n = 5000$ 时观测值下 $c_{100}$，通过取样本平均值得到期望值的近似值。在（0，1）中的值网格中重复 $s$。绘制函数，并报告最大化值。

### 6.1.2　分布动态

虽然平均数传递了一些关于随机变量 $k_t$ 的信息，但有时我们希望了解整个（累积）分布 $\psi_t$，以及如何使用模拟计算 $\psi_t$。

标准方法是用经验分布函数，对随机变量 $X \in \mathbb{R}$ 的独立样本 $(X_i)_{i=1}^{n}$，给定为：

$$F_n(x) := \frac{1}{n} \sum_{i=1}^{n} \mathbb{1}\{X_i \leq x\}, (x \in \mathbb{R}) \tag{6-4}$$

因此，$F_n(x)$是低于$x$的样本比例。利用中心极限定理（定理4.3.31）可以证明，如果$X$具有累积分布$F$，那么当$n \to \infty$，对每个$x$，$F_n(x) \to F(x)$的概率是1。[①] 这些结果正式确立了当抽取是独立时经验频率收敛到概率的基本思想。

经验分布函数的实现如表6-3所示，基于一个名为ECDF的类。[②] 该类用$(X_t)_{t=1}^n$初始化存储在一个称为observations的序列（列表或元组），通过调用如F=ECDF（data）创建一个实例。method_ call_ 对给定$x$求$F_n$（$x$）值。回顾2.2.3，_ call_ 是一种特殊的方法，可以调用实例$F$，因此，我们可以使用简单的语法$F$（$x$）计算$F_n$（$x$）。以下是一个范例：

```
from ecdf import ECDF            # Import from listing 6.3
from random import uniform
samples = [uniform(0, 1) for i in range(10)]
F = ECDF(samples)
F(0.5)  # Returned 0.29
F.observations = [uniform(0, 1) for i in range(1000)]
F(0.5)  # Returned 0.479
```

**表6-3 （ecdf. py）经验分布函数**

```
class ECDF:

    def __init__(self, observations):
        self.observations = observations

    def __call__(self, x):
        counter = 0.0
        for obs in self.observations:
            if obs <= x:
                counter += 1
        return counter / len(self.observations)
```

① 后面我们将介绍如何进行这类证明。在这种情况下，可以证明更多。感兴趣的读者应该参考Glivenko-Cantelli定理。

② 通常，编写代码是为了清晰，而不是为了快速。有关更优化的解决方案，请参见本书主页。

图 6－3 给出了在时间 $t$ 下与索洛－斯旺模型分布相对应的经验分布函数的 4 个图。这些图分别是 $n=4$，$n=25$，$n=100$，$n=5000$。参数为 $k_0=1$，$t=20$，$\delta=0.1$，$s=1/2$，$\sigma^2=0.2$ 以及 $\alpha=0.3$。

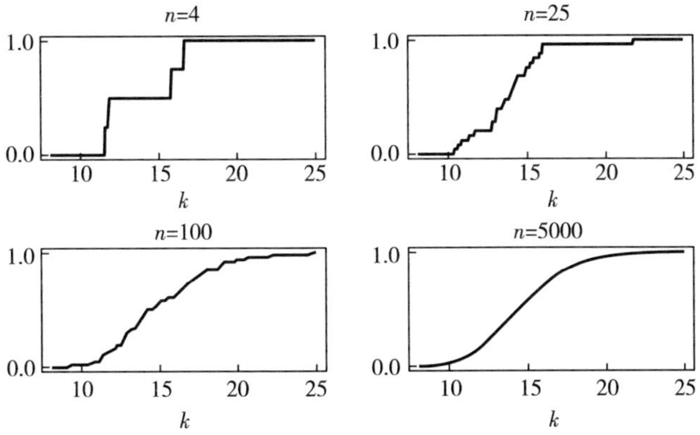


**图 6－3 经验分布函数**

**习题 6.1.12** 向 ECDF 类添加一个方法，该方法使用 matplotlib 绘制指定区间上的经验分布。复制图 6－3 中的 4 个图（模随机性）。

现在考虑一个附加非线性增长模型的变化。例 4.1.8 中，我们分析了有门限非凸性的模型。随机情形是：

$$k_{t+1}=sA(k_t)k_t^{\alpha}W_{t+1}+(1-\delta)k_t \tag{6-5}$$

其中，假定资本对数分布（独立），$A$ 是分段函数：

$$A(k)=A_1\mathbb{1}\{0<k<k_b\}+A_2\mathbb{1}\{k_b\leqslant k<\infty\}=\begin{cases}A_1, & 0<k<k_b\\ A_2, & k_b\leqslant k<\infty\end{cases}$$

其中，$k_b\in S=(0,\infty)$ 称为门槛，以及 $0<A_1<A_2$。

图 6－4 和图 6－5 分别显示了该模型生成的初始条件 $k_0=1$ 和 $k_0=80$ 的两个时间序列。图 6－4 的参数设置为 $\alpha=0.5$，$S=0.25$，$A_1=15$，$A_2=25$，$\sigma^2=0.02$，$k_b=21.6$，而对于图 6－5，$k_b=24.1$。注意初始条件是如何达到的，尽管时间序列有时跨过阈值 $k_b$，但这在物理学中可能被称为“相变”。非正式地，状态变量从状态空间的一个局部吸引区域移动到另一个吸引区域。

**习题 6.1.13** 关于图 6－4 和图 6－5 中使用的两组参数，计算 $t=100$ 时的经验分布函数，绘制函数并解释其形状。

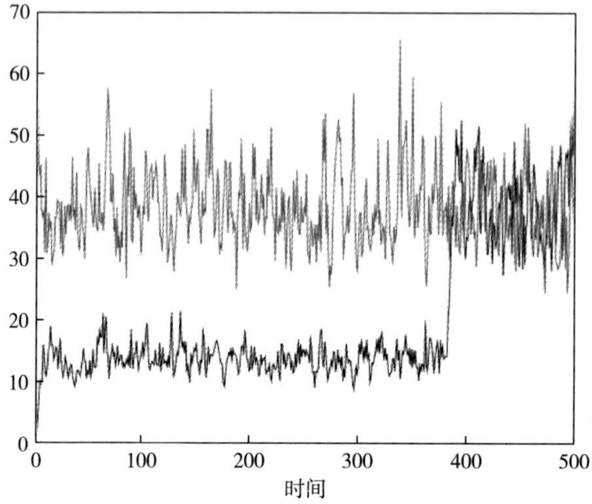


**图 6－4　时间序列的持续性**

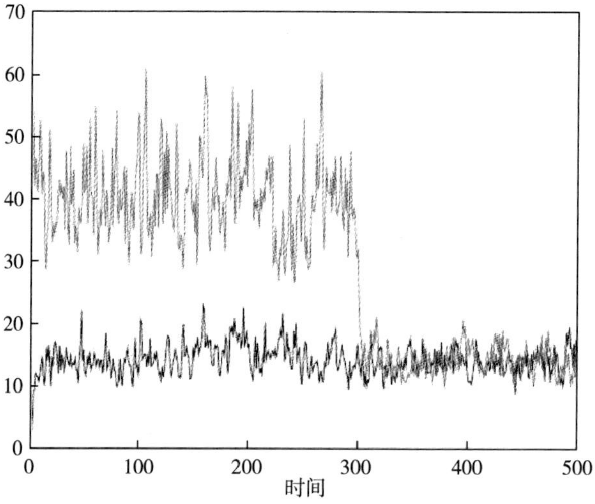


**图 6－5　时间序列的持续性**

除了计算分布外，另一个有趣的问题是：对于初始条件$k_0=1$的经济体，我们预计平均需要多长时间才能发生转变（跨越阈值$k_b$）？在数学中，当$\tau:=\inf\{t\geqslant 0: k_t>k_b\}$为$\mathbb{N}$上的随机变量，其期望是什么？（这里$\tau$通常称为$(k_t)_{t\geqslant 0}$到$(k_b, \infty)$的首次通过时间。）

**习题 6.1.14**　使用 $\alpha=0.5$，$s=0.25$，$A_1=15$，$A_2=25$，$\sigma^2=0.02$，$k_0=1$ 和 $k_b=21.6$，用样本平均值计算 $\tau$ 的近似期望值。（令 $n=5000$）对 $k_b=24.1$ 执行相同的操作，如图 6－5 所示。答案有什么变化？请解释。

### 6.1.3　密度动态

现在让我们更深入地研究 SRSs 的分布动态学，重点是密度动态学。在阅读本节时，读者应该意识到所有的密度生成分布，但并非所有的分布都是由密度生成的。如果 $f$ 是密度函数，则 $F(x):=\int_{-\infty}^{x} f(u)\,\mathrm{d}u$ 是一个累积分布函数。然而，如果 $f$ 是一个累积分布函数，其跳跃对应于单个点上的正概率质量，则对于所有 $x\in\mathbb{R}$，不存在具有 $f$ 的密度 $F(x):=\int_{-\infty}^{x} f(u)\,\mathrm{d}u$。（稍后将详细介绍。）

让我们把重点放在如下形式的模型上：

$$X_{t+1}=g(X_t)+W_{t+1},\ X_0\sim\psi,\ (W_t)_{t\geqslant1}\overset{\text{IID}}{\sim}\phi \tag{6-6}$$

其中，$Z=S=\mathbb{R}$，$\psi$ 和 $\phi$ 都是 $\mathbb{R}$ 上的密度函数。对于这个模型，$X_t$ 的分布可以用密度 $\psi_t$ 表示，对于任意的 $t\geqslant1$。$\psi_t$ 和 $\psi_{t+1}$ 有如下递归联系：

$$\psi_{t+1}(y)=\int p(x,y)\,\psi_t(x)\,\mathrm{d}x\text{，其中 }p(x,y):=\phi(y-g(x)) \tag{6-7}$$

这里称 $p$ 为对应于式（6－3）的随机密度核。它表示 $X_{t+1}=g(X_t)+W_{t+1}$ 的分布，给定 $X_t=x$（见下文）。式（6－7）左侧是式（4－10）的连续状态情形。它将过程的本期边缘密度与下一期相联系。实际上，当给定初始条件时，它定义了这一过程密度 $(\psi_t)_{t\geqslant1}$ 的整个序列。

让我们试着理解式（6－7）为什么成立，把完全严格的证明留到后面再说。首先我们需要以下引理。

**引理 6.1.15**　如果 $W\sim\phi$，则 $Y:=g(x)+W$ 有密度 $\phi(y-g(x))\,dy$。①

**证明：** 令 $F$ 为 $Y$ 的累积分布函数（$CDF$），设 $\Phi$ 为 $\phi$ 对应的 $CDF$（即 $\Phi'=\phi$）。我们有：

$$F(y)=\mathbb{P}\{g(x)+W\leqslant y\}=P\{W\leqslant y-g(x)\}=\Phi(y-g(x))$$

即证，$Y$ 的密度是 $F'(y)=\phi(y-g(x))$。■

回到式（6－7），回想一下如果 $X$ 和 $Y$ 是具有联合密度 $p_{X,Y}(x,y)$ 的随机

① 这里符号 $dy$ 表示 $\phi(y-g(x))$ 是 $y$ 上的密度而不是 $x$ 的。

变量，则它们的边缘密度满足：

$$p_X(x)=\int p_{X,Y}(x,y)\mathrm{d}y,\ p_Y(y)=\int p_{X,Y}(x,y)\mathrm{d}x$$

此外，给定 $X=x$，$Y$ 的条件密度$p_{X\mid Y}(x,y)$给定为：

$$p_{Y\mid X}(x,y)=\frac{p_{X,Y}(x,y)}{p_X(x)},\ (x,\ y\in S)$$

经过一些简单的操作产生的表达式：

$$p_Y(y)=\int p_{Y\mid X}(x,y)\,p_X(x)\mathrm{d}x,(y\in S)$$

我们几乎建立了（6－7）。令 $X_{t+1}=Y$ 和 $X_t=X$，我们有：

$$\psi_{t+1}(y)=\int p_{X_{t+1}\mid X_t}(x,y)\,\psi_t(x)\mathrm{d}x,(y\in S)$$

给定 $X_t=x$，函数$p_{X_{t+1}\mid X_t}(x,y)$是 $g(X_t)+W_{t+1}$的密度。或者更简单地说，是 $g(x)+W_{t+1}$的密度。根据引理 6.1.15，这是 $\phi(y-g(x))=:p(x,y)$，确认式（6－7）。

现在让我们来看看式（6－7）所隐含的动态学。初始条件是$\psi_0=\psi$，是 $X_0$的密度（视为给定）。从这个条件开始，式（6－7）定义了整个序列$(\psi_t)_{t\geqslant 0}$。我们有几种方法可以继续计算这个序列的元素。第一种是数值积分方法。例如，$\psi_1$可以通过在每一点 $y\in s$ 对$\psi_1(y)=\int p(x,y)\psi(x)\mathrm{d}x$ 进行计算。不过想想看，这是不可能的，因为这样的 $y$ 是无穷大的。相反，我们必须在有限的网格上进行计算，使用我们的结果来形成对$\psi_1$的近似$\hat{\psi}_1$，然后做同样得到$\hat{\psi}_2$，以此类推。

实际上，这个过程不是很有效，而且很难获得精确的测量结果。所以让我们考虑第二种方法。假设我们希望计算$\psi_t$，其中 $t$ 是时间上的一个不动点。因为我们知道如何通过模拟来计算经验分布函数，所以我们可以生成 $X_t$ 的 $n$ 个观测值（见算法 6－1），计算经验分布函数$F_t^n$ 并对$F_t^n$ 进行微分，以获得$\psi_t$ 的近似值$\psi_t^n$。

但结果显示这也不是个好方法。原因是 $F_t^n$ 在 $S$ 上不是处处可微。虽然 $F_t^n$ 在 $S$ 的许多点上是可微的，但在这些点上导数是零，所以$F_t^n$ 的导数不包含$\psi_t$ 的信息。①

$$f_n(x):=\frac{1}{n\cdot\delta_n}\sum_{i=1}^{n}K\left(\frac{x-Y_i}{\delta_n}\right),(x\in\mathbb{R})\tag{6-8}$$

① 熟悉不适定问题的读者会对这里发生的事情有一种感觉是密度计算问题是不适定的。

其中 $K$ 是$\mathbb{R}$上的某个密度，$\delta_n$ 是数据的参数或函数，通常称为带宽。

实际上，$f_n$ 是 $n$ 个以每个数据点 $Y_i$ 为中心生成“凸起”的集合。然后进行求和并标准化以创建密度。

**习题 6.1.16**　利用适当的积分变量变化，证明$f_n$是每一个 $n$ 的密度。

带宽参数的作用类似于直方图中使用的格子数的作用：高数值意味着我们放置在每个数据点上的密度是平的，尾部很大。低数值意味着它们集中在每个数据点上，而$f_n$是尖的。

**习题 6.1.17**　使用 $K$ 的标准正态密度实现非参数核密度估计量（6－8）。代码基于表 6－3 中的经验分布函数。从标准正态分布生成 100 个观测值的样本，并绘制带宽值为 0.01、0.1 和 0.5 的密度估计。

尽管非参数核密度估计量在广泛的环境中产生了良好的结果，但对于目前的问题，有一种更好的解决方法：$\psi_t$ 的前瞻估计量$\psi_t^n$ 通过生成 $n$ 个独立抽取 $X_{t-1}$ 的（$X_{t-1}^1$，⋯，$X_{t-1}^n$）①，并令：

$$\psi_t^n(y) := \frac{1}{n}\sum_{i=1}^{n} p(X_{t-1}^i, y), (y \in \mathbb{R}) \tag{6-9}$$

其中，$p(x, y) = \phi(y - g(x))$。该估计量具有良好的渐近性和有限样本性质。虽然我们不会深入分析，但请注意：

**引理 6.1.18**　前瞻估计量$\psi_t^n$ 是$\psi_t$ 逐点无偏的，在这个意义上，对每一个$y \in S$，$\mathbb{E}\psi_t^n(y) = \psi_t(y)$。此外，当 $n \to \infty$ 时，$\psi_t^n(y) \to \psi_t(y)$ 的概率是 1。

**证明：** 固定 $y \in S$，考虑随机变量 $Y := p(X_{t-1}, y)$。前瞻估计量 $\frac{1}{n}\sum_{i=1}^{n} p(X_{t-1}^i, y)$ 是 $Y$ 的 IID 序列的样本均值，而均值是：

$$\mathbb{E}Y = \mathbb{E}p(X_{t-1}^i, y) = \int p(x, y)\,\psi_{t-1}(x)\,\mathrm{d}x = \psi_t(y)$$

最后一个等式是根据（6－7）得来的。现在期望的结果来自这样一个事实，即随机变量的 IID 序列的样本均值是均值的无偏且一致估计。②

图 6－6 显示了由 STAR 模型（6－3）得到的密度序列，由对每个密度的 1000 个观测值使用前瞻估计量计算所得。转移函数 $G$ 是标准正态分布的累积分布函数，$\alpha_0 = 1$，$\alpha_1 = 0.4$，$\beta_0 = 10$ 以及$\beta_1 = 0.8$。密度 $\phi$ 为标准正态分布。

---

① 可以通过算法 6－1 获得独立抽取（$X_{t-1}^1$，⋯，$X_{t-1}^n$）。

② 如果你不知道这个事实的证明，那就试着自己去做。一致性遵循大数定律（定理 4.3.31）。

**习题 6.1.19** 使用与图 6-6 相同的参数计算 STAR 模型的前瞻性估计量。复制图形（模随机性的影响）。

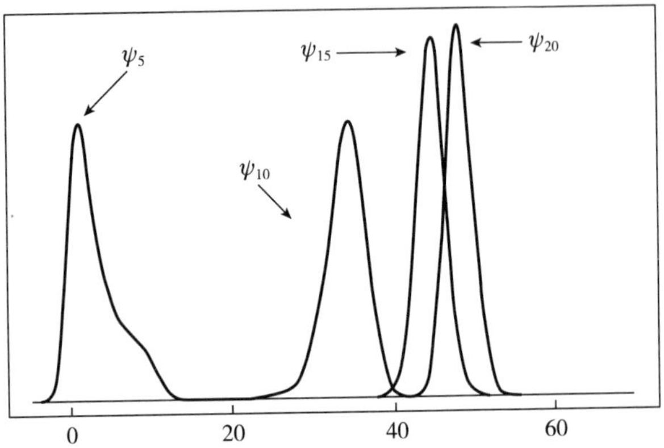


**图 6-6 密度序列**

### 6.1.4 平稳密度：第一关

图 6-6 中的密度序列$(\psi_t)_{t\geq 0}$似乎正在收敛。[①] 事实上，可以证明（见第 8 章）存在一个$(\psi_t)_{t\geq 0}$正在收敛的极限分布$\psi^*$，且极限$\psi^*$独立于初始条件$\psi_0$。密度$\psi^*$称为稳态密度，满足：

$$\psi^*(y) = \int p(x,y)\,\psi^*(x)\,\mathrm{d}x \quad (y \in \mathbb{R}) \tag{6-10}$$

一般来说，$\mathbb{R}$ 上密度$\psi^*$称为 SRS（6-6）平稳，如果（6-10）成立，密度核 $p$ 满足 $p(x,\ y) = \phi(y - g(x))$。当 $t \to \infty$ 时，如果有且仅有一个$\mathbb{R}$ 上的密度，边缘分布的序列$(\psi_t)_{t\geq 0}$收敛于$\psi^*$，SRS 称为全局稳定。（更正式的定义见第 8 章。）

你会记得在有限的情况下，分布$\psi^*$称为 SRS 平稳，如果$\psi^* = \psi^*\mathbf{M}$，或等价地，$\psi^*(y) = \sum_{x\in S} p(x,\ y)\psi^*(x)$，对所有 $y \in S$。表达式（6-10）简单地用积分代替求和，基本思想是一样的。如果边际密度是平稳的，则更新到下一个周期其概率不变。然而请注意，当状态空间是无限的时，平稳分布可能不存在。习

① 另一系列收敛到极限的密度，见图 6-12。

题 8.2.2 要求读者给出一个例子。

回想一下，在有限状态下，当随机核 $p$ 全局稳定时，$p$ 生成的每个马尔科夫链满足大数定律（定理 4.3.33）。这里我们有一个类似的结果。如定理 8.2.15 所示，给定全局稳定性和函数 $h$，使 $\int |h(x)| \psi^*(x)dx$ 有限，当 $n \to \infty$ 时，我们有：

$$\frac{1}{n}\sum_{t=1}^{n} h(X_t) \to \int h(x)\,\psi^*(x)\,\mathrm{d}x \tag{6-11}$$

其中，$(X_t)_{t\geqslant 0}$是本模型生成的一个概率是 1 的时间序列。

**习题 6.1.20** 考虑 STAR 模型（6-3），满足$\alpha_0 = \beta_0 = 0$ 和$\alpha_1 = \beta_1 = a$，其中 $a$ 是常数满足 $|a| < 1$。假设 $\phi$ 是标准正态。我们稍后将看到这是一个稳定的参数配置，并且对于这个核来说，$\psi^* = N(0, 1/(1-a^2))$ 是平稳的。根据(6-11)，对较大的 $n$，我们有：

$$\frac{1}{n}\sum_{t=1}^{n} X_t^2 \simeq \frac{1}{1-\alpha^2}$$

编程一个模拟，比较较大 $n$ 的这两个表达式。

LLN 给出了研究全局稳定性稳态分布$\psi^*$的一种方法。例如，我们可以生成经验分布函数：

$$F^n(x) := \frac{1}{n}\sum_{t=1}^{n} \mathbb{1}\{X_t \leqslant x\} = \frac{1}{n}\sum_{t=1}^{n} \mathbb{1}_{(-\infty,x]}(X_t), (y \in \mathbb{R})$$

其中，如果 $y \leqslant x$，则$\mathbb{1}_{(-\infty,x]} = 1$，其他情况下等于 0，$(X_t)_{t\geqslant 0}$是由模型生成的模拟时间序列。在 6.1.2 中讨论过经验分布函数，接下来我们会看到 $\int \mathbb{1}_{(-\infty,x]}(y)\,\psi^*(y)dy$ 是从$\psi^*$中抽取低于 $x$ 的概率。换言之，$F(x) := \int \mathbb{1}_{(-\infty,x]}(y)\,\psi^*(y)\mathrm{d}y$ 是与$\psi^*$相联系的累积分布函数。令（6-11）中 $h = \mathbb{1}_{(-\infty,x]}$，则对任意 $x \in \mathbb{R}$，我们有$F^n(x) \to F(x)$ 的概率为 1，经验分布函数与 $F$ 一致。

**习题 6.1.21** 借助图 6-6 中的参数，使用经验分布函数计算（6-3）的 $F$ 估计值。

然而，当全局稳定时，有一种更精准的方法来计算$\psi^*$。取我们的模拟时间序列$(X_t)_{t=1}^n$，定义：

$$\psi_n^*(y) := \frac{1}{n}\sum_{t=1}^{n} p(X_t, y), (y \in \mathbb{R}) \tag{6-12}$$

该表达式几乎与 6.1.3 中提出的前瞻性估计量相同，区别在于随机样本现在是单个时间序列，而不是在固定时间点重复抽取。研究关于$\psi_n^*$的性质，观察到对于任何固定的$y\in s$，LLN（6－11）给出了：

$$\psi_n^*(y):=\frac{1}{n}\sum_{t=1}^{n}p(X_t,y)\to\int p(x,y)\,\psi^*(x)\,\mathrm{d}x=\psi^*(y)$$

其中，最后一个等式根据（6－10）得来。因此，$\psi_n^*(y)$与$\psi^*(y)$一致。

事实上，结果是正确的，而且$\psi_n^*$是$\psi^*$一个很好的估计量［见 Stachurski 和 Martin（2008）］。原因在于，虽然$F^n$等估计量仅使用样本时间序列（$X_t$）中包含的信息，但前瞻估计量$\psi_n^*$也包含随机核$p$，它对模型的整个动态结构进行编码。

**习题 6.1.22** 使用前瞻估计量（6－12）并借助图 6－6 中的参数，计算（6－3）的$\psi^*$估计值。

这里是第二个应用。考虑（6－5）中的非凸增长模型，其中$\delta=1$。我们将在下面证明这一模型随机密度核是：

$$p(x,\ y)=\phi\left(\frac{y}{sA(x)x^{\alpha}}\right)\frac{1}{sA(x)x^{\alpha}},\ (x,\ y>0) \tag{6－13}$$

该模型全局稳定。通过稳定性，我们可得 LLN（6－11），因此对于唯一的平稳密度$\psi^*$，前瞻估计量（6－12）是一致的。图 6－7 显示了$\psi_n^*$的实现，当$A$是分段函数时：

$$A(k):=A_1\mathbb{1}\{k\leq k_b\}+A_2\mathbb{1}\{k>k_b\},\ (k>0)$$

$W_t=e_t^{\xi}$，其中$\xi_t\sim N(0,\ \sigma^2)$。参数为$\alpha=0.5$，$s=0.25$，$A_1=15$，$A_2=25$，$\sigma^2=0.02$，$k_b=22.81$以及$k_0=k_b$。

**习题 6.1.23** 复制图 6－7。从模型中抽取时间序列$(k_t)_{t\geq0}$，并且实现$\psi_n^*$，满足$(k_t)_{t\geq0}$和（6－13）中的核。①

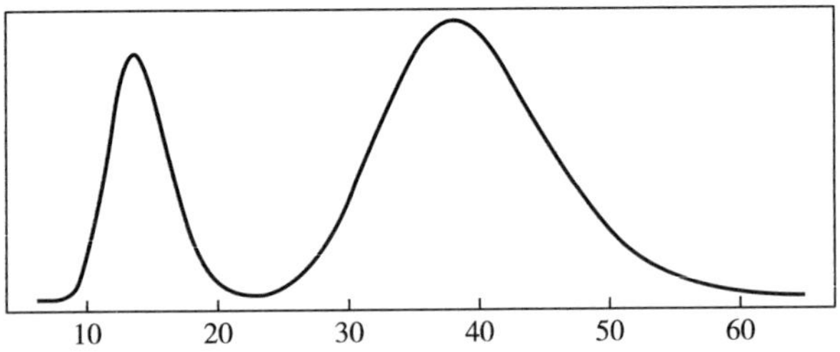


**图 6－7 前瞻估计量**

① 要得到一个合理的估计值，你需要$n$的值大约为100000。即使这样，在不同的实现上也会观察到一些变化。这是由于模型中的非线性以及由此产生的缓慢收敛。

## 6.2　最优增长，无限状态

现在让我们来讨论无限状态空间上的一个简单的最优增长模型。我们将使用数值迭代和策略迭代法来计算模型的最优策略。我们还通过模拟研究了该策略下模型的动态性。

### 6.2.1　优化

再次考虑第 1 章讨论的最优增长模型。在时期 $t$ 时，代理人收入为$y_t$，分为消费$c_t$ 和储蓄$k_t$。给定$k_t$，时期 $t+1$ 的产出是$y_{t+1}=f(k_t, W_{t+1})$，其中$(W_t)_{t\geq 1}$是 IID，按照 $\phi$ 在 $Z:=(0, \infty)$ 上取值。代理人的行为由策略函数 $\sigma$ 确定，是 $S:=\mathbb{R}_+$ 到$\mathbb{R}$ 的映射，对所有的 $y\in S$，满足 $0\leqslant\sigma(y)\leqslant y$。$\sigma(y)$ 应该被解释为，当收入是 $y$ 时代理人的储蓄选择，而 $0\leqslant\sigma(y)\leqslant y$ 是可行性约束，确保储蓄非负且不能超过收入。所有策略的集合记为$\Sigma$。

与有限状态情况一样，策略函数 $\sigma\in\Sigma$ 的选择也决定了状态变量的 SRS，给定为：

$$y_{t+1}=f(\sigma(y_t), W_{t+1}), (W_t)_{t\geq 1}\overset{\text{IID}}{\sim}\phi, y_0=y \tag{6-14}$$

其中，$y$ 是初始收入。令 $U$ 表示代理人的效用函数，$\rho\in(0, 1)$ 为贴现因子，代理人的决策问题为：

$$\max_{\sigma\in\Sigma} v_\sigma(y), \text{其中} v_\sigma(y):=\mathbb{E}\left[\sum_{t=0}^{\infty}\rho^t U(y_t-\sigma(y_t))\right] \tag{6-15}$$

这里$v_\sigma(y)$ 是初始收入$y_0=y$ 时策略 $\sigma$ 下的预期贴现值。现在我们假设 $U$：$\mathbb{R}_+\mapsto\mathbb{R}_+$有界连续，且$f$：$\mathbb{R}_+\times Z\to\mathbb{R}_+$是连续的。

如 5.1.1 中所讨论的有限情况，特别是（5-4）中的讨论，以及（6-15）中对期望的严格定义需要测度论。具体内容第 10 章再介绍。除此之外，我们还将看到期望可以通过求和得到：

$$v_\sigma(y)=\sum_{t=0}^{\infty}\rho^t\mathbb{E}\,U(y_t-\sigma(y_t)), (y\in S=\mathbb{R}_+) \tag{6-16}$$

这个表达式更容易解释，每项$\mathbb{E}U(y_t-\sigma(y_t))$ 都是在$\mathbb{R}$ 上用积分定义的。具体地说，我们把函数 $y\mapsto U(y-\sigma(y))$ 用$y_t$ 的边缘分布$\psi_t$ 积分，其中$y_t$ 在

(6-14) 中按递归定义。

给定 (6-16) 中的 $v_\sigma$，可以用 (5-8) 完全相同的方式来定义值函数 $v^*$：$v^*(y) := \sup\{v_\sigma(y): \sigma \in \Sigma\}$。[①] 正如在 5.1.2 中，值函数满足贝尔曼方程：当收入为 $y$ 时，令 $\Gamma(y) := [0, y]$ 是可行的储蓄选择，我们有：

$$v^*(y) = \max_{k \in \Gamma(y)} \left\{ U(y-k) + \rho \int v^*(f(k,z))\phi(z)\,\mathrm{d}z \right\}, (y \in S) \qquad (6-17)$$

(6-17) 的含义与有限状态贝尔曼方程的含义相似，这里不再赘述。可通过定理 10.1.11 证明 $v^*$ 满足 (6-17)；使用同一定理也可证明 $v^*$ 是连续的。

回想一下 $bcS$ 是 $S$ 上的连续有界实值函数集。给定 $w \in bcS$，我们称 $\sigma \in \Sigma$ 是 $w$-贪心的，如果：

$$\sigma(y) = \operatorname*{argmax}_{k \in \Gamma(y)} \left\{ U(y-k) + \rho \int w(f(k,z))\phi(z)\,\mathrm{d}z \right\}, (y \in S) \qquad (6-18)$$

在下文中，我们将看到 $w$ 的连续性意味着 (6-18) 中目标函数的连续性，并且由于 $\Gamma(y)$ 是紧的，因此定理 3.2.22 保证了每个 $y$ 存在最大值 $\sigma(y)$。

我们还将证明，关于最大期望贴现回报策略 $\sigma^*$ 是最优的，当且仅当它是 $w$-贪心的（定理 10.1.11）。鉴于 $v^*$ 的连续性和关于最大值的存在性的前述评论，表明至少存在一个最优策略。此外，我们可以计算 $\sigma^*$：首先通过求解 $v^*$，其次用 $v^*$ 替换 $w$ 得到最大值点的 $\sigma^*$。

为计算 $v^*$，我们定义贝尔曼算子 $T$，$T$ 是从 $w \in bcS$ 到 $Tw \in bcS$ 的映射，满足：

$$Tw(y) = \max_{k \in \Gamma(y)} \left\{ U(y-k) + \rho \int w(f(k,z))\phi(z)\,\mathrm{d}z \right\}, (y \in S) \qquad (6-19)$$

在第 10 章我们证明 $T$ 是度量空间 $(bcS, d_\infty)$ 上模为 $\rho$ 的一致压缩映射，其中 $d_\infty(v, w) := \sup_{y \in S} |v(y) - w(y)|$。鉴于巴拿赫不动点定理，当 $n \to \infty$，$T^n v \to \bar{v}$ 时。$T$ 有一个不动点 $\bar{v} \in bcS$，且在 $d_\infty$ 上对所有的 $v \in bcS$。因为 $T$ 的定义和对所有 $y \in S$，$Tv^*(y) = v^*(y)$ 的贝尔曼方程直接可得不动点，所以 $\bar{v} = v^*$。我们认为动力系统 $(bcS, T)$ 的所有轨迹都收敛到 $v^*$。

这些观察结果表明，我们可以使用算法 5-1 中提出的值迭代算法对所选择的初始条件集合用 $bcS$ 替换 $bc$ 求解最优策略。返回算法从接近 $v^*$ 的函数 $v \in bcS$ 计算所得

① 从 $U$ 的有界性可以证明，这个上确界是在有界集上取值，因此 $v^*$ 定义是良好的。见习题 10.1.8。我们在 12.2 中处理无界收益。

$v$ - 贪心策略 $\sigma$。如果 $v$ 接近于$v^*$，则 $v$ - 贪心策略“几乎最优”。详见 10.2.1。

### 6.2.2　拟合值迭代

我们来谈谈数值技术。关于值函数迭代，事实上状态空间是无限的，意味着在计算机上实现算法生成的函数序列是有问题的。本质上，如果 $w$ 是 $bcS$ 的任意元素，则要在内存中存储 $w$，我们需要存储值 $w(y)$ 对每一个 $y \in S$。但对无限 $S$，这通常是不可能的。

同时，一些从 $S$ 到$\mathbb{R}$ 的函数可以存储在计算机上。例如，如果 $w$ 是多项式函数，如 $w(y) = \sum_{i=0}^{n-1} a_i y^i$，则为了储存 $w$，我们只需储存 $n$ 个系数$(a_i)_{i=0}^{n-1}$，以及从这些系数中获得 $w(y)$ 的指令。通过这种方式记录的函数（即具有有限个参数）被称为具有有限参数表示。

不幸的是，贝尔曼算子的迭代不自然地呈现出它们自己的有限参数形式。要从 $v$ 得到 $Tv$，我们需要在每一个 $y$ 上求解最大化问题，并记录结果。但是，当 $S$ 是无穷大时，这是不可能的。因为存在一个常见的问题是离散化，其中 $S$ 被大小为 $k$ 的网格替换，而初始模型有一个在网格上进化的“相似”模型。这显然不是处理连续状态问题的最佳方法，因为大量有用的信息被丢弃，在理论上，当 $k \to \infty$ 时，几乎没有什么能保证极限策略收敛到最优策略。①

另一种方法是拟合值迭代，如算法 6-2 所述。这里 $\mathcal{F}$ 是一类用有限参数表示的函数。由上述循环的头两行所定义的映射 $v \mapsto w$，实际上是贝尔曼算子$\hat{T}$的近似，拟合值迭代相当于用$\hat{T}$代替 $T$ 的迭代。该算法的详细的理论处理见 10.2.3。在这个研究阶段让我们先试着抓住关键思想，然后再看实现情况。

**算法 6-2　拟合值迭代**

```
initialize v ∈ bcS
repeat
    sample the function Tv at finite set of grid points (y_i)_{i=1}^k
    use the samples to construct an approximation w ∈ 𝓕 of Tv
    set e = d_∞(v, w)
    set v = w
until e is less that some tolerance
solve for a v-greedy policy σ
```

① 一个原因是，得到的策略不是原始策略空间 $\Sigma$ 的元素，因此很难讨论由近似引起的误差。另外，一些研究实际上是使用连续逼近来处理离散状态问题，以减少存储值函数时的参数数量。

首先要特别考虑的是近似方案，使用 $Tv$ 映射到 $w \in \mathcal{F}$ 的过程。在经济模型中使用了很多方案，从切比雪夫多项式到样条曲线与神经网络。在选择最佳方法时，我们需要考虑方案如何与用于计算不动点$v^*$的迭代过程相互作用。对于给定的准则，一个能很好地逼近单个函数的方案并不能总是保证序列$(\hat{T}^n v)_{n\geq 1}$具有良好的动态特性。

为了确定一个合适的逼近技术，我们将$\hat{T}$分解为两个算子 $L$ 和 $T$。首先将 $T$ 作用于 $v$，在实际中，$Tv$ 只在有限多个点上求值。其次由逼近算子 $L$ 将结果发送到 $w = \hat{T}v \in \mathcal{F}$。最后得到$\hat{T} = L \circ T$。图 6－8 表明了$\hat{T}$的迭代。

我们的目标是选择 $L$ 使：①序列 $(\hat{T}^n v)_{n\geq 1}$ 收敛。②函数 $\mathcal{F}$ 的集合足够丰富，以至于这个序列的极限（存在于 $\mathcal{F}$）可以接近 $T$ 的不动点$v^*$（存在于 $bcS$）。① $\mathcal{F}$ 的丰富程度取决于逼近方案的选择和算法 6－2 中网格数 $k$ 的选择。在 10.2.3 给出的正式结果中，我们将看到近似误差$d_\infty$（$Lv^*$，$v^*$）取决于用 $\mathcal{F}$ 的元素来近似$v^*$的程度。

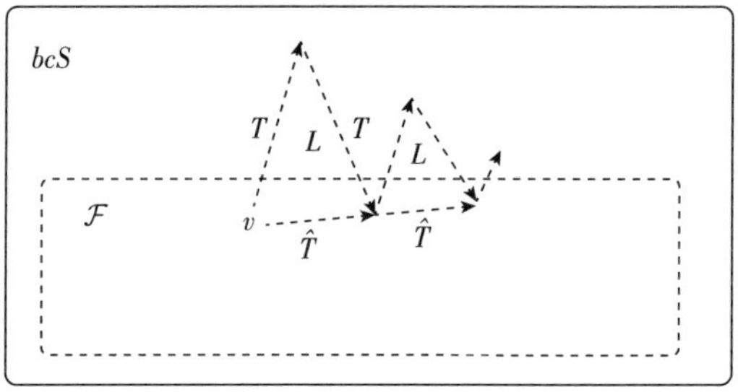


**图 6－8　映射**$\hat{T} := L \circ T$

回到条件①，当 $n \to \infty$ 时，任何严谨的理论都尝试要求序列 $(\hat{T}^n v)_{n\geq 1}$ 在某种意义上收敛。在这方面，请注意以下结果。

**习题 6.2.1**　令 $M$ 和 $N$ 是算子，度量空间（$U$，$d$）映射到自身。证明如果 $N$ 是模为 $\rho$ 的一致压缩映射，$M$ 是非扩张的，则 $M \circ N$ 是模为 $\rho$ 的一致压缩映射。

由于 $T$ 是（$bcS$，$d_\infty$）上的一致压缩映射，当我们看到 $L$ 在（$bcS$，$d_\infty$）上的非扩张时，表明$\hat{T}$是一致压缩映射。虽然对于一些常见的近似体系结构来说，上述假设并不成立，但对于许多有用的方案来说，上述假设是成立的。但仅限于这些方案，根据巴拿赫不动点定理，序列$(\hat{T}^n v)_{n\geq 1}$是收敛的，我们可以对算法进行详细的分析。

① 更准确地说，序列极限存在于 $clS \subset bcS$。

让我们继续探讨，把进一步的理论推迟到 10.2.3。我们将使用的近似方案是分段线性插值，如图 6－9 所示。（在网格点集之外，近似值是常数。）不难看出对于任意 $v, w \in bcS$ 和定义域中任意 $x$，我们有：

$$|Lv(x) - Lw(x)| \leq \sup_{1 \leq i \leq k} |v(x_i) - w(x_i)| \leq \|v - w\|_\infty$$

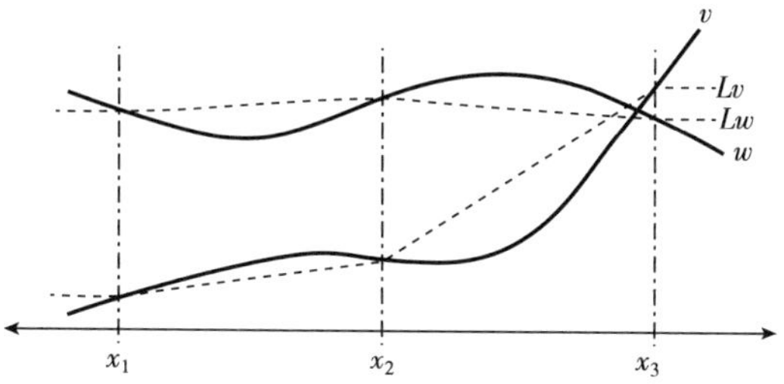


图 6－9 线性插值近似

在 $x$ 上取上确界有 $\|L_v - L_w\|_\infty \leq \|v - w\|_\infty$，因此 $L$ 在 $bcS$ 上是非扩张的。

考虑表 6－4 中的类 LinInterp。这个类为 SciPy 的 interp（）函数提供接口，该函数实现线性插值。后者被称为使用语法 interp（$Z$，$X$，$Y$），其中 $X$ 和 $Y$ 是提供（$x$，$y$）插值点的等长数组，$Z$ 是要计算插值点的任意点数组。调用返回一个长度为 $len$（$z$）的数组，其包含这些求值。

表 6－4 （lininterp. py）插值类

```
from scipy import interp
class LinInterp:
    "Provides linear interpolation in one dimension."
    def __init__(self, X, Y):
        """Parameters: X and Y are sequences or arrays
        containing the (x,y) interpolation points."""
        self.X, self.Y = X, Y
    def __call__(self, z):
        """If z is a float (or integer) returns a float;
        if z is a sequence or array returns an array."""
        if isinstance(z, int) or isinstance(z, float):
            return interp([z], self.X, self.Y)[0]
        return interp(z, self.X, self.Y)
```

类 LinInterp 做了两个修改。首先，类 LinInterp 的对象在内部存储插值点 $X$ 和 $Y$ 上，因此在用这些数组实例化对象后，可以获得插值点的求值，而不必每次都通过插值点。其次，我们希望在一个点（浮点或整数）上计算插值，并接收一个数字作为回报（而不是总要传递和接收数组）。用_ call_ 方法中的 if 语句检查调用参数 $z$ 的类型并适当地处理它。[①]

代码的主要部分在表 6－5 中。效用函数设为 $U(c)=1-e^{-\theta c}$，其中风险规避参数 $\theta$ 确定 $U$ 的曲率。生产函数为 $f(k,z)=k^{\alpha}$。假设冲击为对数正态分布 $W=e^{\xi}$，其中 $\xi$ 为标准正态。

按照表 6－5 的逻辑，网格是通过调用 Scipy 的 linspace（）函数形成的，该函数在 $[0, 8^{0.1}]$ 上返回等距序列。Scipy（NumPy）数组上的代数运算是按元素执行的，因此将 ** 10 追加到行的末尾会将网格的每个元素提升到 10 次幂。总体效果是在 [0，8] 上创建一个网格，这样大多数网格点都接近于 0。这是可取的，因为大多数值函数的曲率都接近于 0，而更多的曲率需要更接近的网格点才能达到相同的误差水平。

**表 6－5 （fvi. py）拟合值迭代**

```python
from scipy import linspace, mean, exp, randn
from scipy.optimize import fminbound
from lininterp import LinInterp          # From listing 6.4

theta, alpha, rho = 0.5, 0.8, 0.9        # Parameters
def U(c): return 1 - exp(- theta * c)    # Utility
def f(k, z): return (k**alpha) * z       # Production
W = exp(randn(1000))                     # Draws of shock

gridmax, gridsize = 8, 150
grid = linspace(0, gridmax**1e-1, gridsize)**10

def maximum(h, a, b):
    return h(fminbound(lambda x: -h(x), a, b))

def bellman(w):
    """The approximate Bellman operator.
    Parameters: w is a vectorized function (i.e., a
    callable object which acts pointwise on arrays).
    Returns: An instance of LinInterp.
    """
    vals = []
    for y in grid:
        h = lambda k: U(y - k) + rho * mean(w(f(k,W)))
        vals.append(maximum(h, 0, y))
    return LinInterp(grid, vals)
```

① 对_ call_ 方法的讨论见 2.2.3。

接下来，我们定义函数 maximum( )，它接受函数 $h$ 和两点 $a$ 和 $b$，并返回区间[$a$，$b$]上 $h$ 的最大值。这里定义的 maximum( ) 只是 Scipy 的 fminbound( ) 函数包装器。后者计算最小值点（不是最小值），我们的包装器使用这个功能来计算最大值。具体来说，我们利用了这样一个事实，即在［$a$，$b$］上 $h$ 的最大值是在［$a$，$b$］上 $-h$ 的最小$x^*$。因此，$h$（$x^*$）是最大值。

函数 bellman（）是贝尔曼算子$\hat{T}=L\circ T$的近似，取函数 $w$ 并返回一个新函数$\hat{T}w$。for 循环通过每个网格点$y_i$，计算（6－19）中定义的 $Tw$（$y_i$），并将该值记录在 vals 中。注意如何使用表达式 mean（$w$（$f$（$k$，$w$)))来近似期望$\int w(f(k, z))\phi(z)dz$。我们运用的事实是，$w$ 是向量化的，即对 NumPy 数组执行元素操作，因此 $w$（$f$（$k$，$w$)）是通过将 $w$（$f$（$k$，·))应用于冲击阵列 $w$ 的每个元素而产生的数组。向量化运算通常比 for 循环运算快。①

在 for 循环中收集值 $Tw$（$y_i$）后，函数定义的最后一行返回 LinInterp 的实例，该实例在点集（$y_i$，$Tw$（$y_i$)）之间提供线性插值。这个目标对应于$\hat{T}w=L(Tw)$。图 6－10 显示了从初始条件 $U$ 开始的迭代序列的收敛性。

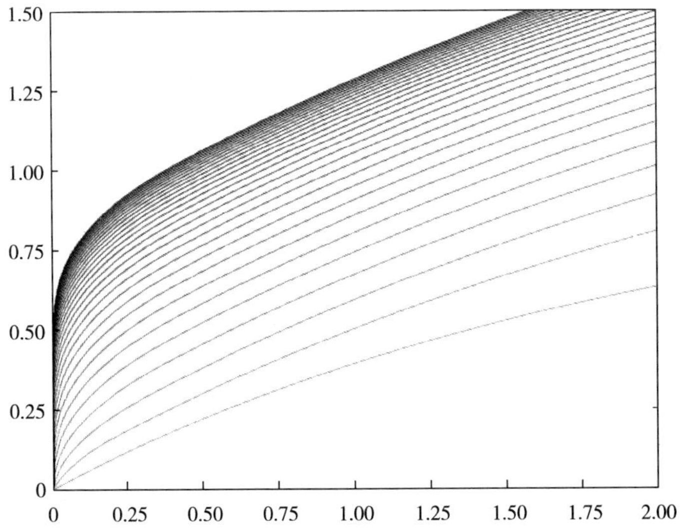


**图 6－10　FVI 算法迭代**

---

① 或者可以使用数值积分程序计算积分。

我们现在可以从最后一次迭代计算贪心策略 $\sigma$，如图 6－11 所示，函数 $y \mapsto f(\sigma(y), m)$，其中 $m$ 是冲击的均值。如果冲击总是在它的平均值，那么从每一个正的初始条件收入过程 $(y_t)_{t\geq 0}$ 会收敛到唯一不动点 $\simeq 1.25$。注意，当收入较低时，投资代理人可支配所有收入。

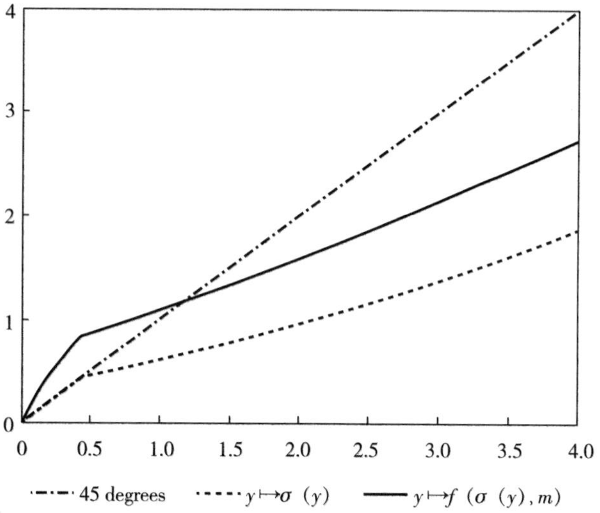


**图 6－11　渐进最优策略**

当然，当冲击达到其均值时，我们对真正的动态学没有什么感觉。为生成与过程 $y_{t+1}=f(\sigma(y_t), W_{t+1})$ 相对应的密度序列，我们可以使用前瞻估计量（6－9）。前瞻估计量在所介绍的理论中，最容易的是使用对数运算。给定 $f$ 的参数，对 $y_{t+1}=f(\sigma(y_t), W_{t+1})=\sigma(y_t)^{\alpha} W_{t+1}$ 两边取对数，可得：

$$x_{t+1}=\alpha \ln \sigma(\exp(x_t))+w_{t+1} := g(x_t)+w_{t+1}$$

其中，$x_t := \ln y_t$，$w_t := \ln W_t$，$g(x) := \alpha \ln \sigma(\exp(x))$。SRS 的形式是式（6－6），$x_t$ 的密度 $\psi_t$ 的前瞻估计量，可通过如下公式计算：

$$\psi_t^n(y) := \frac{1}{n} \sum_{i=1}^{n} p(x_{t-1}^i, y), (y \in \mathbb{R}) \tag{6-20}$$

其中，$p(x, y)=\phi(y-g(x))$ 和 $(x_{t-1}^i)_{i=1}^n$ 是从给定初始条件 $x_0$ 中 $x_{t-1}$ 的 $n$ 个独立抽取。这里 $\phi$ 是 $w_t$ 的密度，这种情况下是 $N(0, 1)$。图 6－12 给出了初始于 $x_0 \equiv -7.5$ 和 $n=1000$ 时 $\psi_1$ 到 $\psi_{15}$ 的密度。

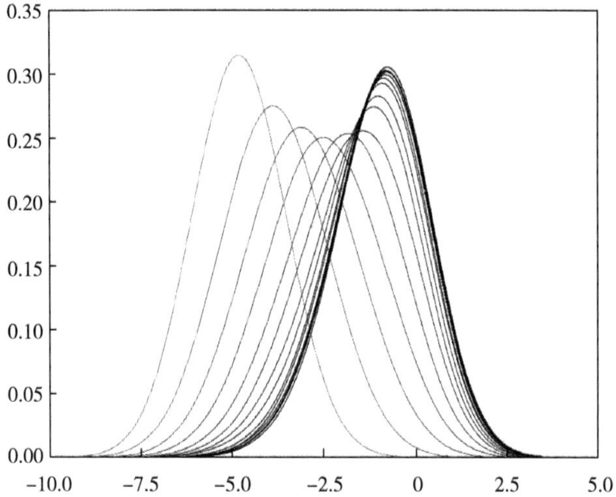


**图 6－12　收入过程的密度**

**习题 6.2.2**　请读者使用个人偏好的效用函数扩展表 6－5 中的代码，并复制图 6－10 到图 6－12。从初始条件 $U$ 开始，约 30 次 $\hat{T}$ 迭代产生 $v^*$ 的近似值。当用前瞻估计量计算密度时，试着用不同的初始条件进行运算。观察密度如何总是收敛到相同极限。

### 6.2.3　策略函数

回顾 5.1.3 中，我们使用称为策略迭代的第二种算法求解有限状态问题。（具体见算法 5－2）。我们可以在这里同样使用策略迭代，尽管需要用到类似于用来拟合值迭代的近似技术。算法 6－3 给出了基本方法。（实际上，函数 $v_\sigma$ 和 $\sigma$ 在每一步都必须被近似。）

**算法 6－3　策略迭代算法**

```
pick any σ ∈ Σ
repeat
    compute v_σ from σ
    solve for a v_σ-greedy policy σ′
    set σ = σ′
until until some stopping condition is satisfied
```

10.2.2 中介绍了策略迭代的支撑理论。在这一节中，我们的主要内容将是实现。在考虑实现时，最困难的部分是从 $\sigma$ 计算$v_\sigma$（即计算给定策略的值）。我们考虑一下，给定(6－16)中的定义$v_\sigma(y)=\sum_{t=0}^{\infty}\rho^t\mathbb{E}\,U(y_t-\sigma(y_t))$，如何实现这一点。

固定 $y$ 并考虑$v_\sigma(y)$的计算。需要至少对所有 $t\leqslant T$，加总以$\rho^t$ 贴现的项$\mathbb{E}\,U(y_t-\sigma(y_t))$，其中 $T$ 较大。对固定$j$，该怎么计算$\mathbb{E}\,U(y_j-\sigma(y_j))$？一个办法是使用蒙特卡洛法。初始条件是 $y$，从这里开始，过程$(y_t)_{t\geqslant 0}$服从式(6－14)中的 SRS。可以使用算法 6－1 中的情形生成 $n$ 个$y_j$的独立观测值$y_j^1$，…，$y_j^n$。对较大的 $n$，均值$n^{-1}\sum_{i=1}^{n}U(y_j^i-\sigma(y_j^i))$接近$\mathbb{E}\,U(y_j-\sigma(y_j))$。[1]

尽管蒙特卡洛模拟对解决高维问题有用，但该方法不是最容易实现的。原因是，尽管对每个 $t$ 我们得到良好近似$\mathbb{E}\,U(y_t-\sigma(y_t))$，然后加总(贴现是$\rho^t$)得到$v_\sigma(y)$，但仅得到单点 $y$ 处函数$v_\sigma$的值。对算法 6－3，我们需要在每个点计算$v_\sigma$（或至少在点格上计算以使得可近似$v_\sigma$）。

与其使用这一方法，不如考虑如下迭代技术。给定 $\sigma\in\sum$，通过：

$$T_\sigma w(y)=U(y-\sigma(y))+\rho\int w(f(\sigma(y),z))\phi(z)\mathrm{d}z,(y\in S)\qquad(6-21)$$

定义由 $w\in bcS$ 映射到 $Tw\in bcS$ 的算子$T_\sigma$。

如下结论总结了$T_\sigma$的相关特征。

**引理 6.2.3** 对每一个 $\sigma\in\Sigma$，算子$T_\sigma$在（$bcS$，$d_\infty$）上是一致压缩映射，且$T_\sigma$在 $bcS$ 上不动点是$v_\sigma$。

这个证明并不太难，但确实涉及一些关于测度论的内容。因此，我们推迟到 10.1.3。现在对我们来说重要的是从任何初始猜测，当 $v\in bcS$ 时，有$T_\sigma^n v\to v_\sigma$。因此，通过与$T_\sigma$迭代，可以得到$v_\sigma$的一个近似值。计算时，需要在每次迭代时进行近似，类似于拟合值迭代（算法6－2，但$T_\sigma$代替 $T$）。表6－6 提供了此方法的实现，以及一些附加例程。

表6－6 的第一行是从模块 fvi 导入所有内容，该模块是表 6－5 中的文件。它提供了模型和网格的参数。接下来，从 scipy 导入一些函数。第一个函数 maximizer( )与表 6－5 中的 maximizer( )类似，但返回的是最大值点而不是最大值。

[1] 另一种蒙特卡洛法是使用前瞻性估计量计算的密度(见图 6－12)。$y\mapsto u(y-p(y))$关于$y_j$密度的数值积分，则给出另一个$\mathbb{E}U(y_j-\sigma(y_j))$的近似值。

表6-6 (fpi.py) 拟合策略迭代

```
from fvi import *  # Import all definitions from listing 6.5
from scipy import absolute as abs

def maximizer(h, a, b):
    return fminbound(lambda x: -h(x), a, b)

def T(sigma, w):
    "Implements the operator L T_sigma."
    vals = []
    for y in grid:
        Tw_y = U(y - sigma(y)) + rho * mean(w(f(sigma(y), W)))
        vals.append(Tw_y)
    return LinInterp(grid, vals)

def get_greedy(w):
    "Computes a w-greedy policy."
    vals = []
    for y in grid:
        h = lambda k: U(y - k) + rho * mean(w(f(k, W)))
        vals.append(maximizer(h, 0, y))
    return LinInterp(grid, vals)

def get_value(sigma, v):
    """Computes an approximation to v_sigma, the value
    of following policy sigma. Function v is a guess.
    """
    tol = 1e-2           # Error tolerance
    while 1:
        new_v = T(sigma, v)
        err = max(abs(new_v(grid) - v(grid)))
        if err < tol:
            return new_v
        v = new_v
```

函数 $T$ 取函数 sigma 和 $w$，分别表示 $\sigma$ 和 $w$，并返回$T_\sigma w$ 作为表6-4 中定义的类 LinInterp 的实例。相对来说代码是自解释的，对于 get_ greedy () 函数也是如此，它将函数 $w$ 作为参数，并返回作为 LinInterp 的实例的 $w$-贪心策略。

函数 get_ value 用于从 $\sigma$ 计算$v_\sigma$。分别以函数 sigma 和 $v$ 作为参数，分别表示 $\sigma$ 和$v_\sigma$的猜测。然后，我们用$T_\sigma$迭代该猜测（实际上是 $L\circ T_\sigma$，其中 $L$ 是线性插值算子），以获得$v_\sigma$的近似值。一直进行迭代，直到新迭代和上一次迭代之间的网格点上的最大距离低于某个公差。

**习题 6.2.4** 根据表 6-6 计算一个近似最优策略。检验此策略是否与习题 6.2.2 中计算的策略相似。[1]

# 6.3 随机投机价格

本节将我们已介绍的一些方法应用到包含消费者和投机者的商品市场的价格研究中。在构建并求解模型之后，我们还将借用 6.2 中的增长模型讨论如何求解。基于此，我们将看到有限的最优增长模型实际上可以应用于有大量代理人的分散经济研究中。

## 6.3.1 模型

考虑一个单一商品市场，时期 $t$ 的价格表示为$p_t$，时间 $t$ 的商品“收获”是 $W_t$。假设序列$(W_t)_{t\geqslant 1}$是 IID，有共同密度函数 $\phi$。“收获”在 $S:=[a,\infty)$ 上取值，$a>0$。消费者和投机者购买商品，假设对应价格 $p$，消费者有需求量$D(p)$。对反需求函数$D^{-1}=:P$，假设：

**假设 6.3.1** 函数 $P$：$(0,\infty)\to(0,\infty)$存在严格递减、连续，且当 $x\downarrow 0$ 时，满足 $P(x)\uparrow\infty$。

投机者可以在两个时期内储存商品，分别是在当期购买单位$I_t$ 和下期产生单位 $\alpha I_t$，$\alpha\in(0,1)$。为简单起见，无风险利率取零，因此$I_t$ 的预期利润为：

$$\mathbb{E}_t\, p_{t+1}\cdot\alpha I_t - p_t I_t = (\alpha\,\mathbb{E}_t\, p_{t+1} - p_t) I_t$$

这里，$\mathbb{E}_t\, p_{t+1}$是 $t$ 期$p_{t+1}$的期望。假设投机者是风险中性的，无套利条件要求：

$$\alpha\,\mathbb{E}_t\, p_{t+1} - p_t \leqslant 0 \tag{6-22}$$

利润最大化给定额外条件：

$$\alpha\,\mathbb{E}_t\, p_{t+1} - p_t < 0 \text{ 意味着 } I_t = 0 \tag{6-23}$$

我们还要求在每期市场出清。供给 $X_t$ 是投机者（上期）结转和当期收获的

---

[1] 提示：假设$\sigma_n$是在 $n$ 次迭代所计算的策略。在 get_ value( ) 中猜测$v_{\sigma_n}$一个好的初始条件是$v_{\sigma_{n-1}}$。

加总 $\alpha I_{t-1}+W_t$，而需求是 $D(p_t)+I_t$（即消费者和投机者的购买）。因此，市场均衡条件是：

$$\alpha I_{t-1}+W_t=:X_t=D(p_t)+I_t \tag{6-24}$$

初始条件 $X_0\in S$ 视为给定。

现在寻找一个均衡。对满足(6-22)~(6-24)的投资、价格和供给构建一个系统 $(I_t,\ p_t,\ X_t)_{t\geqslant 0}$ 并非易事。我们的解决方法是求得一个只依赖于当前状态价格的系统。换句话说，我们取函数 $p$：$(0,\ \infty)\to(0,\ \infty)$，并在每一时期 $t$ 令 $p_t=p(X_t)$。向量 $(I_t,\ p_t,\ X_t)_{t\geqslant 0}$ 按照如下（函数）演化：

$$p_t=p(X_t),\ I_t=X_t-D(p_t),\ X_{t+1}=\alpha I_t+W_{t+1} \tag{6-25}$$

对于给定 $X_0$ 和外生过程 $(W_t)_{t\geqslant 1}$，系统(6-25)将 $(I_t,\ p_t,\ X_t)_{t\geqslant 0}$ 的时间路径确定为随机变量序列。我们求一个 $p$，使对应系统(6-25)中的(6-22)和(6-23)成立。①

为此，假设存在一个特殊函数 $p^*$：$S\to(0,\ \infty)$，满足：

$$p^*(x)=\max\left\{\alpha\int p^*(\alpha I(x)+z)\phi(z)\mathrm{d}z,P(x)\right\},(x\in S) \tag{6-26}$$

其中，

$$I(x):=x-D(p^*(x)),\ (x\in S) \tag{6-27}$$

事实证明，在对应系统（6-25）中的（6-22）和（6-23）成立的意义上，$p^*$ 是充分的。为此，首先要注意：②

$$\mathbb{E}_t\,p_{t+1}=\mathbb{E}_t\,p^*(X_{t+1})=\mathbb{E}_t\,p^*(\alpha I(X_t)+W_{t+1})=\int p^*(\alpha I(X_t)+z)\phi(z)\mathrm{d}z$$

则（6-22）要求：

$$\alpha\int p^*(\alpha I(X_t)+z)\phi(z)\mathrm{d}z\leqslant p^*(X_t)$$

这一不等式直接来自（6-26）。关于（6-23），假设：

$$\alpha\int p^*(\alpha I(X_t)+z)\phi(z)\mathrm{d}z<p^*(X_t)$$

则根据（6-26），我们有 $p^*(X_t)=P(X_t)$，其中 $D(p^*(X_t))=X_t$，$I_t=I(X_t)=0$。因此，（6-22）和（6-23）都成立，$(I_t,\ p_t,\ X_t)_{t\geqslant 0}$ 是一个均衡

---

① 给定（6-25），我们有 $X_t=I_t+D(p_t)$，因此（6-24）自动成立。

② 如果这里的运算不明显，不用担心，我们稍后会详细讨论随机变量。最后一个不等式使用这样一个事实：如果 $U$ 和 $V$ 是独立的，并且 $V$ 具有密度 $\phi$，那么给定 $U$，$h(U,\ z)$ 的期望值是 $\int h(U,z)\phi(z)\mathrm{d}z$。

系统。

剩下的唯一问题是，是否存在函数$p^*$：$S\to(0,\infty)$满足（6－26）。这虽然不是显而易见的，但可以通过利用巴拿赫不动点定理得到肯定的答案。首先，令$\mathcal{C}$表示递减（即非增）连续函数$p$：$S\to R$的集合，这些函数在$S$上逐点满足$p\geq P$。

**习题 6.3.2** 证明：从$S$映射到$\mathbb{R}$的所有有界连续函数的集合$\mathcal{C}\subset bcS$。

**习题 6.3.3** 证明：如果对于某些函数$h\subset bcS$，$(h_n)\subset\mathcal{C}$和$d_\infty(h_n,h)\to 0$，则$h$递减并支配（dominate）$P$。

**引理 6.3.4** 度量空间$(\mathcal{C}, d_\infty)$是完备的。

**证明**：根据定理 3.2.3（完备空间的闭子集是完备的）和$bcS$的完备性（定理 3.2.9），我们只需要证明$\mathcal{C}$是$bcS$的闭子集。从习题 6.3.3 可得这一结论。■

由于$\mathcal{C}$是完备的，因此它提供了一个合适的空间，在这里可以引入$\mathcal{C}$到$\mathcal{C}$的算子，并使用巴拿赫不动点定理来证明均衡的存在性。其思想是构造一个算子，使：①任何不动点满足（6－26）。②算子在$\mathcal{C}$上是一致压缩的。如果存在满足条件（1）和（2）的算子，就证明了（6－26）存在解。

因此，令$p$是$\mathcal{C}$的一个给定元素，并考虑通过关联（associating）每一个$x\in S$在$S$上构建的新函数，实数$r$满足：

$$r = \max\left\{\alpha\int p(\alpha(x - D(r)) + z)\phi(z)\mathrm{d}z, P(x)\right\} \tag{6－28}$$

我们用$Tp$表示新函数，其中，$Tp$是求解（6－28）中的$r$，并把$T$作为将$\mathcal{C}$的元素映射到 S 上的新函数算子。它在下面称为定价泛函（functional）算子。

**定理 6.3.5** 如下结果成立：

（1）定价泛函算子$T$是一个定义良好的算子，即对每个$p\in\mathcal{C}$和$x\in S$，$Tp(x)$是唯一定义的实数。此外，

$$P(x)\leqslant Tp(x)\leqslant v(x):=\max\left\{\alpha\int p(z)\phi(z)\mathrm{d}z, P(x)\right\},(x\in S)$$

（2）$T$由$C$映射到$\mathcal{C}$，即$T(\mathcal{C})\subset\mathcal{C}$。

下面只给出证明梗概，读者在学习完测度论后可返回补充细节。首先，令$p\in C$和$x\in S$，定义：

$$h_x(r):=\max\left\{\alpha\int p(\alpha(x - D(r)) + z)\phi(z)\mathrm{d}z, P(x)\right\},(P(x)\leqslant r\leqslant v(x))$$

虽然我们跳过了证明，但从定义可知这个函数在区间$[P(x), v(x)]$上连续且递减。为证明有唯一$r\in[P(x), v(x)]$满足（6－28），必须证

明$h_x$在这个集合中有唯一的不动点。当$h_x$递减时，唯一性的证明是平凡的。[1]关于存在性，只需证明在［$P(x)$，$v(x)$］中存在$r_1 \leqslant r_2$，满足$r_1 \leqslant h_x(r_1)$和$h_x(r_2) \leqslant r_2$。

为什么这是充分的？原因是，如果其中任何一个等式成立，那么就完成证明；如果两个不等式是严格的，那么可以使用$h_x$的连续性和中值定理。[2]

$r_1$一个合适的值是$P(x)$。（为什么？）对$r_2$我们可用$v(x)$，如：

$$h_x(r_2) = \max\{\alpha \int p(\alpha(x - D(r_2)) + z)\phi(z)\mathrm{d}z, P(x)\}$$

$$\leqslant \max\{\alpha \int p(z)\phi(z)\mathrm{d}z, P(x)\} = v(x) = r_2$$

现在完成了定理第一部分的证明。

为了证明第二部分，我们必须证明 $Tp$：①控制住 $P$。②在 $S$ 上是递减的。③在$S$ 上连续。其中，①可由之前的结论得到，尽管②和③成立，但省略了证明。我们直到第7章才会讨论并证明所需要的积分理论。[3]

**习题 6.3.6**　证明：如果$p^*$是 $T$ 的不动点，则它求解了（6－26）。

**定理 6.3.7**　算子 $T$ 是在（$C$，$d_\infty$）上模为 $\alpha$ 的一致压缩。

从定理6.3.7可知，存在唯一$p^* \in C$ 满足 $Tp^* = p^*$。基于习题（6.3.6），$p^*$满足6－26，我们求解了存在性问题。因此，只剩下证明定理6.3.7，可以用布莱克威尔关于一致压缩的充分条件来证明。为证明一致压缩，考虑度量空间（$M$，$d_\infty$），其中 $M$ 是 $bU$ 的子集，任意集 $U$ 上的有界实值函数。

**定理 6.3.8**　令 $M$ 是 $bU$ 的一个子集，满足性质：$u \in M$ 和 $\gamma \in \mathbb{R}_+$意味着 $u + \gamma \mathbb{1}_U \in M$。如果 $T$：$M \to M$，且∃$\lambda \in$［0，1）对任意$u \in M$ 和 $\gamma \in \mathbb{R}_+$，使：

$$T(u + \gamma \mathbb{1}_U) \leqslant Tu + \lambda\gamma \mathbb{1}_U \tag{6-29}$$

则 $T$ 是（$M$，$d_\infty$）上模为 $\lambda$ 的一致压缩。

单调性是指如果 $u$，$v \in M$ 和 $u \leqslant v$，则 $Tu \leqslant Tv$，其中所有不等式在 $S$ 上都是逐点成立。现在回到定理6.3.7的证明。

**习题 6.3.9**　令$h_1$和$h_2$是 $S$ 上的减函数，有不动点（必然唯一）$x_1$和$x_2$。证明：如果$h_1 \leqslant h_2$，则$x_1 \leqslant x_2$。

利用这个练习很容易看到 $T$ 是 $\mathcal{C}$ 上的一个单调算子：任取$p$，$q \in \mathcal{C}$，满足$p \leqslant$

---

① 这是习题3.2.31所讨论的。

② 你能看出为什么吗？对 $g(r) = r - h(r)$应用定理。

③ ③的证明使用定理B.1.4。

$q$，以及 $x\in S$。令 $r\mapsto h_p(r)$ 定义为：

$$h_p(r) := \max\left\{\alpha\int p(\alpha(x-D(r))+z)\phi(z)\mathrm{d}z, P(x)\right\}$$

显然，$Tp(x)$ 是 $r\mapsto h_p(r)$ 的不动点，$Tq(x)$ 是 $r\mapsto h_q(r)$ 的不动点。由于对所有 $r$ 有 $h_p(r)\leqslant h_q(r)$，因此必然有 $T\,h_p(x)\leqslant T\,h_q(x)$。因为 $x$ 是任意的，所以有 $Tp\leqslant T$。

为使用布莱克威尔条件，我们还需要证明如果 $p\in\mathcal{C}$ 和 $\gamma\in\mathbb{R}_+$，则①$p+\gamma\mathbb{1}_S\in\mathcal{C}$，②存在独立于 $p$ 和 $\gamma$ 的 $\lambda<1$。有性质：

$$T(p+\gamma\mathbb{1}_S)\leqslant Tp+\lambda\gamma\mathbb{1}_S \tag{6-30}$$

陈述①显然是正确的。关于陈述②，我们简单使用以下引理：

**引理 6.3.10** 令 $a$，$b$ 和 $c$ 为实数，满足 $b\geqslant 0$，我们有：

$\max\{a+b, c\}\leqslant\max\{a, c\}+b$

如果读者不确定如何证明这类不等式，那么下面是它们的实现方法：

$\because a+b\leqslant\max\{a, c\}+b$ 和 $c\leqslant\max\{a, c\}+b$

$\therefore \max\{a+b, c\}\leqslant\max\{a, c\}+b$

继续讨论，令 $p$ 和 $\gamma$ 定义如上，并令 $q:=p+\gamma\mathbb{1}_S$，任取 $x\in S$，令 $r_p$ 代表 $Tp(x)$，$r_q$ 代表 $Tq(x)$。我们有：

$$\begin{aligned}
r_q &= \max\left\{\alpha\int q(\alpha(x-D(r_q))+z)\phi(z)\mathrm{d}z, P(x)\right\}\\
&\leqslant \max\left\{\alpha\int q(\alpha(x-D(r_p))+z)\phi(z)\mathrm{d}z, P(x)\right\}\\
&= \max\left\{\alpha\int p(\alpha(x-D(r_p))+z)\phi(z)\mathrm{d}z+\alpha\gamma, P(x)\right\}\\
&\leqslant \max\left\{\alpha\int p(\alpha(x-D(r_p))+z)\phi(z)\mathrm{d}z, P(x)\right\}+\alpha\gamma\\
&= r_p+\alpha_\gamma
\end{aligned}$$

这里第一个不等式来自 $r_p\leqslant r_q$，（因为 $p\leqslant q$ 和 $T$ 是单调的），第二个不等式来自引理 6.3.10。

我们已经证明 $T(p+\gamma\mathbb{1}_S)(x)\leqslant Tp(x)+\alpha$。由于 $x$ 是任意的且 $\alpha<1$，因此使用 $\lambda:=\alpha$ 可得不等式（6-30）。

### 6.3.2 数值解

在这一节，我们使用巴拿赫不动点定理数值计算了理性预期定价泛函 $p^*$。首先，回顾6.3.1，我们在满足（6－26）的 $\mathcal{C}$ 中得到了函数 $p^*$：$S\to(0,\infty)$ 的存在性。在证明中，$p^*$ 被证明是定价算子 $T$：$\mathcal{C}\ni p\mapsto Tp\in\mathcal{C}$ 的不动点。根据巴拿赫定理，对于任意 $p\in\mathcal{C}$，当 $n\to\infty$ 时，有 $d_\infty(T^n p, p^*)\to 0$，因此计算 $p$ 的自然方法是迭代 $\mathcal{C}$ 中任意元素 $p$（如 $P$）。在迭代时，就像拟合值迭代（算法6－2）一样，我们需要在每一步近似迭代 $p\,T^n$。和以前一样，我们使用关于 $d_\infty$ 非扩散的线性插值。

当 $p\in\mathcal{C}$ 和 $x\in S$ 是固定的，考虑如何得到 $Tp(x)$ 时，根据定义，$r=Tp(x)\in[P(x), v(x)]$ 是使得（6－28）成立的唯一的解。对于 $r$：

**习题6.3.11**　证明：$r=P(x)$，当 $\alpha\int p(z)\phi(z)\mathrm{d}z\leqslant P(x)$。

**习题6.3.12**　证明：如果 $\alpha\int p(z)\phi(z)\mathrm{d}z > P(x)$，则 $r$ 满足：

$$r=\alpha\int p(\alpha(x-D(r))+z)\phi(z)\mathrm{d}z$$

给定 $p$ 和 $x$ 得到 $Tp(x)$ 的算法6－4，给出了习题6.3.11和习题6.3.12一起提出的寻找 $r$ 的方法。该算法的实现如表6－7所示。设需求曲线 $D$ 为 $1/x$，假设冲击 $W_t=a+cB_t$，其中 $B_t$ 是形状参数为（5，5）的beta。函数fixed_ point（ ）使用Scipy中的brentq查根算法在指定区间内计算不动点。函数T（ ）运行算法6－4。①

**算法6－4　计算 $Tp(x)$**

```
evaluate y = α ∫ p(z)φ(z)dz
if y ≤ P(x) then return P(x)
else
  | define h(r) = α ∫ p(α(x − D(r)) + z)φ(z)dz
  | return the fixed point of h in [P(x), y]
end
```

① 尽管在T（ ）的定义中省略了算法6－4中的else语句，但这是不必要的，因为T（ ）的定义中的最后两行仅在语句y＜＝P（x）为false时才执行。还要注意传递给T（ ）的函数p（ ）必须矢量化。

表 6－7 （cpdynam. py）计算 $Tp$ （$x$）

```
from scipy import mean
from scipy.stats import beta
from scipy.optimize import brentq

alpha, a, c = 0.8, 5.0, 2.0
W = beta(5, 5).rvs(1000) * c + a    # Shock observations
D = P = lambda x: 1.0 / x

def fix_point(h, lower, upper):
    """Computes the fixed point of h on [upper, lower]
    using SciPy's brentq routine, which finds the
    zeros (roots) of a univariate function.
    Parameters: h is a function and lower and upper are
    numbers (floats or integers).  """
    return brentq(lambda x: x - h(x), lower, upper)

def T(p, x):
    """Computes Tp(x), where T is the pricing functional
    operator.
    Parameters: p is a vectorized function (i.e., acts
    pointwise on arrays) and x is a number.  """
    y = alpha * mean(p(W))
    if y <= P(x):
        return P(x)
    h = lambda r: alpha * mean(p(alpha*(x - D(r)) + W))
    return fix_point(h, P(x), y)
```

一旦对每个 $p$ 和 $x$ 能够计算出 $Tp$ （$x$），我们就可以继续迭代算法，如算法 6－5 所示。图 6－13 给出了一个从 $P$ 开始迭代的序列。

算法 6－5　计算定价函数

set $p = P$
**repeat**
　sample $Tp$ at finite set of grid points $(x_i)_{i=1}^k$
　use samples to construct linear interpolant $q$ of $Tp$
　set $p = q$
**until** *a suitable stopping rule is satisfied*

**习题 6.3.13**　运行算法 6－5，复制图 6－13。[1]

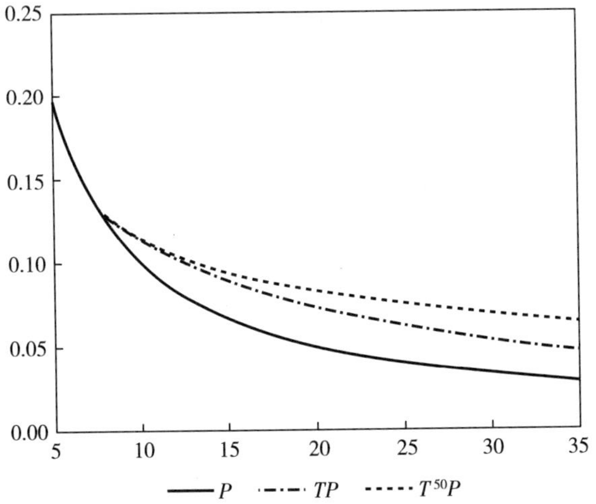


**图 6－13　$T^nP$ 的轨迹**

给定$p^*$，关于数量的动力系统定义为：

$$X_{t+1}=\alpha I(X_t)+W_{t+1},\ (W_t)_{t\geq 1}\overset{\text{IID}}{\sim}\phi \tag{6-31}$$

其中，$I(x):=x-D(p^*(x))$。如 6.1.3 中所证，对每一个 $t\geq 1$，$X_t$ 的分布$\psi_t$是密度，满足：

$$\psi_{t+1}(y)=\int p(x,y)\,\psi_t(x)\mathrm{d}x,\ (y\in S)$$

其中，$p(x,\ y)=\phi(y-\alpha I(x))$，$\phi$ 是收获$W_t$ 的密度。[2]

**习题 6.3.14**　稍后我们将看到系统（6－31）是稳定的，具有唯一的平稳密度$\psi^*$，并且可以使用（6－12）给出的前瞻性估计量来估计。使用这个估计量，图示说明对于这些特定的参数值，投机者不影响状态的长期概率，即$\psi^*\simeq\phi$。[3]

### 6.3.3　均衡与最优

在 6.3.1 中，我们使用巴拿赫不动点定理证明了存在一个定价泛函$p^*$使得关

---

① 提示：可以使用表 6－4 中的 LinInterp 类进行插值。

② 我们认为 $\phi$ 定义在所有的$\mathbb{R}$上，支撑集外为 0。因此，如果 $y<\alpha I(x)$，则 $p(x,\ y)=0$。

③ 后者是没有投机的普遍分布。

于价格和数量的系统是竞争均衡的。还可以使用动态规划和最优增长模型得到同样的结果。用这种方法求解问题，展示出分散均衡和最优性之间的有趣联系。

在开始之前，我们将通过剔除利率为零的假设，使商品定价模型复杂些。在利率 $r$ 为正且不变的情况下，下一期收益率必须按 $\rho := 1/(1+r)$ 贴现。因此，无套利（6－22）和利润最大化条件（6－23）分别变为：

$$\rho\alpha\,\mathbb{E}_t\,p_{t+1} - p_t \leqslant 0 \tag{6-32}$$

$$\rho\alpha\,\mathbb{E}_t\,p_{t+1} - p_t < 0 \text{ 意味着 } I_t = 0 \tag{6-33}$$

如 6.3.1 所述，我们寻找定价泛函 $p^*$，使系统：

$$p_t = p^*(X_t),\ I_t = X_t - D(p_t),\ X_{t+1} = \alpha I_t + W_{t+1} \tag{6-34}$$

满足 6－32 和 6－33。这可以直接对 6.3.1 中的不动点命题进行一些小的调整，包含 $\rho$ 来实现。然而，我们不继续使用这个方法，而是引入一个虚拟的计划者来解决 6.2.1 中描述的最优增长模型。通过选择合适的参数，我们证明了所得到的最优策略可以用来获得这样的 $p^*$。因为最优政策的存在且可计算，所以类似 $p^*$ 存在且可被计算。

对于计划者的参数，生产函数 $f$ 由 $f(k,z) = \alpha k + z$ 给出，贴现系数为 $\rho := 1/(1+r)$，效用函数 $U$ 由 $U(c) = \int_0^c P(x)\,\mathrm{d}x$ 定义，其中 $P$ 是商品定价模型的逆需求函数，冲击的分布 $\phi$ 是收获的分布。

我们假设 $P$ 使 $U$ 在 $\mathbb{R}_+$ 上有界。根据微积分的基本定理，我们得到 $U' = P$。假设 6.3.1 中的条件也成立，因此函数 $U$ 是严格递增、严格凹的，满足当 $c \downarrow 0$ 时，有 $U'(c) \uparrow \infty$。我们剔除了 6.3.1 中冲击的有界是从 0 开始的这一假设，是因为不需要这个限制。

根据在 6.6.1 中的论述，我们知道至少存在一个最优策略。事实上，参数的凹性意味着只有一个这样的策略。（证明见 12.1.2）简单用 $\sigma$ 表示的策略是 $v^*$－贪心的，也就是说对于所有 $x$，有：

$$\sigma(x) = \underset{0 \leqslant k \leqslant x}{\operatorname{argmax}} \left\{ U(x-k) + \rho \int v^*(f(k,z))\phi(z)\,\mathrm{d}z \right\} \tag{6-35}$$

我们还可以证明 $v^*$ 是可微的，满足 $(v^*)'(x) = U'(x - \sigma(x))$，并且(6－35)中的目标函数也是可微的。利用这些事实并考虑角点解的可能性，可以证明 $\sigma$ 满足：

$$U' \circ c(x) \geqslant \rho \int U' \circ c[f(\sigma(x),z)]\,f'(\sigma(x),z)\phi(z)\,\mathrm{d}z \quad \forall x \in S \tag{6-36}$$

此外，如果不等式在某些 $x>0$ 处是严格的，则 $\sigma(x)=0$。这里 $c(x):=x-\sigma(x)$ 和 $f'(k,z)$ 是 $f$ 对 $k$ 的偏导数。这是著名的欧拉等式，陈述的这些所有证明可以通过 12.1.2 中的命题 12.1.23 和命题 12.1.24 获得。

这一节讨论的主要结果是，我们通过将 $p^*$ 设为消费的边际效用，从而得到了商品定价模型的均衡定价泛函。

**命题 6.3.15** 如果 $p^*$ 定义为 $p^*(x):=U'\circ c(x):=U'(c(x))$，则（6－34）定义的系统满足（6－32）和（6－33）。

**证明：** 把 $p^*$ 的定义代入（6－36），我们可得：

$$p^*(x)\geqslant\rho\int p^*[f(\sigma(x),z)]f'(\sigma(x),z)\phi(z)\mathrm{d}z\quad\forall x\in S$$

在 $x$ 处严格不等式意味着 $\sigma(x)=0$。使用 $f(k,z)=\alpha k+z$，则变为：

$$p^*(x)\geqslant\rho\alpha\int p^*(\alpha\sigma(x)+z)\phi(z)\mathrm{d}z\quad\forall x\in S$$

现在观察到，因为 $c(x)=x-\sigma(x)$，所以我们必有：

$$p^*(x)=U'(x-\sigma(x))=P(x-\sigma(x))\quad\forall x\in S$$

$$\therefore D(p^*(x))=x-\sigma(x)\quad\forall x\in S$$

反过来，我们得到 $\sigma(x)=x-D(p^*(x))$，右边准确为 $I(x)$。因此，$\sigma=I$，我们有：

$$\rho\alpha\int p^*(\alpha I(x)+z)\phi(z)\mathrm{d}z-p^*(x)\leqslant 0\quad\forall x\in S$$

在 $x$ 处的不等式意味着 $I(x)=0$。因为这对所有的 $x\in S$ 成立，它也对任意实现的 $X_t\in S$ 成立，所以：

$$\rho\alpha\int p^*(\alpha I(X_t)+z)\phi(z)\mathrm{d}z-p^*(X_t)\leqslant 0$$

严格不等式意味着 $I(X_t)=0$。在（6－34）中替换 $I_t$ 和 $p_t$，并使用 6.3.1 证明的事实：

$$\mathbb{E}_t\,p_{t+1}=\int p^*(\alpha I(X_t)+z)\phi(z)\mathrm{d}z$$

我们得到（6－32）和（6－33）。■

## 6.4 评述

经济学和金融学中随机递归序列的更多理论与应用可参见 Sargent（1987）、

Stokey 和 Lucas（1989）、Farmer（1999）、Duffie（2001）、Miranda 和 Fackler（2002）、Adda 和 Cooper（2003）、Ljungqvist 和 Sargent（2004）。在 6.1.3 和 6.1.4 中基于模拟法计算随机递归序列的边缘和平稳密度是由 Glynn 和 Henderson（2001）提出的，关于该技术及其性质的详细分析参见 Stachurski 和 Martin（2008）。

6.2 中的单部门、无限期、随机最优增长模型本质上是 Brock 和 Mirman（1972）的模型。相关介绍可参见 Mirman 和 Zilcha（1975）、Onaldson 和 Mehra（1983）、Stokey 和 Lucas（1989）、Amir（1996）、Williams（2004）、Olsen 和 Roy（2006）。关于最优增长模型稳定性的讨论，见 12.1.3。第 12 章的评述部分包含了其他参考文献。

我们在 6.3.3 中看到，增长模型的最优政策与某些分散经济体的市场均衡相同。关于动态规划和竞争均衡之间的关系的更多讨论，见 Stokey 和 Lucas（1989）、Bewley（2007）。对这一领域的重大贡献有 Samuelson（1971）、Lucas 和 Prescott（1971）、Prescott 和 Mehra（1980）、Brock（1982）。

在标准情形的某些变化下（不完全市场、生产外部性、扭曲性税收等），均衡和最优化不再相同，研究者面临的问题是寻找均衡而不是最优策略。相关文献见 Huggett（1993）、Aiyagari（1994）、Greenwood 和 Huffman（1995）、Rios – Rull（1996）、Krusell 和 Smith（1998）、Kubler 和 Schmedders（2002）、Reffett 和 Morand（2003）、Krebs（2004）、Datta 等（2005）、Miao（2006）、Angeletos（2007）。

6.3 中所研究的商品价格模型最初是由 Samuelson（1971）提出的，他将均衡结果与动态规划问题的解联系起来。我们在 6.3.1 和 6.3.2 中的介绍借鉴了 Deaton 和 Laroque（1992），他们是首次直接通过巴拿赫不动点定理求解出均衡价格。定价泛函的迭代技术本质上等价于科尔曼算法（Coleman，1990）。有关商品定价模型的更多内容参见 Scheinkman 和 Schectman（1983）、Williams 和 Wright（1991）。

# 高级知识和技术

# 第7章　积分

测度与积分理论是现代数学的基石，尤其是我们关心的经济动态学领域。测度论既抽象又复杂，以难度大而闻名。但是，只要稍加努力并多加练习，读者就会发现测度论知识开始显得很自然，而且该理论蕴含其独特的魅力。

在学习本章之前，读者需要具备基本的实分析知识。如果读者掌握了附录A中的大部分知识和练习，应该都能完成本章的学习。

## 7.1　测度论

本节我们将简要介绍测度论。尽管我们提供了一些论证思路，但是省略了较长的证明过程。如果读者仔细阅读这一节，将对测度论是什么、为什么如此处理会有很好的直觉。

### 7.1.1　勒贝格测度

为了理解积分，我们需要了解勒贝格测度。勒贝格测度的基本问题是如何给$\mathbb{R}^k$的子集（$\mathfrak{P}(\mathbb{R}^k)$的每一个元素）赋一个实数值，以最自然的方式表示它的“尺寸”（长度、面积、体积）。[①] 对于$(a, b] \subset \mathbb{R}^1$这样的集合，毫无争议，长度是$b-a$。事实上，对于一个矩体，比如$(\times_{i=1}^{k}(a_i, b_i] = \{x \in \mathbb{R}^k: a_i < x_i \leq b_i, i=1, 2, \cdots, k\}$，这一集合的测度是边长的乘积$\prod_{i=1}^{k}(b_i - a_i)$。然而对

① 记得$\mathfrak{P}(A)$表示集合$A$的所有子集的集合。

于任意集合呢？比如，作为$\mathbb{R}$ 的子集时，有理数集$\mathbb{Q}$ 多大？那无理数集呢？

一种自然的方法是尝试将尺寸的概念从我们知道如何测度的集合推广到我们不知道如何测度的集合。首先，令 $\mathcal{J}$ 表示$\mathbb{R}^k$上所有左开右闭矩体的集合：

$\mathcal{J}:=\{\times_{i=1}^{k}(a_i,\ b_i]\in\mathfrak{P}(\mathbb{R}^k):\ a_i,\ b_i\in\mathbb{R},\ a_i\leqslant b_i\}$

这里对某些 $i$，我们允许$a_i=b_i$，这种情形下矩体 $\times_{i=1}^{k}(a_i,\ b_i]$是空集。（为什么？）现在令 $\ell$ 为映射：

$$\ell:\mathcal{J}\ni I=\times_{i=1}^{k}(a_i,b_i]\mapsto\ell(I):=\prod_{i=1}^{k}(b_i-a_i)\in\mathbb{R}_+ \qquad (7-1)$$

赋予每个矩体自然测度“体积”，其中 $\ell$（$\varnothing$）$:=0$，即空集的测度为0（见图7－1）。我们要将 $\ell$ 的定义域推广到 $\mathfrak{P}$（$\mathbb{R}^k$），用 $\lambda$ 表示 $\ell$ 到 $\mathfrak{P}$（$\mathbb{R}^k$）的扩张。

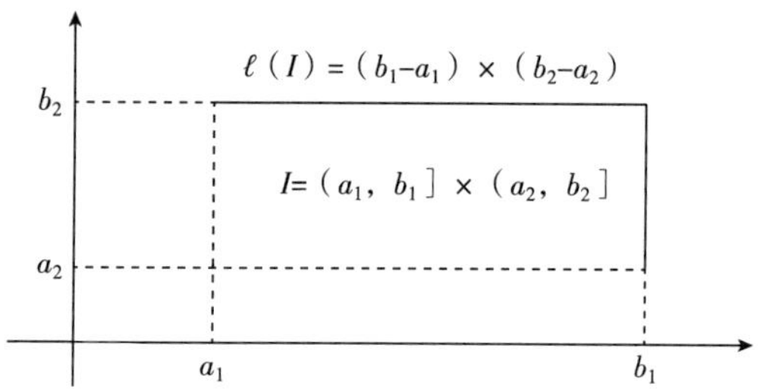


**图 7－1　矩形 $I\subset\mathbb{R}^2$的测度**

我们必须解决的首要问题是，可能存在许多的扩张。比如对任意的 $A\notin J$，$\lambda$（$A$）$=42$ 可能是 $\ell$ 的一个扩张，虽然不太合理，但我们怎么知道一个给定的扩张是否正确？

解决办法是根据我们的直觉进行交叉检验。我们的直觉告诉我们尺寸（广义“体积”）应该是非负的。我们的推广 $\lambda$ 总是给出非负的值吗？此外，$\lambda$ 应遵守基本运算原则，即至少作为测度时，整体是其各部分的总和。比如，若$\mathbb{R}^k=\mathbb{R}$，$A:=(a,\ b]\cup(c,\ d]$，当$b\leqslant c$时，则我们必有$\lambda(A)=b-a+d-c$。更一般地，若$A$和$B$不相交，根据我们对长度和面积的基本直觉，可以预料到$\lambda(A\cup B)=\lambda(A)+\lambda(B)$。这一性质称为可加性。除非它成立，否则我们不会满意关于 $\lambda$ 的定义。

考虑到这一点，让我们继续尝试把 $\lambda$ 扩张到 $\mathfrak{P}$（$\mathbb{R}^k$）。给定任意的 $A\in\mathfrak{P}$（$\mathbb{R}^k$），令$C_A$表示 $A$ 的所有可数的开覆盖的集合族，即：

$C_A:=\{(I_n)_{n\geqslant1}\subset\mathcal{J}:\ \cup_n \mathrm{I}_n\supset \mathrm{A}\}$

图7-2给出了由 $\mathcal{J}$ 元素对 $A$ 的（必然是有限的）开覆盖。现在我们定义：

$$\lambda(A) := \inf\{\sum_{n\geq 1}\ell(I_n):(I_n)_{n\geq 1}\in C_A\},(A\in\mathfrak{P}(\mathbb{R}^k)) \tag{7-2}$$

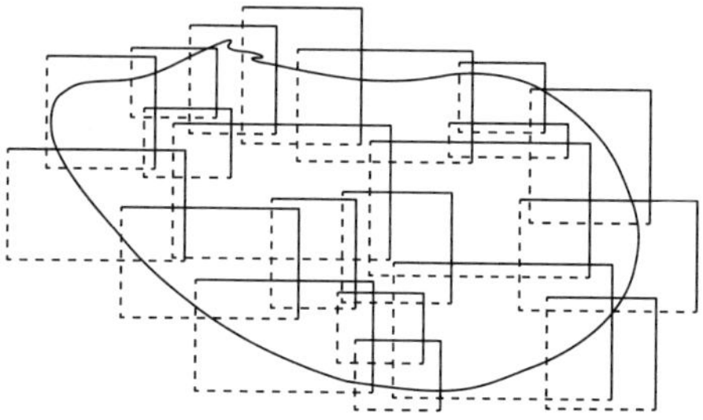

**图7-2 $\mathcal{J}$ 元素对 $A$ 的开覆盖**

因此，我们通过用已知如何测度的集合来覆盖任意集合 $A$，并取所有这些覆盖所产生的测度和的下确界，来近似我们的任意集合 $A$。① 集合函数 $\lambda$ 称为勒贝格外测度（Lebesgue Outer Measure）。如果对所有的 $(I_n)_{n\geq 1}\in C_A$ 有 $\sum_{n\geq 1}\ell(I_n)=\infty$，则我们令 $\lambda(A)=\infty$。

**习题7.1.1** （单调性）证明：如果 $A\subset B$，则 $\lambda(A)\leqslant\lambda(B)$。②

**习题7.1.2** （次可加性，Sub-Additivity）证明：若 $A$ 和 $B$ 是 $\mathbb{R}^k$ 的任意两个子集，则 $\lambda(A\cup B)\leqslant\lambda(A)+\lambda(B)$。③

**习题7.1.3** 次可加性推广到可数次可加性。证明：任意 $(A_n)\subset\mathfrak{P}(\mathbb{R})$，我们有 $\lambda(\cup A_n)\leqslant\sum_n A_n$。④

在我们继续之前，需要考虑勒贝格外测度是否是 $\ell$ 到 $\mathfrak{P}(\mathbb{R}^k)$ 的一个扩张，即是否是定义在 $\mathcal{J}$ 上的函数。显然，$\lambda$ 是在 $\mathfrak{P}(\mathbb{R}^k)$ 上定义良好的函数（为什么?），但它真的与 $\mathcal{J}$ 上原函数 $\ell$ 一致吗？换言之，我们需要检验 $\lambda$ 是否为矩体

---

① 这里我们利用半开的矩体，但利用其他类型的矩体（闭、开等），也能得到相同的结果。

② 提示：利用引理A.2.25。

③ 提示：取 $\varepsilon>0$，分别选择 $A$ 和 $B$ 的覆盖 $(I_n^A)_{n\geqslant 0}$，$(I_n^B)$，使 $\sum l(I_n^A)\leqslant\lambda(A)+\frac{\varepsilon}{2}$ 和 $\sum e(I_n^B)\leqslant\lambda(B)+\frac{\varepsilon}{2}$。现在考虑 $(\cup_n I_n^A)\cup(\cup_n I_n^B)$ 是 $A\cup B$ 的覆盖。

④ 提示：取 $\varepsilon>0$，对每一 $A_n$ 选择覆盖 $(I_j^n)_{j\geqslant 0}$，使 $\sum_j^l(I_j^n)\leqslant\lambda(A_n)+\epsilon 2^{-n}$。现在考虑 $\cup_n(\cup_j I_j^n)_{j\geqslant 0}$ 是 $\cup_n A_n$ 的覆盖。

赋予了“体积”。

**引理 7.1.4** 按（7-2）所定义的 $\lambda$：$\mathfrak{P}(\mathbb{R}^k) \to [0, \infty]$ 与 $\mathcal{J}$ 上 $\ell$ 一致。

虽然该结果看起来很显然，但证明还是比较繁琐的，不过可以从任何一本测度论的书本中找到该证明。

现在的任务是论证 $\lambda$ 是否符合我们在上面讨论的直觉（非负性、可加性等）。非负性是显然的，但是对于可加性，我们遇到的困难是可加性不满足。1905 年，维塔利（Vitali）成功地构造了集合 $A$，$B \in \mathfrak{P}(\mathbb{R}^k)$，这两个集合是如此讨厌且麻烦，以至于 $\lambda(A) + \lambda(B) > \lambda(A \cup B)$。[①]

正如之前所述，除非能保持可加性，不然我们将不会接受上述的测度扩展定义。那么放弃（7-2），但是我们也找不到能替代的方案。[②] 昂利·勒贝格（Henri Lebesgue）的解决方法是利用限制集合函数 $\lambda$ 的定义域，来排除那些导致可加性不成立的讨厌集合。该方法是成功的，因为在排除过程后留在定义域中的集合就是我们在日常分析中需要的所有集合。

现代文献最常用的限制方法是由希腊数学家康斯坦丁·卡拉西奥多里（Constantin Caratheodory）提出的。他认为，对所有的 $B \in P(\mathbb{R}^k)$，集合类 $A \in P(\mathbb{R}^k)$ 满足：

$$\lambda(B) = \lambda(B \cap A) + \lambda(B \cap A^c) \tag{7-3}$$

这个集合用 $\mathscr{L}$ 表示的，称为勒贝格可测集。限制在 $\mathscr{L}$ 的 $\lambda$ 测度，称为勒贝格测度。

**习题 7.1.5** 证明：$\mathbb{R}^k \in \mathscr{L}$ 和 $\varnothing \in \mathscr{L}$。利用单调性和次可加性，证明若 $N \in \mathbb{R}^k$ 和 $\lambda(N) = 0$，则 $N \in \mathscr{L}$。

我们的第一个重要发现是勒贝格测度在 $\mathscr{L}$ 上满足可加性。实际上，测度论的一个核心事实是，限制在 $\mathscr{L}$ 上的 $\lambda$ 不仅满足可加性，而且满足可数可加性（如下面定义）。尝试证明 $\lambda$ 与极限运算有很好的交互操作是很重要的。同样重要的是，$\mathscr{L}$ 非常大，包含了开集、闭集、可数集等。[③]

让我们在不给出证明的情况下阐述 $\mathscr{L}$ 上 $\lambda$ 的可数可加性。

**定理 7.1.6** （可数可加性）如果 $(A_n)_{n \geq 1}$ 是 $\mathscr{L}$ 中不相交的序列，且对于

---

① 它的构造使用了可怕的选择公理。

② 我们可以尝试从内部近似集合（内测度而非外测度），但这样做也不太方便，结果也出现相同的问题（不满足可加性）。

③ 可数（和不可数）集的定义见第 322 页。

$i \neq j$，$A_i \cap A_j = \varnothing$，则 $\lambda(\cup_n A_n) = \sum_{n \geq 1} \lambda(A_n)$。①

**习题 7.1.7** 证明：可数可加性意味着（有限）可加性。②

**习题 7.1.8** 证明：对任意 $A$，$B \in \mathscr{L}$ 满足 $A \subset B$ 和 $\lambda(B) < \infty$，有 $\lambda(B \setminus A) = \lambda(B) - \lambda(A)$。

进一步了解 $\lambda$ 的性质，考虑以下练习：因为 $\mathscr{L}$ 包含所有闭集，所以可知对所有 $x \in \mathbb{R}^k$，有 $\{x\} \in \mathscr{L}$。让我们证明对任意 $x \in \mathbb{R}$，$\lambda(\{x\}) = 0$。足以证明：对任意 $\epsilon > 0$，可以找到包含 $x$ 的序列 $(I_n)_{n \geq 1} \subset \mathcal{J}$，满足 $\sum_{n \geq 1} \ell(I_n) \leq \epsilon$（为什么?）。因为选择这样一个 $\varepsilon$，并取一个覆盖 $(I_n)_{n \geq 1}$，使第一个矩体 $I_1$ 满足 $I_1 \ni x$ 且 $\ell(I_1) \leq \varepsilon$，而对于 $n \geq 2$，$I_n = \varnothing$，则有 $\sum_{n \geq 1} \ell(I_n) \leq \varepsilon$。

**习题 7.1.9** 证明：$\lambda(\mathbb{R}^k) = \infty$。③

**习题 7.1.10** 利用可数可加性和单点集 $\{x\}$ 零测度的事实，证明可数集的测度为0。④

你或许想知道是否存在零测度的不可数集。答案是存在的。可以在任意一本关于测度论的书中找到，一个经常被引用的例子是康托集。

### 7.1.2 可测空间

我们在前面提到，勒贝格可测集 $\mathscr{L}$ 中的集合包含了我们在分析中经常处理的集合。此外，它还具有良好的“代数”性质。特别地，它是一个 $\sigma$ - 代数。

**定义 7.1.11** 令 $S$ 为任意非空集合，集族 $\mathscr{S} \subset \mathfrak{P}(S)$ 称为 $\sigma$ - 代数，如果：

（1）$S \in \mathscr{S}$；

（2）$A \in \mathscr{S}$ 意味着 $A^c \in \mathscr{S}$；

（3）对所有的 $n$，如果 $(A_n)_{n \geq 1}$ 是一个序列，且 $A_n$ 在 $\mathscr{S}$ 中，则 $\cup_n A_n \in \mathscr{S}$。

称 $(S, \mathscr{S})$ 为可测空间，$\mathscr{S}$ 中的元素称为可测集。第（2）和第（3）个定

---

① 这里 $+\infty$ 是允许的。同样，一些读者可能担心对任意序列 $(A_n)_{n \geq 1} \subset \mathscr{L}$ 的并 $\cup_n A_n$ 可能不在 $\mathscr{L}$ 中，这样就不能定义 $\lambda(\cup_n A_n)$。实际上，下文中我们会见到这个并总是在 $\mathscr{L}$ 中。

② 提示：我们必须证明 $\lambda(\cup_{n=1}^N A_n) = \sum_{n=1}^N \lambda(A_n)$，对不相交集合 $(A_n)_{n=1}^N \subset \mathscr{L}$ 的任意有限集合族。试着思考可数序列 $(B_n)_{n \geq 1}$，其中，当 $n \leq N$ 时，$B_n = A_n$，当 $n > N$ 时，$B_n = \varnothing$。

③ 提示：利用引理 7.1.4 和单调性（习题 7.1.1），证明 $\lambda(\mathbb{R}^k)$ 比任何实数都大。

④ 这意味着实数 $\mathbb{R}$ 中我们一定有 $\lambda(\mathbb{Q}) = 0$。根据可加性，则 $\lambda(\mathbb{R}) = \lambda(\mathbb{Q}^c)$。在这个意义上说，无理数比有理数多得多。

义通常表示为集族$\mathscr{S}$在互补或可数并不是闭的或稳定的。在这个意义下，这些运算不会把我们带到$\mathscr{S}$之外。根据 De Morgan 定律$(\cap_n A_n)^c = \cup_n A_n^c$，我们看到在可数交下$\mathscr{S}$也是稳定的（封闭的）。（为什么？）还要注意$\varnothing \in \mathscr{S}$。

$S$上$\sigma$－代数的一个例子是$\mathfrak{P}$（$S$）。这对每一个集合$S$是正确的。一方面，如果$A \in \mathfrak{P}$（$S$），则根据定义$A^c := \{x \in S: x \notin A\}$也是$S$的一个子集。另一方面，$\mathbb{R}$上开子集的集合$\mathscr{O}$不是$\sigma$－代数，因为它在取补集时是不稳定的。

顺便说一下，$\sigma$－代数的概念在测度论中起着重要的作用，并且这些集族在外人看来有时显得很抽象，但$\sigma$－代数的使用并不像表面上看起来那么神秘。当使用$\sigma$－代数时，我们知道如果从一些可测集开始，取并、取补、取交等，所创建的新集合仍然是可测的。根据定义，$\sigma$－代数在熟悉的集合运算下是稳定的，因此我们使用这些标准运算时，不用担心会离开安全的环境。

**习题 7.1.12** 验证：对任意集合$S$，$S$上的$\{\varnothing, S\}$是$\sigma$－代数。此外，证明在$\mathbb{R}^k$上$\mathscr{J}$不是$\sigma$－代数。

**习题 7.1.13** 如果$\{\mathscr{S}_\alpha\}_{\alpha \in \Lambda}$是$S$上任意$\sigma$－代数集族，则它们的交$\cap_\alpha \mathscr{S}_\alpha$是所有的$B \subset S$，其对每一个$\alpha \in \Lambda$，使$B \in \mathscr{S}_\alpha$。证明：在$S$上$\cap_\alpha \mathscr{S}_\alpha$本身是$\sigma$－代数。

定义一个特定的$\sigma$－代数最常用的方法是取$S$子集的集族$\mathscr{C}$，并考虑包含此合集的最小$\sigma$－代数。

**定义 7.1.14** 如果$S$是任意集合，$\mathscr{C}$是$S$子集的任意集族，则$\mathscr{C}$生成的$\sigma$－代数是$S$上最小的包含$\mathscr{C}$的$\sigma$－代数，表示为$\sigma$（$\mathscr{C}$）。更准确地说，$\sigma$（$\mathscr{C}$）是$S$上包含$\mathscr{C}$的所有$\sigma$－代数的交。一般地，如果$\sigma$（$\mathscr{C}$）$=\mathscr{T}$，则$\mathscr{C}$称为$\mathscr{T}$的生成类。

**习题 7.1.15** 证明如果$\mathscr{C}$是$\sigma$－代数，则$\sigma$（$\mathscr{C}$）$=\mathscr{C}$，如果$\mathscr{C}$和$\mathscr{D}$是两个集族且满足$\mathscr{C} \subset \mathscr{D}$，则$\sigma$（$\mathscr{C}$）$\subset \sigma$（$\mathscr{D}$）。

现在让我们回到勒贝格可测集。如上所述，可以证明$\mathscr{L}$是一个$\sigma$－代数，它包含了我们日常分析所需的所有集合。[①] 实际上，$\mathscr{L}$包含了比我们实际需求更多的集合，且不易抽象到更一般的空间。因此，我们总是使用称为博雷尔集的更小定义域，表示为$\mathscr{B}$（$\mathbb{R}^k$）。集族$\mathscr{B}$（$\mathbb{R}^k$）只是由$\mathbb{R}^k$的开子集生成的$\sigma$－

① 为证明$\mathscr{L}$是一个$\sigma$－代数，定义（7－3）易于验证$\mathbb{R} \in \mathbf{L}$，以及$A \in L$意味着$A^c \in \mathscr{L}$。可数并下$\mathscr{L}$稳定性的证明相对困难，因此证明省略。

代数。①

**定义 7.1.16** 令 $S$ 为任意测度空间。$S$ 上的博雷尔集是集族 $\mathscr{B}(S):=\sigma(\mathscr{O})$，其中 $\mathscr{O}$ 是 $S$ 上开子集。

**习题 7.1.17** 解释为何 $\mathscr{B}(\mathbb{R}^k)$ 必须包含 $S$ 的闭子集。

当 $S=\mathbb{R}^k$ 时，$\mathscr{B}(\mathbb{R}^k)$ 非常大。实际上，构造一个不在 $\mathscr{B}(\mathbb{R}^k)$ 中的 $\mathbb{R}^k$ 子集是非常困难的。此外，$\mathscr{B}(\mathbb{R}^k)$ 是 $\mathscr{L}$ 的一个子集，因此 $\lambda$ 在 $\mathscr{L}$ 上所有的良好性质在 $\mathscr{B}(\mathbb{R}^k)$ 上也成立。特别地，$\lambda$ 在 $\mathscr{B}(\mathbb{R}^k)$ 上可数可加。

**习题 7.1.18** 证明：$\mathbb{Q}\in\mathbb{B}(\mathbb{R})$。②

下面的定理表明了为什么在分析中博雷尔集是如此自然和重要。

**定理 7.1.19** 令 $\mathscr{O}$、$\mathscr{C}$ 和 $\mathscr{K}$ 分别是 $\mathbb{R}^k$ 中的开集、闭集和紧集，我们有：

$$\mathscr{B}(\mathbb{R}^k):=\sigma(\mathscr{O})=\sigma(\mathscr{C})=\sigma(\mathscr{K})=\sigma(\mathscr{J})$$

我们仅证明：$\mathscr{B}(\mathbb{R}^k)=\sigma(\mathscr{K})$。为证明 $\mathscr{B}(\mathbb{R}^k)\supset\sigma(\mathscr{K})$，只需证明 $\mathscr{B}(\mathbb{R}^k)$ 是一个包含所有闭子集的 $\sigma$－代数，从而包含所有紧集。(为什么?)在这种情况下，它也包含 $\sigma(\mathscr{K})$。(为什么?)为证明 $\mathscr{B}(\mathbb{R}^k)\subset\sigma(\mathscr{K})$，只需证明 $\sigma(\mathscr{K})$ 包含 $\mathscr{C}$。(为什么?)为了证明 $\sigma(\mathscr{K})$ 包含 $\mathscr{C}$，任取 $C\in\mathscr{C}$，并令 $D_n:=\{x\in\mathbb{R}^k:|x|\leqslant n\}$。注意对每一个 $n\in\mathbb{N}$，有 $C_n:=C\cap D_n\in\mathscr{K}$(为什么?)，以及 $C=\cup_n C_n$。因为对所有的 $n$，$C_n\in\mathscr{K}$，我们有 $C=\cup_n C_n\in\sigma(\mathscr{K})$。

**习题 7.1.20** 令 $\mathscr{A}$ 为所有开区间 $(a,b)\in\mathbb{R}$ 的集合，证明 $\sigma(\mathscr{A})=\mathscr{B}(\mathbb{R})$。③

### 7.1.3 广义测度和概率

测度论构成了现代概率论的基础。在我们认真研究这个问题之前，思考一下为什么推广一般化测度概念可能是有收获的。首先，想象一个空间 $S$，读者可以把它想象成平面 $\mathbb{R}^2$ 的一个子集。就像一张地球在夜间时的卫星照片，太空中散布着许多微小的发光粒子。如果我们取空间 $S$ 中 $E$ 区域，读者可能会问，$E$ 中包含了多少这样的粒子，或者 $E$ 中的粒子占总数量的比重是多少?

---

① 虽然 $\mathbb{R}^k$ 的开集定义是基于欧氏距离 $d_2$ 的，但是因为基于任意 $\mathbb{R}^k$ 上范数所对应的距离都可以获得相同的开集定义（定理 3.2.30），因此基于任意 $\mathbb{R}^k$ 上范数所对应的距离所获得的博雷尔集合均相同。

② 提示：单点集是闭集，$\mathbb{Q}=$ 单点集的可数并。

③ 读者应该能够证明 $\sigma(\mathscr{A})\subset\sigma(\mathscr{O})$。证明 $\sigma(\mathscr{O})\subset\sigma(\mathscr{A})$，只需证明 $\sigma(\mathscr{A})$ 包含开集(为什么?)。为证明此，需要用到这一事实：$\mathbb{R}$ 中任一开子集都可表示为开区间的可数并。

令$\mu$是$\mathscr{B}(S)$上的集合函数，$\mu(E)$表示$E$中粒子数所占比重。显然，$\mu$是非负、单调的（$E \subset F$意味着$\mu(E) \leqslant \mu(F)$），以及具有可加性（$E$，$F$非交，意味着$\mu(E \cup F) = \mu(E) + \mu(F)$），这正与勒贝格测度$\lambda$一致。所以也许$\mu$也是某种测度，并且通过类似的方法可以给出一个合适的测度。

这些思考促使我们用抽象的定义来一般化勒贝格测度的概念。就像在数学中的解决问题一样，用一种聪明的方法，即用抽象可以避免重复陈述，就可产生新的见解。

**定义 7.1.21** 令$(S, \mathscr{S})$为一可测空间。$(S, \mathscr{S})$上的测度$\mu$是$\mathscr{S}$到$[0, \infty]$的函数，满足：

(1) $\mu(\varnothing) = 0$；

(2) $\mu$是可数可加的：如果$(A_n) \subset \mathscr{S}$互不相交，则有$\mu(\cup_n A_n) = \sum_n \mu(A_n)$。

三元组$(S, \mathscr{S}, \mu)$称为测度空间。

**习题 7.1.22** 证明：如果存在$A \in \mathscr{S}$满足$\mu(A) < \infty$，则（2）意味着（1）。[①]

**习题 7.1.23** 证明：（2）意味着单调性：如果$E$，$F \in \mathscr{S}$且$E \subset F$，则$\mu(E) \leqslant \mu(F)$。

**习题 7.1.24** 证明$S$上测度$\mu$总是次可加的：如果$A$和$B$是$\mathscr{S}$中的任意元素（不相交或其他），则$\mu(A \cup B) \leqslant \mu(A) + \mu(B)$。

令$(A_n)_{n \geqslant 1} \subset \mathscr{S}$有这样的性质：对所有$n \in \mathbb{N}$有$A_{n+1} \subset A_n$，以及$A := \cap_n A_n$，我们称序列$(A_n)_{n \geqslant 1}$递减到$A$，记为$A_n \downarrow A$。相反地，如果$A_{n+1} \supset A_n$，对所有$n \in \mathbb{N}$，$A := \cup_n A_n$，则我们称序列$(A_n)_{n \geqslant 1}$递增到$A$，记为$A_n \uparrow A$。对这些单调的集合序列，$(S, \mathscr{S})$上任意测度$\mu$都有某种连续性性质，具体见以下习题。

**习题 7.1.25** 令$(A_n)_{n \geqslant 1}$是$\mathscr{S}$中的序列，证明：

（1）如果$A_n \uparrow A$，则$\mu(A_n) \uparrow \mu(A)$；[②]

（2）如果$\mu(A_1) < \infty$和$A_n \downarrow A$，则$\mu(A_n) \downarrow \mu(A)$。[③]

**例 7.1.26** 考虑由自然数$\mathbb{N}$及其所有子集的集合构成的可测空间$(\mathbb{N}, \mathscr{B}(\mathbb{N}))$，在这个可测空间上，定义计数测度$c$，$c(B)$表示$B$中元素的个数，

---

① 从这个意义上说，a. 只是为了排除琐碎的情形，b. 是真正感兴趣的条件。

② 提示：假设$B_1 = A_1$，$B_n = A_n / A_{n-1}$（$n \geqslant 2$）。证明$(B_n)$是互不相交的，且$\cup_{n=1}^{k} B_n = A_k$，$\cup_{n=1} B_n = A$，利用可数可加性即可得到结论。

③ 提示：利用习题中的第（1）部分的结论。

或若 $B$ 为无限，则 $c(B)$ 为 $+\infty$。略加思考，你就能理解，$c$ 是 $(\mathbb{N}, \mathcal{B}(\mathbb{N}))$ 上的测度。[1]

**习题 7.1.27** 令 $(a_n) \subset \mathbb{R}_+$，$\mu$ 在 $(\mathbb{N}, \mathcal{B}(\mathbb{N}))$ 上定义为 $\mu(A) = \sum_{n \in A} a_n$。证明 $\mu$ 是 $(\mathbb{N}, \mathfrak{P}(\mathbb{N}))$ 上的测度。

现在我们把它专门化为概率测度，这是继勒贝格测度之后，对我们来说最重要的一种测度。下面，$(S, \mathscr{S})$ 是任何可测空间。

**定义 7.1.28** 概率测度 $\mu$ 是定义在 $(S, \mathscr{S})$ 上的测度，且满足 $\mu(S)=1$。三元组 $(S, \mathscr{S}, \mu)$ 称为概率空间。$(S, \mathscr{S})$ 上所有概率测度构成的集合记为 $\mathscr{P}(S, \mathscr{S})$。当 $S$ 为一个度量空间时，$\mathscr{P}(S, \mathscr{B}(S))$ 中的元素称为博雷尔概率测度。我们把 $\mathscr{P}(S, \mathscr{B}(S))$ 记作 $\mathscr{P}(S)$。

在概率论背景下，$\mathscr{S}$ 中的集合 $E$ 通常被称为一个事件，$\mu(E)$ 被解释为当不确定性实现时事件 $E$ 发生的概率。非正式地，$\mu(E)$ 表示在集合 $S$ 中按 $\mu$ 抽取 $x \in E$ 的概率。空集 $\varnothing$ 称为不可能事件，$S$ 称为必然事件。

在 $\sigma$ - 代数上定义 $\mu$ 有很好的概率直觉。例如，不可能事件和必然事件总是在 $\mathscr{S}$ 中。同时，我们希望当 $E$ 在 $\mathscr{S}$ 中时，则 $E^c$ 也在 $\mathscr{S}$ 中，如果定义了 $E$ 发生的概率，同样需要定义 $E$ 不发生的概率。如果 $E$ 和 $F$ 在 $\mathscr{S}$ 中，我们希望 $E \cap F \in \mathscr{S}$，所以我们可以讨论 $E$ 和 $F$ 发生的概率等。这些性质由 $\sigma$ - 代数的定义所保证。

给定可测空间 $(S, \mathscr{S})$ 和 $x \in S$，狄拉克概率测度（Diracprobability measure）$\delta_x \in \mathscr{P}(S, \mathscr{S})$ 是指把所有质量都放在 $x$ 上的分布。正式地，对所有 $A \in \mathscr{S}$，$\delta_x(A) = \mathbb{1}_A(x)$。

**习题 7.1.29** 验证 $\delta_x$ 是 $(S, \mathscr{S})$ 上的概率测度。

### 7.1.4 测度的存在性

假设我们在时间零时刻释放大量相同的微小粒子到水里，并定义位置为零，然后在时间 $t$ 测度粒子位置与原点的水平距离。正如爱因斯坦所指出的，水分子对粒子的独立作用和中心极限定理告诉我们，至少在这个理想的情况下，并且对于 $E=(a, b] \in \mathcal{J}$，$E$ 中包含总点数（Total Points）的比重现在应该近似为：

$$\mu(E) = \mu((a,b]) = \int_a^b \frac{1}{\sqrt{2\pi t}} \exp \frac{-x^2}{2t} \mathrm{d}x \tag{7-4}$$

---

① 当我们谈到积分时，实数序列将被表示为计数测度的积分。将求和重新打包为积分听起来可能不是很有用，但实际上通过把无限和变为极限，它会导致一组方便结果。

我们可以认为，$\mu(E)$ 是在时刻 $t$ 单个粒子发现自己在 $E$ 中的概率。

在（7-4）中，我们有一种计算区间 $(a,b]\in\mathcal{J}$ 概率的方法，但没有有效的测度更复杂事件概率的方法。例如，$\mathbb{Q}$ 是有理数，什么是 $\mu(\mathbb{Q})$？测度区间是简单的，但肯定会有一些时候，我们希望将概率赋予更复杂的集合。事实上，我们需要这样做，目的是发展一个合理的积分理论。

如何把 $\mu$ 从 $\mathcal{J}$ 扩张到更大类的 $\mathbb{R}$ 的子集？根据勒贝格测度的过程，我们可以给任意的集合 $A$ 赋予概率测度：

$$\mu^*(A):=\inf\sum_{n\geqslant 1}\mu(I_n)=\inf\sum_{n\geqslant 1}\int_{a_n}^{b_n}\frac{1}{\sqrt{2\pi t}}\exp\frac{-x^2}{2t}dx,(A\subset\mathbb{R}) \tag{7-5}$$

其中，在所有可数覆盖区间 $(I_n)_{n\geqslant 1}$ 上取下确界，对于每个 $n$ 有 $I_n:=(a_n,b_n]\in\mathscr{J}$，并且序列覆盖 $A$（即 $\cup_n I_n\supset A$）。如果：①在 $\mathscr{J}$ 上与 $\mu$ 一致；②它是测度，至少当限定到 $\mathfrak{P}(\mathbb{R})$ 一个良好子集族，如 $\mathscr{B}(\mathbb{R})$，该扩张是合适的。测度意味着有吸引人的性质，如非负性、单调性和可加性。①

先不直接处理 $\mu$，让我们在抽象的情形下看一下这个扩展过程。与所有抽象概念一样，优点是我们可以一次性涵盖很多情形，缺点是结果的表达相当有技术性。它主要是为了提供参考，而不是作为一步一步工作的材料。其思想是建立一个构造集合函数测度的系统，即在一类被称为半环（semi-rings of sets）的具体集合族上的测度（满足可数可加）。

**定义 7.1.30** 令 $S$ 是一个非空集合。子集 $\mathscr{R}$ 的非空集族称为半环，如果给定 $\mathscr{R}$ 中任意集合 $I$ 和 $J$，我们有：

（1）$\varnothing\in\mathscr{R}$；

（2）$I\cap J\in\mathscr{R}$；

（3）$I\setminus J$ 可表示为 $\mathscr{R}$ 中元素的有限并。

这个定义没有特别的吸引力，但是在这一阶段我们所需要全部知道的是 $\mathscr{J}$，$\mathbb{R}^k$ 中的半开矩体 $\times_{i=1}^{k}(a_i,b_i]$ 构成了一个半环。虽然省略了证明，但略加思考可知，当 $k=1$ 时，$\mathscr{J}$ 是半环。读者可以通过画图给出 $\mathbb{R}^2$ 情形下的证明梗概。

我们现在给出测度存在的一般性结论。令 $S$ 为非空集，$\mathscr{R}$ 是 $S$ 上的半环。如

① 对于概率，单调性应解释为：$A\subset B$ 是指每当 $A$ 发生时，$B$ 也会发生。在这种情况下，$B$ 发生的可能性应至少与 $A$ 一样大，即 $\mu^*(A)\leqslant\mu^*(B)$。从初等概率可认识加法性。例如，当读者掷骰子时得到偶数的概率，是得到 2、4 或 6 的概率之和。（注意，单调性可由非负性和可加性得到，见习题 7.1.23。）

果$\mu(\varnothing)=0$，且对任意满足$\cup_n I_n \in \mathscr{R}$的非交序列$(I_n)_{n\geq 1}\subset \mathscr{R}$，有$\mu(\cup_n I_n)=\sum_n \mu(I_n)$，称集函数$\mu$：$R\rightarrow[0, \infty]$为$\mathscr{R}$上的预测度（pre measure）。对任意$A\subset S$，令$C_A$是$\mathscr{R}$中元素构成的$A$的所有可数覆盖集，即：

$C_A:=\{(I_n)_{n\geq 1}\subset \mathscr{R}: \cup_n I_n \supset A\}$

现在定义$\mu$生成的外测度为：

$$\mu^*(A):=\inf\{\sum_{n\geq 1}\mu(I_n):(I_n)_{n\geq 1}\in C_A\},(A\in \mathfrak{P}(S)) \tag{7-6}$$

$\mu^*$对$\sigma(\mathcal{B})$的限制是一种测度，通常表示为$\mu$。正式地，

**定理7.1.31** 令$S$为任意非空集，$\mathscr{R}$为$S$上的半环。若$\mu$是$\mathscr{R}$上的预测度，则外测度（7-6）与$\mathcal{R}$上的$\mu$一致，为$(S, \sigma(\mathscr{R}))$上的测度。如果存在序列$(I_n)\subset\mathscr{R}$对所有的$n$满足$\cup_n I_n=S$和$\mu(I_n)<\infty$，则该扩张是唯一的，即如果$v$是与$\mathscr{R}$上的$\mu$一致的预测度，则其扩张与所有$\sigma(\mathscr{R})$上的$\mu$一致。

该证明与7.1.1中所构造的勒贝格测度非常相似。由（7-6）定义外测度$\mu^*$。因为$\mu^*$不一定对所有的$\mathfrak{P}(S)$中的集合是可加的（考虑勒贝格测度的情形），因此，我们将注意力限制在满足卡拉西奥多里条件的集合$\mathscr{S}$：所有的$A\in\mathfrak{P}(S)$，$B\in\mathfrak{P}(S)$满足：

$$\mu^*(B)=\mu^*(B\cap A)+\mu^*(B\cap A^c) \tag{7-7}$$

可以证明$\mathscr{S}$是包含$\mathscr{R}$的$\sigma$-代数，以及$\mu^*$是$\mathscr{S}$上的测度。显然，$\sigma(\mathscr{R})\subset\mathscr{S}$（为什么?），$\mu^*$对$\sigma(\mathscr{R})$的限制简记为$\mu$。

让我们考虑定理7.1.31的应用。第一个应用是$\mathbb{R}^k$上的勒贝格测度。我们取半环$\mathscr{J}$。可以证明由（7-1）在$\mathscr{J}$上定义的$l$是预测度。结果，$l$是唯一扩张到$\sigma(\mathscr{J})=\mathscr{B}(\mathbb{R}^k)$上的测度。这给出了$\mathscr{B}(\mathbb{R}^k)$上的勒贝格测度。

第二个应用是$\mathbb{R}$的概率，比如(7-4)所定义的高斯概率。回顾一下，如果$F$：$\mathbb{R}\rightarrow\mathbb{R}$是非负、递增、右连续且满足$\lim\limits_{x\rightarrow-\infty}F(x)=0$和$\lim\limits_{x\rightarrow\infty}F(x)=1$，则称其为$\mathbb{R}$上的累积分布函数。我们认为$F(x)$表示随机变量$X$在$(-\infty, x]$取值的概率。更一般地，关于区间$(a, b]$，$X\in(a, b]$的概率是$F(b)-F(a)$。

给任意分布函数$F$，令$\mathscr{J}$为所有区间$(a, b]$的半环，其中$a\leqslant b$。虽然该证明并不显而易见，但是读者可以使用$F$的如下性质证明：由$\mu_F((a, b])=F(b)-F(a)$定义的$\mu_F$：$\mathscr{J}\rightarrow\mathbb{R}_+$是$\mathscr{J}$上的预测度。显然，对所有的$n$，存在序列$(I_n)\subset\mathscr{J}$满足$\cup_n I_n=\mathbb{R}$和$\mu_F(I_n)<\infty$。结果是，$\mu_F$在$\sigma(\mathscr{J})=\mathscr{B}(\mathbb{R})$上有唯一扩张的测度，使对所有的$A\in\mathscr{B}(\mathbb{R})$有$\mu_F(A):=\inf\sum_{n\geq 1}(F(b_n)-F(a_n))$。下确界

在所有区间$(I_n)$序列上取得，区间$(I_n)$满足：对每一个$n$，$I_n:=(a_n, b_n]\in\mathscr{J}$，以及$\cup_n I_n\supset A$。

因此，$\mathbb{R}$上每个累积分布函数对应唯一的博雷尔概率测度。相反，假设$\mu\in\mathscr{P}(\mathbb{R})$，对$x\in\mathbb{R}$，令$F$由$F(x)=\mu((-\infty, x])$定义。

**习题 7.1.32** 证明$F$是$\mathbb{R}$上的累积分布函数。

把这些放在一起，补充一些细节，就可以证明：

**定理 7.1.33** $\mathbb{R}$上所有分布函数的集族与$\mathbb{R}$上所有博雷尔概率测度的集族$\mathscr{P}(\mathbb{R})$之间存在一一配对。如果$F$是分布函数，则对应博雷尔概率$\mu_F$满足：

$$\mu_F((-\infty, x])=F(x)\quad(x\in\mathbb{R})$$

让我们回头看看我们完成了什么。主要结论是定理7.1.31，帮助我们构建测度。为理解其重要性，假设我们提出一个可能的测度，比如（7-4）。要确认这确实是博雷尔集上的一个测度是一个很难的问题。因为不知道，一个任意的博雷尔集是什么样子的。但是更容易证明$\mu((a, b])=\int_a^b(2\pi t)^{-1/2}e^{-x^2/2t}\mathrm{d}x$是区间$(a, b]$的良好半环上的预测度。一旦完成这项工作，就可以应用定理7.1.31。

## 7.2 积分的定义

初等微积分课程使用黎曼定义的积分。由于其构造，黎曼积分在其定义域和处理极限参数的能力方面都受到限制。我们希望构造一个积分，把黎曼积分推广到更广的定义域，并拥有良好的分析性质。考虑到这个目标，让我们开始发展一个不同的积分理论（勒贝格理论），从$\mathbb{R}$到$\mathbb{R}$的函数的例子开始，一直到更抽象的情形。

### 7.2.1 简单函数求积

让我们从最简单情况开始。简单函数是只取有限多的不同值的任意实值函数。考虑一个简单函数$s$：$\mathbb{R}\to\mathbb{R}$，在$\mathscr{J}$上对应的非交区间$I_1$，…，$I_N$上分别取值$\alpha_1$，…，$\alpha_N$。利用区间不相交的假设，函数$s$可以表示为指示函数的线性组合：

$s=\sum_{n=1}^{N}\alpha_n \mathbb{1}_{I_n}$。① 花点时间即可理解。

因为我们构造的积分是黎曼积分的一个推广，以及 $s$ 的黎曼积分是良好定义并等于$\alpha_n$和其长度$I_n$的乘积关于 $n$ 的求和，所以勒贝格积分一定也是：

$$\lambda(s):=:\int s\mathrm{d}\lambda:=\sum_{n=1}^{N}\alpha_n(b_n-a_n)=\sum_{n=1}^{N}\alpha_n\lambda(I_n) \tag{7-8}$$

其中，右边的 $\lambda$ 是勒贝格测度。

符号 $\int s\mathrm{d}\lambda$ 使人回忆起传统符号$\int s(x)\mathrm{d}x$。使用 $\mathrm{d}\lambda$ 提醒我们关于勒贝格测度正进行积分，后面定义更广义的积分。函数 $s$ 关于测度 $\lambda$ 积分的另一种表达 $\lambda$（$s$）也是常见的。它提醒我们，我们正在定义函数到数值的映射。

需要一点努力把我们的理论从$\mathbb{R}$ 推广到$\mathbb{R}^k$。对由 $s=\sum_{n=1}^{N}\alpha_n \mathbb{1}_{I_n}$ 定义的函数 $s$：$\mathbb{R}^k\rightarrow\mathbb{R}$，其中每一个$I_n=\times_{i=1}^{k}$（$a_i$，$b_i$］是 $\mathscr{J}\subset\mathscr{P}$（$\mathbb{R}^k$）的元素以及矩体是非交的，我们设定：

$$\lambda(s):=:\int s\mathrm{d}\lambda:=\sum_{n=1}^{N}\alpha_n\lambda(I_n) \tag{7-9}$$

这里右边的 $\lambda$ 是$\mathbb{R}^k$上的勒贝格测度。图7－3 给出了$\mathbb{R}^2$上这样一个函数的示例。

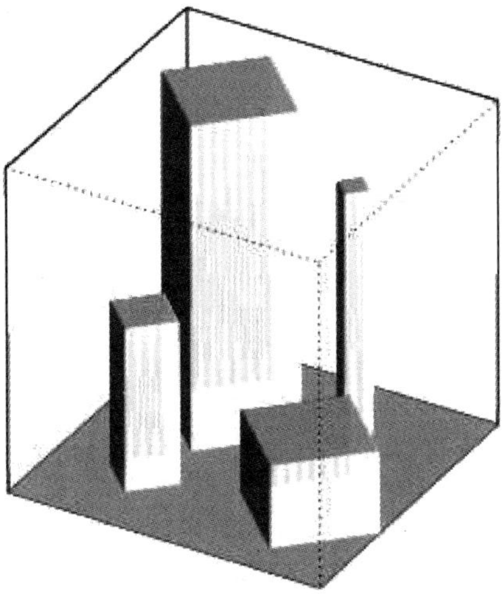

**图7－3　平面上的一个简单函数**

① 换言之，对每一个 $x\in\mathbf{R}$，$S(x)=\sum_{n=1}^{N}\alpha_n\mathbf{1}_{I_n}(x)$，其中如果 $x\in I_n$，$\mathbf{1}_{I_n}(x)=1$，则其他等于0。

已经定义了矩体上为常数的简单函数的积分，下一步是把定义推广到 $\mathscr{B}(\mathbb{R}^k)$ - 的简单函数 $s\mathscr{B}(\mathbb{R}^k)$，但每一个是在博雷尔集而非只是矩形上取有限多的值。更简洁地，$s\mathscr{B}(\mathbb{R}^k)$ 是 $\sum_{n=1}^{N}\alpha_n \mathbb{1}_{B_n}$ 形式的所有函数，其中 $B_n$ 为非交博雷尔集。现在让我们考虑一下非负简单函数（对所有的 $n$，$\alpha_n \geqslant 0$），集合表示为 $s\mathscr{B}(\mathbb{R}^k)^+$。积分（7-9）可自然推广到 $s\mathscr{B}(\mathbb{R}^k)^+$：

$$\lambda(s) :=: \int s \mathrm{d}\lambda := \sum_{n=1}^{N} \alpha_n \lambda(B_n) \tag{7-10}$$

这已经是黎曼积分的一般化。例如，黎曼积分未定义 $\mathbb{1}_{\mathbb{Q}}$，其为 $s\mathscr{B}(\mathbb{R}^k)^+$ 的元素。也要注意 $\lambda(s)=\infty$ 是可能的，我们没有排除这种情况。

**习题 7.2.1** 解释 $\mathbb{1}_{\mathbb{Q}}$ 的积分为什么是 0。

目前我们已经定义了在 $\mathbb{R}^k$ 上的函数（有限值域）关于勒贝格测度的积分。接下来，正如我们将勒贝格测度抽象为任意测度一样，让我们使用一般测度来介绍简单函数的积分。

假设我们对任意测度空间 $(S, \mathscr{S})$ 有一个测度 $\mu$。我们可以使用相同的方法定义 $(S, \mathscr{S})$ 上实值简单函数，我们以 $\mathscr{B}(\mathbb{R}^k)$ 替代 $\mathscr{S}$ 在 $\mathbb{R}^k$ 上定义博雷尔简单函数 $s\mathscr{B}(\mathbb{R}^k)$。换言之，$sS$ 是 $s=\sum_{n=1}^{N}\alpha_n \mathbb{1}_{A_n}$ 形式的函数，其中所有的 $n$，集合 $A_1, \cdots, A_N$ 非交且 $A_n \in \mathscr{S}$。集合 $sS^+$ 是 $sS$ 中的非负函数。

通过与（7-10）直接类比，$s \in s\mathscr{S}^+$ 的积分定义为：

$$\mu(s) :=: \int s \mathrm{d}\mu := \sum_{n=1}^{N} \alpha_n \mu(A_n) \tag{7-11}$$

为解释（7-11），考虑一个实验，按照概率测度 $\mathbb{P}$ 从某一集合 $\Omega$ 中选取点 $\omega$。这里 $\mathbb{P}$ 定义在 $\Omega$ 子集的某一 $\sigma$ - 代数 $\mathscr{F}$ 上，对每一个 $E \in \mathscr{F}$，$\mathbb{P}(E)$ 被解释为 $\omega \in E$ 的概率。假设我们有离散随机变量 $X$，取值 $\omega \in \Omega$，且映射到 $N$ 个值之一。具体地，$X$ 映射 $A_n \in \mathscr{F}$ 中的点到 $\alpha_n \in \mathbb{R}$，其中 $A_1, \cdots, A_N$ 是 $\Omega$ 的划分（partition）。直觉上，$X$ 的期望则为：

$$\sum_{n=1}^{N} \alpha_n \mathrm{Prob}\{X=\alpha_n\} = \sum_{n=1}^{N} \alpha_n \mathrm{Prob}\{\omega \in A_n\} = \sum_{n=1}^{N} \alpha_n \mathbb{P}(A_n)$$

把该式右边部分与(7-11)比较，显然，$X$ 的期望恰好为积分 $\mathbb{P}(X) :=: \int X \mathrm{d}\mathbb{P}$，更传统的表达是 $\mathbb{E}X$。稍后我们会再讨论期望。

回到一般的 $(S, \mathscr{S}, \mu)$，简单函数的积分有一些有用的性质。

**性质 7.2.2**　对 $s$，$s' \in s\mathscr{S}^+$ 和 $\gamma \geqslant 0$，下列性质成立：

(1) $\gamma s \in s\mathscr{S}^+$ 和 $\mu(\gamma s) = \gamma\mu(s)$。

(2) $s + s' \in s\mathscr{S}^+$ 和 $\mu(s + s') = \mu(s) + \mu(s')$。

(3) 如果 $S$ 上逐点 $s \leqslant s'$，则 $\mu(s) \leqslant \mu(s')$。

我们说在 $s\mathscr{S}^+$ 上积分 $\mu$ 是正齐次、可加和单调的。完整的证明有点乏味，不太令人感兴趣，所以我们略去。

**习题 7.2.3**　证明命题 7.2.2 的第（1）部分。在特殊情形 $s = \alpha \mathbb{1}_A$ 和 $s' = \beta \mathbb{1}_B$ 下证明第（2）和第（3）部分。

### 7.2.2　可测函数

目前，我们已经把积分推广到 $s\mathscr{S}^+$。这已经是相当一大类函数。下一步是通过一个极限运算（在分析中常见的一种定义方法）进一步扩展。为了做到这一点，我们需要定义一类函数，这些函数可以用简单函数来很好地近似。这激发了可测函数的定义：

**定义 7.2.4**　令 $(S, \mathscr{S})$ 和 $(R, \mathscr{R})$ 为两个可测空间，并令 $f$: $S \to R$。如果对所有的 $B \in \mathscr{R}$ 有 $f^{-1}(B) \in \mathscr{S}$，则称函数 $f$ 为 $\mathscr{S}$，$\mathscr{R}$ - 可测。如果 $(R, \mathscr{R}) = (\mathbb{R}, \mathscr{B}(\mathbb{R}))$，则 $f$ 称为 $\mathscr{S}$- 可测。此外，如果 $S$ 是一个度量空间且 $\mathscr{S} = \mathscr{B}(S)$，则 $f$ 称为博雷尔可测。

虽然这一定义非常简洁，但也相当抽象，可测性的含义并不是很明显。然而，我们将看到，对于我们想要的积分函数类型，函数 $f$ 的可测性等价于存在简单函数 $(s_n)_{n\geqslant 1}$ 的序列以适当的方式收敛到 $f$（参见下面的引理 7.2.11）。然后我们可以定义 $f$ 的积分为序列 $(s_n)_{n\geqslant 1}$ 积分的极限。

**习题 7.2.5**　证明：如果（$S_1$，$\mathscr{S}_1$），（$S_2$，$\mathscr{S}_2$）和（$S_3$，$\mathscr{S}_3$）为任意三个可测空间，$f$: $S_1 \to S_2$ 是 $\mathscr{S}_1$，$\mathscr{S}_2$ - 可测，以及 $g$: $S_2 \to S_3$ 是 $\mathscr{S}_2$，$\mathscr{S}_3$ - 可测，则 $h := g \circ f$: $S_1 \to S_3$ 是 $\mathscr{S}_1$，$\mathscr{S}_3$ - 可测。

测度论中符号不断堆积。下面是我们将从（$S$，$\mathscr{S}$）到 $\mathbb{R}$ 函数中使用符号的总结：

（1）$m\mathscr{S}$ 被定义为 $S$ 上的 $\mathscr{S}$- 可测函数；

（2）$m\mathscr{S}^+$ 被定义为 $m\mathscr{S}$ 中的非负函数；

（3）$b\mathscr{S}$ 被定义为 $m\mathscr{S}$ 中的有界函数。

**习题 7.2.6**　令 $S$ 为任意集合。尽管只有常数函数是 $\{S, \varnothing\}$ - 可测，论

证每一个$f$：$S\to\mathbb{R}$是$\mathfrak{P}(S)$ -可测。

**习题 7.2.7** 令$(S, \mathscr{S})$为任意可测空间。证明：$s\mathscr{S}\subset m\mathscr{S}$。

如下引理在检验可测性时非常有用。这是典型的测度论证明。

**引理 7.2.8** 令$(E, \mathscr{E})$和$(F, \mathscr{F})$是两个可测空间，并令$f$：$E\to F$。令$\mathscr{G}$为$\mathscr{F}$的生成子（generator），即$\sigma(\mathscr{G})=\mathscr{F}$。则$f$是$\mathscr{E}$，$\mathscr{F}$-可测当且仅当对所有的$B\in\mathscr{G}$有$f^{-1}(B)\in\mathscr{E}$。

证明：必要性是显然的。关于充分性，令：

$\mathscr{M}:=\{B\in\mathscr{F}: f^{-1}(B)\in\mathscr{E}\}$

读者可以验证剩余部分：$\mathscr{M}$是包含$\mathscr{G}$的$\sigma$-代数。[①] 但是$\mathscr{F}=\sigma(\mathscr{G})\subset\sigma(\mathscr{M})=\mathscr{M}$。(为什么?)因此，$\mathscr{F}\subset\mathscr{M}$，即恰为我们所想证明的。■

换句话说，要验证函数的可测性，我们只需要验证生成类上的可测性。例如，为了验证函数到$(\mathbb{R}, \mathscr{B}(\mathbb{R}))$的可测性，我们只需要检验开集的原象是可测的。(为什么?)

**习题 7.2.9** 令$S$为度量空间。证明：如果$f$：$S\to\mathbb{R}$是连续的，则它是博雷尔可测（即在$m\mathscr{B}(S)$）。[②]

实际上，读者可以证明，比如$[a, b]$满足$a\leqslant b$，$(a, \infty)$满足$a\in R$，$(-\infty, b]$满足$b\in\mathbb{R}$，都生成$\mathscr{B}(\mathbb{R})$。因此，对$f$：$S\to\mathbb{R}$在$\mathscr{S}$-可测（给定$S$上的$\sigma$-代数），只需证明比如对所有$b\in\mathbb{R}$有$\{x\in S: f(x)\leqslant b\}\in S$。要了解为什么这是有用的，请考虑如下示例：

**例 7.2.10** 令$(S, \mathscr{S})$是可测空间，并令$(f_n)\subset m\mathscr{S}$。如果$f$：$S\to\mathbb{R}$是一个函数，满足对$x\in S$有$f(x)=\sup_n f_n(x)$，则$f\in m\mathscr{S}$。因为给定任意$b\in\mathbb{R}$，我们有$\{x\in S: f(x)\leqslant b\}=\cap_n\{x\in S: f_n(x)\leqslant b\}\in\mathscr{S}$。[③]

当定义可测函数的积分时，我们的方法是用简单函数近似它们，在7.2.1中我们看到了如何积分。虽然可测性的定义是相当抽象的，但是当可以用简单函数来近似时，函数的可测性是可证明的。特别地，

**引理 7.2.11** 函数$f$：$S\to\mathbb{R}_+$是$\mathscr{S}$-可测的，当且仅当$s\mathscr{S}^+$中有一序列$(s_n)_{n\geqslant 1}$满足在$S$上逐点$s_n\uparrow f$。

根据例7.2.10，存在这样的近似序列对可测性来说是充分的。（为什么?）

---

① 提示：参见引理A.1.2。

② 提示：使用定理3.1.33。

③ 下面对集合$\{x\in S: g(x)\leqslant b\}$我们经常写为$\{g\leqslant b\}$。

在 $S=\mathbb{R}$和 $\mathscr{S}=\mathscr{B}$（$\mathbb{R}$）的情形下，让我们勾勒出必要性的证明。图 7－4 可能有助于直觉认识。在这种情况下，函数 $f$ 以 $c$ 为上界。值域空间［0，$c$］分成区间［0，$a$），［$a$，$b$）和［$b$，$c$］。使用 $f$，把定义域（$x$ 轴）分成集合 $f^{-1}$（［0，$a$）），$f^{-1}$（［$a$，$b$））和 $f^{-1}$（［$b$，$c$］）。现在我们可以定义简单函数 $s$ 为：

$$s=0\times\mathbb{1}_{f^{-1}([0,a))}+a\times\mathbb{1}_{f^{-1}([a,b))}+b\times\mathbb{1}_{f^{-1}([b,c])}$$

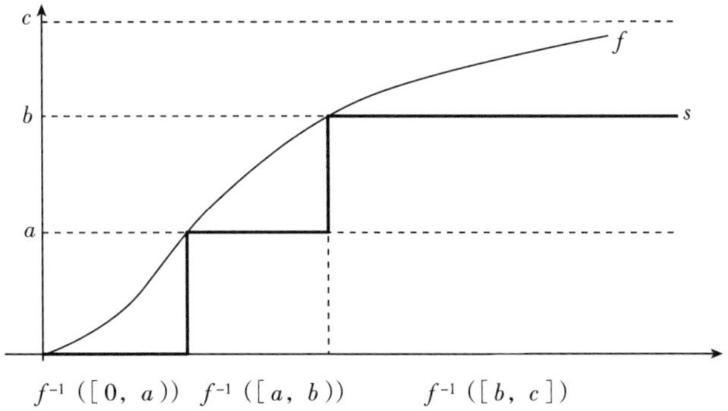


**图 7－4　可测函数**

注意，如图 7－4 所示 $s\in sB(\mathbb{R})^+$，由于 $s$ 只在有限多非交集合上取有限多的值，这些非交集合 $f^{-1}$（［0，$a$））、$f^{-1}$（［$a$，$b$））和 $f^{-1}$（［$b$，$c$］）都是区间，使它们有资格成为 $\mathscr{B}$（$\mathbb{R}$）的元素。也要注意，$s$ 位于 $f$ 下方。

通过观察图，读者可以想象，如果我们优化值域空间的划分，我们将得到另一个函数 $s'$ 控制 $s$，但它仍然位于 $f$ 下方，且再次是 $s\mathscr{B}(\mathbb{R})^+$ 中的元素。以这种方式继续下去，我们确实可以通过 $s\mathscr{B}(\mathbb{R})^+$ 元素的递增序列从下方来近似 $f$。

我们选择的函数 $f$ 有一点特别的是，它是递增的，意味着集合 $f^{-1}$（［0，$a$））、$f^{-1}$（［$a$，$b$））和 $f^{-1}$（［$b$，$c$］）都是区间，因此都为 $\mathscr{B}$（$\mathbb{R}$）的元素。如果它们不是 $\mathscr{B}$（$\mathbb{R}$）的元素，我们不能认为 $s\in s\mathscr{B}(\mathbb{R})^+$。这就需要博雷尔可测性的定义，甚至如果 $f$ 不是递增的，在引理 7.2.11 中我们要求它至少是博雷尔可测。在这种情形下，因为［$a$，$b$）是一个博雷尔集，像集合 $f^{-1}$（［$a$，$b$））总是 $\mathscr{B}$（$\mathbb{R}$）的元素，所以近似简单函数总是 $s\mathscr{B}(\mathbb{R})^+$ 的元素。

对任意（$S$，$\mathscr{S}$），$m\mathscr{S}$ 的元素很好地结合在一起，即当标准代数和极限运算应用于可测函数时，得到的新函数也是可测的：

**定理 7.2.12**　如果 $f$，$g\in m\mathscr{S}$，则对任意的 $\alpha$，$\beta\in\mathbb{R}$ 有 $\alpha f+\beta g\in m\mathscr{S}$。乘积 $fg$

也属于 $m\mathscr{S}$。如果$(f_n)_{n\geqslant 1}$是 $m\mathscr{S}$中的一个序列，满足逐点$f_n\to f$，其中如果$f$：$S\to\mathbb{R}$，则$f\in m\mathscr{S}$。如果$f\in m\mathscr{S}$，则$|f|\in m\mathscr{S}$。

**习题 7.2.13** 证明：如果$f\in m\mathscr{S}$，则$|f|\in m\mathscr{S}$。①

### 7.2.3 可测函数求积

现在我们已经准备好把积分的概念从简单函数推广到可测函数。令（$S$，$\mathscr{S}$，$\mu$）为任意可测空间，并首先考虑非负可测函数$f$：$S\to\mathbb{R}_+$（即$m\mathscr{S}^+$的一个元素）的积分。我们定义 $S$ 上 $f$ 关于 $\mu$ 的积分：

$$\mu(f):=:\int f\mathrm{d}\mu:=\lim_{n\to\infty}\mu(s_n) \tag{7-12}$$

其中$(s_n)_{n\geqslant 1}\subset s\mathscr{S}^+$满足$s_n\uparrow f$，使用引理 7.2.11，至少存在一个满足$s_n\uparrow f$的序列$(s_n)_{n\geqslant 1}\subset s\mathscr{S}^+$。注意，由于单调性，$\mu(s_n)$总是在$[0,\infty]$上收敛（见 7.2.2）。

关于符号，以下所有内容都是积分$\mu(f)$的常用替代方法：

$$\mu(f):=:\int f\mathrm{d}\mu:=:\int f(x)\mu(\mathrm{d}x)$$

在勒贝格测度情形，我们也将使用$\int f(x)\mathrm{d}x$：

$$\lambda(f):=:\int f\mathrm{d}\lambda:=:\int f(x)\lambda(\mathrm{d}x):=:\int f(x)\mathrm{d}x$$

（7-12）中我们得到的数值是否可能取决于我们选择的特定近似序列$(s_n)_{n\geqslant 1}$？答案是否定的。如果$(s_n)_{n\geqslant 1}$和$(s'_n)_{n\geqslant 1}$是 $s\mathscr{S}^+$中满足$s_n\uparrow f$和$s'_n\uparrow f$的序列，则$\mu$（$s_n$）和$\mu$（$s'_n$）总是有相同的极限。② 通过任取这些极限给定的数值，实际上等于：

$$\sup\{\mu(s):\ s\in s\mathscr{S}^+,\ 0\leqslant s\leqslant f\}\in[0,\infty] \tag{7-13}$$

**例 7.2.14** 回想一下（$\mathbb{N}$，$\mathbb{P}$（$\mathbb{N}$））上的计数测度 $c$。非负函数$f$：$\mathbb{N}\to\mathbb{R}_+$恰为非负序列，且我们通过把$f$写为（$f_n$）来强调这一点。由于$\mathbb{N}$与它的幂集（所有子集的集合）配对，因此可测性没有问题，所有这样的函数（序列）都是可测的。

---

① 提示：使用结论：如果对所有的 $b\in\mathbb{R}$，当$\{g\leqslant b\}\in S$，有 $g\in m\mathscr{S}$。

② （7-12）中的近似序列需要单调的原因是为了确保独立性成立。证明并不难，但我们还是视为给定。

如果函数（$f_n$）仅取有限多个值，则它是简单的。特别地，假设对所有的 $n \geqslant N \in \mathbb{N}$，有 $f_n = 0$。则通过简单函数上积分的定义：

$$c(f) :=: \int f \mathrm{d}c = \sum_{n=1}^{N} f_n c(n) = \sum_{n=1}^{N} f_n$$

所以 $c$ 的积分等于加总。

现在考虑一般非负序列 $f = (f_n)$ 的情形。对于收敛到 $f$ 的简单函数，我们取 $f^N := (f_n^N)$，如果 $n \leqslant N$，则它被定义成 $f_n$；如果 $n > N$，则等于 0。根据（7－12），我们有：

$$c(f) :=: \int f \mathrm{d}c = \lim_{N \to \infty} \int f^N \mathrm{d}c = \lim_{N \to \infty} \sum_{n=1}^{N} f_n$$

它是无限序列 $\sum_n f_n$ 的标准定义。再次，$c$ 的积分等于加总。

到目前为止，我们只定义了非负可测函数的积分。一般可测函数的积分也很简单：把函数 $f$ 分成正部 $f^+ := \max\{0, f\}$ 和负部 $f^- := \max\{0, -f\}$，即 $f = f^+ - f^-$。则集合：

$$\mu(f) := \mu(f^+) - \mu(f^-) \tag{7-14}$$

这里唯一的问题是，我们最终可能得到表达式 $\infty - \infty$，但在这种情况下，积分是不允许定义的。

**定义 7.2.15**　令 $(S, \mathscr{S}, \mu)$ 为可测空间，且 $f \in m\mathscr{S}$。如果 $\mu(f^+)$ 和 $\mu(f^-)$ 都是有限的，则称 $f$ 可积。如果 $f$ 可积，则它的积分 $\mu(f)$ 由（7－14）给出。$S$ 上所有可积函数的集合表示为 $\mathscr{L}_1(S, \mathscr{S}, \mu)$ 或简单表示为 $\mathscr{L}_1(\mu)$。

我们如何在 $S$ 的子集 $E$ 上定义函数 $f \in \mathscr{L}_1(\mu)$，而不是在整个空间中。答案是通过设定：

$$\int_E f \mathrm{d}\mu := \int \mathbb{1}_E f \mathrm{d}\mu :=: \mu(\mathbb{1}_E f)$$

这里函数 $\mathbb{1}_E f$ 在 $x$ 取值等于乘积 $\mathbb{1}_E(x) \cdot f(x)$。

虽然我们省略了证明，但如果 $f$ 是 $\mathbb{R}$ 上一个连续实函数，满足区间 $[a, b]$ 外 $f = 0$，则黎曼积分良好定义，进一步 $\lambda(f)$ 恰好是 $f$ 在 $[a, b]$ 上的黎曼积分。我们可以继续像在高中时处理微积分那样对 $f$ 积分。因此，我们成功地将初等积分推广到一类更大的函数。

# 7.3 积分性质

定义了抽象的勒贝格积分之后，让我们看看它的一些性质。正如我们将看到的，积分有很好的代数性质，并且与极限运算有很好的交换性质。7.3.1 着重于处理非负函数，而 7.3.2 则处理一般的情况。

## 7.3.1 基本性质

回想一下，使用标准代数和极限运算通过可测函数构造的函数通常是可测的（定理 7.2.12）。这就促使我们要考虑原函数的积分与新函数的积分之间的关系。例如，两个可测函数之和的积分是否等于积分之和？可测函数极限的积分是否等于积分极限？总结了以下性质：

**定理 7.3.1** 给定任意测度空间 $(S, \mathscr{S}, \mu)$，积分在 $m\mathscr{S}^+$ 上有如下性质：

（1）如果 $A \in \mathscr{S}$ 和 $f := \mathbb{1}_A$，则 $\mu(\mathbb{1}_A) = \mu(A)$。

（2）如果 $f = \mathbb{1}_\emptyset \equiv 0$，则 $\mu(f) = 0$。

（3）如果 $f, g \in m\mathscr{S}^+$ 和 $\alpha, \beta \in \mathbb{R}_+$，则 $\mu(\alpha f + \beta g) = \alpha\mu(f) + \beta\mu(g)$。

（4）如果 $f, g \in m\mathscr{S}^+$ 和 $S$ 上逐点 $f \leqslant g$，则 $\mu(f) \leqslant \mu(g)$。

（5）如果 $(f_n)_{n \geqslant 1} \subset m\mathscr{S}^+$，$f \in m\mathscr{S}^+$，且 $f_n \uparrow f$，则 $\mu(f_n) \uparrow \mu(f)$。

可从积分定义直接得到性质（1），从性质（1）即可得到性质（2）。性质（3）和性质（4）可由如下推导得到：

**习题 7.3.2** 使用性质 7.2.2，证明：如果 $\gamma \in \mathbb{R}_+$ 和 $f \in m\mathscr{S}^+$，则 $\mu(\gamma f) = \gamma\mu(f)$。进一步证明，如果 $f, g \in m\mathscr{S}^+$，则 $\mu(f+g) = \mu(f) + \mu(g)$。综合这两个结果得到性质(3)。

**习题 7.3.3** 证明性质（4）。[1]

性质（5）是勒贝格积分成功的基础，通常被称为单调收敛定理（尽管我们用这一名称在下面给出了更一般的结果）。注意 $\mu(f) = \infty$ 是允许的。性质（5）的证明是基于 $\mu$ 的可数可加性，这也是可数可加性（相对于有限可加性）如此

---

① 提示：使用（7－13）中关于积分的表达。

有用的原因之一。读者可参考任何一本关于测度论和积分的书籍查阅证明。

下一个定理阐明了测度与积分之间的关系。

**定理 7.3.4** 令 $(S, \mathscr{S})$ 为任意测度空间。对每一个测度 $\mu$: $\mathscr{S} \ni B \mapsto \mu(B) \in [0, \infty]$，存在函数 $\mu$: $m\mathscr{S}^+ \ni f \mapsto \mu(f) \in [0, \infty]$ 满足性质(1)~(5)。反过来，每一个满足性质(2)~(5)的函数 $\mu$: $m\mathscr{S}^+ \mapsto [0, \infty]$ 通过性质(1)在 $(S, \mathscr{S})$ 上生成唯一的测度。

读者可以把 $(S, \mathscr{S})$ 上测度 $\mu$ 看成是一种定义在包含所有指示函数的 $m\mathscr{S}^+$ 的子集上（$\mathbb{1}_A$ 的积分是 $\mu(A)$）的"预积分"。通过简单函数在 $m\mathscr{S}^+$ 上建立积分，然后单调极限的过程可以看作是将 $\mu$ 的定义域从 $m\mathscr{S}^+$ 中指示函数推广到 $m\mathscr{S}^+$ 中所有函数的过程。

**习题 7.3.5** 证明：如果 $\mu$: $m\mathscr{S}^+ \to [0, \infty]$ 满足性质（2）~（5），则由 $\hat{\mu}(A) = \mu(\mathbb{1}_A)$ 定义的映射 $\hat{\mu}$: $\mathscr{S} \to [0, \infty]$ 是 $\mathscr{S}$ 上的一个测度。①

**习题 7.3.6** 使用性质（1）~（5）证明前述结果（见习题 7.1.25），如果对所有的 $n$，$(E_n) \subset \mathscr{S}$ 满足 $E_n \subset E_{n+1}$，则 $\mu(\cup_n E_n) = \lim_{n\to\infty} \mu(E_n)$。②

**习题 7.3.7** 令 $A, B \in \mathscr{S}$，以及 $f \in m\mathscr{S}^+$。如果 $A$ 和 $B$ 非交，则：

$$\int_{A\cup B} f \mathrm{d}\mu = \int_A f \mathrm{d}\mu + \int_B f \mathrm{d}$$

证明：我们有 $\mathbb{1}_{A\cup B} f = (\mathbb{1}_A + \mathbb{1}_B) f = \mathbb{1}_A f + \mathbb{1}_B f$，现在应用性质（3）。■

关于积分的一个最重要的事实是，在零测度集上积分不能产生正数：

**定理 7.3.8** 如果 $f \in m\mathscr{S}^+$，$E \in \mathscr{S}$ 且 $\mu(E) = 0$，则 $\int_E f d\mu = 0$。

证明：因为 $f \in m\mathscr{S}^+$，有序列 $(s_n)_{n\geq 1} \subset s\mathscr{S}^+$ 满足 $s_n \uparrow f$，所以 $\mathbb{1}_E s_n \uparrow \mathbb{1}_E f$。③但是，

$$\mathbb{1}_E s_n = \sum_{k=1}^{K} \alpha_k (\mathbb{1}_E \cdot \mathbb{1}_{A_k}) = \sum_{k=1}^{K} \alpha_k \mathbb{1}_{E\cap A_k}$$

$$\therefore \mu(\mathbb{1}_E s_n) = \sum_{k=1}^{K} \alpha_k \mu(E \cap A_k) = 0 \quad \forall n \in \mathbb{N}$$

因为 $\mu(E) = 0$。根据性质(5)，我们有 $\mu(\mathbb{1}_E f) = \lim_{n\to\infty} \mu(\mathbb{1}_E s_n) = 0$。■

---

① 提示：关于可数可加性，如果 $(A_n) \subset S$ 非交，则 $\mathbf{1}_{\cup_n A_n} = \sum_n \mathbf{1}_{A_n}$。

② 提示：使用 $S$ 上逐点 $\mathbf{1}_{\cup_n E_n} = \lim_{n\to\infty} \mathbf{1}_{E_n}$ 这一事实。

③ 即在每一个点 $x \in S$ 收敛 $\mathbf{1}_E(x) s_n(x) \to \mathbf{1}_E(x) s_n(x)$ 成立，且对每一个 $x \in S$，$\mathbf{1}_E(x) s_n(x)$ 随着 $n$ 逐步增大。

### 7.3.2 最后补充

令（$S$，$\mathscr{S}$，$\mu$）为任意测度空间。使用（1）~（5）这五个基本性质，读者可以推导 $\mathscr{L}_1(\mu) := \mathscr{L}_1(S, \mathscr{S}, \mu)$ 上关于积分的经典定理。接下来的几个结果表明，在前一节中对非负函数成立的结果也适用于 $\mathscr{L}_1(\mu)$（不必为非负）。

为了说明结果，我们引入了“几乎处处”成立性质的概念。非正式地，如果$f$，$g \in m\mathscr{S}$，$P(x)$ 是关于 $f$ 和 $g$ 在 $x$ 处的命题（例如 $f(x) = g(x)$ 或 $f(x) \leqslant g(x)$），则当所有使 $P(x)$ 失效的 $x$ 集合 $\mu$ 测度为 0 时，我们说 $f$ 和 $g\mu$ - 几乎处处有性质 $P$（$\mu$ - *a. e.*）。比如，如果使 $f(x) \neq g(x)$ 的集合 $x \in S$ 测度为 0，则称 $f$ 和 $g\mu$ - *a. e.* 相同。此外，如果$f_n = f\mu$ - *a. e.*，我们说有 $\lim f_n \to f\mu$ - *a. e.*。虽然这听起来有点复杂，但基本思想是积分时空集并不重要，所以除空集外它能够几乎处处使性质成立。

**定理 7.3.9** 令$f$，$g \in \mathscr{L}_1(\mu)$和 $\alpha$，$\beta \in \mathbb{R}$。如下结论成立：

(1) $\alpha f + \beta g \in \mathscr{L}_1(\mu)$和$\mu(\alpha f + \beta g) = \alpha\mu(f) + \beta\mu(g)$。

(2) 如果 $E \in \mathscr{S}$ 满足 $\mu(E) = 0$，则 $\int_E f \mathrm{d}\mu = 0$。

(3) 如果$f \leqslant g\ \mu$ - *a. e.*，则$\mu(f) \leqslant \mu(g)$。

(4) $|f| \in \mathscr{L}_1(\mu)$和$|\mu(f)| \leqslant \mu(|f|)$。

(5) $\mu(|f|) = 0$，当且仅当$f = 0\ \mu$ - *a. e.*。

这不是最小的列表。例如，可从第（4）和第（5）部分得到第（2）部分。可从定义和第（3）部分得到第（1）部分（即非负可测函数空间上积分的线性）。例如，参见 Dudley（2002，定理 4.1.10）。也可以从恒等式$f = f^+ - f^-$，从第（1）部分与定理 7.3.8 中得到第（2）部分：

$$\mu(\mathbb{1}_E f) = \mu(\mathbb{1}_E f^+ - \mathbb{1}_E f^-) = \mu(\mathbb{1}_E f^+) - \mu(\mathbb{1}_E f^-) = 0 - 0$$

**习题 7.3.10** 证明：如果$\mu(E) = 0$ 和$f \in \mathscr{L}_1(\mu)$，则$\int_{E^c} fd\mu = \int fd$，以及如果$f$，$g \in \mathscr{L}_1(\mu)$满足$f = g\ \mu$ - *a. e.*，则$\mu(f) = \mu(g)$。[①]

**习题 7.3.11** 使用性质(1)~(5)证明第（3）部分。[②]

**习题 7.3.12** 利用恒等式$|f| = f^+ + f^-$证明第（4）部分。

---

① 提示：令 $E$ 为$f$ 和 $g$ 不相等的集合，则$\mathbf{1}_{E^c} f = \mathbf{1}_{E^c} g$。

② 提示：转换为关于非负函数的表达。注意，如果$f \leqslant g\ \mu$ - *a. e.*，则$\mathbf{1}_{E^c} f^+ + \mathbf{1}_{E^c} g^- \leqslant \mathbf{1}_{E^c} g^+ + \mathbf{1}_{E^c} f^-$，其中 $E$ 是使$f > g$ 所有的 $x$。

关于第（5）部分，假设在满足$\mu(E)>0$的集合$E$上$f\neq 0$，我们将证明$\mu(|f|)>0$。为此，定义$E_n := \{x: |f(x)|>1/n\}$。可见对每一个$n$有$E_n \subset E_{n+1}$，以及$E=\cup_n E_n$。根据习题7.1.25，存在$N$满足$\mu(E_N)>0$。但$\mu(|f|)\geqslant\mu(\mathbb{1}_E|f|)\geqslant\mu(E_N)/N>0$。根据7.3.10可得反过来的含义。

现在我们来讨论从（1）~（5）导出的积分的经典收敛定理。它们是现代实分析的基础之一。

**定理7.3.13** （单调收敛定理）令$(S, \mathscr{S}, \mu)$为可测空间，并令$(f_n)_{n\geqslant 1}$为$mS$上的序列。如果$f_n \uparrow f \in m\mathscr{S}\mu$ - 几乎处处成立且$\mu(f_1)>-\infty$，则$\lim\limits_{n\to\infty}\mu(f_n)=\mu(f)$。①

**定理7.3.14** （控制收敛定理）令$(S, \mathscr{S}, \mu)$为可测空间，$g\in\mathscr{L}_1(\mu)$和$(f_n)_{n\geqslant 1}\subset m\mathscr{S}$满足$|f_n|\leqslant g$，对所有的$n$。如果$f_n\to f\ \mu - a.e.$，则$f\in\mathscr{L}_1(\mu)$，且$\lim\limits_{n\to\infty}\mu(f_n)=\mu(f)$。

再怎么强调控制收敛定理这一有用结果都不过分，可在任意测度论教科书中找到证明。为了得到一个简洁的证明，考虑：

**推论7.3.15** 考虑实数序列的集族：

$a=(a_1, a_2, \cdots)$，$a^k=(a_1^k, a_2^k, \cdots)$，$(k\in\mathbb{N})$

假设对所有的$k$，$a^k$由序列$b=(b_n)$控制，即对所有的$k$，$n$有$|a_n^k|\leqslant b_n$。进一步假设对所有的$n$，$\lim\limits_{k\to\infty}a_n^k=a_n$。如果$\sum_n b_n<\infty$，则：

$$\lim_{k\to\infty}\sum_{n\geqslant 1}a_n^k=\sum_{n\geqslant 1}\lim_{k\to\infty}a_n^k=\sum_{n\geqslant 1}a_n$$

**证明：**对$(S, \mathscr{S}, \mu)=(N, \mathfrak{P}(\mathbb{N}), c)$，应用控制收敛定理，其中$c$是可数测度（回顾一下例7.2.14）。■

让我们以像测度主题作结尾。为定义像测度，令$(S, \mathscr{S}, \mu)$为任意测度空间，$(S', \mathscr{S}')$为一个测度空间，再令$T: S\to S'$为$S$，$\mathscr{S}'$ - 可测。如果$E$是$\mathscr{S}'$中的某些元素，则$T^{-1}(E)\in\mathscr{S}$，所以$\mu\circ T^{-1}(E)=\mu(T^{-1}(E))$是良好定义。实际上，$E\mapsto\mu\circ T^{-1}(E)$是$(S', \mathscr{S}')$上的一个测度，称为$T$下$\mu$像测度。把$E$代回$S$并用$\mu$计算可得$\mu\circ T^{-1}(E)$的值，见图7-5。

---

① 事实上，要使这个定理成立，函数$f$在$S$上不需要几乎处处（或任意处）有限。见Dudley（2002，定理5.3.2）。

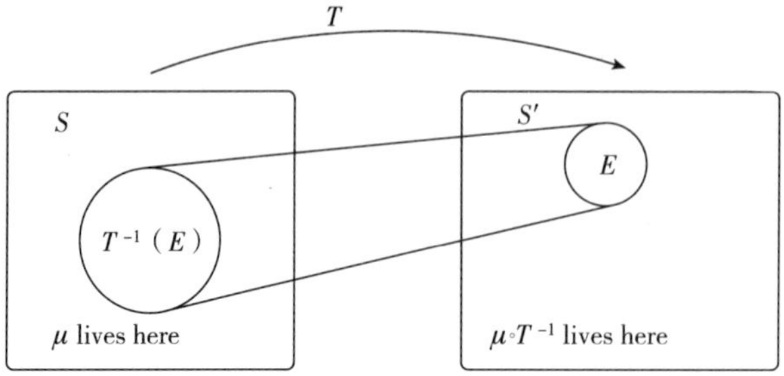


图 7-5 像测度

**习题 7.3.16** 证明$\mu\circ T^{-1}$确实为（$S'$，$\mathscr{S}'$）上的一个测度。①

下面的结论展示了如何进行像测度积分：②

**定理 7.3.17** 令（$S$，$\mathscr{S}$，$\mu$）为任意测度空间，（$S'$，$\mathscr{S}'$）为一个测度空间，$T$：$S\to S'$为可测函数，$\mu\circ T^{-1}$为 $T$ 下 $\mu$ 的像测度。如果 $w$：$S'\to\mathbb{R}$ 是$\mathscr{S}'$可测，$w$ 是非负或$\mu$（$|w\circ T|$）有限，则$\mu\circ T^{-1}$（$w$）$=\mu$（$w\circ T$），其中第一个是在 $S'$上积分，第二个是在 $S$ 上积分。

这一定理可应用到$\mu$是勒贝格测度且$\mu\circ T^{-1}$更为复杂的情形。如果我们不知道如何使用新测度进行积分，我们可以利用变量变换回到积分形式$\int f\mathrm{d}\mu$。

### 7.3.3 $L_1$空间

本节我们专门讨论（$S$，$\mathscr{S}$，$\mu$）=（$S$，$\mathscr{B}$（$S$），$\lambda$），其中 $S$ 是$\mathbb{R}^k$的博雷尔子集。我们讨论的大多数结果都具有更一般的含义，但这里不需要这种额外的一般性。我们的兴趣是把可积函数空间看作一个度量空间。为此，我们在$\mathscr{L}_1$（$\lambda$）$:=\mathscr{L}_1$（$S$，$\mathscr{B}$（$S$），$\lambda$）上把距离$d_1$定义为：

$$d_1(f,g):=\int|f-g|\mathrm{d}\lambda=:\lambda(|f-g|) \tag{7-15}$$

或者，我们可以设：

$d_1(f,g):=\|f-g\|_1$，其中$\|h\|_1:=\lambda(|h|)$

基于逐点不等式$|f-g|\leqslant|f|+|g|$和$|f+g|\leqslant|f|+|g|$，以及积分的线性和单调性，我们有：

---

① 读者可发现，参考引理 A.1.2 非常有用。

② 完整证明可参见 Dudley（2002，定理 4.1.11）。

$\|f-g\|_1 \leqslant \|f\|_1 + \|g\|_1$和$\|f+g\|_1 \leqslant \|f\|_1 + \|g\|_1$

第一个不等式告诉我们对任意的$f$，$g \in \mathscr{L}_1(\lambda)$，$d_1(f, g)$是有限的。基于第二个定义，我们使用加法和减法可以证明$d_1$在$\mathscr{L}_1(\lambda)$上满足三角不等式：

$\|f-g\|_1 = \|(f-h)+(h-g)\|_1 \leqslant \|f-h\|_1 + \|h-g\|_1$

由于$d_1$满足三角不等式，所以在$\mathscr{L}_1(\lambda)$上把$d_1$视为度量是可行的。然而，存在一个问题：我们有$f \neq g$，但$d_1(f, g)=0$，因为函数几乎处处相等，满足$\int |f-g| \mathrm{d}\lambda = 0$。(为什么?)比如，当$S=\mathbb{R}$，函数$\mathbb{1}_{\mathbb{Q}}$与$0:=\mathbb{1}_{\emptyset}$彼此间的距离为0。所以，$(\mathscr{L}_1(\lambda), d_1)$不是一个度量空间，而是所谓的伪度量空间。

**定义 7.3.18** 伪度量空间是非空集合$M$和函数$\rho$：$M \times M \to \mathbb{R}$，使对任意$x$，$y$，$v \in M$，有：

(1)如果$x=y$，则$\rho(x, y)=0$；

(2)$\rho(x, y)=\rho(y, x)$；

(3)$\rho(x, y) \leqslant \rho(x, v)+\rho(v, y)$。

与度量空间相反，在伪度量空间中，允许不同点彼此之间的距离为零。

**习题 7.3.19** 在空间$\mathbb{R}^2$上考虑函数$\rho(x, y)=|x_1-y_1|$，其中$x_1$和$y_1$分别为$x=(x_1, x_2)$和$y=(y_1, y_2)$的第一个构成。证明$(\mathbb{R}^2, \rho)$是一个伪度量空间。

将伪度量空间转换为度量空间并不困难，我们只是将彼此之间零距离的所有点看作同一点。换言之，我们将原空间划分为彼此零距离的点的等价类，并将这些等价类的集合看作是一个新的空间。图 7-6 展示了习题 7.3.19 中的空间。

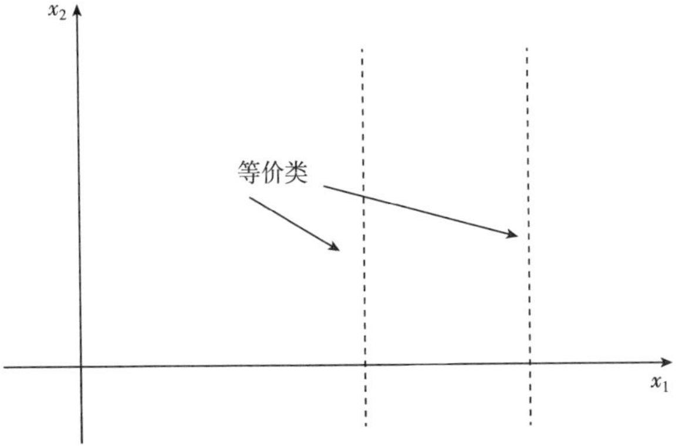


**图 7-6 $(\mathbb{R}^2, \rho)$ 的等价类**

任何两个等价类之间的距离就是每个类中任意选择的元素之间的距离。该值不取决于所选的特定元素：如果 $x$ 和$x'$是等价的，而 $y$ 和$y'$也是等价的，则$\rho$（$x$，$y$）$=\rho$（$x'$，$y'$），因为：

$$\rho(x,\ y)\leqslant\rho(x,\ x')+\rho(x',\ y')+\rho(y',\ y)$$
$$=\rho(x',\ y')\leqslant\rho(x',\ x)+\rho(x,\ y)+\rho(y,\ y')=\rho(x,\ y)$$

等价类的空间和刚刚描述的距离构成了度量空间。特别是，派生空间中的不同元素之间的距离是正的（否则它们就不会是不同的）。

从伪度量空间（$\mathscr{L}_1$（$\lambda$），$d_1$）衍生的度量空间传统上表示为（$L_1$（$\lambda$），$d_1$），并且在本书的其余部分起着主要的作用。[①] 因为两个函数在$\mathscr{L}_1$（$\lambda$）上的距离为零，当且仅当几乎处处相等时，新空间（$L_1$（$\lambda$），$d_1$）包含几乎处处相等的函数等价类。

$S$ 上的密度是一个积分等于 1 的非负可测函数。我们把密度集描述为对度量空间感兴趣，目的是研究马尔科夫链，使其边缘分布在密度空间中演化。密度嵌入到$\mathscr{L}_1$（$\lambda$）中，如下所示：

**定义 7.3.20** $S$ 上的密度空间记为 $D$（$S$），定义为：

$$D(S):=\{f\in L_1(\lambda):\ f\geqslant 0,\ \|f\|_1=1\}$$

在定义中，$f$ 实际上是函数$f'$、$f''$等的等价类，它们几乎处处相等。$f\geqslant 0$ 意味着所有这些函数几乎处处都是非负的，而$\|f\|_1=1$ 意味着所有积分都等于 1。（更一般地，如果$f\in L_1$（$\lambda$），那么$\|f\|_1$是等价类中任意元素绝对值的积分。）

**定理 7.3.21** 空间（$L_1$（$\lambda$），$d_1$）和（$D$（$S$），$d_1$）是完备的。

（$L_1$（$\lambda$），$d_1$）完备性的证明可以在任何关于测度论的好教科书中找到。（$D(S)$，$d_1$）的完备性来自作为（$L_1$（$\lambda$），$d_1$）子集 $D(S)$ 是闭的这一事实和定理 3.2.3。$D(S)$ 为闭的证明留给热情的读者作为练习。

密度用来表示随机变量的分布。非正式地说，$X$ 具有密度 $f\in D$（$S$）意味着 $X$ 的概率 $\int_B f'(x)\mathrm{d}x:=\int_B f'\mathrm{d}$ 在 $B\subset S$ 中，其中$f'$是等价类的某些元素。注意，我们选择哪个元素并不重要，因为所有元素都给出相同的值。在这个意义上，等价类代表的是分布，而不是单个密度。

最后，Scheffés 恒等式提供了密度之间距离$d_1$的一个很好的定量解释：对于 $D$（$S$）中的任意 $f$ 和 $g$，有：

---

① 为简化符号，我们使用符号$d_1$来表示两个空间的距离。

$$\|f-g\|_1 = 2 \times \sup_{B \in \mathscr{B}(S)} \left| \int_B f(x)\,\mathrm{d}x - \int_B g(x)\,\mathrm{d}y \right| \tag{7-16}$$

因此，如果$\|f-g\|_1 \leqslant \epsilon$，那么对于任何感兴趣的事件 $B$，由 $f$ 和 $g$ 赋予 $B$ 的概率偏差小于 $\epsilon/2$。①

## 7.4　评述

本章中对测度论和积分的处理在现代分析中是比较规范的。有许多很好的参考资料可供参考。Williams（1991）和 Taylor（1997）是好的入门参考资料。Aliprantis 和 Burkinshaw（1998）是更高级的参考资料，并包含许多练习。也强烈推荐 Pollard（2002）、Dudley（2002）和 Schilling（2005）的教科书。

① 稍后在更一般的语境下，给出了这个恒等式的证明（见引理 11.1.29）。

# 第 8 章　密度马尔科夫链

在本章中，我们深入研究状态空间 $S \subset \mathbb{R}^n$ 上的马尔科夫链，它具有的条件分布（也是边缘分布）可以用密度表示的性质。第 6 章已经对这类过程进行了研究。既然已经掌握了测度论，我们将能够深入更深层次的结果。

并非所有的马尔科夫链都符合密度框架（一般情况见 9.2）。然而，对于那些符合的，密度框架提供的额外结构有助于我们分析动态和计算分布。此外，密度具有抽象的概率测度所缺乏的具体性，即它们易于直观地表示。这种具体性使它们成为建立直觉的良好起点。

## 8.1　提纲

我们从用密度表示的马尔科夫链基本理论开始。在定义了密度马尔科夫链之后，我们将说明与随机递归序列（随机差分方程）的联系。在 8.1.3 中，我们将介绍密度情形下的马尔科夫算子，并说明如何通过马尔科夫算子迭代生成密度马尔科夫链的边缘分布。这个理论与 4.2.2 中讨论的有限情况非常相似。

### 8.1.1　随机密度核

在第 6 章，我们遇到了一些密度核的例子。现在我们给出密度核的正式定义。

**定义 8.1.1**　令 $S$ 为 $\mathbb{R}^n$ 博雷尔子集。$S$ 上随机密度核是一个博雷尔可测函数 $p$：$S \times S \to \mathbb{R}_+$，使：

$$\int p(x,\ y)dy := \int p(x,\ y)\lambda(dy) =: \lambda(p(x,\ \cdot\ )) = 1 \text{ 对所有 } x \in S \qquad (8-1)$$

特别地，对每一个 $x \in S$，函数 $y \mapsto p(x,\ y)$ 是一个密度。我们可以把 $p$ 视为密度函数族，对应状态空间中的每一个点。在下面的内容中，我们将使用符号 $p(x,\ y)dy$ 来表示密度函数 $y \mapsto p(x,\ y)$。第二点是 $S \times S$ 是 $\mathbb{R}^{2n}$ 的子集，$p$ 的博雷尔可测性是指这个空间的博雷尔子集。实际上，人们很少遇到博雷尔可测性不成立的随机核。

为了说明这个定义，考虑核 $p$ 定义为：

$$p(x,\ y) = \frac{1}{\sqrt{2\pi}}\exp\left(-\frac{(y-ax-b)^2}{2}\right),\ ((x,\ y)\epsilon S \times S = \mathbb{R} \times \mathbb{R})$$

换言之，$p(x,\ y)dy = N(ax+b,\ 1)$。图 8－1 给出了该内核图示。$x$ 轴上的每个点都选择一个分布 $N(ax+b,\ 1)$，它表示为沿 $y$ 轴运行的密度。在这种情况下，$a$ 是正的，因此 $x$ 的增加导致相应密度 $p(x,\ y)dy$ 均值的增加，并且密度使概率质量函数在较大的 $y$ 上。

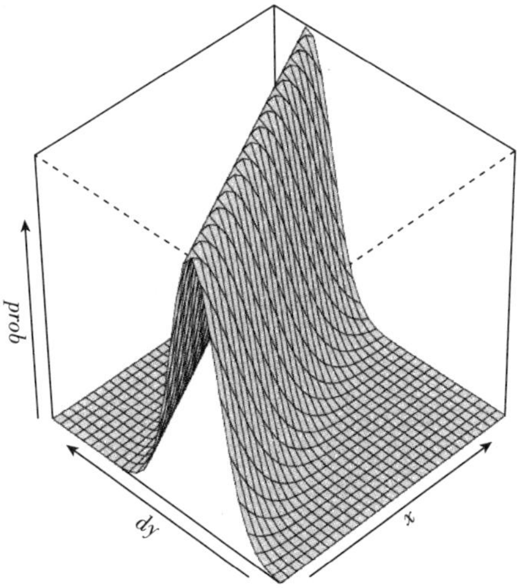


**图 8－1　随机核 $p(x,\ y)dy = N(ax+b,\ 1)$**

从初始条件 $\psi \in D(S)$ 和密度核 $p$，我们可得到马尔科夫链 $(X_t)_{t\geq 0}$。这里给出与有限情况平行的定义：

**定义 8.1.2**　令 $\psi \in D(S)$。$S$ 上随机序列 $(X_t)_{t\geq 0}$ 是马尔科夫 $(p,\ \psi)$，

如果：

（1）时间0，$X_0$从$\psi$抽取；

（2）时间$t+1$，$X_{t+1}$从$p(x, y)dy$抽取。

在核$p(x, y)dy = N(ax+b, 1)$的例子中，我们从给定的$\psi$中抽取$X_0$，然后在每一个时间$t$，抽取$X_{t+1} \sim N(a X_t + b, 1)$。表8-1为这一过程生成了$\psi = N(0, 1)$时的一个观测值（长度为100）。观测值（样本路径）如图8-2所示。

**表8-1　（ar1. py）$p(x, y)dy = N(ax+b, 1)$时$(X_t)_{t\geq 0}$的模拟**

```
from random import normalvariate as N

a, b = 0.5, 1          # Parameters
X = {}                 # An empty dictionary to store path
X[0] = N(0, 1)         # X_0 has distribution N(0, 1)

for t in range(100):
    X[t+1] = N(a * X[t] + b, 1)
```

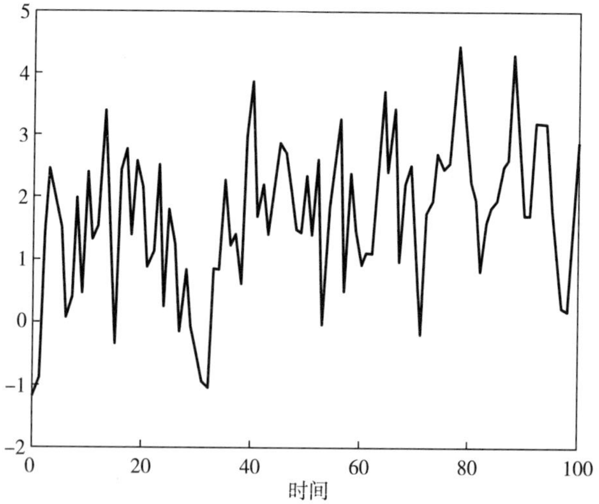


**图8-2　时间序列**

还有另一种方法可视化与随机核相关的动力学。回忆一下我们在图4-3中介绍的研究单变量确定性动态系统的45度图解法。现在考虑图8-3，每个面都

显示了内核 $p(x, y)dy = N(ax+b, 1)$ 生成的序列。内核本身在图中用阴影表示。读者应该将这种阴影理解为图 8－1 中三维图形的“轮廓”表示，其中较浅的区域对应更高的概率。对于每一张图，箭头的顺序都追踪出一个单独的时间序列。初始条件 $X_0 = -4$，$X_1$ 从 $N(aX_0+b, 1)$ 中抽取。我们把这个值追溯到 45 度线，得到分布 $X_2 \sim N(aX_1+b, 1)$，如此等等。

当大多数概率质量高于 45 度线时，状态值增大。当大多数概率质量低于 45 度线时，该值减小。然而，实际结果是随机的，这取决于生成时间序列的绘制顺序。

### 8.1.2 连接 SRSs

假设我们希望研究随机序列（SRS），状态空间 $S$ 是一个 $\mathbb{R}^n$ 博雷尔子集，$Z$ 是一个 $\mathbb{R}^k$ 博雷尔子集，$F$: $S \times Z \to S$ 是一个给定函数，及：

$$X_{t+1} = F(X_t, W_{t+1}),\ X_0 \sim \psi \in D(S),\ (W_t)_{t \geq 1} \overset{\text{IID}}{\sim} \phi \in D(Z) \tag{8-2}$$

我们想知道什么时候存在一个表示（8－2）的随机密度核 $p$，在这个意义上（8－2）定义的 $(X_t)_{t\geq 1}$ 是马尔科夫－$(p, \psi)$。换句话说，我们希望知道何时存在密度核 $p$，对于所有 $x \in S$，使：

$$p(x, y)dy = F(x, W) \text{的密度，当 } W \sim \phi \tag{8-3}$$

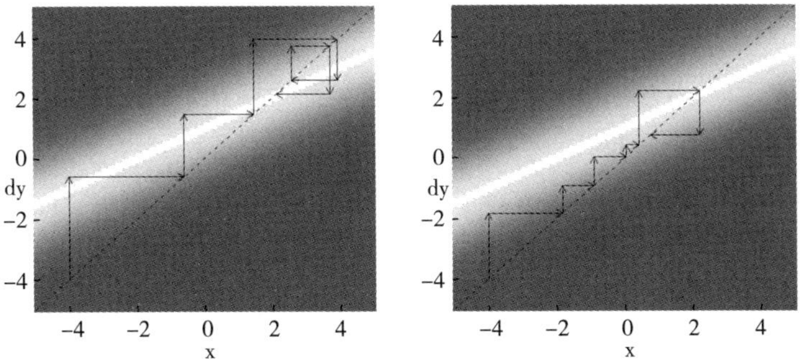


图 8－3 两个时间序列

这样的 $p$ 将为我们做这项工作，因为如果状态 $X_t$ 到达任意 $x \in S$，那么从 $p(x, y)dy$ 中抽取 $X_{t+1}$，根据 $p$ 的定义，概率就等价于服从 $\phi$ 抽取 $W_{t+1}$，并令 $X_{t+1} = F(x, W_{t+1})$。

我们之所以对这个问题感兴趣，是因为马尔科夫动态理论在随机核框架中比在（8－2）中的 SRSs 更容易发展。很大程度上是因为随机密度核捕捉了系统在单一目标下的随机运动规律。为了应用下面发展的理论，有必要获得模型（8－2）的一个给定形式，并得到其密度核表达。

不能保证满足（8－3）的随机密度核 $p$ 存在，因为不是所有的随机变量都具有密度可以表示的分布。让我们试着确定一个简单的充分条件，这意味着 $F(x, W)$ 可以用密度来表示。

这里有一个更一般的问题：如果 $Y$ 是 $S$ 上的一个随机变量，那么什么时候存在一个密度 $\phi \in D(S)$，使 $\phi$ 代表 $Y$，即对于每个 $B \in \mathscr{B}(S)$，$\int_B \phi \mathrm{d}\lambda := \int_B \phi(x) dxB$ 什么时候能给出 $Y \in B$ 的概率？本质上，答案是 $Y$ 不能取任何有正概率的勒贝格空集的值。为此，假设 $N \in \mathscr{B}(S)$，有 $\lambda(N) = 0$ 及 $Y \in N$ 有正概率。由定理 7.3.8 可知 $\int_N \phi(x) dx = 0$，那么不管我们选择哪个 $\phi \in D(S)$，$\phi$ 都不能表示 $Y$。

现在让我们考虑 $Y = F(x, W)$，$W \sim \phi \in D(Z)$ 的分布。下面的定理，虽然不如某些定理一般，但对于我们研究的目的来说是足够的：

**定理 8.1.3**　令 $W$ 为$\mathbb{R}^n$上密度为 $\phi$ 的随机变量，$\gamma \in \mathbb{R}^n$，并令 $\Gamma$ 为 $n \times n$ 的矩阵。如果 $\det\Gamma \neq 0$，则 $Y = \gamma + \Gamma W$ 在$\mathbb{R}^n$上有密度 $\phi\gamma$，其中：

$$\phi_Y(y) := \phi(\Gamma^{-1}(y - \gamma)) \left| \det \Gamma^{-1} \right|, \quad (y \in \mathbb{R}^n)$$

为什么要求 $\det\Gamma \neq 0$？因为如果 $\det\Gamma = 0$，则 $Y = \gamma + \Gamma W$ 在维度小于 $n$ 的子空间取值。在$\mathbb{R}^n$中，这类子空间的勒贝格测度为零。因此，$Y$ 在勒贝格零集中取值有正概率，在这种情况下，它不能用密度表示。

在看证明之前，让我们看看如何使用定理。在 8.1.1 中，我们研究了由核 $p(x, y)dy = N(ax + b, 1)$ 定义的过程 $(X_t)_{t \geqslant 0}$。这对应于 SRS：

$$X_{t+1} = aX_t + b + W_{t+1}, \quad (W_t)_{t \geqslant 1} \overset{\text{IID}}{\sim} \phi = N(0, 1)$$

换言之，$p(x, y)dy = N(ax + b, 1)$ 是当 $W \sim \phi$ 时 $Y = ax + b + W$ 的密度。这一说法很容易证实。由定理 8.1.3 可得，$Y$ 的密度 $\phi_Y$ 是 $\phi_Y(y) = \phi(y - ax - b)$。因为，$\phi = N(0, 1)$，这变为：

$$\phi_Y(y) = \frac{1}{\sqrt{2\pi}} \exp\left( -\frac{(y - ax - b)^2}{2} \right) = N(ax + b, 1)$$

**习题 8.1.4**　考虑$\mathbb{R}^n$－值 SRS：

$$X_{t+1} = A X_t + b + W_{t+1}, \quad (W_t)_{t \geqslant 1} \overset{\text{IID}}{\sim} \phi = D(\mathbb{R}^n) \tag{8-4}$$

其中，$A$ 是 $n\times n$ 矩阵，$b$ 是 $n\times 1$ 向量。证明对应该模型的随机密度核是 $p(x,\ y)=\phi(y-Ax-b)$。

**习题 8.1.5** 考虑众所周知的阈值自回归模型（Chan 和 Tong，1986）。模型是一个非线性 AR（1）过程：

$$X_{t+1} = \sum_{k=1}^{K}(A_k X_t + b_k)\mathbb{1}_{B_k}(X_t) + W_{t+1},\ (W_t)_{t\geq 1}\overset{\text{IID}}{\sim}\phi = D(\mathbb{R}^n) \tag{8-5}$$

其中，$X_t$ 在$\mathbb{R}^n$ 上取值，集合族$(B_k)_{k=1}^{K}$是$\mathbb{R}^n$ 的一个(可测)划分，$(A_k)_{k=1}^{K}$和$(b_k)_{k=1}^{K}$分别是 $n\times n$ – 维矩阵和 $n\times 1$ – 向量。其思想是当 $X_t$ 在状态空间 $B_k$ 的区域内时，状态变量服从运动规律 $A_kX_t+b_k$。证明对应密度核是：

$$p(x,\ y) = \phi\left[y - \sum_{k=1}^{K}(A_k x + b_k)\mathbb{1}_{B_k}(x)\right] \tag{8-6}$$

**示例 8.1.6** 再次考虑索洛 – 斯旺模型。令 $\delta=1$，$f(k,\ W)=f(k)(W)$。换言之，状态演进按照：

$$k_{t+1}=sf(k_t)W_{t+1},\ (W_t)_{t\geq 1}\overset{\text{IID}}{\sim}\phi \tag{8-7}$$

假设 $s>0$，$f(k)>0$，当 $k>0$ 时，取 $S=Z=(0,\ \infty)$。我们希望确定随机密度核 $p(x,\ y)dy$，等价地，我们希望发现随机变量 $Y=sf(x)W$ 的密度$\phi_Y$，当$x\in S$ 固定，及 $W\sim\phi$ 时。

在这种情况下，应用定理 8.1.3 的唯一障碍是 $Z$ 是$\mathbb{R}$ 的一个适当子集，而不是$\mathbb{R}$ 本身。因此 $\phi$ 不一定定义在所有的$\mathbb{R}$ 上。然而，我们可以通过在 $Z$ 的补集 $(-\infty,\ 0]$ 上设置 $\phi=0$ 来解决这个问题。

当 $x\in S$ 固定时，则 $sf(x)$ 是严格为正的常数，由定理 8.1.3 可得，$Y=sf(x)W$的密度是：

$$p(x,\ y)=\phi\left(\frac{y}{sf(x)}\right)\frac{1}{sf(x)} \tag{8-8}$$

**习题 8.1.7** 再次考虑示例 8.1.6，但这次 $\delta<1$。换言之，$(k_t)_{t\geq 0}$ 演进，按照：

$$k_{t+1}=sf(k_t)W_{t+1}+(1-\delta)k_t,\ (W_t)_{t\geq 1}\overset{\text{IID}}{\sim}\phi$$

证明随机密度核现在给定为：

$$p(x,\ y)=\phi\left(\frac{y-(1-\delta)x}{sf(x)}\right)\frac{1}{sf(x)} \tag{8-9}$$

注意，如果 $y<(1-\delta)x$，则 $\phi$ 取值为负数。这就是为何我们需要把 $\phi$ 扩展到所有$\mathbb{R}$，满足 $\phi(z)=0$，对所有的 $z\leq 0$。

**习题 8.1.8** 在6.1.2中，我们考虑有多重均衡的随机门槛外部性模型，资本运动律给定为：

$$k_{t+1}=SA(k_t)k_t^{\alpha}W_{t+1},\ (W_t)_{t\geq 1}\overset{\text{IID}}{\sim}\phi \tag{8-10}$$

这里 $k\mapsto A(k)$ 是任意函数，当 $k>0$ 时，$A(k)>0$。取 $S=Z=(0,\infty)$。推导对应本模型的随机密度核 $p$。

现在我们给出定理8.1.3证明的梗概。我们使用下面的标准变量变换结果：

**定理 8.1.9** 令 $A$ 和 $B$ 为$\mathbb{R}^k$的开子集，且 $T$：$B\to A$ 为 $C^1$ 双射。如果 $f\in\mathscr{L}_1(A, \mathscr{B}(A), \lambda)$，则：

$$\int_A f(x)\,\mathrm{d}x=\int_B f\circ T(y)\cdot|\det J_T(y)|\,\mathrm{d}y \tag{8-11}$$

其中，$J_T(y)$ 是 $T$ 在 $y$ 取值的雅可比矩阵，$C^1$表示 $T$ 在 $B$ 连续可导。①

**示例 8.1.10** 令 $A=\mathbb{R}$，$B=(0,\infty)$，及 $Tx=\ln(x)$。则$|\det J_T(y)|=1/y$，对$\mathbb{R}$上任意可测$f$有有限积分，我们有：

$$\int_{\mathbb{R}} f(x)\,\mathrm{d}x=\int_{(0,\infty)} f(\ln y)\frac{1}{y}\mathrm{d}y$$

现在假设我们有一个密度为 $\phi\in D(\mathbb{R}^n)$ 的随机变量 $W$，并且我们用函数 $h$ 变换 $W$ 来创建一个新的随机变量 $Y=h(W)$。在定理8.1.3下，变换 $h$ 是线性函数 $z\mapsto\gamma+\Gamma$。如下定理8.1.3的一般化成立：

**定理 8.1.11** 令 $S$ 和 $T$ 为$\mathbb{R}^k$的开子集，$W$ 为 $S$ 上的随机变量，按照 $S$ 上密度 $\phi$ 分布。令 $Y=h(W)$，其中 $h$：$S\to T$ 是双射，其逆$h^{-1}$是$C^1$函数。在这种情形下，$Y$是 $T$ 上随机向量，密度为$\phi_Y$，其中：

$$\phi_Y(y):=\phi(h^{-1}(y))\cdot|\det J_{h^{-1}}(y)|,\ (y\in T) \tag{8-12}$$

证明可以沿着以下几条线来构造：关于$\phi_Y$是 $Y$ 的密度的命题，意味着$\mathbb{P}\{Y\in B\}=\int_B\phi_Y(y)\,dy$ 对于每个 $B\in\mathscr{B}(T)$ 都成立。通过应用定理8.1.9，我们得到：

$$\begin{aligned}\mathbb{P}\{Y\in B\}&=\mathbb{P}\{W\in h^{-1}(B)\}\\&=\int_{h^{-1}(B)}\phi(x)\,\mathrm{d}x=\int_B\phi(h^{-1}(y))\left|\det J_{h^{-1}}(y)\right|\mathrm{d}y=\int_B\phi_Y(y)\,\mathrm{d}y\end{aligned}$$

### 8.1.3 马尔科夫算子

令 $p$ 为 $S\in\mathscr{B}(\mathbb{R}^n)$ 上密度核，$\psi\in D(S)$ 是初始条件，$(X_t)_{t\geq 0}$是马尔科

① 实际上，定理8.1.9是定理7.3.17的特殊情况。

夫－$(p, \psi)$。通常，令$\psi_t$为当$t \geqslant 0$时$X_t$的（边缘）分布。在6.1.3中，我们看到如果$X$和$Y$是$S$上的随机变量，则边缘值是$p_X$和$p_Y$。若$p_{Y|X}$是给定$X$时$Y$的条件密度，那么对于所有$y \in S$。$p_Y(y) = \int p_{Y|X(x,y)p_X(x)dx}$，令$X_{t+1}=Y$和$X_t=X$，我们可得：

$$\psi_{t+1}(y) = \int p(x, y)\psi_t(x)\mathrm{d}x, \ (y \in S) \tag{8-13}$$

方程式（8－13）就是本书的（6－7），转换成了更一般情形。这是（4－10）的连续状态版本，直觉大致相同。明天在$y$的概率是从今天$x$移动到明天$y$的概率，并用今天观测到的$x$的概率$\psi_t(x)\,dx$为权重在所有$x$上求和。

现在定义算子$\mathbf{M}$，从$\psi \in D(S)$映射到$\mathbf{M}\psi \in D(S)$通过：

$$\psi\mathbf{M}(y) = \int p(x, y)\psi(x)\mathrm{d}x, \ (y \in S) \tag{8-14}$$

该算子称为对应随机密度核$p$的马尔科夫算子，并与本书给出的有限状态下马尔科夫算子类似。在这种情况下，$\mathbf{M}$作用于左边而不是右边的分布（密度），并被理解为更新状态的分布。如果状态当前是服从$\psi$分布的，那么下一期分布是$\psi\mathbf{M}$。特别是，（8－13）现在可以写成：

$$\psi_{t+1} = \psi_t\mathbf{M} \tag{8-15}$$

这是本书的（4－12）密度版本。向后迭代，我们得到给定$X_0 \sim \psi$时，$X_t$分布的表示式$\psi_t = \psi\mathbf{M}^t$。

技术说明：$D(S)$的一个元素，如$\psi$，实际是在$S$上几乎处处相等的等价类函数，见7.3.3。这不会对马尔科夫算子的定义造成威胁，因为对等价类的任意元素应用$\mathbf{M}$都会产生相同的函数。如果$\psi'$和$\psi''$在空集$E$上相等，则（8－14）中的被积函数对每个$y$在$E$上也相等，因此两者积分都得到同一个数值。因此（8－14）中的$\psi\mathbf{M}$是$S$上的一个定义良好的函数，我们把它嵌入到$D(S)$中，用它几乎处处相等的函数等价类来识别它。

事实上，$\mathbf{M}$确实把$D(S)$映射到了它本身，这可以通过证明$\psi\mathbf{M}$是非负的并且积分为1来验证。通过改变积分的顺序，可以得到$\psi\mathbf{M}$积分为1：

$$\int \psi\mathbf{M}(y)\mathrm{d}y = \iint p(x, y)\psi(x)\mathrm{d}x\mathrm{d}y = \int \left[\int p(x, y)\mathrm{d}y\right]\psi(x)\mathrm{d}x$$

因为$\int p(x, y)\mathrm{d}y = 1$和$\int \psi(x)\mathrm{d}x = 1$，所以证明完成。关于非负性，固定任意$y \in S$。由于几乎处处$p \geqslant 0$和$\psi \geqslant 0$，因此（8－14）中的被积函数几乎处处都是

非负的，且 $\psi\mathbf{M}(y)\geqslant 0$。

在继续之前，让我们简单地研究一下马尔科夫算子 **M** 的迭代。回想一下，当我们研究有限马尔科夫链时，$t$ 阶核 $p^t$（$x$，$y$）定义为：

$$p^1:=p,\ p^t(x, y):=\sum_{z\in S}p^{t-1}(x, z)p(z, y)$$

类似地，令 $p$ 为随机密度核 $p$，并定义核的序列 $(p^t)_{t\geqslant 1}$：

$$p^1:=p,\ p^t(x, y):=\int p^{t-1}(x, z)p(z, y)\mathrm{d}z \tag{8-16}$$

下面 $p^t$ 称为对应于 $p$ 的 $t$ 阶密度核。如有限状态情形，当 $X_0=x$ 时，$p^t(x, y)dy$ 可以解释为 $X_t$ 的分布（密度）。

**习题 8.1.12** 使用递归，验证对每个 $t\in\mathbb{N}$，$p^t$ 是 $S$ 上的密度核。

**引理 8.1.13** 如果 **M** 是与 $S$ 上随机密度核 $p$ 相关联的马尔科夫算子，那么 $\mathbf{M}^t$ 是与 $p^t$ 相关联的马尔科夫算子。换言之，对于任意 $\psi\in D$（$S$），我们有：

$$\psi\mathbf{M}^t(y)=\int p^t(x, y)\psi(x)\mathrm{d}x,\ (y\in S)$$

这个引理是本书引理 4.2.8 的连续状态版本。从本质上讲，它告诉了我们上面所说的：$p^t(x, y)\mathrm{d}y$ 是给定 $X_0=x$ 时 $X_t$ 的分布。证明留作练习。

给定 $S$ 上的任何核 $p$，马尔科夫算子 **M** 在 $D(S)$ 上总是连续的（相对于 $d_1$）。事实上，这是非扩张的。为此，注意对于任何 $\phi$，$\psi\in D(S)$，我们有：

$$\begin{aligned}\|\phi\mathbf{M}-\psi\mathbf{M}\|_1&=\int\left|\int p(x,y)(\phi(x)-\psi(x))\mathrm{d}x\right|\mathrm{d}y\\&\leqslant\int\int p(x,y)|\phi(x)-\psi(x)|\mathrm{d}x\mathrm{d}y\\&=\int\int p(x, y)\mathrm{d}y|\phi(x)-\psi(x)|\mathrm{d}x=\|\phi-\psi\|_1\end{aligned}$$

## 8.2 稳定

现在我们来谈谈稳定问题。坏消息是，对于无限状态空间上的密度马尔科夫链，理论要比有限情形复杂得多（见 4.3.3）。好消息是，我们可以建立在研究有限情况的直觉基础上，展示如何将这些概念扩展到处理无限状态空间。在回顾了类似 Dobrushin 系数的密度之后，我们研究了当马尔科夫链演化时，使概率质量保持在状态空间有界区域内的漂移条件。将漂移条件与 Dobrushin 系数的正性概念相结合，我们就得到了密度马尔科夫链稳定性的一个充分条件，并将其应用到若干应用中。

### 8.2.1　概览

在讨论稳定的正式理论之前，我们将花一些时间建立直觉。特别是，我们要构造条件，目的是想知道在什么情况下稳定会失败，并排除这种情况。本节以相对启发性的方式考虑这些问题。我们从稳态密度和全局稳定的定义开始。

令 $p$ 为 $S$ 上的随机密度核，$\mathbf{M}$ 为相应的马尔科夫算子。如前所述，$S$ 是$\mathbb{R}^n$的博雷尔子集，具有标准欧氏度量$d_2$。由于将 $\mathbf{M}$ 集合 $D$（$S$）映射到集合 $D$（$S$）上，并且 $D$（$S$）是距离$d_1$的定义良好的度量空间（见 7.3.3），因此在第 4 章的基础上，（$D$（$S$），$\mathbf{M}$）是一个动力系统。点 $\psi \in D$（$S$）的轨迹$(\psi \mathbf{M}^t)_{t\geq 0}$对应马尔科夫 -（$p$，$\psi$）过程（$X_t$）$_{t\geq 0}$的边缘分布序列。

现在考虑动力系统（$D$（$S$），$\mathbf{M}$）的稳定性，我们对不动点的存在性和全局稳定性感兴趣。$\mathbf{M}$ 的不动点$\psi^*$也被称为稳态密度，根据定义，满足：

$$\psi^*(y) = \int p(x, y)\psi^*(x)\mathrm{d}x, \quad (y \in S)$$

**习题 8.2.1**　考虑线性 AR（1）模型：

$$X_{t+1} = a X_t + W_{t+1}, \quad (W_t)_{t\geq 1} \overset{\text{IID}}{\sim} \phi = N(0, 1) \tag{8-17}$$

其中，$|a| < 1$。相应的密度核是$p(x, y)dy = N(ax, 1)$。用笔和纸，证明这个核的法向密度 $N(0, 1/(1-a^2))$是平稳的。

在有限状态下，每个马尔科夫链都有一个平稳分布（定理 4.3.5）。然而，当 $S$ 不是有限的时，很容易不存在平稳分布。例如，当 $a=1$ 时的模型(8－17)，称为随机游走。稍加思考，你就能理解$X_t \sim N(X_0, t)$，因此：

$$p^t(x, y) = \frac{1}{\sqrt{2\pi t}}\exp\left(\frac{-(y-x)^2}{2t}\right), \quad ((x, y) \in \mathbb{R}\times\mathbb{R})$$

**习题 8.2.2**　证明 $p$ 没有平稳分布。可以通过证明如果$\psi^*$是平稳的，那么：

$$\psi^*(y) = \int p^t(x, y)\psi^*(x)\mathrm{d}x, \quad (t \in N, y \in R)$$

此时，控制收敛定理意味着$\psi^*(y) = 0$，对所有的 $y \in \mathbb{R}$ 都成立。(矛盾?)

在当前语境下，($D(S)$，$\mathbf{M}$)的全局稳定性等价于存在唯一的稳定密度$\psi^*$，使：

$\psi M^t \to \psi^*$，在$d_1$当$t \to \infty$对每一个$\psi \in D(S)$。

让我们试着弄清楚什么时候会出现这种平稳。首先，我们必须排除上面的随机游走所表现出的那种行为。在这种情况下，$X_t$的密度在$\mathbb{R}$上变得越来越分散。实际上，$\psi_t$处处收敛到零，因为根据控制收敛定理，对所有的$y \in \mathbb{R}$有：

$$\psi_t(y) = (\psi \mathbf{M}^t)(y) = \int p^t(x, y)\psi(x)\mathrm{d}x \to 0, \ (t \to \infty)$$

当密度如图 8－4 所示向右或向左发散时，也会出现类似的情况。在这两种情况下，概率质量从状态空间的“中心”发散。换句话说，它没有集中在任何一个地方。

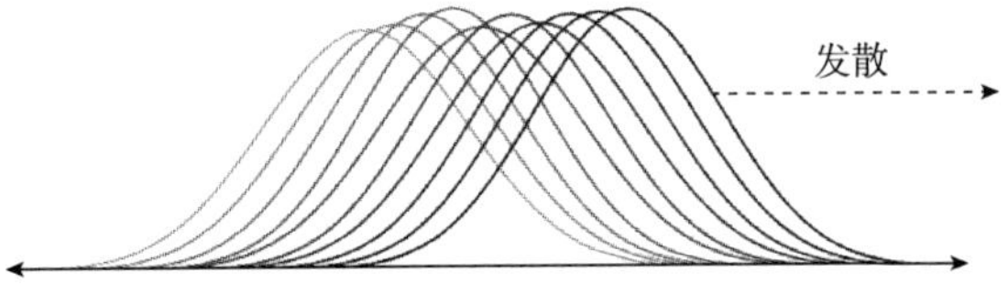


**图 8－4　发散到＋∞**

我们需要的是确保密度集中在一个地方，或者确保轨迹上所有密度的“大部分”概率质量保持在“中心”。另一种方法是要求对于每个密度，大多数质量都在有界集 $K$ 上，如图 8－5 所示。在数学中，我们需要有界集 $K$ 的存在，使$\int_K \psi_t(x)\mathrm{d}x \simeq 1$，对所有 $t$。(要求所有的质量落在有界集 $K$ 上，这一条件看似过于严格，但是对于任意密度都可以截断其尾部，使分布的所有质量都落在有界集上。)

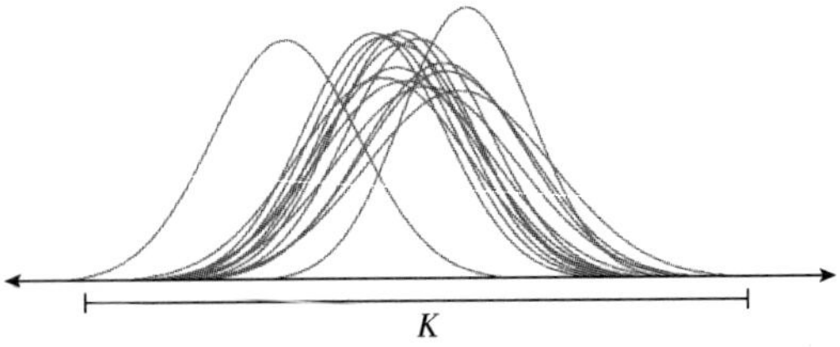


**图 8－5　没有收敛序列**

虽然说 $K$ 必须是有界的，但事实上，光有界是不够的。假设我们研究的系统不在$S=\mathbb{R}$上，而是在$S=(-1,1)$上。举例来说，假设密度将所有质量转移到1。[①] 这也是不稳定性的一个例子（毕竟，这样一个序列没有收敛到的极限密度），它与图 8-4 中的发散有相似的直觉（在概率质量离开状态空间"中心"的意义上）。虽然它已经保持在有界集$(-1,1)$上，但是我们不能通过要求概率保持在某个有界集$K\subset(-1,1)$上而排除这个问题。为了使概率质量保持在状态空间的"中心"，我们真正需要的是区间$[a,b]$，满足$[a,b]\subset(-1,1)$，并且大部分质量保持在$[a,b]$上。

因此，一个合适的条件是要求$K$不仅有界而且是紧的。也就是说，我们要求大多数概率质量保持在$S$的紧子集上。例如，我们可能要求给定任意$\epsilon>0$，存在一个紧集$K\subset S$，使$\int_K \psi_t(x)\,dx\geqslant 1-\epsilon$，对于所有$t$。事实上，这正是紧性的定义，我们将看到它在下面的内容中起着关键作用。

紧密性对稳定性是必要的，但还不够。例如，考虑如图 8-6 所示的模型，它是例题 4.1.8 中模型的随机版本。确定性模型为$k_{t+1}=h(k_t):=sA(k_t)k_t^{\alpha}$，函数$h$为图 8-6 中的粗体曲线。随机版本由$k_{t+1}=W_{t+1}h(k_t)$给出，其中冲击序列$(W_t)_{t\geqslant 1}$在有界区间$[a,b]$上受支撑。函数$k\mapsto ah(k)$和$k\mapsto bh(k)$用虚线表示。

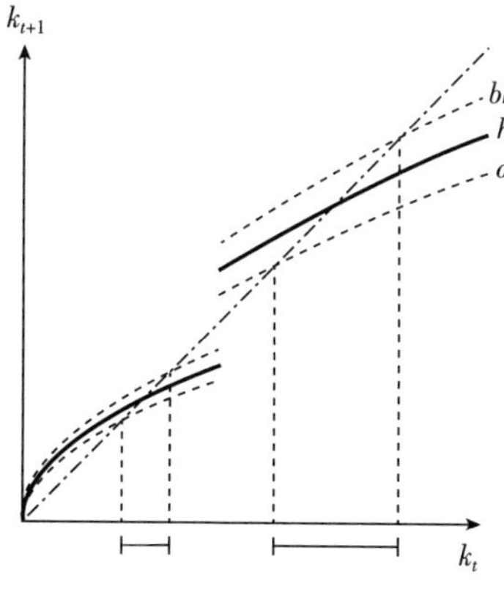


**图 8-6　多变量集合**

稍微考虑一下，读者就会理解图中标记的两个区间是不变集（invariant

① 我们可以想象，如果我们将图 8-4 中的系统通过变量变换（如$y=\arctan(x)$）为$(-1,1)$上的系统，可能会出现这种情况。

sets），也就是说，如果状态进入其中一个区间，概率为 1。那么它就不能发散，结果不存在全局稳定，尽管紧密性可能会持续下去。（确实如此，我们稍后会看到。）

这里的问题是，对于全局稳定性，没有通过足够的混合（mixing）来获得。因此，我们需要的是确保充分混合的条件，以及紧性的条件。最后，我们还需要一个被称为均匀可积性的技术条件，以确保轨迹不堆积在测度为零的集合上。例如，密度为 $N$（0，1/$n$）的序列。在这种情况下，极限分布不能由密度表示，因此不存在于 $D$（$S$）中。

我们现在开始正式讨论这些稳定条件。

### 8.2.2 重访 Dobrushin

在前文，我们介绍了有限情况下的 Dobrushin 系数。用积分代替加总，我们得到：

$$\alpha(p) := \inf\left\{\int p(x, y) \wedge p(x', y)\mathrm{d}y : (x, x') \in S \times S\right\}$$

对于密度 $f$ 和 $g$，逐点最小 $f \wedge g$ 有时称为 $f$ 和 $g$ 之间的仿射（affinity），当 $f = g$ 时最大值为 1，当 $f$ 和 $g$ 有不相交支撑集时，最小值为 0。Dobrushin 系数报告了随机核中所有密度对的仿射下确界。

定理 4.3.17 的证明几乎不变地应用到密度情形中，在每一步用积分代替加总。也就是说，

$$\|\phi\mathbf{M} - \psi\mathbf{M}\|_1 \leqslant (1 - \alpha(p))\|\phi - \psi\|_1, \quad \forall \phi, \psi \in D(S)$$

而且，可得界限，这个意义上：

$$\forall \lambda < 1 - \alpha(p), \ \exists \phi, \psi \in D(S), \text{使} \|\phi\mathbf{M} - \psi\mathbf{M}\|_1 > \lambda \|\phi - \psi\|_1 \tag{8-18}$$

一方面，从 $D$（$S$）的完备性、巴拿赫不动点定理和引理 4.1.21 的完整性出发，现在得到（提供细节）（$D$（$S$），$\mathbf{M}$）是全局稳定，当存在 $t \in \mathbb{N}$ 时使 $\alpha$（$p^t$）$\geqslant 0$。

另一方面，对于某些 $\alpha(p^t)$ 的正性不再是全局稳定性的必要条件。[①] 这是幸运的，因为在许多应用中，我们发现对于所有 $t \in \mathbb{N}$，$\alpha(p^t) = 0$。举例来说，考虑 $p(x, y)dy = N(ax, 1)$ 给定的随机密度核 $p$，它对应于 AR(1) 的过程(8-17)。如果 $|a| < 1$，则该过程是全局稳定的，如第 1 章使用基本参数所示。然而，结果表明

① 如果在习题 4.3.22 中进行了必要性证明，读者就会明白 $S$ 的有限性是至关重要的。

对每个 $t \in \mathbb{N}$，$\alpha(p^t)=0$，实际上，对于固定 $t$，某些常数 $c$ 和 $d$ 有$p^t(x, y)\mathrm{d}y = N(cx, d)$。选择 $x$，$x'$，所以 $cx = n \in \mathbb{N}$ 和 $c\,x' = -nx$，$p^t(x, y) \wedge p^t(x', y)$的积分是如图 8 -7 所示的两个尾部的面积。通过选择足够大的 $n$，可以使这个积分任意地变小。

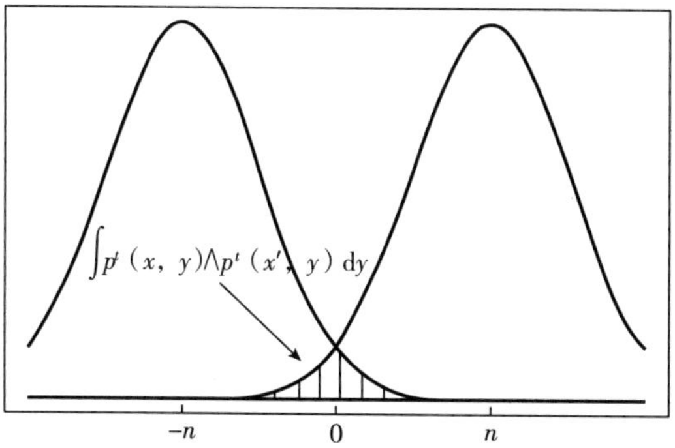


**图 8 -7　Dobrushin 系数为 0**

鉴于（8 -18），因此，与 AR（1）过程相关联的马尔科夫算子 **M** 不是一致压缩的，任意迭代$\mathbf{M}^t$也不是。因此，巴拿赫不动点定理不适用。

幸运的是，我们可以绕过这个负面的结果，为稳定性提供一个非常有用的充分条件。然而，需要一些花哨的技术。本节的其余部分将描述细节。

首先，即使$\mathbf{M}^t$在 $D$（$S$）上不是一致收敛，但它仍然可能是压缩的，这个意义上，

$$\|\phi\mathbf{M} - \psi\mathbf{M}\|_1 < \|\phi - \psi\|_1，当\ \phi \neq \psi \tag{8 -19}$$

事实上，以下结果成立（证明见本章评述）。

**引理 8.2.3**　令 $t \in \mathbb{N}$，$p$ 是 $S$ 上随机密度核，**M** 是对应于 $p$ 的马尔科夫算子。若

$$\int p^t(x, y) \wedge p^t(x', y)\mathrm{d}y > 0，对所有\ x，x' \in S \tag{8 -20}$$

则$\mathbf{M}^t$是 $D(S)$上的压缩，即(8 -19)成立。

使(8 -20)成立 $t$ 的存在性是混合条件(8.2.1 讨论了混合的需要)。一个虽然简单但重要的特殊情况是，当 $p$ 在 $S \times S$ 上是严格正的情况下(例子是，习题 8.2.1 中与 AR(1)过程相关的核 $p$)，对每一个 $y$，$p(x, y) \wedge p(x', y) > 0$。在一个正测度上积分正函数产生一个正数(定理 7.3.9)，并且满足条件(8 -20)。

当与状态空间的紧性成对时，可利用压缩收敛证明全局稳定性。特别是，如果 $h: U \to U$ 是压缩的，且 $U$ 是紧的，那么动力系统（$U$，$h$）是全局稳定的（见定理3.2.38）。在我们遇到的情形中，这个结果可能会有所帮助，但不会立即应用。原因是当 $S$ 是无穷大时，$D(S) = (D(S), d_1)$ 不是紧的。接下来的两个习题有助于说明为何如此。

**习题 8.2.4** 令 $S = \mathbb{R}$，以及 $(\phi_n)_{n \geq 1} \subset D(S)$ 由 $\phi_n := \mathbb{1}_{[n, n+1)}$ 给定。证明：当 $n \neq m$、$d_1(\phi_n, \phi_m) = 2$ 时，该序列中没有收敛到 $D(S)$ 中某一点的子序列。

**习题 8.2.5** 令 $S = (0, 1)$，以及 $(\phi_n)_{n \geq 1} \subset D(S)$ 由 $\phi_n := \mathbb{1}_{(0, 1/n)}$ 给定。假设对某些 $\phi \in D(S)$，有 $d_1(\phi_n, \phi) \to 0$。使用你的测度论方法，证明 $\lambda(\phi) = 0$ 与 $\phi \in D(S)$ 相矛盾。现在你已经证明序列本身不能收敛到 $D(S)$ 中的任何点。证明这对任意子序列也成立。

幸运的是，有一种方法可以解决由于缺乏 $D(S)$ 的紧性而产生的这个问题。回想习题4.1.9，如果在 $U$ 中每个轨迹都是预紧的，则称动态系统（$U$，$h$）为拉格朗日稳定。拉格朗日稳定弱于 $U$ 的紧性，[①] 但结果表明，如果（$U$，$h$）是压缩映射，且拉格朗日稳定，则它是全局稳定的。[②]

假设（8－20）对某些 $t \in \mathbb{N}$ 成立，因此 $\mathbf{M}^t$ 是压缩的。如果我们能够证明（$D(S)$，$\mathbf{M}$）的所有轨迹都是预紧的，那么（$D(S)$，$\mathbf{M}^t$）的所有轨迹也是预紧的（预紧集的子集是预紧的），并且（$D(S)$，$\mathbf{M}^t$）是全局稳定的。最后，引理4.1.21意味着如果（$D(S)$，$\mathbf{M}^t$）是全局稳定的，那么（$D(S)$，$\mathbf{M}$）也是全局稳定的。我们把它记为一个定理。

**定理 8.2.6** 令（$D(S)$，$\mathbf{M}$）是拉格朗日稳定。如果对某些 $t \in \mathbb{N}$，$\mathbf{M}^t$ 是压缩映射，则（$D(S)$，$\mathbf{M}$）全局稳定。

但如何证明轨迹的预紧性呢？我们需要以下两个定义：

**定义 8.2.7** 令 $\mathscr{M}$ 为 $D(S)$ 的子集。密度 $\mathscr{M}$ 的合集称为紧密的，如果：

$$\forall \epsilon > 0, \exists \text{ 紧集 } K \subset S \text{ 使 } \sup_{\psi \in \mathscr{M}} \int_{K^c} \psi(x) \mathrm{d}x \leq \epsilon$$

---

① 如果 $U$ 是紧的，那么（$U$，$h$）总是拉格朗日稳定的（为什么?），但相反的说法是不正确的（例如?）。

② 证明：修正 $x \in U$，定义 $\Gamma(x)$ 为 $\{h^n(x): n \in \mathbf{N}\}$ 的闭包。集合 $\Gamma(x)$ 是 $U$ 的紧子集（为什么?）。此外，$h$ 将 $\Gamma(x)$ 映射到自身（见习题4.1.3）。因此，$(\Gamma(x), h)$ 是一个动力系统，其中 $h$ 是一个压缩且 $\Gamma(x)$ 为紧的，这意味着存在唯一的不动点 $x^* \in \Gamma(x)$，有 $h^n(x) \to x^*$（定理3.2.38）。最后，由于 $U$ 上压缩，$h$ 在 $U$ 中至多有一个不动点。因此，$x^*$ 不依赖于 $x$，$(U, h)$ 是全局稳定的。

密度 $\mathscr{M}$ 的合集称为一致可积（uniformly integrable），如果：

$$\forall \epsilon >0,\ \exists \delta >0 \text{ 使 } \lambda(A) <\delta \text{ 意味着} \sup_{\psi\in\mathscr{M}}\int_A \psi(x)\,\mathrm{d}x \leqslant \epsilon$$

这里 $\lambda$ 是勒贝格测度。本质上，紧密性排除了习题 8.2.4 中违背紧性的情形，而一致可积性排除了习题 8.2.5 中的紧性。紧密性和一致可积性对我们很重要，因为有以下结果：

**定理 8.2.8**　设 $p$ 为 $S$ 上的随机密度核，$\mathbf{M}$ 为相应的马尔科夫算子。令 $\psi \in D(S)$。如果序列 $(\psi\mathbf{M}^t)_{t\geqslant 0}$ 既是紧密又是一致可积的，则它也在 $D(S)$ 中是预紧的。

虽然省略了证明，但是熟悉泛函分析的读者会理解紧密性和一致可积性在一起意味着 $L_1$ 中的弱预紧性。此外，$\mathbf{M}$ 是积分算子的事实意味着它足够平滑，可以将弱预紧集映射到强预紧集。后一个结果的证明可参见 Lasota（1994，定理 4.1）。

### 8.2.3　漂移条件

如何验证给定轨迹 $(\psi\mathbf{M}^t)_{t\geqslant 0}$ 的紧密性和一致可积性？紧密性通常是用漂移不等式来建立的。我们将使用各种依赖于类范数函数的概念（Meyn 和 Tweedie，1993）：

**定义 8.2.9**　如果可测函数 $w: S\to\mathbb{R}_+$ 称为类范数（Norm－like），则它的所有子级集（即 $C_a := \{x\in S: w(x)\leqslant a\}$，$a\in\mathbb{R}_+$ 形式的集合）在 $(S, d_2)$ 中是预紧的。

**示例 8.2.10**　令 $S=\mathbb{R}^n$，$w(x):=\|x\|$，其中 $\|\cdot\|$ 是 $\mathbb{R}^n$ 上任意范数（定义 3.1.2）。函数 $w$ 在 $S$ 上是类范数，因为 $w$ 的子级集关于 $\|\cdot\|$ 诱导的度量是有界的，因此关于 $d_2$ 有界（定理 3.2.30）。对于子集 $(\mathbb{R}^n, d_2)$，有界性意味着是预紧的（定理 3.2.19）。

我们现在可给出漂移条件：

**定义 8.2.11**　令 $p$ 是 $S$ 上的一个随机密度核。我们说 $p$ 满足到中心的几何漂移（geometric drift to the center），如果在 $S$ 上存在类范数函数 $w$，正值常数 $\alpha<1$ 和 $\beta<\infty$，使：

$$\int w(y)p(x, y)\,\mathrm{d}y \leqslant \alpha w(x)+\beta,\quad (x\in S)$$

我们将看到，这种情况通常在应用中很容易验证。

**命题 8.2.12**　如果 $p$ 满足到中心的几何漂移，则对每一个 $\psi\in D(S)$，$\psi\mathbf{M}^t$

是紧密的。

本章评述给出了证明，但直觉并不困难：在几何漂移下，比率 $\int w(y)p(x, y)\mathrm{d}y/w(x)$ 由 $\mathrm{b}y/\alpha+\beta/w(x)$ 支配。当 $x$ 远离状态中心时，类范数函数趋向变大，所以如果 $x$ 离中心足够远，则 $\alpha+\beta/w(x)<1$。在这种情况下，给定 $X_t=x$ 时，$w(X_{t+1})$ 的期望 $\int w(y)p(x, y)\mathrm{d}y$ 小于 $w(x)$。这反过来意味着概率质量向后移向中心，这里 $w$ 更小。将概率质量保持在状态空间的中心是紧密性的本质。

在本节将要结束时，让我们讨论 AR（1）模型：

$X_{t+1}=aX_t+b+W_{t+1}$，$(W_t)_{t\geq 1}\overset{\mathrm{IID}}{\sim}\phi=N(0, 1)$，$|a|<1$

是拉格朗日稳定，因为随机核：

$$p(x, y)=\phi(y-ax-b),\ \phi(z):=\frac{1}{\sqrt{2\pi}}\exp(-z^2/2)$$

$\mathbb{R}\times\mathbb{R}$ 严格为正（因此马尔科夫算子是压缩的），这意味着全局稳定。

关于紧密性，令 $w$ 为类范数函数 $|\cdot|$。变量变换 $z=y-ax-b$ 给出：

$$\begin{aligned}\int |y|p(x, y)\mathrm{d}y &= \int |y|\phi(y-ax-b)\mathrm{d}y\\ &= \int |ax+b+z|\phi(z)\mathrm{d}z\\ &\leq \alpha|x|+\beta,\ \alpha:=|a|,\ \beta:=|b|+\int |z|\phi(z)\mathrm{d}z\end{aligned}$$

因为 $|a|<1$，满足几何漂移条件，鉴于命题 8.2.12，每一个轨迹都是紧密的。

只有轨迹的一致可积性有待检验。为此，选择任意 $\psi\in D$（$S$）。观察到有一个常数 $K$，对于每个 $x$，$y$。使 $p$（$x$，$y$）$\leq k$，因此，对任意 $A\in\mathscr{B}$（$\mathbb{R}$），$t\in\mathbb{N}$，

$$\begin{aligned}\int_A\psi\mathbf{M}^t(y)\mathrm{d}y &= \int_A\left[\int p(x, y)\psi\mathbf{M}^{t-1}(x)\mathrm{d}x\right]\mathrm{d}y\\ &= \int\left[\int_A p(x, y)\mathrm{d}y\right]\psi\mathbf{M}^{t-1}(x)\mathrm{d}x\leq\int K\lambda(A)\psi\mathbf{M}^{t-1}(x)\mathrm{d}x=K\lambda(A)\end{aligned}$$

现在固定 $\epsilon>0$。如果 $\lambda(A)<\epsilon/K$，则 $\int_A\psi\mathbf{M}^t(y)\mathrm{d}y<\epsilon$，独立于 $t$。因此，$(\psi\mathbf{M}^t)_{t\geq 0}$ 的一致可积性成立。定理 8.2.8 告诉我们 $(D(S), \mathbf{M})$ 是拉格朗日稳定，因此全局稳定。

我们将在下一节中看到，这些思想可以用来证明更复杂模型的稳定性。在认真讨论应用之前，让我们尝试将结果打包成一个简单的格式。基于拉格朗日稳定

性，我们可以通过以下结果使我们的研究更轻松：

**命题 8.2.13** 令 $\psi \in D(S)$。令 $p$ 是 $S$ 上的随机密度核，$\mathbf{M}$ 是相应的马尔科夫算子。如果序列 $(\psi\mathbf{M}^t)_{t\geq 0}$ 是紧密的，并且存在一个连续函数 $m: S \to \mathbb{R}$，使 $p(x, y) \leq m(y)$，对所有的 $x, y \in S$，则 $(\psi\mathbf{M}^t)_{t\geq 0}$ 也是一致可积的。

该证明是上述 AR（1）系统一致可积性证明的一个推广，其中我们使用了 $p$ 以常数为上界这一事实（这肯定是一个连续函数）。在本章评述中给出这一证明，初次阅读时应跳过。

现在，让我们把这些放在一起：

**定理 8.2.14** 令 $p$ 是 $S$ 上的随机密度核，$\mathbf{M}$ 是相应的马尔科夫算子。如果

（1）$\exists t \in \mathbb{N}$ 使 $\int p^t(x, y) \wedge p^t(x', y)\mathrm{d}y > 0$，对所有 $(x, x') \in S \times S$；

（2）$p$ 满足到中心几何漂移；

（3）$\exists$ 连续 $m: S \to \mathbb{R}$ 使 $p(x, y) \leq m(y)$，对所有的 $x, y \in S$。

则动力系统 $(D(S), \mathbf{M})$ 是全局稳定的。

**证明：** 鉴于定理 8.2.6，我们只需要证明 $(\psi\mathbf{M}^t)_{t\geq 0}$ 是预紧的，对每一个 $\psi \in D(S)$。所以，选择任意 $\psi \in D(S)$。因为 $p$ 满足几何漂移，$(\psi\mathbf{M}^t)_{t\geq 0}$ 是紧密的。根据命题 8.2.13，它是一致可积的，因此也是预紧的（定理 8.2.8）。■

与有限状态情形一样，稳定性与大数定律有关（回忆定理 4.3.33）。例如，以随机递归序列为例：

$$X_{t+1} = F(X_t, W_{t+1}),\ X_0 \sim \psi,\ (W_t)_{t\geq 1} \overset{\text{IID}}{\sim} \phi \tag{8-21}$$

其中，状态空间 $S$ 是 $\mathbb{R}^n$ 的博雷尔子集，$Z$ 是 $\mathbb{R}^k$ 的博雷尔子集，$\phi \in D(Z)$ 和 $\psi \in D(S)$。令 $p$ 表示 177 页意义下 $S$ 上 SRS。令 $\mathbf{M}$ 为对应的马尔科夫算子。我们有如下结果：

**定理 8.2.15** 令 $h: S \to \mathbb{R}$ 是博雷尔可测函数，令 $(X_t)_{t\geq 0}$，核 $p$ 和马尔科夫算子 $\mathbf{M}$ 如上定义。如果 $(D(S), \mathbf{M})$ 是全局稳定的，有稳态分布 $\psi^*$，则：

$$\frac{1}{n}\sum_{t=1}^{n} h(X_t) \to \int h(x)\psi^*(x)\mathrm{d}x,\ \text{当 } n \to \infty$$

当 $\int |h(x)|\psi^*(x)dx$ 有限则概率为 1。

概率为 1 收敛的含义将在后面讨论，现在你可以将它理解为：使生成路径 $(W_t)_{t\geq 1}$ 收敛失败的概率为 0。注意收敛独立于初始条件 $\psi$。

定理的证明超出了本书的范围。见 Nummelin（1984，命题 6.3）、Meyn 和

Tweedie（1993，定理 17.1.7）。注意，定理 8.2.15 证明了 6.1.4 中引入的平稳密度前瞻性估计量，至少在稳定性上成立。此外，正如我们在有限状态的情况下看到的，LLN 导致了在全局稳定情况下对有效的平稳密度的新解释，对任意的 $B \in \mathscr{B}(S)$：

$$\int_B \psi^*(x)\mathrm{d}x \simeq (X_t)_{t\geqslant 0}\text{在 } B \text{ 花费的时间比例}$$

为此，取 $h = \mathbb{1}_B$。则定理 8.2.15 有：

$$\frac{1}{n}\sum_{t=1}^{n} h(X_t) = \frac{1}{n}\sum_{t=1}^{n} \mathbb{1}_B(X_t) \to \int_B \psi^*(x)\mathrm{d}x \text{ 当 } n \to \infty \quad (8-22)$$

### 8.2.4 应用

让我们谈谈应用。首先，回顾在 6.3.2 中讨论的投机商品动态模型。状态演化根据 $X_{t+1} = \alpha I(X_t) + W_{t+1}$，$(W_t)_{t\geqslant 1} \overset{\text{IID}}{\sim} \phi$，其中 $I$ 是被（6－27）所定义的均衡投资函数。现在假设 $\phi$ 是对数正态密度。随机核是：

$$p(x, y) = \phi(y - \alpha I(x)), \ ((x, y) \in S \times S)$$

其中，当 $z<0$ 时，$\phi(z)=0$ 状态空间是 $S = \mathbb{R}_+$。

这种模式很容易被认为是全局稳定的。关于定理 8.2.14 的条件（1），选取任意 $x, x' \in S$。令 $E$ 为全部 $y \in S$，使 $y > \alpha I(x)$ 和 $y > \alpha I(x')$。在 $E$ 上，函数 $y \mapsto p(x, y) \wedge p(x', y)$ 是严格正的，在正测度集上的严格正函数的积分是正的（定理 7.3.9）。因此，条件（1）适用于当 $t=1$ 时。

关于条件（2），设 $w(x) = x$。这个函数像是 $S$ 上的范数。此外，到中心的几何漂移成立，因为使用变量变换 $z = y - \alpha I(x)$，有：

$$\int y p(x, y)\mathrm{d}y = \int y\phi(y - \alpha I(x))\mathrm{d}y = \alpha I(x) + \int z\phi(z)\mathrm{d}z \leqslant \alpha x + \int z\phi(z)\mathrm{d}z$$

条件（3）是平凡的，因为 $p(x, y) \leqslant K$，对于某些常数 $K$，并且常数函数是连续的。因此，全局稳定成立。

接下来，回顾例 6.1.3 中的 STAR 模型，其中 $Z = S = \mathbb{R}$，状态演化按照：

$$X_{t+1} = g(X_t) + W_{t+1}, \ (W_t)_{t\geqslant 1} \overset{\text{IID}}{\sim} \phi \in D(\mathbb{R}) \quad (8-23)$$

其中，$g(x) := (\alpha_0 + \alpha_1 x)(1 - G(x)) + (\beta_0 + \beta_1 x)G(x)$。这里 $G$: $S \to [0, 1]$ 是平滑转移函数，满足 $G' > 0$，$\lim_{x\to-\infty} G(x) = 0$ 和 $\lim_{x\to\infty} G(x) = 1$。假设 $\phi$ 有界，则 $\mathbb{R}$ 中每个正值，有：

$$\gamma := |\alpha_1| \vee |\beta_1| < 1 \text{ 和 } \int |z| \phi(z)\mathrm{d}z < \infty$$

**习题8.2.16**　证明在这些假设下存在常数 $c$，使 $|g(x)|\leqslant\gamma|x|+c$，对所有的 $x\in S=\mathbb{R}$。

因为随机密度核 $p(x,y)=\phi(y-g(x))$ 在 $S\times S$ 上严格为正，定理8.2.14的条件(1)成立。关于条件(2)，设 $w(x)=|x|$。变量变换 $z=y-g(x)$，有：

$$\int|y|p(x,y)\mathrm{d}y=\int|y|\phi(y-g(x))\mathrm{d}y=\int|g(x)+z|\phi(z)\mathrm{d}z$$

$$\leqslant\gamma|x|+c+\int|z|\phi(z)\mathrm{d}z$$

因为 $\gamma<1$，所以条件（2）满足。

条件（3）是平凡的，因为 $\phi$ 和 $p$ 以某个常数 $K$ 为界。设所有 $y$ 的 $m(y)=k$，并给出一个连续的上界。

作为另一个应用，再次考虑阈值自回归模型，其中 $Z=S=\mathbb{R}^n$，以及：

$$X_{t+1}=\sum_{k=1}^{K}(A_kX_t+b_k)\mathbb{1}B_k(X_t)+W_{t+1},\ (W_t)_{t\geqslant1}\overset{\text{IID}}{\sim}\phi\in D(\mathbb{R}^n)$$

习题8.1.5中，读者证明了随机核给定为：

$$p(x,y)=\phi\left[y-\sum_{k=1}^{K}(A_kx+b_k)\mathbb{1}_{B_k}(x)\right],\ ((x,y)\in S\times S)\qquad(8-24)$$

假设 $\phi$ 在 $\mathbb{R}^n$ 上是严格正的、有界的，且对于 $\mathbb{R}^n$ 上的某个范数 $\|\cdot\|$ 有 $\int\|z\|\phi(z)\mathrm{d}z<\infty$。可以用与前面例子几乎相同的方法得到验证定理8.2.14的条件（1）和条件（3）。对于条件（2），设 $\gamma_k$ 为实数，对所有 $x$，使 $\|z\,A_kx\|\leqslant\gamma_k\|x\|$。假设 $\gamma:=\max_k\gamma_k<1$。则再次使用变量变换，

$$\int\|y\|p(x,y)dy=\int\left\|\sum_{k=1}^{K}(A_kx+b_k)\mathbb{1}_{B_k}(x)+z\right\|\phi(z)\mathrm{d}z$$

$$\leqslant\sum_{k=1}^{K}\|A_kx+b_k\|\mathbb{1}_{B_k}(x)+\int\|z\|\phi(z)\mathrm{d}z$$

$$\leqslant\sum_{k=1}^{K}\gamma_k\|x\|\mathbb{1}_{B_k}(x)+\sum_{k=1}^{K}\|b_k\|+\int\|z\|\phi(z)\mathrm{d}z$$

$$\leqslant\gamma\|x\|+\beta,\quad\beta:=\leqslant\sum_{k=1}^{K}\|b_k\|+\int\|z\|\phi(z)\mathrm{d}z$$

由于 $\gamma<1$，以及 $\|\cdot\|$ 是类似范数，所以条件（2）同样满足，模型是全局稳定。

在开始下一个应用之前，让我们考虑一下类似于范数的函数（即有预紧子集的非负函数）。对于度量空间（$\mathbb{R}^n$，$d_2$），我们可以把预紧性等同于有界性（定

理3.2.19）。对于 $S \subset \mathbb{R}^n$，$(S, d_2)$ 的有界子集不必是预紧的（例如习题3.2.14），使预紧性成为类似于范数的特性更难验证。下一个结果给出了 $S$ 是 $\mathbb{R}$ 开区间时的一些指导。证明作为练习。

**引理 8.2.17** 如果 $S=(u, v)$，其中 $u \in \{-\infty\} \cup \mathbb{R}$ 和 $v \in \{+\infty\} \cup \mathbb{R}$，则 $w: S \to \mathbb{R}_+$ 是类似范数，当且仅当 $\lim_{x\to u} w(x) = \lim_{x \to v} w(x) = \infty$。①

因此 $w(x) := |\ln x|$ 是 $S=(0, \infty)$ 上的类范数函数。我们下面利用这个事实。

最后一个应用。在习题8.1.8中，导出了非凸增长模型 $k_{t+1} = SA(k_t) k_t^\alpha W_{t+1}$ 的随机核，其中 $S=Z=(0, \infty)$ 和 $(W_t)_{t \geq 1}$ 是 IID，有密度 $\phi \in D(Z)$。形式为：

$$p(x, y) = \phi\left(\frac{y}{sA(x)x^\alpha}\right)\frac{1}{sA(x)x^\alpha}, \quad ((x, y) \in S \times S)$$

假设 $A$ 在 $[a_1, a_2] \subset S$ 中取值，且 $\alpha < 1$。对于密度 $\phi$，假设 $\phi$ 在 $(0, \infty)$ 上是严格正的，$\int |\ln z| \phi(z) dz$ 是有限的，并且有 $\phi(z) dz \leq M$，对于某些 $M < \infty$ 和所有 $z \in (0, \infty)$。例如，对数正态密度满足所有这些条件。

现在让我们检验定理8.2.14的条件。条件（1）成立，因为 $p$ 在 $S \times S$ 上是严格正的。关于条件（2），设 $w(x) = |\ln x|$，所以：

$$\int w(sA(x)x^\alpha z)\phi(z)\mathrm{d}z = \int |\ln s + \ln A(x) + \alpha \ln x + \ln z| \phi(z)\mathrm{d}z$$

$$\leq |\ln s| + |\ln A(x)| + \alpha |\ln x| + \int |\ln z| \phi(z)\mathrm{d}z$$

设 $\beta := |\ln s| + \max\{|\ln a_1|, |\ln a_2|\} + \int |\ln z| \phi(z)\mathrm{d}z$，我们可得：

$$\int w(sA(x)x^\alpha z)\phi(z)\mathrm{d}z \leq \alpha |\ln x| + \beta = \alpha w(x) + \beta$$

因为 $w$ 在（0，∞）上是范数，可证条件（2）。

最后，考虑条件（3）给定 $S$ 中 $x$ 和 $y$，我们有：

$$p(x, y) = p(x, y)\frac{y}{y} = \phi\left(\frac{y}{sA(x)x^\alpha}\right)\frac{y}{sA(x)x^\alpha}\frac{1}{y} \leq \frac{M}{y}$$

因为 $m(y) := M/y$ 在 $S$ 上是连续的，满足条件(3)。

---

① 这里 $\lim_{x\to a} f(x) = \infty$ 意味着对任意的 $x \to a$ 和任意的 $M \in \mathbf{N}$，都存在 $N \in \mathbf{N}$ 使 $n \geq N$，意味着 $f(x_n) \geq M$。提示：证明 $K \subset S$ 在 $S$ 是预紧的，当且仅当 $K$ 中没有序列收敛于 $u$ 或 $v$。

## 8.3 评述

本章内容主要借鉴了 Lasota 和 Mackey（1994），以及 Lasota（1994）一篇略显晦涩但引人入胜的论文。定理 8.2.14 来自 Mirman、Reffett 和 Stachurski（2005）。可以在 Stachurski（2002）中找到关于该理论的更多细节和在最优增长中的应用。另见 Stachurski（2003）。

# 第9章　测度理论概率

在20世纪最初的几十年里，数学家们认识到，通过测度论有可能把这个难以解决的概率命题放在一个完全可靠和严格的框架中，在那里直接处理，并证明强大的定理。这种概率和测度的结合产生了一种标准语言，供全世界数学家和其他科学家共同研究概率和统计学。仔细阅读并熟练掌握本章内容，可以帮助理解和参与他们的对话。

## 9.1　随机变量

概率语言从随机变量及其分布开始。让我们从具体处理这些主题开始，首先是基本定义，其次转到关键概念，如期望和独立。

### 9.1.1　基本定义

在概率论中，随机变量这一术语只是在某些测度空间（$\Omega$，$\mathscr{F}$）上表示$\mathscr{F}$-可测实值函数的另一种方式。换言之，（$\Omega$，$\mathscr{F}$）上的随机变量是一个映射$X$：$\Omega\to\mathbb{R}$，有性质$X^{-1}$（$B$）$\in\mathscr{F}$，对所有的$B\in\mathscr{B}$（$\mathbb{R}$）。由于历史原因，随机变量通常用大写符号（如$X$和$Y$）而不是小写符号（如$f$和$g$）来表示。可测空间（$\Omega$，$\mathscr{F}$）通常与概率测度$\mathbb{P}$成对出现，该概率测度将概率分配给事件$E\in\mathscr{F}$。

为什么只关注$\mathscr{F}$-可测函数？假设$\mathbb{P}$是（$\Omega$，$\mathscr{F}$）上一个概率，我们可以把从$\mathbb{P}$抽签看作是一个实验，非数值结果是$\omega\in\Omega$，如“三头两尾”。为了使这个实验的结果更易于分析，我们指定了一个函数$X$：$\Omega\to\mathbb{R}$，将结果映射成数值。进一步假设，我们希望估计 $X \geqslant a$ 的概率或$\mathbb{P}\{\omega \in \Omega: X(\omega) \geqslant a\} := \mathbb{P}\{X \geqslant a\} := \mathbb{P}X^{-1}([a, \infty))$。因为$\mathbb{P}$仅定义在$\mathscr{F}$上的集合，这要求$X^{-1}([a, \infty)) \in \mathscr{F}$。后者由 $X$ 的 $\mathscr{F}$- 可测保证。

实际上，将随机变量定义为实值函数还不够普遍。我们需要考虑“随机对象”，它们类似于（实值）随机变量，除了它们在其他空间（如$\mathbb{R}^n$或抽象度量空间）中取值。一些作者使用“随机对象”一词，但我们都将其称为随机变量。

**定义 9.1.1**　令（$\Omega$，$\mathscr{F}$，$\mathbb{P}$）为概率空间，（$S$，$\mathscr{S}$）为任意可测空间。取值 $S$ 的随机变量是函数 $X$：$\Omega \to S$，它是$\mathscr{F}$，$\mathscr{S}$- 可测：当 $B \in \mathscr{S}$ 时，$X^{-1}(B) \in \mathscr{F}$。$X$ 的分布是唯一测度$\mu_X \in \mathscr{P}(S, \mathscr{S})$，定义为：

$$\mu_X(B) := \mathbb{P}(X^{-1}(B)) = P\{\omega \in \Omega: X(\omega) \in B\}, \ B \in \mathscr{S}。$$

注意，$\mu_X$给出了每个 $B \in \mathscr{S}$下 $X \in B$ 的概率，它只是 $X$ 下$\mathbb{P}$的图像测度$\mathbb{P} \circ X^{-1}$。分布在概率论中起着核心作用。

一个关于快速表示的重要观点是：在概率论中，使用缩写$\{X$ 有性质 $P\}$表示集合$\{\omega \in \Omega: X(\omega)\}$有性质 $P$。我们将遵循这个惯例。类似地，$\mathbb{1}\{X \in A\}$是集合$\{\omega \in \Omega: X(\omega) \in A\}$的指示函数。

**习题 9.1.2**　令 $S$ 为度量空间，（$\Omega$，$F$）为任意可测空间。令$f$：$\Omega \to S$ 为$\mathscr{F}$，$\mathscr{B}(S)$ - 可测，$g$：$S \to \mathbb{R}$为连续函数。证明 $X := g \circ f$ 是$(\Omega, F)$上的随机变量。

实值随机变量 $X$ 在$(\Omega, F, \mathbb{P})$上的积分称为它的期望值，写为$\mathbb{E}(X)$或$\mathbb{E}X$，即，$\mathbb{E}X := \int X d\mathbb{P} := \int X(\omega)\mathbb{P}(d\omega) := \mathbb{P}(X)$。

最右边的定义是积分线性函数的表示法，我个人更喜欢这种方法，因为它不需要使用新符号$\mathbb{E}$来迫使我们在取期望时指定潜在的概率。尽管我有些不喜欢符号$\mathbb{E}$，但它更传统，在下文都会用到。

我们对$\mathbb{E}$的定义有一个合理的概率解释。如果 $X$ 是简单的，在$A_1$，…，$A_N$上分别取值$\alpha_1$，…，$\alpha_N$，则期望$\mathbb{E}X = \sum_n \alpha_n \mathbb{P}(A_n)$，即随机变量所有可能取值和每个值发生时概率乘积的加总。如果 $X$ 不是简单的，那么为了计算期望，我们用简单函数来近似 $X$，在这种情况下类似的直觉适用。

**习题 9.1.3**　考虑概率空间$(S, \mathscr{S}, \delta_z)$，其中$\delta_z$是 7.1.3 中介绍的退化概率测度。$f \in m\mathscr{S}^+$ 的期望是$\mathbf{E}\mathbf{f} := \int f \mathrm{d}\,\delta_z$。直觉上，$\mathbf{E}\mathbf{f} = \mathbf{f}(z)$，因为我们确信$\delta_z$能找出点 $z$。确认这一直觉。

分布和期望之间有着密切的联系：

**定理 9.1.4** 如果 $X$ 是$(\Omega, F, \mathbb{P})$上 $S$ - 值随机变量，有分布$\mu_X \in \mathscr{P}(S, \mathscr{S})$，若 $w \in m\mathscr{S}$非负或$\mathbb{E}|w(X)|<\infty$，则：

$$\mathbb{E}_{\mathbf{w}}(X) := \int w \circ X d\,\mathbb{P} = \int w d\,\mu_X =: \mu_X(w) \tag{9-1}$$

这只是定理 7.3.17 的特殊情况，其有：

$$\int w d\,\mu_X := \int w d(\mathbb{P} \circ X^{-1}) = \int w \circ X d\,\mathbb{P}$$

令$(\Omega, F, \mathbb{P})$为概率空间，$X$ 是这一空间上实值随机变量，令 $k \in \mathbb{N}$。$X$ 的 $k$ 阶矩为$\mathbb{E}(X^k)$，作为期望它可能存在，也可能不存在。根据定义，期望存在的要求是$\mathbb{E}(X^k)<\infty$。$a^j \leqslant a^k+1$ 对所有的 $j \leqslant k$ 和 $a \geqslant 0$，可以使用这一基本不等式来证明，如果$j \leqslant k$ 和 $k$ 阶矩有限，则$j$ 阶矩也有限。根据前面的有界，我们有$|X|^j \leqslant |X|^k + \mathbb{1}_\Omega$，其中认为这一不等式在 $\Omega$ 上逐点成立。根据积分中(1)～(5)的性质，我们认为$\mathbb{E}|X|^j \leqslant \mathbb{E}|X|^k+1<\infty$。

令 $X$ 和 $Y$ 为实值随机变量，存在有限二阶矩。$X$ 的方差 $\mathrm{Var}(X) := \mathbb{E}[(X-EX)^2]$是实数，$X$ 和 $Y$ 的协方差是 $\mathrm{Cov}(X, Y) := \mathbb{E}[(X-\mathbb{E}X)(Y-\mathbb{E}Y)]$。

**习题 9.1.5** 证明如果 $X$ 中存在有限的二阶矩，且若 $a$ 和 $b$ 是常数，则 $\mathrm{Var}(aX+b)=a^2\,\mathrm{Var}(X)$。此外，证明如果 $\mathrm{Cov}(X, Y)=0$，则 $\mathrm{Var}(X+Y)=\mathrm{Var}(X)+\mathrm{Var}(Y)$。

在接下来的结果中，我们经常需要说一些类似于“令 $X$ 为（$\Omega$, $F$, $\mathbb{P}$）上的随机变量，在（$S$, $\mathscr{S}$）中取值，并具有分布 $\mu$”的话。幸运的是：

**定理 9.1.6** 给定任意可测空间（$S$, $\mathscr{S}$）和 $\mu \in \mathscr{P}(S, \mathscr{S})$，存在概率空间（$\Omega$, $F$, $\mathbb{P}$）和随机变量 $X$：$\Omega \to S$，使 $X$ 有分布 $\mu$。

**习题 9.1.7** 通过令（$\Omega$, $F$, $\mathbb{P}$）＝（$S$, $\mathscr{S}$, $\mu$）和 $X$ 是 $S$ 上的恒等映射(identity mapping)，证明定理 9.1.6。特别地，证明 $X$ 是可测的且有分布 $\mu$。

有时更明确地构造一个支撑（supporting）概率空间是有用的。考虑到 $\mathscr{P}(\mathbb{R})$中的任意分布，可以用累积分布函数 $H$ 来表示。① 为了简单起见，我们假设 $H$ 是严格递增的[可以在 Williams(1991)第 3 章中找到一般情况的讨论]。令 $X$：$(0, 1) \to \mathbb{R}$ 为 $H$：$X=H^{-1}$的逆。那么 $X$ 是$(\Omega, F, \mathbb{P})=((0, 1), \mathscr{B}(0, 1), \lambda)$上分布为 $H$ 的随机变量(此处 $\lambda$ 是勒贝格测度)。

把可测性作为一个练习，让我们确认 $X$ 有分布 $H$。固定 $z \in \mathbb{R}$。注意对每一

① 回顾定理 7.1.33。

个 $u\in(0, 1)$ 我们有 $X(u)\leqslant z$ 当且仅当 $u\leqslant H(z)$，因此：

$$\mathbb{P}\{X\leqslant z\}:=\mathbb{P}\{u\in(0, 1): X(u)\leqslant z\}$$
$$=\mathbb{P}\{u\in(0, 1): u\leqslant H(z)\}=\lambda((0, H(z)])=H(z)$$

因此 $X$ 具有分布 $H$，即为所证。

接下来，我们介绍切比雪夫（Chebychev）不等式，它允许我们根据期望来约束尾部概率，后者在许多应用中更容易计算。

**定理 9.1.8** 令 $X$ 为 $(\Omega, F, \mathbb{P})$ 上 $S$ - 值随机变量。如果 $h: S\to\mathbb{R}_+$ 是可测函数，以及 $\delta\in\mathbb{R}$，则 $\delta\,\mathbb{P}\{h(X)\geqslant\delta\}\leqslant\mathbb{E}h(X)$。

**证明：** 观察到 $\Omega$ 上逐点 $h(X)\geqslant h(X)\mathbb{1}\{h(X)\geqslant\delta\}\geqslant\delta\mathbb{1}\{h(X)\geqslant\delta\}$。现在求积分，使用性质(1) ~ (5)可证明。■

以下两种特殊情况重复使用。首先，如果 $X$ 是非负随机变量，则令 $h(x)=x$ 可得：

$$\mathbb{P}\{X\geqslant\delta\}\leqslant\frac{\mathbb{E}X}{\delta},\ (\delta>0) \tag{9-2}$$

其次，应用界到 $Y:=X-\mathbb{E}X$，以及 $h(x)=x^2$，可得：

$$\mathbb{P}\{|X-\mathbb{E}X|\geqslant\delta\}=\mathbb{P}\{(X-\mathbb{E}X)^2\geqslant\delta^2\}\leqslant\frac{\mathrm{Var}(X)}{\delta^2},\ (\delta>0) \tag{9-3}$$

正如我们所见，(9-3) 可以用来证明大数定律。

### 9.1.2 独立性

我们已经在书中反复使用了独立的概念。现在是正式定义的时候了。

**定义 9.1.9** 分别在（$S$, $\mathscr{S}$）和（T, $\mathscr{T}$）上取值的随机变量 $X$ 和 $Y$ 称为独立的，当：

$\mathbb{P}\{X\in A\}\cap\{Y\in B\}=\mathbb{P}\{X\in A\}\cdot\mathbb{P}\{Y\in B\}$ 对所有的 $A\in\mathscr{S}$ 和 $B\in\mathscr{T}$

更一般地，$X_i$ 在（$S_i$, $\mathscr{S}_i$）上取值的随机变量 $X_1$, …, $X_n$ 的有限合集，称为独立的。如果对任意的集合 $A_i\in\mathscr{S}_i$，有：

$$\mathbb{P}\cap_{i=1}^{n}\{X_i\in A_i\}=\prod_{i=1}^{n}\mathbb{P}\{X_i\in A_i\}=\prod_{i=1}^{n}\mu_{X_i}(A_i) \tag{9-4}$$

如果合集的任意有限子集是独立的，则随机变量的无限合集称为独立。

在 (9-4) 中，右边是边缘分布的乘积。因此，独立随机变量的联合分布只是它们边缘分布的乘积。如下结果扩展了从概率到预期的“独立意味着乘法”法则。

**定理 9.1.10** 如果 $X$ 和 $Y$ 是独立实值随机变量，有 $\mathbb{E}|X|<\infty$ 和 $\mathbb{E}|Y|<\infty$，则 $\mathbb{E}|XY|<\infty$ 和 $\mathbb{E}(XY)=\mathbb{E}X\mathbb{E}Y$。

**习题 9.1.11** 证明：如果 $X$ 和 $Y$ 独立，则 $\mathrm{Cov}(X, Y)=0$。

独立的一个重要结果是：

**定理 9.1.12** （Fubini）令 $X$ 和 $Y$ 定义如上，$S$ 和 $T$ 分别是 $\mathbb{R}^n$ 和 $\mathbb{R}^k$ 的子集。令 $h\in b\mathscr{B}(S\times T)$ 或 $m\mathscr{B}(\mathscr{S}\times T)^+$。换言之，$h$ 是 $(X, Y)$ 取值空间上的有界或非负博雷尔可测函数。如果 $X$ 和 $Y$ 独立，则：

$$\mathbb{E}h(X, Y)=\iint h(x, y)\mu_X(\mathrm{d}x)\mu_Y(\mathrm{d}y)=\iint h(x, y)\mu_Y(\mathrm{d}y)\mu_X(\mathrm{d}x)$$

当我们在一个概率空间上有无穷多的随机变量，并用一个通常表示时间的值来索引时，事情就变得有趣起来。这些随机变量合集称为随机过程。下面是一个正式的定义。

**定义 9.1.13** 令 $(\mathscr{S}-, \mathscr{S})$ 是可测空间，$(\Omega, F, \mathbb{P})$ 为概率空间。在 $\mathscr{S}$-值随机过程中，我们指的是元组 $(\Omega, F, \mathbb{P}, (X_t)_{t\in\mathbf{T}})$，其中 $\mathbb{T}$ 是一个索引集，$(X_t)_{t\in\mathbf{T}}$ 是所有定义在 $(\Omega, F, \mathbb{P})$ 上 $\mathscr{S}$-值随机变量 $X_t$ 的集族。

对于随机过程，其思想是在“初始时间”，点 $\omega$ 由“自然”依据概率法则 $\mathbb{P}$（即 $\mathbb{P}(E)$ 是 $\omega\in E$ 的概率）从集合 $\Omega$ 中选取。这是所有不确定性的一次性实现，$X_t(\omega)$ 只报告感兴趣的变量时间 $t$ 的结果，为该实现的函数。

最简单的随机过程是 IID 过程：

**定义 9.1.14** $\mathscr{S}$-值随机过程 $(\Omega, F, \mathbb{P}, (X_t)_{t\in\mathbf{T}})$ 称为独立同分布（IID），如果序列 $(X_t)_{t\in\mathbf{T}}$ 是独立的，以及每一个 $X_t$ 有相同的分布，在这个意义下：

$\mathbb{P}\{X_t\in B\}=\mathbb{P}\{X_s\in B\}$ 对任意 $s$，$t\in T$ 以及任意 $B\in\mathscr{S}$

对于一个 IID 过程，在每一个 $t$ 发生非 0 概率的事件时，最终都会以概率 1 发生。为此，假设 $(\Omega, F, \mathbb{P}, (X_t)_{t\in\mathbf{T}})$ 是 IID，且每一个 $X_t$ 的共同分布是 $\mu\in\mathscr{P}(S, \mathscr{S})$。考虑 $\mu(A)>0$ 的集合 $A\in\mathscr{S}$。

**习题 9.1.15** 证明 $\{X_t\notin A, \ \forall t\in\mathbb{N}\}\subset\cap_{t\leqslant T}\{X_t\notin A\}$，对所有的 $T\in\mathbb{N}$。[①] 使用这个关系证明 $\mathbb{P}\{X_t\notin A, \ \forall t\in\mathbb{N}\}\leqslant(1-\mu(A))^T$，对所有的 $T\in\mathbb{N}$。证明这个概率为 0，因此对至少一个 $t\in\mathbb{N}$，$X_t\in A$ 的概率为 1。

### 9.1.3 回到密度

我们已经提到过几次，不是所有的分布都可以用密度来表示。现在让我们澄

① 记住这些都是 $\Omega$ 的子集。

清一下什么时候分布用密度表示，以及介绍一些关于密度的其他事实。

令 $S$ 是$\mathbb{R}^n$的博雷尔子集。回顾一下，$S$ 上密度是函数 $\phi \in mB(S)^+$，有性质 $\int \phi(x)dx :=: \int \phi d\lambda :=: \lambda(\phi) = 1$。$S$ 上所有密度表示为 $D(S)$，每一个密度 $\phi \in D(S)$，通过 $\mu_\phi(B) = \int_B \phi(x)dx$ 生成一个分布 $\mu_\phi \in \mathscr{P}(S)$。

**习题 9.1.16** 证明 $\mu_\phi$ 是可数可加的。①

有时我们可以走另一条路，从分布到相关密度。特别地，假设 $S \in \mathscr{B}(\mathbb{R}^n)$，令 $\mu \in \mathscr{P}(S)$。假设分布 $\mu$ 具有密度表示 $\phi$，如果 $\phi \in D(S)$ 则：

$$\mu(B) = \int_B \phi(x)\mathrm{d}x \quad (B \in \mathscr{B}(S)) \tag{9-5}$$

然而，(9-5) 中 $D(S)$ 和 $\mathscr{P}(S)$ 不是一一对应的。每一个密度都会生成一个分布，但是有一些分布 $\mathscr{P}(S)$ 没有用 $D(S)$ 中的元素表示的“积分”。下面是一个例子：

**习题 9.1.17** 令 $a \in \mathbb{R}$，$\delta_a$ 是 $\mathscr{P}(\mathbb{R})$ 的元素，它将单位质量放在 $a$ 中。

如果 $a \in B$，则 $\delta_a(B) = 1$，否则等于 0。讨论不存在 $\phi \in D(\mathbb{R})$ 使 $\delta_a(B) = \int_B \phi(x)\mathrm{d}x$，对所有的 $B \in B(\mathbb{R})$。②

那么密度表示何时存在？下面的基本定理回答了这个问题。省略了证明，但读者可以在任何关于测度论的书中找到。

**定理 9.1.18** (Radon - Nikodym) 令 $\mu \in \mathscr{P}(S)$，其中 $S \in \mathscr{B}(\mathbb{R}^n)$，以及令 $\lambda$ 为勒贝格测度。分布 $\mu$ 有密度表达，当且仅当 $\mu(B) = 0$，其中 $B \in \mathscr{B}(S)$，且 $\lambda(B) = 0$。

当密度存在时，它们可以使我们的学习变得容易得多。下一个定理将指出，密度表达是如何通过把积分的测度从给定分布变为勒贝格测度来计算期望的。通常情况下，变换会得到一个标准的黎曼积分，可以用微积分来求解。

**定理 9.1.19** 令 $S \in \mathscr{B}(\mathbb{R}^n)$。如果分布 $\mu \in \mathscr{P}(S)$ 有密度表达 $\phi \in D(S)$，且若 $h \in b\mathscr{B}(S)$ 或 $h \in m\mathscr{B}(S)^+$，则

$$\mu(h) = \int h(x)\phi(x)\mathrm{d}x \tag{9-6}$$

---

① 提示：如果 $(B_n)$ 是集合的非交序列，证明 $\mathbf{1}_{\cup B_n} = \sum_n^\infty \mathbf{1}_{B_n}$。使用积分的性质(1)~(5)完成证明。

② 提示：回顾下定理 7.3.9，如果 $\lambda(B) = 0$，则 $\int_{\mathscr{B}} \phi(x)\mathrm{d}x = 0$。

**证明**：此证明遵循了一个非常标准的论述，是值得一读的。让我们关注 $h \in b\mathscr{B}(S)$ 的情形。首先假设 $h = \mathbb{1}_B$，其中 $B \in \mathscr{B}(S)$。根据（9-5），对这样的 $h$，(9-6)成立。现在假设 $h$ 是简单函数：$h \in s\mathscr{B}(S)$，$h = \sum_{n=1}^{N} \alpha_n \mathbb{1}_{B_n}$，$B_n \in \mathscr{B}(S)$。因为积分是线性，我们有：

$$\mu\left(\sum_{n=1}^{N} \alpha_n \mathbb{1}_{B_n}\right) = \sum_{n=1}^{N} \alpha_n \mu(\mathbb{1}_{B_n}) = \sum_{n=1}^{N} \alpha_n \int \mathbb{1}_{B_n}(x)\phi(x)\mathrm{d}x$$
$$= \int \sum_{n=1}^{N} \alpha_n \mathbb{1}_{B_n}(x)\phi(x)\mathrm{d}x$$

换言之，（9-6）对 $h \in s\mathscr{B}(S)$ 成立。现在令 $h \in s\mathscr{B}(S)$，满足 $h \geqslant 0$。根据引理 7.2.11，存在序列 $(s_k) \subset s\mathscr{B}(S)^+$，满足$s_k \uparrow h$。因为（9-6）对每一个$s_k$成立，我们有：

$$\mu(s_k) = \int s_k(x)\phi(x)\mathrm{d}x, \quad (k \in N)$$

关于 $k$ 取极限，并使用单调收敛定理，可得（9-6）。最后，对于一般 $h \in b\mathscr{B}(S)$，我们有 $h = h^+ - h^-$。应用线性，即完成证明。■

## 9.2 一般状态马尔科夫链

现在是发展不可数无限状态空间上的马尔科夫链一般理论的时候了。① 在第 8 章中，我们讨论了当随机（密度）核是 $p(x, y)dy$ 的集族时的不可数状态空间，对每一个状态空间中的 $x$。我们现在不再假设这些分布可以表示为密度，而是允许它们是任意的概率测度。

### 9.2.1 随机核

对于所有形状和形式的离散时间马尔科夫链，最重要的初始是随机核。② 读者已经学习到一些随机核。第一个是有限核 $p$ 在有限集合 $S$ 上，有性质 $p(x, y)$ 和 $\sum_{y \in S} p(x, y) = 1$。第二个是在$\mathbb{R}^k$博雷尔子集 $p(x, y)$ 上的密度核 $p(x, y)$。

---

① 为了与先前的理论和下文一致，我们坚持$\mathbb{R}^k$子集的状态空间。抽象测度空间的理论差别不大。

② 随机核也被称为马尔科夫核，或者转移概率函数。

如下是一般情形（即概率测度）：

**定义9.2.1** 令 $S$ 为$\mathbb{R}^k$博雷尔子集。$S$ 上随机核是概率测度 $P(x, dy) \in \mathscr{P}(S)$，$(x \in \mathscr{S})$ 的集族，其中 $x \mapsto P(x, B)$ 是博雷尔可测，对每一个 $B \in \mathscr{B}(S)$。①

在有限 $S$ 上的每一个有限核 $p$ 定义了 $S$ 上的一般核 $P$，通过：

$$P(x,B) = \sum_{y \in B} p(x,y), (x \in S, B \subset S)$$

博雷尔集 $S \subset \mathbb{R}^n$ 上的每一个密度核 $p$ 定义 $S$ 上一般核 $P$，通过：

$$P(x, B) = \int_B p(x, y)\,\mathrm{d}y, \ (x \in S, B \in \mathscr{B}(S))$$

下面定义提供了马尔科夫链和核之间的联系。

**定义9.2.2** 令 $\psi \in \mathscr{P}(S)$。$S$ 上随机过程$(X_t)_{t \geq 0}$称为马尔科夫（$P$，$\psi$），如果：

（1）在时期0，$X_0$服从 $\psi$ 抽取；

（2）在时期 $t+1$，$X_{t+1}$从 $P(X_t, dy)$ 抽取。

如果 $\psi = \delta_x$对某些 $x \in S$，则我们说$(X_t)_{t \geq 0}$是马尔科夫－（$P$，$x$）。

虽然这一定义旨在与有限和密度情形下定义对比，但现在是时候解决一个需要澄清的问题了。如果马尔科夫－（$P$，$x$）过程$(X_t)_{t \geq 0}$被视为随机过程，那么，根据随机过程的定义，它必须是一个 $S$－值随机变量序列，都定义在一个共同概率空间（$\Omega$，$F$，$\mathbb{P}$）。在上述定义中，没有提到概率空间，也不清楚$(X_t)_{t \geq 0}$如何定义为从 $\Omega$ 到 $S$ 的函数序列。

虽然基本概率空间的构建可以在没有任何额外假设的情况下进行，但感兴趣的读者可参考 Pollard（2002）或 Shiryaev（1996）。这个结构在经济应用中通常是多余的，因为马尔科夫链通常以随机递归序列（SRS）的形式出现。这种表示同时也确定了随机核 $P$，给出了概率空间（$\Omega$，$F$，$\mathbb{P}$），并给出了定义在该空间上的随机变量$(X_t)_{t \geq 0}$。让我们看看这是如何工作的，从下面的定义开始。

**定义9.2.3** 令 $S \in \mathscr{B}(R^n)$，$Z \in \mathscr{B}(R^k)$，$\phi \in \mathscr{P}(Z)$ 和 $\psi \in \mathscr{P}(S)$。令 $F$：$S \times Z \to S$ 为博雷尔可测。经典随机递归序列$(X_t)_{t \geq 0}$定义为：

$$X_{t+1} = F(X_t, W_{t+1}), \ (W_t)_{t \geq 1} \overset{\text{IID}}{\sim} \phi, \ X_0 \sim \psi \tag{9-7}$$

随机变量$(W_t)_{t \geq 0}$和$X_0$定义在共同概率空间（$\Omega$，$F$，$\mathbb{P}$），且联合独立。

① 最后一个性质只是一个正则条件，以确保我们要使用的各种积分都是有意义的。

定义中，每一个$X_t$是定位在（Ω，F，ℙ）上的随机变量，如下：给定$\omega \in \Omega$，我们有$(W_t(\omega))_{t\geq 1}$和$X_0(\omega)$。据此，$(X_t(\omega))_{t\geq 0}$由$X_{t+1}(\omega)=F(X_t(\omega), W_{t+1}(\omega))$递归确定。注意，根据定义，$X_t$仅是$X_0$和$W_1$，…，$W_t$的函数。因此，$X_t$和当前冲击$W_{t+1}$是独立的。

$S$上存在唯一随机核$P$表示$F$与$\phi$刻画的动态性。为定义$P$，我们需要具体$P(x, B)$，对任意$x \in S$和$B \in \mathscr{B}(S)$，对应给定$X_t = x$时$X_{t+1} \in B$的概率。因为$X_{t+1} = F(X_t, W_{t+1})$，所以我们有：

$$P(x, B) = \mathbb{P}\{F(x, W_{t+1}) \in B\} = \mathbb{E}\,\mathbb{1}_B[F(x, W_{t+1})]$$

回顾一下，指示函数的期望等于它所表示事件的概率。因此，$W_{t+1}$根据$\phi \in \mathscr{P}(Z)$分布，变为：

$$P(x, B) = \int \mathbb{1}_B[F(x, z)]\,\phi(\mathrm{d}z), \qquad (x \in S,\ B \in \mathscr{B}(S)) \tag{9-8}$$

积分在定义冲击的空间$Z$上。

接下来，当我们引入马尔科夫-$(P, \psi)$过程$(X_t)_{t\geq 0}$时，我们将隐式地假设$P$是通过（9-8）从经典SRS推导所得，并且$(X_t)_{t\geq 0}$是（9-7）中递归定义的随机变量序列。这样，$(X_t)_{t\geq 0}$始终是概率空间（Ω，F，ℙ）上一个定义良好的随机过程。这一空间支撑冲击$(W_t)_{t\geq 0}$和初始条件$X_0$。[①]

**定义 9.2.4** 在6.1中我们介绍了随机Solow-Swan增长模型，其中产出是关于资本$k$和实值冲击$W$的函数$f$。生产率冲击$(W_t)_{t\geq 1}$是IID，有分布$\phi \in \mathscr{P}(\mathbb{R})$。$t+1$期的资本等于上一期所储蓄（$s$是储蓄率）的产出部分，加上未折旧资本。因此，$k_t$服从：

$$k_{t+1} = sf(k_t, W_{t+1}) + (1-\delta)k_t \tag{9-9}$$

令$f$：$\mathbb{R}_+ \times \mathbb{R} \to \mathbb{R}_+$。合适的状态空间是$S=\mathbb{R}_+$，冲击空间是$Z=\mathbb{R}$。我们设：$F(x, z) = sf(x, z) + (1-\delta)x$，明确从$S \times Z$映射到$S$。使用（9-8），Solow-Swan随机核给定为：

$$P(x, B) = \int \mathbb{1}_B(sf(x, z) + (1-\delta)x)\phi(\mathrm{d}z)$$

**示例 9.2.5** 考虑确定性模型$X_{t+1} = h(X_t)$。因为$P(x, B)$是给定$X_t = x$

① 两个技术备注：第一，给定$Z$上的分布$\phi$，总是存在概率空间（Ω，F，ℙ）和（Ω，F，ℙ）上一个独立的随机变量序列$(W_t)_{t\geq 0}$，使$W_t$的分布是$\phi$，对每个$t$（即$\mathbb{P} \circ W_t^{-1} = \phi$）。例如，参见Pollard（2002，4.8）。第二，不失一般性，假设在给定$S$上的核$P$，存在SRS表达。事实上，可证明$S$上的每个核都有这样的表达。详见Bhattacharya和Majumdar（2007）。

时$X_{t+1} \in B$的概率，我们可以设$P(x, B) = \mathbb{1}_B(h(x)) = \mathbb{1}_{h^{-1}(B)}(x)$。[①]

**示例9.2.6**　考虑冲击相关的线性模型，给定为：

$$Y_{t+1} = \alpha Y_t + \xi_{t+1}$$

$$\xi_{t+1} = \rho \xi_t + W_{t+1}$$

其中，在$\mathbb{R}$上取值的所有变量和$(W_t)_{t \geq 1}$都是IID，服从$\phi \in \mathscr{P}(\mathbb{R})$。虽然$(Y_t)_{t \geq 0}$自身不是马尔科夫链，$X_t := (Y_t, \xi_t)$给定的双变量过程是$\mathbb{R}^2$上的马尔科夫。在(9-7)中定义的经典SRS是特别情形，有$S = \mathbb{R}^2$，$Z = \mathbb{R}$和

$$F(x, z) = F[(y, \xi), z] = \begin{pmatrix} \alpha y + \rho\xi + z \\ \rho\xi + z \end{pmatrix}$$

如果$\max\{|\alpha|, |\rho|\} < 1$，则模型有一定的稳定性。

图9-1～图9-3给出了线性相关冲击模型中$(Y_t)_{t \geq 0}$的一些动态概念。在图9-1中，冲击$W_t$等于零，参数$\alpha$和$\rho$为负，导致振荡。在图9-2和图9-3中，冲击力为$N(0, 0.25)$，参数$\alpha$和$\rho$为非负。在图9-2中，系数$\rho$相对较大，导致较强的自相关，而在图9-3中，我们设$\rho = 0$。在这种情况下，冲击是IID，$(Y_t)_{t \geq 0}$是马尔科夫的，自相关较弱。

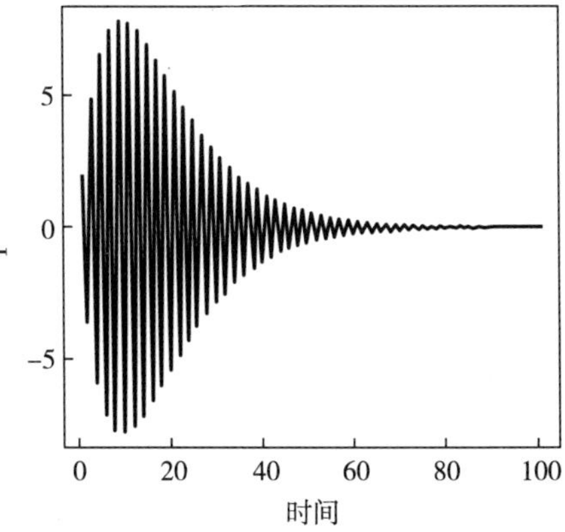


**图9-1　相关冲击，$\alpha = -0.9$，$\rho = -0.9$，$W_t \equiv 0$**

① 得出同样结论的另一方法是，考虑$X_{t+1} = h(X_t) + W_{t+1}$，其中$W_t = 0$的概率为1，然后使用(9-8)。

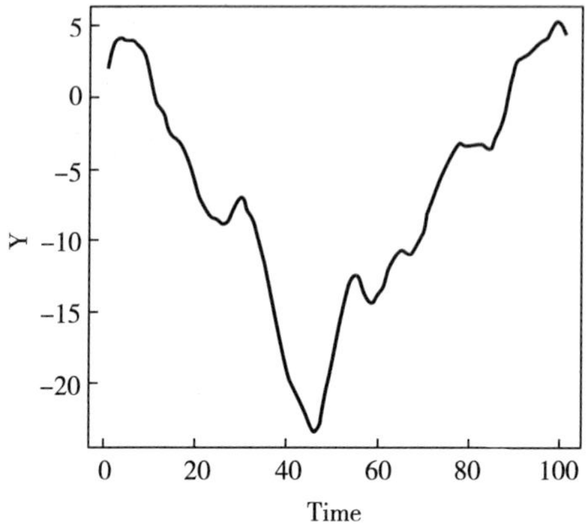


**图 9−2　相关冲击，$\alpha=0.9$，$\rho=0.9$，$W_t\sim N$（0，0.25）**

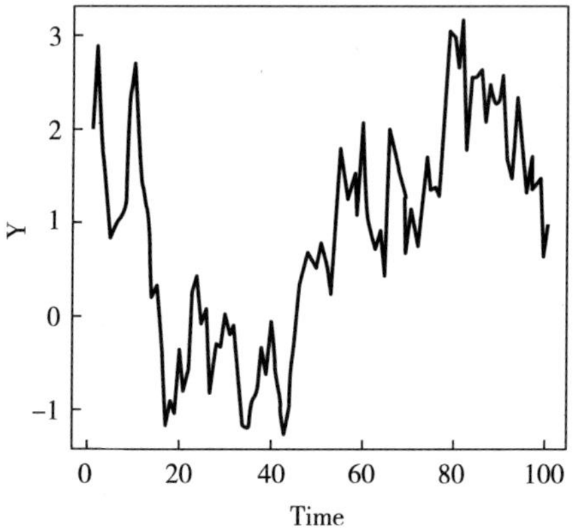


**图 9−3　相关冲击，$\alpha=0.9$，$\rho=0$，$W_t\sim N$（0，0.25）**

**示例 9.2.7**　下一个例子是所谓的 $AR$（$p$）模型。它证明了马尔科夫模型比它们最初出现时更为一般。假设状态变量 $X$ 在$\mathbb{R}$ 中取值，其中（$W_t$）是$\mathbb{R}$ 中一个独立且相同分布的序列，并且

$$X_{t+1}=a_0X_t+a_1X_{t-1}+\cdots+a_{p-1}X_{t-p+1}+W_{t+1} \tag{9-10}$$

定义 $Y_t:=(X_t,X_{t-1},\cdots,X_{t-p+1})$，考虑系统：

$$Y_{t+1}=\begin{pmatrix} a_0 & a_1 & \cdots & a_{p-2} & a_{p-1} \\ 1 & 1 & \cdots & 0 & 0 \\ \vdots & & & & \\ 0 & 0 & \cdots & 1 & 0 \end{pmatrix} Y_t+\begin{pmatrix} 1 \\ 0 \\ \vdots \\ 0 \end{pmatrix} W_{t+1} \tag{9-11}$$

过程（9-11）是一个具有定义良好的随机核的SRS。同时，$Y_t$的第一个元素服从（9-10）中的过程。

### 9.2.2 再次基本递归

我们证明了对于有马尔科夫算子 $\mathbf{M}$ 的有限状态马尔科夫链$(X_t)_{t\geqslant 0}$，边缘分布序列$(\psi_t)_{t\geqslant 0}$满足$\psi_{t+1}=\psi_t\mathbf{M}$。对于密度情形的类似递归，可以通过定义马尔科夫算子 $\psi\mathbf{M}(y)=\int p(x,y)\psi(x)\mathrm{d}x$。因为测度核 $P$ 一般化了有限和密度核，或许我们可等同一般法则。

首先，令 $S$ 为$\mathbb{R}^n$博雷尔子集，$P$ 为 $S$ 上的随机核，令$(X_t)_{t\geqslant 0}$为马尔科夫-$(P,\ \psi)$，对某些 $\psi\in\mathscr{P}(S)$。记$\psi_t\in\mathscr{P}(S)$ 为$X_t$的分布，我们认为序列$(\psi_t)_{t\geqslant 0}\subset\mathscr{P}(S)$ 满足：

$$\psi_{t+1}(B)=\int P(x,B)\,\psi_t(\mathrm{d}x),(B\in\mathscr{B}(S))\tag{9-12}$$

直觉与有限情形相同：$X_{t+1}\in B$ 的概率是$X_t$从 $x$ 进入 $B$ 的概率，以$X_t$取 $x$ 值的概率$\psi_t$（$dx$）为权重在所有 $x\in S$ 上求和。

在验证（9-12）中，我们假设 $P$ 是由规范 SRS（9-7）定义的。选取任意 $h\in b\mathscr{B}$（$S$），$X_t$和$W_{t+1}$独立以及定理9.1.12给出：

$$\mathbb{E}h(X_{t+1})=\mathbb{E}h[F(X_t,W_{t+1})]=\int\int h[F(x,z)]\phi(\mathrm{d}z)\,\psi_t(\mathrm{d}x)$$

特别对于 $h=\mathbb{1}_B\in b\mathscr{B}$（$S$），有：

$$\mathbb{E}\,\mathbb{1}_B(X_{t+1})=\int\int\mathbb{1}_B[F(x,z)]\phi(\mathrm{d}z)\,\psi_t(\mathrm{d}x)=\int P(x,B)\,\psi_t(\mathrm{d}x)$$

其中，第二个等式来自(9-8)。但$\mathbb{E}\,\mathbb{1}_B(X_{t+1})=P\{X_{t+1}\in B\}=\psi_{t+1}(B)$，可得(9-12)。

在研究有限和密度马尔科夫链时，我们广泛使用了马尔科夫算子。在这两种情况下，马尔科夫算子都是根据随机核定义的，并且满足$\psi_{t+1}=\psi_t\mathbf{M}$，对所有 $t$。现在让我们考虑一般的测度设置：给定随机核 $P$，将马尔科夫算子 $\mathbf{M}$ 定义为映射$\mathscr{P}(S)\ni\phi\mapsto\phi\mathbf{M}\in\mathscr{P}(S)$，其中：

$$\phi M(B):=\int P(x,B)\phi(\mathrm{d}x),(B\in\mathscr{B}(S))\tag{9-13}$$

下一个引理证明了 $\phi M$ 是概率测度，并给出了如何计算（$\phi M$）（$h$）形式的积分。

**引理 9.2.8** 如果 $Q$ 是 $S$ 上任意随机核且 $\mu \in \mathscr{P}(S)$，则集合函数 $v$ 定义为：

$$v(B) = \int Q(x, B)\mu(\mathrm{d}x), \ (B \in \mathscr{B}(S))$$

是 $\mathscr{P}(S)$ 的元素，且对任意 $h \in b\mathscr{B}(S)$，我们有：

$$v(h) :=: \int h dv = \int \left[ \int h(y) Q(x, \mathrm{d}y) \right] \mu(\mathrm{d}x) \tag{9-14}$$

**证明：** 显然，$v(s)=1$。$v$ 的可数可加性可用控制收敛定理或单调收敛定理来检验。(9－14) 的证明可以沿着与定理 9.1.19 相同的思路得到，留下作为练习。■

和以前一样，$\mathbf{M}$ 作用于分布的左边而不是右边。使用马尔科夫算子，我们可以将递归 (9－12) 写成 $\psi_{t+1} = \psi_t \mathbf{M}$，这与我们对有限情况和密度情况计算的表达式完全相似。现在可证实归纳论点：如果 $X_0 \sim \psi$，则 $X_t \sim \psi \mathbf{M}^t$。

**示例 9.2.9** 在确定性动力系统 $X_{t+1} = h(X_t)$ 的情况下，回顾 $P(x, B) = \mathbb{1}_B(h(x))$。现在假设 $X_0 = \bar{x}$（即 $X_0 \sim \delta_{\bar{x}}$）。直觉告诉我们 $X_1$ 的分布必须是 $\delta_{h(\bar{x})}$，事实上：

$$\delta_{\bar{x}}\mathbf{M}(B) = \int \mathbb{1}_B(h(x))\, \delta_{\bar{x}}(\mathrm{d}x) = \mathbb{1}_B(h(\bar{x})) = \delta_{h(\bar{x})}(B)$$

$$\therefore \delta_{\bar{x}}\mathbf{M} = \delta_{h(\bar{x})}$$

向前迭代，我们如期可得 $X_t \sim \delta_{\bar{x}}\mathbf{M}^t = \delta_{h^t(\bar{x})}$。

给定核 $P$，高阶核 $(P^t)_{t \geq 1}$ 定义为：

$$P^1 := P, \ P^t(x, B) := \int P(z, B)\, P^{t-1}(x, dz), (x \in S, B \in \mathscr{B}(S))$$

因此，$P^t(x, B)$ 给出了 $t$ 步从 $x$ 移动到 $B$ 的概率，$P^t(x, dy)$ 是给定 $X_0 = x$ 时 $X_t$ 的分布。因为注意到给定 $X_0 = x$ 时 $X_t$ 的分布正好是 $\delta_x \mathbf{M}^t$，所以我们认为：

$$\delta_x \mathbf{M}^t(B) = P^t(x, B), \ (x \in S, B \in \mathscr{B}(S), \ t \in \mathbb{N})$$

这一命题是如下更一般性陈述的特例：

$$\phi \mathbf{M}^t(B) = \int P^t(x, B)\phi(\mathrm{d}x), (\phi \in \mathscr{P}(S), B \in \mathscr{B}(S), t \in \mathbb{N})$$

其中，$\mathbf{M}$ 的 $t$ 步迭代 $\mathbf{M}^t$ 对应于 $t$ 阶核 $P^t$ 马尔科夫算子。① 证明参考定理 9.2.15。

---

① 这个结果（毫不奇怪）是测度，类似于引理 8.1.13 中所述的密度情况。

### 9.2.3 期望

如之前，令 $b\mathscr{B}(S)$ 为 $S$ 上的所有有界可测函数。现在我们介绍第二个算子，也称为马尔科夫算子，可表示为 $\mathbf{M}$，由 $h \in b\mathscr{B}(S)$ 映射到 $\mathbf{M}h \in b\mathscr{B}(S)$，其中：

$$\mathbf{M}h(x) := \int h(y)P(x, \mathrm{d}y), (x \in S) \tag{9-15}$$

直觉上，$\mathbf{M}h(x)$ 表示给定 $X_t = x$ 时 $h(X_{t+1})$ 的期望。这和有限情况下的解释是一样的，其中我们定义 $\mathbf{M}h(x) = \sum_{y \in S} h(y)p(x, y)$。

我们现在对左边的测度和右边的函数采取行动。这类似于有限状态表示法，其中 $\psi\mathbf{M}$ 是 $\mathbf{M}$ 后乘行向量 $\psi$，$\mathbf{M}h$ 是 $\mathbf{M}$ 前乘列向量 $h$。随机核与算子 $\psi \mapsto \psi\mathbf{M}$ 与 $h \mapsto \mathbf{M}h$ 一一对应，通过等式：

$$P(x, B) = \delta_x\mathbf{M}(B) = \mathbf{M}\,\mathbb{1}_B(x), (x \in S, B \in \mathscr{B}(S)) \tag{9-16}$$

在 (9-15) 中，$h$ 被限制为有界，因此积分和 $\mathbf{M}h$ 被很好地定义。当 $h$ 为无界时，使用相同的算子表示会很方便。例如，如果 $h$ 是非负的和可测的，积分被很好地定义（尽管可能是无穷大的），则符号 $\mathbf{M}h$ 是有用的。但是，在本节的其余部分中，$\mathbf{M}$ 始终作用于 $b\mathscr{B}(S)$ 中的函数。

接下来的几个练习表明，算子 (9-15) 具有某些定义良好的属性。了解这些性质使 $(X_t)_{t\geq 0}$ 函数的期望运算变得简单。

**习题 9.2.10** 证明如果 $h$：$S \to \mathbb{R}$ 有界（非负），则 $\mathbf{M}h$ 也是。

**习题 9.2.11** 证明 $S$ 上逐点 $\mathbf{M}\,\mathbb{1}_S = \mathbb{1}_S$（即 $\mathbb{1}_S$ 是 $\mathbf{M}$ 的不动点）。

**习题 9.2.12** 证明 $\mathbf{M}$ 是单调的，在这个意义上如果 $h, g \in b\mathscr{B}(S)$ 且 $h \leq g$，则 $\mathbf{M}h \leq \mathbf{M}g$（$S$ 上逐点不等式）。[①]

**习题 9.2.13** 证明 $\mathbf{M}$ 是线性的，在这个意义上如果 $h, g \in b\mathscr{B}(S)$ 和 $\alpha, \beta \in \mathbb{R}$，则 $\mathbf{M}(\alpha h + \beta g) = \alpha\mathbf{M}h + \beta\mathbf{M}g$。[②]

通常我们要处理由 (9-7) 定义的 SRS 生成的核 $P(x, B) = \int \mathbb{1}_B[F(x, z)]\phi(\mathrm{d}z)$。在这种情况下，$\mathbf{M}h$ 形式为：

$$\mathbf{M}h(x) := \int h(y)P(x, \mathrm{d}y) = \int h[F(x, z)]\phi(\mathrm{d}z) \tag{9-17}$$

---

① 提示：使用定理 7.3.9。

② 提示：换言之，在每一点 $x \in S$ 证明左边的函数等于右边的函数。使用定理 7.3.9。

这一表达是直觉的，因为 $\mathbf{M}h(x)$ 表示给定 $X_t=x$ 时 $h(X_{t+1})$ 的期望，以及 $h(X_{t+1})=h[F(X_t, W_{t+1})]$。因此，

$$\mathbf{M}h(x)=\mathbb{E}h[F(x, W_{t+1})]=\int h[F(x, z)]\phi(\mathrm{d}z) \tag{9-18}$$

如下是得到相同答案的另一种方法：

**习题 9.2.14** 使用定理 7.3.17 验证（9-17）。①

$\mathbf{M}$ 下 $t$ 步迭代 $\mathbf{M}^t h$ 可使用 $P^t$ 表示：

$$\mathbf{M}^t h(x)=\int h(y)\, P^t(x, \mathrm{d}y), (x\in S) \tag{9-19}$$

我们在下面陈述一个更一般的结果（定理 9.2.15）。在此之前请注意，由于 $P^t$（$x$, $dy$）是给定 $X_0=x$ 时 $X_t$ 的分布，因此它服从（9-19），$\mathbf{M}^t h$ 可以解释为条件期望：

$$\mathbf{M}^t h(x)=\mathbb{E}[h(X_t)\mid X_0=x] \tag{9-20}$$

**定理 9.2.15** 令 $P$ 为 $S$ 上随机核。如果 $\mathbf{M}$ 是对应马尔科夫算子，则对每一个 $\phi\in\mathscr{P}(S)$，$h\in b\mathscr{B}(S)$ 和 $t\in\mathbb{N}$，我们有：

$$(\phi\mathbf{M}^t)(h)=\phi(\mathbf{M}^t h)=\int\left[\int h(y)\, P^t(x, \mathrm{d}y)\right]\phi(\mathrm{d}x)$$

我们对前两个积分使用线性泛函表示。

$$(\phi\mathbf{M}^t)(h)=\int h(y)(\phi\mathbf{M}^t)(\mathrm{d}y) \text{ 和 } \phi(\mathbf{M}^t h)=\int(\mathbf{M}^t h)(x)\phi(\mathrm{d}x)$$

定理 9.2.15 连接了 $\phi\mapsto\phi\mathbf{M}$ 的迭代和 $h\mapsto\mathbf{M}h$。②

定理 9.2.15 的证明。考虑 $t=1$ 的情形，我们有 $\phi(\mathbf{M}h)=\int b\mathbf{M}h(x)\phi(\mathrm{d}x)=\int[\int h(y)P(x, \mathrm{d}y)]\,\phi(\mathrm{d}x)=\phi\mathbf{M}(h)$，其中最后一个等式根据(9-14)。使用归纳法扩展到 $t$ 的证明留给读者。

## 9.3 评述

第一部揭示概率测度理论基础的专著是 Kolmogorov（1956），最初发表于

① 提示：$P(x, B)=\int\mathbf{1}_B[F(x, z)]\,\phi(\mathrm{d}z)$ 是 $z\mapsto F(x, z)$ 下 $\phi$ 的像测度。

② 显然与有限情况类似。

1933 年，此专著提供了优秀的历史视角，还是很值得一读的。关于测度概率的一般参考文献，见 Williams（1991）、Breiman（1992）、Shiryaev（1996）、Durrett（1996）、Taylor（1997）、Pollard（2002）、Dudley（2002）和 Schilling（2005）。

关于广义状态马尔科夫链的进一步内容，见 Breiman（1992，第 7 章）、Meyn 和 Tweedie（1993，第 3 章）、Durrett（1996，第 5 章）和 Taylor（1997，第 3 章）。关于经济应用的参考，见 Stokey 和 Lucas（1989，第 8 章）。第 11 章讨论了广义状态马尔科夫链的稳定性，并在这一章的结尾提供了更多有关文献的线索。

# 第 10 章　随机动态规划

在本章中，通过严格处理随机动态规划，来继续研究从 5.1 和 6.2 开始的跨期决策问题。跨期问题是具有挑战性的，因为它们涉及高维中的优化，目标函数通常定义在无限维空间。[①] 我们将看到研究动态规划背后的理论，不仅有助于理解它，而且有助于开发数值求解方法。值迭代和策略迭代是最常见的技术，以及对算法的收敛性都有一些详细的介绍。

## 10.1　理论

我们第一步需要仔细定义这个问题。一旦定义到位，我们就能继续陈述并证明（无限界，平稳）随机动态规划的最优性原理。

### 10.1.1　问题陈述

对于随机动态规划（SDP），是指一个代理人的行为影响状态变量的未来路径。行动是根据策略函数进行具体化的，策略函数将系统的当前状态映射到给定的行动中。每个策略在状态空间上诱导一个马尔科夫过程，并且每个过程给予不同程度的预期回报。

每一个 SDP 都有一个状态空间 $S \in \mathscr{B}(\mathbb{R}^n)$、行动空间 $A \in \mathscr{B}(\mathbb{R}^m)$，及从 $x \in S$ 映射到 $\mathscr{B}(A)$ 的非空对应 $\Gamma$。集合 $\Gamma(x)$ 解释为状态为 $x$ 时代理人可行

① 我们没有定义无限维空间，这是一个代数概念，但序列空间函数空间通常具有这个特性。

性行动的集合。我们令：

$$gr\Gamma := \{(x, u) \in S \times A: u \in \Gamma(x)\}$$

如下 $gr\Gamma$（$\Gamma$ 的“图”）称为可行状态/行动对的集合。

接下来，我们介绍可测回报函数 $r$：$gr\Gamma \to \mathbb{R}$ 和一个贴现因子 $\rho \in (0, 1)$。最后，令 $Z \in \mathscr{B}(\mathbb{R}^k)$ 为冲击空间，$(W_t)_{t \geq 1}$ 为服从分布 $\phi \in \mathscr{P}(Z)$ 的 IID 冲击序列，并令

$$F: gr\Gamma \times Z \ni (x, u, z) \mapsto F(x, u, z) \in S$$

为可测转移函数刻画动态性。在初始时刻 $t$，代理人观测到状态 $X_t \in S$，反应为行动 $U_t \in \Gamma(X_t) \subset A$。选择 $U_t$ 后，代理人得到回报 $r(X_t, U_t)$，状态根据 $X_{t+1} = F(X_t, U_t, W_{t+1})$ 更新。然后重复整个过程，代理人选择 $U_{t+1}$ 得到回报 $r(X_{t+1}, U_{t+1})$，如此，等等。

如果我们的代理人只关心现在的回报，那么最好的行动是在时刻 $t$ 选择 $U_t = \operatorname{argmax}_{u \in \Gamma(X_t)} r(X_t, u)$。然而，代理人也关心未来，因此必须权衡当前回报最大化与定位最优状态，以便在未来获得好的回报。最优决策取决于他或她对未来的关心程度，而未来又被贴现因子 $\rho$ 参数化。下文阐明了 $\rho$ 的作用。

**示例 10.1.1**　再次考虑 6.2 中处理的累积问题。在初始时期 $t$，代理人有收入 $y_t$，分为消费 $c_t$ 和储蓄 $k_t$。从消费 $c$ 代理人可获得效用 $U(c)$，其中 $U$：$\mathbb{R}_+ \to \mathbb{R}$。储蓄被加到现有资本存量中。为了简单起见，假设完全折旧：当前储蓄等于资本存量。时期 $t$ 后，确定投资决策，观察到冲击 $W_{t+1}$。进行生产，得到：

$$y_{t+1} = f(k_t, W_{t+1}), \ (W_t)_{t \geq 1} \overset{\text{IID}}{\sim} \phi \in \mathscr{P}(Z), \ Z \in \mathscr{B}(\mathbb{R}) \tag{10-1}$$

（有关时间的描述，请参见图 1-1。）

这符合我们的 SDP 框架，$y \in S := \mathbb{R}_+$ 是状态变量，$k \in A := \mathbb{R}_+$ 是控制变量。$\Gamma$ 是映射 $S \ni y \mapsto [0, y] \subset A$，定义了给定收入 $y$ 的可行储蓄。$gr\Gamma$ 上的回报函数是 $U(y-k)$。转移函数是 $F(y, k, z) = f(k, z)$。对目前的模型来说，它是独立状态的。

显然，$S$ 中的一些状态比其他状态更有吸引力。高收入使我们在未来的消费方面处于有利地位。因此，在现在消费和储蓄之间存在着一种取舍，前者给予当前的回报，后者使我们在未来状态空间中处于一个更有吸引力的位置。这种权衡是动态规划的本质。

**示例 10.1.2**　现在考虑相同的模型，但有相关冲击，即 $y_{t+1} = f(k_t, \eta_{t+1})$，其中 $\eta_{t+1} = g(\eta_t, W_{t+1})$，$g$：$\mathbb{R}_+ \times \mathbb{R}_+ \to \mathbb{R}_+$。这也符合 SDP 框架，唯一的修改是

状态空间有两个元素$(y, \eta) \in S := \mathbb{R}_+ \times \mathbb{R}_+$，转移函数 $F$ 是：

$$F:(y, \eta, k, z) \mapsto \begin{pmatrix} f(k, g(\eta, z)) \\ g(\eta, z) \end{pmatrix}$$

可行性对应 $\Gamma$ 是$(\eta, z)$到$[0, y]$的映射。

回到一般情况，我们至少需要对参数进行一些正则性假设，以确保 SDP 至少存在一个解：

**假设 10.1.3** 映射 $r$：$gr\Gamma \to \mathbb{R}$ 是连续有界。

**假设 10.1.4** $\Gamma$：$S \to \mathscr{B}(A)$ 是连续和紧值。[①]

**假设 10.1.5** $gr\Gamma \ni (x, u) \mapsto F(x, u) \in S$ 是连续的，对任意的 $z \in Z$。

这些连续性和紧性假设都是为了保证最大值点的存在。对我们来说，假设 10.1.5 的重要含义是对于任意 $w \in bcS$，函数 $gr\Gamma \ni (x,u) \mapsto \int w[F(x,u,z)]\phi(dz) \in \mathbb{R}$ 是连续的。要看到这一点，取任意$(x_n, u_n) \subset gr\Gamma$ 收敛到任意的$(x, u) \in gr\Gamma$，任意 $w \in bcS$。我们需要证明：

$$\int w[F(x_n,u_n,z)]\phi(\mathrm{d}z) \to \int w[F(x,u,z)]\phi(\mathrm{d}z), (n \to \infty)$$

读者可以使用控制收敛定理来验证。

### 10.1.2 最优性

为了构造一个合理的优化问题，我们将把代理人限定在平稳马尔科夫策略集中的策略上。[②] 对于这样的策略，代理人在观察$X_t = x$ 之后做出的决策和后面$t'$期后观察到$X_{t'} = x$ 的决策完全相同。这是很直观的，因为当展望无限的未来时，代理人面临着完全相同的权衡（即，最大化当前的回报对照定位下一期有吸引力的状态），所以与时间是 $t$ 还是$t'$无关。

在平稳马尔科夫策略下，代理人的行为用博雷尔可测函数 $\sigma$ 刻画，这个函数由每一个可能 $x \in S$ 映射到可行行动 $u \in \Gamma(x)$。其解释是，如果当前状态是 $x \in S$，则代理人用的反应行动是 $\sigma(x) \in \Gamma(x)$。令 $\Sigma$ 表示所有的博雷尔可测集 $\sigma$：$S \to A$ 的集合，对所有的 $x \in S$ 满足 $\sigma(x) \in \Gamma(x)$。在下面的内容中，我们将 $\Sigma$ 简单地称为可行策略集。

---

① 关于对应连续性的定义和一个简单的充分条件，见第 288 页。

② 事实上，可以证明每一个合理的最优策略都是这种类型的。

对每一个 $\sigma \in \Sigma$ 和状态 $(X_t)_{t\geq 0}$ 我们得到一个随机序列：

$$X_{t+1} = F(X_t, \sigma(X_t), W_{t+1}), (W_t)_{t\geq 1} \overset{\text{IID}}{\sim} \phi \tag{10-2}$$

$S$ 上随机核 $P_\sigma(x, dy)$ 给定为：

$$P_\sigma(x, B) := \int \mathbb{1}_B[F(x, \sigma(x), z)]\phi(dz), (x \in S, B \in \mathscr{B}(S))$$

我们用 $\mathbf{M}_\sigma$ 表示对应的马尔科夫算子。方便定义函数：

$$r_\sigma: S \ni x \mapsto r(x, \sigma(x)) \in \mathbb{R}$$

因此，$r_\sigma(x)$ 是当代理人遵循策略 $\sigma$ 时在 $x$ 处的回报。使用运算符号，$\sigma$ 策略下下一期预期回报可表示为：

$$M_\sigma r_\sigma(x) = \int r_\sigma(y) P_\sigma(x, dy) = \int r_\sigma[F(x, \sigma(x), z)]\phi(dz) \ (x \in S)$$

其中最后一个等式是根据（9-17）而来。

冲击 $(W_t)_{t\geq 1}$ 定义在一个固定概率空间 $(\Omega, \mathscr{F}, \mathscr{P})$ 中。每一个 $\omega \in \Omega$ 选取一个序列 $(W_t(\omega))_{t\geq 1}$。结合该序列与初始条件 $X_0 = x \in S$ 及策略 $\sigma$ 生成该状态的路径 $(W_t(\omega))_{t\geq 0}$：

$$X_{t+1}(\omega) = F(X_t(\omega), \sigma(X_t(\omega)), W_{t+1}(\omega)), X_0(\omega) = x$$

此路径对应的回报是随机变量 $Y_\sigma: \Omega \to \mathbb{R}$，

$$Y_\sigma(\omega) := \sum_{t=0}^{\infty} \rho^t r_\sigma(X_t(\omega)), (\omega \in \Omega)$$

**习题 10.1.6** 利用 $r$ 的有界性，证明这个随机变量是定义良好的，即每个 $\omega \in \Omega$ 的和收敛。①

代理人的优化问题是 $\max_{\sigma \in \Sigma} \mathbb{E} Y_\sigma$。更准确地，如果我们令：

$$v_\sigma(x) := \mathbb{E} Y_\sigma := \mathbb{E}\left[\sum_{t=0}^{\infty} \rho^t r_\sigma(X_t)\right] := \int \left[\sum_{t=0}^{\infty} \rho^t r_\sigma(X_t(\omega))\right] \mathbb{P}(d\omega)$$

及定义值函数 $v^*: S \to \mathbb{R}$ 为：

$$v^*(x) = \sup_{\sigma \in \Sigma} v_\sigma(x), (x \in S) \tag{10-3}$$

对每一个 $x \in S$，若其得到（10-3）中的上确界，则策略 $v^* \in \Sigma$ 称为最优。换言之，$v^* \in \Sigma$ 最优当且仅当 $v_{\sigma^*} = v^*$。

**习题 10.1.7** 使用控制收敛定理，证明我们可互换极限和积分，得到：

---

① 提示：如果 $(x_n)$ 是 $\mathbb{R}$ 中的任意序列和 $\sum_n |x_n|$ 收敛，则 $\sum_n x_n$ 收敛。

$$v_\sigma(x) := \mathbb{E}\left[\sum_{t=0}^{\infty} \rho^t r_\sigma(X_t)\right] = \sum_{t=0}^{\infty} \rho^t \mathbb{E} r_\sigma(X_t)$$

现在如果 $h \in b\mathscr{B}(S)$，则我们可以把 $\mathbb{E}h(X_t)$ 表示为 $\mathbf{M}_\sigma^t h(x)$ 是马尔科夫算子 $\mathbf{M}_\sigma$ 的 $t$ 次迭代，及 $X_0 = x$ [见（9－20）]。因此，$v_\sigma$ 可被写为：

$$v_\sigma(x) = \sum_{t=0}^{\infty} \rho^t \mathbf{M}_\sigma^t r_\sigma(x), (x \in S) \tag{10－4}$$

另外，请注意根据定理9.2.15，我们有：

$$\mathbf{M}_\sigma^t r_\sigma(x) = (\delta_x \mathbf{M}_\sigma^t)(r_\sigma) = \int r_\sigma(y) P_\sigma^t(x, dy), (x \in S) \tag{10－5}$$

则每一个策略 $\sigma \in \Sigma$ 在初始点 $x$ 生成马尔科夫链 $(X_t)_{t\geq 0}$，对应边缘分布 $(\delta_x \mathbf{M}_\sigma^t)_{t\geq 0}$。通过将每个分布与 $r_\sigma$ 积分，对应 $\sigma$ 的回报计算贴现的和，我们就能得到策略的值。这是我们在 $\sigma \in \Sigma$ 上的最大化目标函数。

**习题 10.1.8** 证明（10－3）中的 sup 对每一个 $x \in S$ 定义良好。

**定义 10.1.9** 给定 $w \in b\mathscr{B}(S)$，我们定义 $\sigma \in \Sigma$ 为 $w$－贪心，如果

$$\sigma(x) \in \operatorname*{argmax}_{u \in \Gamma(x)} \left\{ r(x, u) + \rho \int w[F(x, u, z)] \phi(dz) \right\}, (x \in S) \tag{10－6}$$

**引理 10.1.10** 令假设 10.1.3～10.1.5 成立。如果 $w \in b\mathscr{B}(S)$，则 $\Sigma$ 包含至少一个 $w$－贪心策略。

这个引理的证明比看起来更难：一方面，由于 $w \in b\mathscr{B}(S)$，假设 10.1.5 意味着（10－6）右侧的目标函数关于 $u$ 连续，对每一个 $x$。因为约束集 $\Gamma(x)$ 是紧的，所以存在最大化问题的解。因此，对于每一个 $x$ 我们至少可以找到一个 $u_x^*$ 达到最大值，及映射 $x \mapsto u_x^*$ 的确是从 $S \to A$ 定义了函数 $\sigma$ 满足（10－6）。另一方面，要使策略在 $\Sigma$ 中，它必须是博雷尔可测。但可测性尚不清楚。

幸运的是，有可测选择定理指出在当前假设下我们可以找到至少一个可测的 $x \mapsto u_x^*$。省略细节，请感兴趣的读者参考 Aliprantis 和 Border（1999，17.3）。[①]

现在我们准备陈述关于动态规划的主要结果：

**定理 10.1.11** 在假设 10.1.3～10.1.5 下，值函数 $v^*$ 在 $b\mathscr{B}(S)$ 上是唯一解，满足：

$$v^*(x) = \sup_{u \in \Gamma(x)} \left\{ r(x, u) + \rho \int v^*[F(x, u, z)] \phi(dz) \right\}, (x \in S) \tag{10－7}$$

---

① 在这里所考虑的许多应用中，很容易看到上面所述的 $x \mapsto u_x^*$ 形式的解是可测量的（连续的或单调的）。

此外，$v^* \in bcS$。可行策略是最优的，当且仅当它是 $w$ - 贪心。至少存在一个这样的策略。

在证明之前，让我们做一些简短的评论，并讨论一个简单的应用。作为一个初步的观察，注意到在（10 - 7）中，策略 $\sigma \in \Sigma$ 是 $v^*$ - 贪心的当且仅当

$$v^*(x) = r(x, \sigma(x)) + \rho\int v^*[F(x, \sigma(x), z)]\phi(\mathrm{d}z), (x \in S) \qquad (10-8)$$

用算子表示，可转换为 $v^* = r_\sigma + \rho M_\sigma v^*$。

接下来，我们讨论如何应用定理 10.1.11。一个应用是作为充分条件：下面我们会看到 $v^*$ 可以使用值迭代计算。只要得到 $v^*$，就可以计算 $v^*$ - 贪心策略。假设博雷尔可测，则我们可以找到最优策略。比如，假设我们想知道最优策略的性质。如果 $\sigma^*$ 是最优的，则满足（10 - 8），我们可以使用它来推断 $\sigma^*$ 的事实。

关于定理 10.1.11 的应用，再次考虑最优增长的例子。回想下，状态变量是收入 $y \in S := \mathbb{R}_+$，控制了储蓄 $k \in A := \mathbb{R}_+$，可行性对应是 $\Gamma(y) = [0, y]$，回报函数是 $r(y, k) = U(y-k)$，转移函数是 $F(y, k, z) = f(k, z)$。冲击 $(W_t)_{t \geqslant 1}$ 是独立的，根据 $\phi \in P(Z)$ 在 $Z \subset \mathbb{R}$ 上取值。

**假设 10.1.12** 映射 $U$: $\mathbb{R}_+ \to \mathbb{R}_+$ 有界连续。函数 $f$ 是可测的，由 $\mathbb{R}_+ \times Z$ 到 $\mathbb{R}_+$ 的映射。对每一个固定的 $z \in Z$，映射 $k \mapsto f(k, z)$ 是连续的。

可行性储蓄策略 $\sigma \in \Sigma$ 是由 $S$ 到自身的博雷尔函数，使 $\sigma(y) \in [0, y]$，对所有的 $y$。每一个 $\sigma \in \Sigma$ 定义一个收入过程，通过：

$$y_{t+1} = f(\sigma(y_t), W_{t+1}) \qquad (10-9)$$

对应的 $S$ 上的随机核 $P_\sigma$ 给定为：

$$P_\sigma(y, B) := \int \mathbb{1}_B[f(\sigma(y), z)]\phi(\mathrm{d}z), (x \in S, B \in \mathscr{B}(S))$$

**命题 10.1.13** 在假设 10.1.12 下，值函数 $v^*$ 是连续的，是 $b\mathscr{B}(S)$ 上的唯一函数，满足：

$$v^*(y) = \max_{0 \leqslant k \leqslant y}\left\{U(y-k) + \rho\int v^*[f(k, z)]\phi(\mathrm{d}z)\right\}, y \in S$$

至少存在一个最优策略。此外，策略 $\sigma^*$ 是最优的，当且仅当其满足：

$$v^*(y) = U(y - \sigma^*(y)) + \rho\int v^*[f(\sigma^*(y), z)]\phi(\mathrm{d}z), (y \in S)$$

**习题 10.1.14** 使用假设 10.1.12 验证命题 10.1.13。特别地，证明假设 10.1.13 ~ 10.1.5 成立。

### 10.1.3 证明

让我们来看看定理10.1.11的证明。作为第一步，我们引入了两个重要的算子并研究了它们的性质。动态规划中的许多证明可以利用这些映射简化为简单的操作。

**定义 10.1.15** 算子$T_\sigma$：$b\mathscr{B}(S)\to b\mathscr{B}(S)$ 对所有的 $\sigma\in\Sigma$，定义为：

$$T_\sigma w(x) = r(x,\sigma(x)) + \rho\int w[F(x,\sigma(x),z)]\phi(\mathrm{d}z),\ (x\in S)$$

进一步，贝尔曼算子 $T$：$b\mathscr{B}(S)\to b\mathscr{B}(S)$ 被定义为：

$$Tw(x) = \sup_{u\in\Gamma(x)}\left\{r(x,u) + \rho\int w[F(x,u,z)]\phi(\mathrm{d}z)\right\},(x\in S)$$

利用贝尔曼算子，我们可以将定理 10.1.11 的第一部分重新表述为：$v^*$ 是 $b\mathscr{B}(S)$ 中 $T$ 的唯一不动点。

**习题 10.1.16** 证明$T_\sigma$和 $T$ 实际上都是由 $b\mathscr{B}(S)$ 映射到自身。（只有高年级的学生才需要担心可测性。只要证明有界函数的象是有界的。）如果你需要一个关于如何处理 $T$ 的提示，请参考引理 A.2.31。

回想下定义 $v_\sigma:=\sum_{t=0}^{\infty}\rho^t\mathbf{M}_\sigma^t r_\sigma$，我们的结果如下：

**引理 10.1.17** 对每一个 $\sigma\in\Sigma$，算子$T_\sigma$在（$b\mathscr{B}(S)$，$d_\infty$）一致收敛，满足：

$$\|T_\sigma w - T_\sigma w'\|_\infty \leqslant \rho\,\|w-w'\|_\infty,\quad \forall w,\ w'\in b\mathscr{B}(S) \tag{10-10}$$

以及$T_\sigma$在 $b\mathscr{B}(S)$ 的不动点是$v_\sigma$。此外，$T_\sigma$在 $b\mathscr{B}(S)$ 上是单调的，在这个意义下如果 $w$，$w'\in b\mathscr{B}(S)$ 及 $w\leqslant w'$，则$T_\sigma w\leqslant T_\sigma w'$。

这里的不等式，如 $w\leqslant w'$在 $S$ 上是逐点不等式。

**证明：** 不难证明$T_\sigma$是单调的，留给读者完成（读者可能想用$\mathbf{M}_\sigma$的单调性，如习题 9.2.12）。关于$T_\sigma v_\sigma = v_\sigma$的论点，$S$ 上是逐点有：

$$v_\sigma = \sum_{t=0}^{\infty}\rho^t\mathbf{M}_\sigma^t r_\sigma = r_\sigma + \sum_{t=1}^{\infty}\rho^t\mathbf{M}_\sigma^t r_\sigma$$

$$= r_\sigma + \rho\mathbf{M}_\sigma\sum_{t=0}^{\infty}\rho^t\mathbf{M}_\sigma^t r_\sigma = r_\sigma + \rho\mathbf{M}_\sigma v_\sigma = T_\sigma v_\sigma$$

这个论点唯一棘手的部分是通过无穷和的极限传递$\mathbf{M}_\sigma$。对于想要提高对控制收敛定理的熟悉程度的读者来说，证明这一点是一个很好的练习。

易于证明$T_\sigma$是一致压缩映射。任取 $w$，$w'\in b\mathscr{B}(S)$。使用$\mathbf{M}_\sigma$的线性和单调性，$S$ 上逐点我们有：

$$\begin{aligned}|T_\sigma w - T_\sigma w'| &= |\rho \mathbf{M}_\sigma w - \rho \mathbf{M}_\sigma w'| = \rho |\mathbf{M}_\sigma (w - w')| \\ &\leqslant \rho \mathbf{M}_\sigma |w - w'| \\ &\leqslant \rho \mathbf{M}_\sigma \|w - w'\|_\infty \mathbb{1}_S = \rho \|w - w'\|_\infty\end{aligned}$$

可得（10－10）中不等式。■

接下来我们看贝尔曼算子。

**引理 10.1.18** 算子 $T$ 在（$b\mathscr{B}(S)$，$d_\infty$）一致收敛，满足：

$$\|Tw - Tw'\|_\infty \leqslant \rho \|w - w'\|_\infty, \quad \forall w, w' \in b\mathscr{B}(S) \tag{10-11}$$

此外，$T$ 在 $b\mathscr{B}(S)$ 上是单调的，在这个意义下如果 $w$，$w' \in b\mathscr{B}(S)$ 且 $w \leqslant w'$，则 $Tw \leqslant Tw'$。

**证明**：第二个结果（单调性）易于证明，因此留给读者。开始证明（10－11）前，我们有如下观察：如果 $w$，$w' \in b\mathscr{B}(S)$，则

$$|\sup w - \sup w'| \leqslant \sup |w - w'| =: \|w - w'\|_\infty \tag{10-12}$$

为得到它，任取 $w$，$w'$，我们有：

$$\sup w = \sup(w - w' + w') \leqslant \sup(w - w') + \sup w' \leqslant \sup|w - w'| + \sup w'$$

$$\therefore \sup w - \sup w' \leqslant \sup |w - w'|$$

将 $w$，$w'$互换，同样论证可完成证明。

现在考虑（10－11）。对于任意 $w$，$w' \in b\mathscr{B}(S)$ 和任意 $x \in S$，$|Tw(x) - Tw'(x)|$ 的偏离等于：

$$\left| \sup_u \left\{ r(x,u) + \rho \int w[F(x,u,z)]\phi(dz) \right\} - \sup_u \left\{ r(x,u) + \rho \int w'[F(x,u,z)]\phi(dz) \right\} \right|$$

使用（10－12），我们可得：

$$\begin{aligned}|Tw(x) - Tw'(x)| &\leqslant \rho \sup_u \left| \int w[F(x,u,z)]\phi(dz) - \int w'[F(x,u,z)]\phi(dz) \right| \\ &\leqslant \rho \sup_u \int |w[F(x,u,z)] - w'[F(x,u,z)]| \phi(dz) \\ &\leqslant \rho \sup_u \int \|w - w'\|_\infty \phi(dz) = \rho \|w - w'\|_\infty\end{aligned}$$

在 $x \in S$ 上取上确界，可得不等式。① ■

**习题 10.1.19** 使用定理 6.3.8，给出 $T$ 是模为 $\rho$ 的一致压缩映射的另一个证明。

**引理 10.1.20** 值函数$v^*$是 $T$ 在 $b\mathscr{B}(S)$ 上的唯一不动点。此外，$v^* \in bcS$。

① 证明归功于 Hernández－Lerma 和 Lasserre（1996，引理 2.5）。

**证明：**因为 $T$ 在完备空间（$b\mathscr{B}(S)$，$d_\infty$）上一致压缩映射，根据巴拿赫不动点定理（定理 3.2.36），$T$ 在 $b\mathscr{B}(S)$ 上有且仅有一个不动点 $w^*$。[1] 剩下证明 $w^* \in bcS$ 和 $w^* = v^*$。

为证明 $w^* \in bcS$，要充分证明 $bcS$ 是 $b\mathscr{B}(S)$ 的闭子集，以及 $T$ 由 $bcS$ 映射到自身（习题 4.1.20）。定理 3.2.7 证明了 $bcS$ 是 $b\mathscr{B}(S)$ 的闭子集。根据 Berge 定理，$T$ 由 $bcS$ 映射到 $bcS$。（给定 $w \in bcS$，根据假设 10.1.3 ~ 10.1.5 和 Berge 定理，$Tw$ 是连续的，显然有界。）因此，如所述有 $w^* \in bcS$。

接下来我们证明 $w^* = v^*$。注意由引理 10.1.10 存在策略 $\sigma \in \Sigma$ 满足 $Tw^* = T_\sigma w^*$。（为什么？）对策略 $\sigma$，我们有 $w^* = Tw^* = T_\sigma w^*$。由于 $v_\sigma$ 是 $T_\sigma$ 的唯一不动点，因此 $w^* = v_\sigma$。在此情形下，因为 $v_\sigma \leqslant v^*$，对任意 $\sigma \in \Sigma$，$w^* \leqslant v^*$。剩下验证 $v^* \leqslant w^*$ 同样成立。

为验证，任取 $\sigma \in \Sigma$，并注意 $w^* = Tw^* \geqslant T_\sigma w^*$。迭代这一不等式，并使用 $T_\sigma$ 的单调性，我们可得 $w^* \geqslant T_\sigma^k w^*$，对所有的 $k \in \mathbb{N}$。取极限，并基于 $T_\sigma^k w^* \to v_\sigma$ 一致且逐点的事实，我们有 $w^* \geqslant v_\sigma$。因为 $\sigma$ 是任意的，所以有 $v^* \leqslant w^*$。（为什么？）因此，如所述有 $v^* = w^*$。■

我们的下一个任务是验证这样一种说法：策略是最优的，当且仅当它们是 $v^*$ - 贪心的。

**引理 10.1.21** 策略 $\sigma \in \Sigma$ 是最优的，当且仅当它是 $v^*$ - 贪心。

**证明：**回想下，$\sigma$ 是 $v^*$ - 贪心，当且仅当其满足（10 - 8），算子表达为 $v^* = v^* T_\sigma$。这等价于 $v_\sigma = v^*$，因为 $v_\sigma$ 是 $T_\sigma$ 的唯一不动点。但 $v_\sigma = v^*$ 更准确地说 $\sigma$ 是最优的。■

定理 10.1.11 的最后一个结论是至少存在一个最优策略。这是引理 10.1.10 的结果。

## 10.2 数值方法

动态规划问题的数值解具有挑战性，同时具有重要的现实意义。在前面的章

---

① 为什么（$b\mathscr{B}(S)$，$d_\infty$）是完备的？因为（$bS$，$d_\infty$）是完备的（定理 3.2.6），瓦贝空间的闭子集是完备的（定理 3.2.3），所以只需证明 $b\mathscr{B}(S)$ 是（$bS$，$d_\infty$）的闭子集。这可通过定理 7.2.12 证明。

节中，我们考虑了数值求解 SDPs 的技术，如值迭代和策略迭代。在本节我们将更深入地研究这些迭代方法背后的理论。算法被证明是全局收敛到最优的解。

### 10.2.1　值迭代

考虑 10.1 中定义的 SDP。贝尔曼算子在 $bcS$ 上一直压缩映射，$v^*$ 是不动点。这一事实给我们提供了逼近 $v^*$ 的自然方法。任取 $v_0 \in bcS$，迭代贝尔曼算子直至 $T^n v_0$ 逼近 $v^*$。这就提出了算法 10－1 中计算（近似）最优策略的算法。

**算法 10－1　值迭代算法**

```
read in initial v_0 ∈ bcS and set n = 0
repeat
  | set n = n + 1
  | set v_n = T v_{n-1}, where T is the Bellman operator
until a stopping rule is satisfied
solve for a v_n-greedy policy σ (cf., definition 10.1.9)
return σ
```

算法 10－1 本质上与先前值迭代算法相同，尽管我们增加的索引 $n$ 以追踪迭代。由于 $v_n = T^n v_0$ 收敛到 $v^*$，充分多次迭代后，由此产生的策略 $\sigma$ 应具有相对较好的性质，即 $v_\sigma \simeq v^*$。[①]

两个明显的问题：一是停止循环的规则是什么？我们知道 $v_n \to v^*$，但 $v^*$ 是不可观测的。给定 $n$，我们如何测度 $v_n$ 和 $v^*$ 之间的距离？二是对于给定 $v_n$，算法产生的 $v_n$－贪心策略 $\sigma$ 离最优有多近？下面定理回答了这些问题。

**定理 10.2.1**　令 $v_0 \in bcS$。固定 $n \in \mathbb{N}$，并令 $v_n := T^n v_0$，其中 $T$ 是贝尔曼算子。如果 $\sigma \in \Sigma$ 是 $v_n$－贪心，则：

$$\| v^* - v_\sigma \|_\infty \leqslant \frac{2\rho}{1-\rho} \| v_n - v_{n-1} \|_\infty \tag{10-13}$$

可以直接得到如下推论（证明作为习题）。

**推论 10.2.2**　令 $(v_n)_{n \geqslant 0}$ 如定理 10.2.1 所示。如果 $(\sigma_n)_{n \geqslant 0}$ 是 $\Sigma$ 中的序列，使 $\sigma_n$ 是 $v_n$－贪心，对每一个 $n \geqslant 0$，则 $\| v^* - v_{\sigma_n} \|_\infty \to 0$，当 $n \to \infty$。

定理 10.2.1 的证明在本节末尾给出。在讨论这个定理之前，让我们先对它

① 当然，如果 $v_n$ 完全等于 $v^*$，则 $\sigma$ 是最优的，及 $v_\sigma \simeq v^*$。

作一些评论。

首先，定理 10.2.1 依据策略的值，给出了$v_n$ - 贪心策略 $\sigma$ 和最优策略$\sigma^*$之间的偏差上界。$\sigma^*$的值由$v_{\sigma^*}$给出，根据定义，等于$v^*$。因此，我们可以说，给定任意初始条件 $x$，

$$v_{\sigma^*}(x)-v_\sigma(x)=|v_{\sigma^*}(x)-v_\sigma(x)|\leqslant\|v^*-v_\sigma\|_\infty\leqslant\frac{2\rho}{1-\rho}\|v_n-v_{n-1}\|_\infty$$

当然，也可以寻求策略 $\sigma$ 和$\sigma^*$之间某种几何偏差的上界，但在应用中，这种上界估计的重要程度不如策略值的差距的上界估计。

其次，这个定理的有用性来自$\|v_n-v_{n-1}\|_\infty$是可观察的。特别是，它可以在每次迭代算法时进行测量。这提供一个自然停止的规则：迭代直到$\|v_n-v_{n-1}\|_\infty$小于某个公差 $\epsilon$，然后计算$v_n$ - 贪心策略 $\sigma$。该策略满足$\|v^*-v_\sigma\|_\infty\leqslant 2\rho\epsilon/(1-\rho)$。

再次，界限（10－13）通常相当保守。从这个角度来看，定理 10.2.1 最好被视为是保证算法的输出收敛到最优的解，这样的保证对于科学工作中的数值算法是必不可少的。

最后，在一个相关的点上，如果读者希望为一个所计算的特定解决方案提供边界，那么相对最优的界限就更容易解释了。相对界确定了一个近似最优策略，至少能获得最大值的一部分（比如 95%）。例如，假设回报函数是非负的，则$v_\sigma$和$v^*$在 $S$ 上是非负的。① 进一步假设我们选择$v_0$满足 $0\leqslant v_0\leqslant v^*$，这种情况下根据 $T$ 的单调性，有 $0\leqslant v_n\leqslant v^*$对所有的 $n\in\mathbb{N}$。由（10－13）和$v_n\leqslant v^*$，我们有：

$$\|v_n-v_{n-1}\|_\infty\leqslant\eta\Rightarrow\frac{v^*(x)-v_\sigma(x)}{v^*(x)}\leqslant\frac{2\rho}{1-\rho}\cdot\frac{\eta}{v_n(x)}=:\alpha_n(\eta,x) \qquad (10-14)$$

换言之，当初始条件是 $x$，如果在$\|v_n-v_{n-1}\|_\infty\leqslant\eta$ 处终止值迭代，则策略 $\sigma$ 至少获得可用总值的（$1-\alpha_n$（$\eta$，$x$））×100%。

让我们完成定理 10.2.1 的证明：

定理 10.2.1 的证明：注意，

$$\|v^*-v_\sigma\|_\infty\leqslant\|v^*-v_n\|_\infty+\|v_n-v_\sigma\|_\infty \qquad (10-15)$$

首先，我们限定（10－15）右边的第一项。利用$v^*$是 $T$ 的不动点，我们有：

$$\|v^*-v_n\|_\infty\leqslant\|v^*-Tv_n\|_\infty+\|Tv_n-v_n\|_\infty\leqslant\rho\|v^*-v_n\|_\infty+\rho\|v_n-v_{n-1}\|_\infty$$

---

① 由于 $r$ 已经被假定为有界，不失一般性，取 $r$ 非负。即对 $r$ 添加一个常数产生目标函数$v_\sigma$（$x$）的单调变换，因此不改变最优化问题。

$$\therefore \|v^* - v_n\|_\infty \leqslant \frac{\rho}{1-\rho}\|v_n - v_{n-1}\|_\infty \tag{10-16}$$

现在考虑（10－15）右边的第二项。因为 $\sigma$ 是$v_n$－贪心，我们有 $T v_n = T_\sigma v_n$，及

$$\|v_n - v_\sigma\|_\infty \leqslant \|v_n - T v_n\|_\infty + \|T v_n - v_\sigma\|_\infty \leqslant \|T v_{n-1} - T v_n\|_\infty + \|T_\sigma v_n - T_\sigma v_\sigma\|_\infty$$

$$\therefore \|v_n - v_\sigma\|_\infty \leqslant \rho \|v_{n-1} - v_n\|_\infty + \rho\|v_n - v_\sigma\|_\infty$$

$$\therefore \|v_n - v_\sigma\|_\infty \leqslant \frac{\rho}{1-\rho}\|v_n - v_{n-1}\|_\infty \tag{10-17}$$

综合（10－15）、（10－16）和（10－17），可得（10－13）。■

### 10.2.2 策略迭代

除了值函数迭代，还有一个迭代过程叫作策略迭代，我们在 5.1.3 中第一次遇到了这个过程。在本节中，我们将描述策略迭代及其收敛性。算法 10－2 给出了基本算法。

**算法 10－2 策略迭代算法**

```
read in an initial policy σ_0 ∈ Σ
set n = 0
repeat
    evaluate v_{σ_n} := Σ_{t=0}^∞ ρ^t M^t_{σ_n} r_{σ_n}
    compute a v_{σ_n}-greedy policy σ_{n+1} ∈ Σ
    set n = n + 1
until a stopping rule is satisfied
return σ_n
```

结果表明，由算法 10－2 产生的函数序列$v_{\sigma_n}$收敛到$v^*$，并通过合理的停止规则得到的策略是近似最优的。让我们开始证明这些想法：

**引理 10.2.3** 如果$(v_n)_{n\geqslant 0}$是策略迭代算法在$\Sigma$生成的序列，则在 $S$ 上$v_{\sigma_n} \leqslant v_{\sigma_{n+1}}$逐点成立，对所有的 $n$。

**证明：** 任取 $x \in S$ 和 $n \in \mathbb{N}$。根据定义：

$$\sigma_{n+1}(x) \in \underset{u \in \Gamma(x)}{\operatorname{argmax}}\left\{r(x, u) + \rho\int v_{\sigma_n}[F(x, u, z)]\phi(\mathrm{d}z)\right\}$$

基于此及$v_\sigma = T_\sigma v_\sigma$对所有的 $\sigma \in \Sigma$，我们有：

$$v_{\sigma_n}(x) = r(x, \sigma_n(x)) + \rho\int v_{\sigma_n}[F(x, \sigma_n(x), z)]\phi(\mathrm{d}z)$$

$$\leqslant r(x,\sigma_{n+1}(x))+\rho\int v_{\sigma_n}[F(x,\sigma_{n+1}(x),z)]\phi(\mathrm{d}z)$$

用算子表示，不等式变为$v_{\sigma_n}\leqslant T_{\sigma_{n+1}}v_{\sigma_n}$。因为$T_{\sigma_{n+1}}$是单调（引理 10.1.17）的，对所有 $k\in\mathbb{N}$，$T_{\sigma_{n+1}}$迭代可得$v_{\sigma_n}\leqslant T^k_{\sigma_{n+1}}v_{\sigma_n}$。取极限，基于$T^k_{\sigma_{n+1}}v_{\sigma_n}\to v_{\sigma_{n+1}}$在 $S$ 上一致，因此是逐点的，我们可得该引理结论。■

结果表明，值迭代算法是全局收敛的，策略迭代算法也是全局收敛的。

**定理 10.2.4** 如果$(\sigma_n)_{n\geqslant 0}\subset\Sigma$是由策略迭代算法生成的序列，则当 $n\to\infty$ 时，$\|v_{\sigma_n}-v^*\|_\infty\to 0$。

**证明：** 令$w_n:=T^n v_{\sigma_0}$，其中 $T$ 是贝尔曼算子，通常$T^0$是恒等映射。因为对所有 $n\geqslant 0$，$v_{\sigma_n}\leqslant v^*$（为什么?），可充分证明对所有 $n\geqslant 0$，$w_n\leqslant v_{\sigma_n}$。（为什么?）由定义，$n=0$ 结果为真。假设对任意的 $n$，结果成立，则 $n+1$ 也成立，因为，

$$w_{n+1}=Tw_n\leqslant Tv_{\sigma_n}=T_{\sigma_{n+1}}v_{\sigma_n}\leqslant T_{\sigma_{n+1}}v_{\sigma_{n+1}}=v_{\sigma_{n+1}}$$

读者在证明这些结果时不应该有太多麻烦。■

本节的其余部分主要关注有限情况下的策略迭代，其中我们在 5.1.3 中讨论过。可证明当 $S$ 和 $A$ 是有限的时候，可得有限时间内最优策略。

引理 10.2.3 告诉我们序列的值是非递减的。一方面，如果不能选择$\sigma_{n+1}$等于$\sigma_n$，则该值的增加是严格的。另一方面，如果$\sigma_{n+1}$可以被选择为等于$\sigma_n$，那么我们已经找到了一个最优策略。下一个引理使这些陈述更精确。

**引理 10.2.5** 令（$\sigma_n$）为策略迭代算法生成的策略序列。如果不能选择$\sigma_{n+1}$等于$\sigma_n$，即存在一个 $x\in S$，使

$$\sigma_n(x)\notin\operatorname*{argmax}_{u\in\Gamma(x)}\left\{r(x,u)+\rho\int v_{\sigma_n}[F(x,u,z)]\phi(\mathrm{d}z)\right\}$$

则$v_{\sigma_{n+1}}(x)>v_{\sigma_n}(x)$。反过来，如果可选择$\sigma_{n+1}$等于$\sigma_n$，即有

$$\sigma_n(x)\in\operatorname*{argmax}_{u\in\Gamma(x)}\left\{r(x,u)+\rho\int v_{\sigma_n}[F(x,u,z)]\phi(\mathrm{d}z)\right\},\forall x\in S$$

则$v_{\sigma_n}=v^*$，及$\sigma_n$是一个最优策略。

**证明：** 关于第一个陈述，令 $x$ 是 $S$ 中的一个点，满足

$$r(x,\sigma_{n+1}(x))+\rho\int v_{\sigma_n}[F(x,\sigma_{n+1}(x),z)]\phi(\mathrm{d}z)$$

$$>r(x,\sigma_n(x))+\rho\int v_{\sigma_n}[F(x,\sigma_n(x),z)]\phi(\mathrm{d}z)$$

写成算子表达，我们有$T_{\sigma_{n+1}}v_{\sigma_n}(x)>T_{\sigma_n}v_{\sigma_n}(x)=v_{\sigma_n}(x)$。引理 10.2.3 和$T_{\sigma_{n+1}}$的单调性有：

$v_{\sigma_{n+1}}(x)=T_{\sigma_{n+1}}v_{\sigma_{n+1}}(x)\geqslant T_{\sigma_{n+1}}v_{\sigma_n}(x)>v_{\sigma_n}(x)$

关于第二个陈述，假设：

$$\sigma_n(x)\in\underset{u\in\Gamma(x)}{\operatorname{argmax}}\left\{r(x,u)+\rho\int v_{\sigma_n}[F(x,u,z)]\phi(\mathrm{d}z)\right\},\forall x\in S$$

则有：

$$v_{\sigma_n}(x)=r(x,\sigma_n(x))+\rho\int v_{\sigma_n}[F(x,\sigma_n(x),z)]\phi(\mathrm{d}z)$$

$$=\max_{u\in\Gamma(x)}\left\{r(x,u)+\rho\int v_{\sigma_n}[F(x,u,z)]\phi(\mathrm{d}z)\right\}$$

对每一个 $x\in S$。换言之，$v_{\sigma_n}$是贝尔曼算子的不动点。在这一情形下，$v_{\sigma_n}=v^*$，证明完毕。■

算法 10-3 在算法 10-2 中添加了一个停止规则，该规则适用于有限情况。该算法在有限情况下运行良好，因为它总是在有限时间内以最优策略终止。这是我们下一个定理的内容。

**算法 10-3 策略迭代，有限情形**

read in initial $\sigma_0\in\Sigma$
set $n=0$
**repeat**
  set $n=n+1$
  evaluate $v_{\sigma_{n-1}}=\sum_{t=0}^{\infty}\rho^t\mathbf{M}_{\sigma_{n-1}}^t r_{\sigma_{n-1}}$
  taking $\sigma_n=\sigma_{n-1}$ if possible, compute a $v_{\sigma_{n-1}}$-greedy policy $\sigma_n$
**until** $\sigma_n=\sigma_{n-1}$
return $\sigma_n$

**定理 10.2.6** 如果 $S$ 和 $A$ 是有限的，那么策略迭代算法总在经过有限次迭代后终止，得到的策略是最优的。

**证明：** 首先注意，如果算法在 $n$ 终止，且$\sigma_{n+1}=\sigma_n$，根据引理 10.2.5 第二部分，该策略是最优的。接下来假设算法永不终止，生成无限策略序列（$\sigma_n$）。在每个阶段 $n$，停止规则意味着不能选择$\sigma_{n+1}$等于$\sigma_n$，引理 10.2.5 第一部分适用。因此对所有 $n$（即$v_{\sigma_n}\leqslant v_{\sigma_{n+1}}$且$v_{\sigma_n}\neq v_{\sigma_{n+1}}$），$v_{\sigma_n}<v_{\sigma_{n+1}}$。因为从 $A$ 到 $S$ 的映射集显然是有限的，所以函数集 $\{v_\sigma:\sigma\in\Sigma\}$ 也是有限的。因此，算法总是终止，这样的无限序列是不可能的。■

### 10.2.3 拟合值迭代

在 6.2.2 中，我们开始讨论拟合值迭代，并介绍了主要算法。回想一下，为

了近似 $v$ 的函数 $Tv$ 的象，我们在有限网格点$(x_i)_{i=1}^k$集中评估 $Tv$，然后使用这些样本构造 $Tv$ 的近似值。在此过程中，我们将$\hat{T}$分解为两个运算符 $L$ 和 $T$：首先将每个网格点 $T$ 应用到 $v$，然后近似算子 $L$ 把该结果映射到函数 $w=\hat{T}v=L(Tv)$。因此，$\hat{T}:=L\circ T=:LT$。我们看到当 $L$ 是关于$d_\infty$非扩散的时，$LT$ 是一致压缩映射。

通常，我们将考虑映射 $L$：$b\mathscr{B}(S)\to\mathscr{F}\subset b\mathscr{B}(S)$，其中对每一个 $v\in b\mathscr{B}(S)$，$Lv\in\mathscr{F}$近似值是基于样本$(v(x_i))_{i=1}^k$或者网格点$(x_i)_{i=1}^k$构造的。此外，选择 $L$ 是非扩散：

$$\|Lv-Lw\|_\infty\leqslant\|v-w\|_\infty,\quad\forall v,\ w\in b\mathscr{B}(S)\tag{10-18}$$

**示例 10.2.7** （分段常数近似）令$(P_i)_{i=1}^k$为 $S$ 的分段，其中$P_m\cap P_n=\varnothing$当 $m\neq n$，且 $S=\cup_{i=1}^k P_i$。每一个$P_i$包含一个单网格点$x_i$。对任意 $v$：$S\to\mathbb{R}$，我们定义 $v\mapsto Mv$ 为：

$$Mv(x)=\sum_{i=1}^k v(x_i)\mathbb{1}_{P_i}(x),(x\in S)$$

**习题 10.2.8** 证明对任意 $w$，$v\in b\mathscr{B}(S)$ 和任意 $x\in S$ 我们有：

$$|Mw(x)-Mv(x)|\leqslant\sup_{1\leqslant i\leqslant k}|w(x_i)-v(x_i)|$$

使用这一结果证明算子 $M$ 在 $(b\mathscr{B}(S),\ d_\infty)$ 上是非扩散的。

**示例 10.2.9** （连续分段线性插值）让我们关注一维情况。令 $S=[a,b]$，及网格点递增：

$$x_1<\cdots<x_k,\quad x_1=a\text{ 及 }x_k=b$$

令 $N$ 为 $w$：$S\to\mathbb{R}$ 映射到网格定义的连续分段放射插值的算子。也就是说，如果 $x\in[x_i,\ x_{i+1}]$，则

$$Nw(x)=\lambda w(x_i)+(1-\lambda)w(x_{i+1}),\text{ 其中，}\lambda:=\frac{x_{i+1}-x}{x_{i+1}-x_i}$$

**习题 10.2.10** 证明对任意 $w$，$v\in b\mathscr{B}(S)$ 和任意 $x\in S$ 我们有：

$$|Nw(x)-Nv(x)|\leqslant\sup_{1\leqslant i\leqslant k}|w(x_i)-v(x_i)|$$

使用这一结果，证明 $N$ 是非扩散的。

算法 10-4 中给出了我们的拟合值迭代算法。在有限时间内，终止任意严格为正的公差算法，因此$\hat{T}$是一直压缩映射。所生成策略是近似最优的，满足下列定理给出的偏差（证明见本章附录）。

**算法 10-4 FVI 算法**

```
read in initial v_0 ∈ bℬ(S) and set n = 0
repeat
    set n = n + 1
    sample Tv_{n-1} at a finite set of grid points
    compute T̂v_{n-1} = LTv_{n-1} from the samples
    set v_n = T̂v_{n-1}
until the deviation ‖v_n − v_{n-1}‖_∞ falls below some tolerance
solve for a v_n-greedy policy σ
```

**定理 10.2.11** 令$v_0 \in \mathscr{F}$，及$v_n := \hat{T}^n v_0$，其中$\hat{T} = LT$和$L$：$b\mathscr{B}(S) \to \mathscr{F}$是非扩散的。如果$\sigma \in \Sigma$是$v_n$-贪心，则

$$\|v^* - v_\sigma\|_\infty \leqslant \frac{2}{(1-\rho)^2} \times (\rho \|v_n - v_{n-1}\|_\infty + \|Lv^* - v^*\|_\infty)$$

在定理 10.2.1 之后给出的大多数评论都适用于定理 10.2.11。特别是，虽然界限是保守的，但它表明 $\sigma$ 的值可以近似于所期望的$\sigma^*$，只要选择 $L$ 合适，则$\|Lv^* - v^*\|_\infty$可以取任意小。在 $S = [a, b]$ 上连续分段线性插值的情况下，这当然是可能的。①

## 10.3 评述

随机动态规划的优秀理论处理可在 Hernández - Lerma (1996) 和 Lasserre (1999) 的两个专著中找到。也推荐 Bertsekas (1995) 和 Puterman (1994)。从经济学文献来看，推荐 Stokey 和 Lucas (1989)、Le Van 和 Dana (2003)。所有这些资料都包含了在进一步应用中所参考的广泛文献。

在 Gordon (1995) 和 Stasurski (2008) 中可以找到非扩张逼近拟合值迭代的另一个讨论。关于值迭代的其他讨论，参见 Santos 和 Vigo Aguiar (1998)、Grüne

① 这是由于$v^*$的连续性，这在我们的假设下总是成立的。当$v^*$在 $[a, b]$ 上是连续的，它也是一致连续的，也就是说，对于任何$\epsilon > 0$的，存在$\delta > 0$，使$|v^*(x) - v^*(y)| < \epsilon d$当$|x - y| < \delta$。从这个性质不难看出，给定任何$\epsilon > 0$，一个足够精细的网格将产生一个连续的分段仿射插值 $Lv^*$，使$\|v^* - Lv^*\|_\infty < \epsilon$。例如，Bartle 和 Sherbet (1992)。

和 Semmler（2004）。

值迭代和策略迭代是文献中众多算法中的两种。其他流行的技术包括投影法、泰勒级数近似（例如，线性化）和参数化期望。比如 Marcet（1988）、Tauchen 和 Hussey（1991）、Judd（1992）、Den Haan 和 Marcet（1994）、Rust（1996）、Judd（1998）、Christiano 和 Fisher（2000）、McGrattan（2001）、Uhlig（2001）、Maliar 和 Maliar（2005）、Canova（2007）。Marimon 和 Scott（2001）是一个有用的综述，Santos（1999）和 Arouba 等（2006）提供了数值比较。

动态规划在经济学中有许多有趣的应用，我们几乎没有机会讨论。两个不幸的省略是产业组织［例如，Green 和 Porter（1984）、Hopenhayn（1992）、Ericson 和 Pakes（1995）、Pakes 和 McGuire（2001）］和搜索理论［见 McCall（1970）早期的贡献和 Rogerson 等（2005）最新综述］。对于一些早期的经典宏观经济学文献，见 Lucas 和 Prescott（1971）、Hall（1978）、Lucas（1978）、Kydland 和 Prescott（1982）、Brock（1982）、Mehra 和 Prescott（1985）。Dechert 和 O′Donnell（2006）提供了环境经济学中关于动态规划的很好的应用。

# 第 11 章　随机动态

本章主要讨论不可数状态空间上的马尔科夫链的稳定性。虽然之前介绍的有限状态空间上的马尔科夫链（第 4 章）和用存在概率密度函数表述的马尔科夫链（第 8 章）的稳定性分析，在不改进时无法适用于一般情况下的稳定性分析，但马尔科夫过程的稳定性理论是理念相通的，前文的研究都和本章有所联系。贯穿本章，我们用 $S$ 表示$\mathbb{R}^n$ 中的 Borel 集。

## 11.1　收敛性的概念

在讨论一般状态下的马尔科夫链的动态性质之前，这里引入基于测度的收敛概念（有别于有限状态概率或概率密度情形）。之后，我们将介绍概率渐近性质的基本结果，包括独立同分布的随机变量序列的弱大数定律和强大数定律。

### 11.1.1　样本路径的收敛性

回顾前文，$S$ - 值的随机过程可用三元组$(\Omega, \mathscr{F}, \mathbb{P}, (X_t)_{t\in T})$表示，其中$(\Omega, \mathscr{F})$是可测集，$\mathscr{P}$是$(\Omega, \mathscr{F})$上定义的概率，$T$ 是诸如$\mathbb{N}$ 或$\mathbb{Z}$ 的指标集，且$(X_t)_{t\in T}$是$(\Omega, \mathscr{F})$上 $S$ - 值的随机变量。对随机过程，有不同的收敛定义。这里首先介绍几乎必然收敛。

**定义 11.1.1**　令$(\Omega, \mathscr{F}, \mathbb{P}, (X_t)_{t\geq 1})$为 $S$ - 值的随机过程，且 $X$ 为$(\Omega, \mathscr{F}, \mathbb{P})$上的 $S$ - 值的随机变量。我们说$(X_t)_{t\geq 1}$几乎必然收敛（或者，以概率 1）于 $X$，当且仅当如下条件成立：

$\mathbb{P}\left\{\lim_{t\to\infty}X_t=X\right\}$：$\mathbb{P}\left\{\{\omega\in\Omega:\ \lim_{t\to\infty}X_t(\omega)=X(\omega)\}\right\}=1$

在7.3.2中，几乎必然收敛就是$\mathbb{P}$几乎处处收敛（概率测度下的几乎处处收敛）。

虽然读者可能会怀疑，为何仅要求在其中的某个概率测度为1的路径$\omega$的集合上收敛，而不是在样本空间中的所有路径$\omega\in\Omega$都收敛，但几乎必然收敛在概率论中起到了重要作用。这是因为在随机系统中有可能存在异常现象使收敛性结论不成立，这使得要求所有路径都收敛过于严苛。因此，忽略概率测度为零的事件集，可在不失一般性时获得更强的结论。

**练习 11.1.2** 对于随机过程的动态性质而言，期望并不总是有效的度量指标。例如，在概率空间（(0, 1)、$\mathscr{B}(0,1)$，$\lambda$）中，考虑随机变量族 $X_n := n^2 I_{(0,1/n)}$。则在几乎必然的意义下 $X_n\to 0$，但是其期望$\mathbb{E}X_n\uparrow\infty$。

下面是随机变量收敛的另一个重要概念：

**定义 11.1.3** （依概率收敛）根据$(\Omega,\ \mathscr{F},\ \mathbb{P},\ (X_t)_{t\geqslant 1})$和 $X$ 定义 11.1.1，则有$(X_t)_{t\geqslant 1}$依概率收敛于 $X$，当且仅当对于任意的$\varepsilon>0$，均有如下等式成立：

$$\lim_{t\to\infty}\mathbb{P}\{\|X_t-X\|\geqslant\varepsilon\}:=\mathbb{P}\{\omega\in\Omega:\ \|X_t(\omega)-X(\omega)\|\geqslant\varepsilon\}=0$$

依概率收敛比几乎必然收敛要弱。

**引理 11.1.4** 若随机变量在几乎必然意义下收敛 $X_t\to X$，则在依概率意义下收敛 $X_t\to X$。

**证明：** 固定$\varepsilon>0$，已知在几乎必然收敛意义下 $X_t\to X$，则有在概率测度$\mathbb{P}$下可以获得$\mathbb{1}\{\|X_t-X\|\geqslant\varepsilon\}\to 0$ 在 $\Omega$ 上几乎处处成立（为什么?）。之后，使用控制收敛定理，即可获得所需结论。

引理 11.1.4 的逆命题并不成立，将留作（重要的）习题。不妨构造一个随机过程，在依概率收敛的意义下该过程收敛到某个极限，但在几乎必然意义下不能收敛到同一个极限。

**练习 11.1.5** 定义 11.1.3 中出现过的集合均是可测集。比如，当 $S=\mathbb{R}$ 且 $\varepsilon>0$ 时，$\{|X_n-X|\geqslant\varepsilon\}\in\mathscr{F}$。

下面给出几乎必然收敛和依概率收敛的一些应用。令$(X_t)_{t\geqslant 1}$是$(\Omega,\ \mathscr{F},\ \mathbb{P})$上期望相同且为 $m$ 的实值随机过程。定义 $\bar{X}_n=n^{-1}\sum_{t=1}^{n}X_t$，根据弱大数定律，在适当假设下，当 $n\to\infty$ 时，样本均值 $\bar{X}_n$ 的依概率收敛到 $m$。首先，考虑 $m=0$ 的情况。

**练习 11.1.6** 证明如下命题（使用归纳法），该结论将在本章证明中使用，对于所有的$(a_1, \cdots, a_n) \in \mathbb{R}^n$，$\left(\sum_{i=1}^{n} a_i\right)^2 = \sum_{1 \leqslant i,j \leqslant n} a_i a_j = \sum_{j=1}^{n}\sum_{i=1}^{n} a_i a_j$。

**练习 11.1.7** 假设实值随机序列$(X_t)_{t \geqslant 1}$，其期望均为0，且满足如下条件：

（1）对于所有的$i \neq j$，$\mathrm{Cov}(X_i, X_j) = 0$；

（2）对于所有的$i \in \mathbb{N}$，$\mathrm{Cov}(X_i, X_j) = \mathrm{Var}(X_i) = EX_i^2 \leqslant M$。

则对于任意$n \in \mathbb{N}$，均有$\mathrm{Var}(\bar{X}_n) \leqslant M/n$[性质(1)常被称为两两不相关]。

**练习 11.1.8** 证明当一个随机变量的序列满足练习 11.1.7 的性质时，则弱大数定律成立。提示，证明$\mathbb{P}\{(\bar{X}_n) \geqslant \varepsilon\} \leqslant M/(ne^2)$①，再令$n \to \infty$，可知$X_n$依概率收敛到零。

通过构造零均值序列$Y_t := X_t - m$，可以将上述结果推广到$m \neq 0$的情况。由此可得：

**定理 11.1.9** 已知（$\Omega$，$\mathscr{F}$，$\mathbb{P}$，$(X_t)_{t \geqslant 1}$）为一实值随机过程，且$(X_t)_{t \geqslant 1}$期望均为$m$，同时两两不相关，并且对于任意$t$而言，有 Var（$X_i$）$\leqslant M$，则$\overline{X_n}$依概率收敛于$m$。特别地，下述命题成立：

$$\mathbb{P}\{|\bar{X}_n - m| \geqslant \varepsilon\} \leqslant \frac{M}{ne^2} \quad (\varepsilon > 0, n \in \mathbb{N}) \tag{11-1}$$

当序列是独立的时，可以获得更强的结论，表述如下：

**定理 11.1.10** 已知（$\Omega$，$\mathscr{F}$，$\mathbb{P}$，$(X_t)_{t \geqslant 1}$）为实值随机过程，且$(X_t)_{t \geqslant 1}$满足独立同分布性质，$\mathbb{E}|X_1| < \infty$，则$\bar{X}_n$在几乎必然收敛的意义下收敛到$m$。

定理 11.1.10 被称为强大数定律。在前文已经给出强大数定理的一个版本，该版本的相应证明请参考 Dudley（2002）的定理 8.3.5。

当随机过程不是独立同分布，而是相关的时候，那么强大数定理是否成立呢？在定理 4.3.33 和定理 8.2.15 中，我们已经对适用于马尔科夫链的强大数定律进行了概述。本书并不介绍这些强大数定理的证明，但是下面将给出对应情况的弱大数定律的证明（追求进度的读者，可以在不影响理解的情况下跳过该部分），需要满足$k$趋于无穷时，Cov（$X_i$，$X_{i+k}$）收敛到零的速度需要足够快。下面给出引理 11.1.11：

**引理 11.1.11** 已知$(\beta_k)_{k \geqslant 1}$是$\mathbb{R}_+$中的序列，（$\Omega$，$\mathscr{F}$，$\mathbb{P}$，$(X_t)_{t \geqslant 1}$）是实值随机过程，同时满足对于任意$i \geqslant 1$，Cov（$X_i$，$X_{i+k}$）$\leqslant \beta_k$，若$(\beta_k)_{k \geqslant 0}$满足$\sum_{k \geqslant 1} \beta_k < \infty$，则有当$n \to \infty$时，Var（$\bar{X}_n$）$\to 0$。

① 提示：使用 Chebychev 不等式。

**证明**：我们有

$$\begin{aligned}\mathrm{Var}\left(\frac{1}{n}\sum_{i=1}^{n}X_i\right) &= \frac{1}{n^2}\sum_{1\leqslant i,j\leqslant n}\mathrm{Cov}(X_i, X_j)\\ &= \frac{1}{n^2}\sum_{i=1}^{n}\mathrm{Cov}(X_i,X_i)+\frac{2}{n^2}\sum_{1\leqslant i<j\leqslant n}\mathrm{Cov}(X_i, X_j)\\ &\leqslant \frac{2}{n^2}\sum_{1\leqslant i<j\leqslant n}\mathrm{Cov}(X_i, X_j) = \frac{2}{n^2}\sum_{k=0}^{n-1}\sum_{i=1}^{n-k}\mathrm{Cov}(X_i, X_{i+k})\end{aligned}$$

所以，$\mathrm{Var}\left(\frac{1}{n}\sum_{i=1}^{n}X_i\right)\leqslant\frac{2}{n^2}\sum_{k=0}^{n-1}(n-k)\beta_k\leqslant\frac{2}{n}\sum_{k=0}^{n-1}\beta_k\leqslant\frac{2}{n}\sum_{k=0}^{\infty}\beta_k\to 0$

现在，我们可以为相关且非同分布的随机变量提供弱大数定律：

**定理 11.1.12** 已知（$\Omega$，$\mathscr{F}$，$\mathbb{P}$，$(X_t)_{t\geqslant 1}$）为实值随机过程，且满足如下性质：

（1）存在 $\beta_k$ 满足对于任意 $i\geqslant 1$，Cov（$X_i$，$X_{i+k}$）$\leqslant\beta_k$，同时有 $\sum_{k\geqslant 0}\beta_k<\infty$ 成立；

（2）$n\to\infty$ 时，$\mathbb{E}X_n\to m\in\mathbb{R}$。

则有当 $n\to\infty$ 时，$\bar{X}_n$ 依概率收敛于 $m$。

**证明**：注意到 $\mathbb{E}X_n\to m$ 意味着 $\mathbb{E}\bar{X}_n\to m$。因此，对于给定的 $\varepsilon>0$，总是存在 $N\in\mathbb{N}$，使当 $n\geqslant N$ 时，$|\mathbb{E}\bar{X}_n-m|\leqslant\varepsilon/2$。因此，当 $n\geqslant N$ 时，有如下不等式成立：

$$\{|\bar{X}_n-m|\geqslant\varepsilon\}\subset\{|\bar{X}_n-\mathbb{E}\bar{X}_n|+|\mathbb{E}\bar{X}_n-m|\geqslant\varepsilon\}\subset\{|\bar{X}_n-\mathbb{E}\bar{X}_n|\geqslant\varepsilon/2\}$$

因此得 $\mathbb{P}\{|\bar{X}_n-m|\geqslant\varepsilon\}\leqslant\mathbb{P}\{|\bar{X}_n-\mathbb{E}\bar{X}_n|\geqslant\varepsilon/2\}$，$(n\geqslant N)$。

上述不等式是命题成立的充分条件，这是因为借助引理 11.1.11，已知 $\mathrm{Var}(\bar{X}_n)\to 0$，配合 Chebychev 不等式：

$$\mathbb{P}\{|\bar{X}_n-\mathbb{E}\bar{X}_n|\geqslant\varepsilon\}\leqslant\frac{\mathrm{Var}(\bar{X}_n)}{\varepsilon^2}$$

可以得到，当 $n\to\infty$ 时，$|\bar{X}_n-\mathbb{E}\bar{X}_n|$ 依概率收敛于 0。

定理 11.1.12 可用于证明定理 4.3.33 中所述的强大数定理的弱版本。证明如下：取 $S$ 为有限集，$h$：$S\to\mathbb{R}$ 为 $S$ 上的任意实值函数，$p$ 为 $S$ 上的随机核，且随机核 $p$ 的 Dobrushin 系数 $\alpha(p)$ 严格为正，同时 $\psi^*$ 为 $p$ 对应的唯一平稳分布，最后使用定理 11.1.12 证明即可。

**练习 11.1.13** 证明如下命题：当 $T$ 是度量空间 $(U, \rho)$ 上的一致压缩映射，且模长为 $\gamma$，不动点为 $x^*$，则有对于任意给定的 $x\in U$，我们都有 $\rho(T^k x, x^*)\leqslant$

$\gamma^k\rho(x, x^*)$。借助上述命题，可以推知存在两个常数 $M<\infty$ 和 $\gamma\in[0, 1)$，使对于任意的 $k\in\mathbb{N}$ 和任意的 $x\in S$ 均有 $\sum_{y\in S}|p^k(x, y)-\psi^*(y)|\leqslant M\gamma^k$。

**练习 11.1.14** 令 $m:=\sum_{y\in S}h(y)\psi^*(y)$ 是 $h$ 基于 $\psi^*$ 的均值，借助练习 11.1.13 的结论，证明存在常数 $k<\infty$ 和 $\gamma\in[0, 1)$，使对于任意的 $k\in N$ 和任意的 $x\in S$ 有 $|\sum_{y\in S}h(y)p^k(x, y)-m|\leqslant K\gamma^k$。

现在考虑马尔科夫$(p, \psi^*)$链$(X_t)_{t\geqslant 0}$，为了简化后续证明，假设其初始分布在平稳分布上，特别地，对于所有 $t$，我们都有$\mathbb{E}h(X_t)=m$。借助于如下等式：

$$\mathbb{P}\{X_{i+k}=y, X_i=x\}=\mathbb{P}\{X_{i+k}=y\mid X_i=x\}\mathbb{P}\{X_i=x\}$$

有关于协方差的恒等式如下：

$$\begin{aligned}\mathrm{Cov}(h(x_i), h(x_{i+k})) &= \sum_{x\in S}\sum_{y\in S}[h(x)-m][h(y)-m]\,\mathbb{P}\{X_{i+k}=y, X_i=x\}\\ &= \sum_{x\in S}\sum_{y\in S}[h(x)-m][h(y)-m]p^k(x, y)\psi^*(x)\\ &= \sum_{x\in S}[h(x)-m]\psi^*(x)\sum_{y\in S}[h(y)-m]p^k(x, y)\end{aligned}$$

**练习 11.1.15** 使用上面协方差的恒等式以及练习 11.1.14 中的结果，证明存在常数 $j<\infty$ 和 $\gamma\in[0, 1)$，使对于任意的 $i, k\geqslant 0$ 均有 $|\mathrm{Cov}(h(X_i), h(X_{i+k}))|\leqslant j\gamma^k$。

**练习 11.1.16** 证明$(h(X_t))_{t\geqslant 0}$过程满足定理 11.1.12 成立的条件。

### 11.1.2 测度的强收敛

现在让我们转向另一种收敛：$X_n$ 的分布收敛到 $X$ 的分布。由于分布本身就是一种测度，为了考虑测度的收敛，需要在测度空间上定义合理的度量。在本节中，我们讨论测度的强收敛（或全变差收敛），下一节讨论弱收敛。

在定义强收敛性时，不仅要考虑标准非负测度，而且还要考虑符号测度，符号测度是取值可为正负的可数可加集函数。

**定义 11.1.17** 令 $S$ 为$\mathbb{R}^n$ 中的 Borel 可测子集，$S$ 上的符号测度 $u$ 是从 $\mathscr{B}(S)$到$\mathbb{R}$ 的可数加和集函数，也就是说：

对于任意给定的两两不相交序列$(B_n)\subset\mathscr{B}(S)$，我们有 $u(\cup_n B)=\sum_n u(B_n)$，$bM(S)$①表示 $S$ 上所有符号测度构成的集合。

① 请注意，我们符号测度的取值必须是$\mathbb{R}$ 中的值，一些作者称本书中的 $bM(S)$为有限（或有界）符号测度集合。

**练习 11.1.18** 证明对于任意的 $u \in bM(S)$，有 $u(\varnothing)=0$。

符号测度的加法和标量乘法是基于集合定义的：对任意 $u$，$v \in b\mathscr{M}(S)$ 和标量 $\alpha$，$\beta$，有 $(\alpha u+\beta v)(B)=\alpha u(B)+\beta v(B)$。注意到任意两个有限(非负)测度的差 $u-v$ 是一个符号测度。事实证明，任意符号测度均可以表示为两个有限非负测度的差。

**定理 11.1.19** (Hahn - Jordan)对于每个 $u \in b\mathscr{M}(S)$，存在 $\mathscr{B}(S)$ 中的集合 $S^-$ 和 $S^+$，且 $S^- \cap S^+ = \varnothing$，$S^- \cup S^+ = S$，使如下性质成立：

(1)当 $B \in \mathscr{B}(S)$ 且 $B \subset S^+$ 时，$u(B) \geqslant 0$；

(2)当 $B \in \mathscr{B}(S)$ 和 $B \subset S^-$ 时，$u(B) \leqslant 0$。

因此，$u$ 可以表示为两个有限非负测度 $u^+$ 和 $u^-$ 的差 $u^+ - u^-$，其中对于所有的 $B \in \mathscr{B}(S)$，有 $u^+(B) := u(B \cap S^+)$，且 $u^-(B) := -u(B \cap S^-)$。

集合 $S^+$ 称为 $u$ 的正集合，$S^-$ 称为负集合。在特定意义下，符号测度 $u$ 的正集合和负集合是唯一的，思路如下：若集合 A 和 B 都是对于 $u$ 的正集合，那么 A 和 B 的对称差 $u$ 测度为零。定理的第一部分($S$ 的分解)称为 Hahn 分解，第二部分($u$ 的分解)称为 Jordan 分解。Hahn 分解并不复杂，并可以在任何一本测度论的教材中找到证明，Jordan 分解是从 Hahn 分解中得到的。

**练习 11.1.20** 证明 $u = u^+ - u^-$ 在 $\mathscr{B}(S)$ 上成立。

**练习 11.1.21** 验证 $u^+$ 和 $u^-$ 是 $(S, \mathscr{B}(S))$ 上的测度。证明等式 $u(S^+) = \max_{B \in B(S)} u(B)$ 和 $u(S^-) = \min_{B \in \mathscr{B}(S)} u(B)$ 都成立。

**练习 11.1.22** 证明如果 $S^+$(反之 $S^-$)是基于符号测度 $u$ 的正集合(负集合)，则 $S^-$(反之 $S^+$)是基于符号测度 $-\bar{u}$ 的正集合(负集合)。

**练习 11.1.23** 已知 $f \in m\mathscr{B}(S)$ 且 $\lambda(f) < \infty$，令 $u(B) := \lambda(\mathbb{1}_B f)$，证明 $u \in bM(S)$。若有 $S^+ := \{x \in S: f(x) \geqslant 0\}$ 和 $S^- := \{x \in S: f(x) < 0\}$，证明 $S^+$ 和 $S^-$ 的形成是基于 $u$ 的 Hahn 分解，且 $u^+(B) = \lambda(1_B f^+)$，$u^-(B) = \lambda(1_B f^-)$，$f$ 的 $L_1$ 范数等于 $u(S^+) + u(S^-)$。

借助上述练习的最后一个结论，我们可以将 L1 距离从函数空间中推广到测度空间中。

**定义 11.1.24** $u \in b\mathscr{M}(S)$ 的全变差范数定义如下：

$\|u\|_{TV} := u^+(S) + u^-(S) = u(S^+) - u(S^-)$，其中 $S^+$ 和 $S^-$ 如定理 11.1.19 所示。

对于 $b\mathscr{M}(S)$ 中的测度 $u$，$v$，函数 $d_{TV}(u, v) := \|u - v\|_{TV}$ 是 $b\mathscr{M}(S)$ 中的度量，

可以证明$(b\mathscr{M}(S), d_{TV})$是度量空间。

**练习 11.1.25** 证明对于任意 $u \in b\mathscr{M}(S)$，模$\|u\|_{TV} = \max_{\pi \in \Pi} \sum_{A \in \pi} |u(A)|$，其中 Π 是 $S$[①] 的有限可测划分。

**练习 11.1.26** 验证 $d_{TV}$是 $b\mathscr{M}(S)$上的度量。

Jordan 分解的一个优点是，我们可以定义与有符号测度有关的积分，而无须其他定义。

**定义 11.1.27** 令 $h \in m\mathscr{B}(S)$，$u \in b\mathscr{M}(S)$，$u^+$ 和 $u^-$ 是 $u$ Jordan 分解，当 $u^+$ 和 $u^-$ 中至少有一个是有限测度时，则 $u(h) := u^+(h) - u^-(h)$是良好定义的。

显然，对于给定的随机核 $P$，我们可将马尔科夫算子定义为符号测度空间上的映射如下：此时 $u \in b\mathscr{M}(S)$，$B \in \mathscr{B}(S)$，且有：

$$u\mathbf{M}(B) = \int P(x, B)u(\mathrm{d}x) = \int P(x, B)u^+(\mathrm{d}x) - \int P(x, B)u^-(\mathrm{d}x)$$

下一个引理可以用来证明算子 $\mathscr{M}$ 在度量空间$(b\mathscr{M}(S), d_{TV})$上是非扩张映射。

**引理 11.1.28** 对于任意的 $u \in b\mathscr{M}(S)$，有$\|u\mathbf{M}\|_{TV} \leqslant \|u\|_{TV}$。

**证明：** 如果 $S^+$ 和 $S^-$ 分别是 $u\mathbf{M}$ 的正集合和负集合，则：

$$\|u\mathbf{M}\|_{TV} = u\mathbf{M}(S^+) - u\mathbf{M}(S^-) = \int P(x, S^+)u(\mathrm{d}x) - \int P(x, S^-)u(\mathrm{d}x)$$

借助于测度 $u$ 积分的定义，这就变成了

$$\int P(x, S^+)u^+(\mathrm{d}x) - \int P(x, S^+)u^-(\mathrm{d}x) - \int P(x, S^+)u^+(\mathrm{d}x) + \int P(x, S^+)u^-(\mathrm{d}x)$$

所以有 $\|u\mathbf{M}\|_{TV} \leqslant \int P(x, S^+)u^+(\mathrm{d}x) + \int P(x, S^+)u^-(\mathrm{d}x)$

再次，借助于 $u^+(S) + u^-(S) =: \|u\|_{TV}$。引理获证。

全变差度量似乎相当抽象，但是对于概率来说，其含义是比较明确的。

**引理 11.1.29** 如果 $\phi$ 和 $\psi$ 是概率测度，则：

$$d_{TV}(\phi, \psi) := \|\phi - \psi\|_{TV} = 2 \sup_{B \in \mathscr{B}(S)} |\phi(B) - \psi(B)|$$

这种等效性使全变差度量特别适合于定量分析。证明在本章的附录中。

**定理 11.1.30** 度量空间$(b\mathscr{M}(S), d_{TV})$和$(\mathscr{P}(S), d_{TV})$都是完备空间。

---

① 提示：在划分$\pi := \{S^+, S^-\}$上取得最大值。

证明参见 Stokey 和 Lucas（1989，引理 11.8）。

### 11.1.3 测度的弱收敛

虽然全变差度量的定量分析优势对分析马尔科夫链很重要，但它不能涵盖所有的情况。我们还将考虑另一种被概率学家称为弱收敛的收敛定义。下面我们开始介绍。

**练习 11.1.31** 已知 $S=\mathbb{R}$，取 $\phi_n=\delta_{1/n}$，$\phi=\delta_0$，证明对每个 $n\in\mathbb{N}$ 我们都有 $\sup_{B\in\mathscr{B}(S)}|\phi_n(B)-\phi(B)|=1$。基于这个例子，可以得到 $d_{TV}(\phi_n,\ \phi)\to 0$ 并不成立。

上述的结果并不符合我们的预期，因为 $\delta_{1/n}$ 似乎收敛到 $\delta_0$。为了使收敛定义可以适用于更广泛的情况，这里我们放弃一致性，而只要求对于所有 $B\in\mathscr{B}(S)$，$\phi_n(B)\to\phi(B)$，这通常被称为基于集合收敛。不过，练习 11.1.31 中提出的测度序列在基于集合收敛的定义下依旧不收敛。

因此，我们进一步弱化定义，要求 $\phi_n(B)\to\phi(B)$ 仅对某一类集合 $B\in\mathscr{B}(S)$ 成立：如果对所有满足 $\phi(clB\setminus \mathrm{int}B)=0$ 的集 $B\in\mathscr{B}(S)$，$\phi_n(B)\to\phi(B)$ 成立，那么我们说在弱收敛定义下 $\phi_n\to\phi$。这一定义等价于下述常用定义：

**定义 11.1.32** 如果对于任意 $S$ 上的有界连续函数 $h\in bcS$，$\phi_n(h)\to\phi(h)$，则序列$(\phi_n)\subset\mathscr{P}(S)$弱收敛至 $\phi\in\mathscr{P}(S)$。如果$(X_n)$为 $S$ 上的随机变量序列，则在弱收敛意义(或称为依分布收敛)下 $X_n\to X$，意味着 $X_n$ 的分布弱收敛于 $X$ 的分布。

下面的练习说明弱收敛比基于集合收敛更符合 $S$ 的拓扑结构。

**练习 11.1.33** 证明 $\delta_{1/n}\to\delta_0$ 适用于弱收敛。

**练习 11.1.34** 证明依概率收敛意味着依分布收敛[①]，但是逆命题非真[②]。

实际上，在检验弱收敛性时，我们并不需要对每个 $h\in bcS$ 都进行检验，函数空间中存在着一系列的“收敛确定类”，仅需验证对于该类内的每个函数而言都是收敛的，即可证明弱收敛性。一个常用的“收敛确定类”是 $bcS$ 中的递增函数，记为 $ibcS$。

**引理 11.1.35** 已知$(\phi_n)$和 $\phi$ 是$\mathscr{P}(S)$中的元素，$\phi_n\to\phi$[③] 在弱收敛定义下成立，当且仅当对任意 $h\in ibcS$，有 $\phi_n(h)\to\phi(h)$。

---

① 这个证明并不简单。参见 Dudley(2002，命题 9.3.5)。

② 提示：对于独立同分布的序列会发生什么？

③ 见 Torees(1990)。

读者可能会担心弱收敛的极限不唯一，因为可能存在一个序列 $\phi_n \subset \mathscr{P}(S)$，$\phi \neq \phi'$，使在弱收敛定义下 $\phi_n \to \phi$ 和 $\phi_n \to \phi'$。下述命题说明，这并不可能。

**定理 11.1.36** 令 $\phi$，$\psi \in \mathscr{P}(S)$，下述命题是等价的：

（1）$\phi = \psi$；

（2）$\phi(h) = \psi(h)$，对于所有 $h \in bcS$；

（3）$\phi(h) = \psi(h)$，对于所有 $h \in ibcS$。

只需证明（3）就可以推出（1）。读者可以参考 Torres（1990）中的定理3.7和5.3。

**练习 11.1.37** 利用定理11.1.36，证明了如果 $\phi_n \subset \mathscr{P}(S)$ 是一个序列，且在弱收敛的意义下 $\phi_n \to \phi$，同时有 $\phi_n \to \phi'$，则 $\phi = \phi'$。

当 $S = \mathbb{R}$ 时，弱收敛可以推知分布函数是在以下意义下收敛的。

**引理 11.1.38** 已知 $(\phi_n)$ 和 $\phi$ 属于 $\mathscr{P}(\mathbb{R})$，且 $(F_n)$ 和 $F$ 为对应的分布函数。当在弱收敛的意义下 $\phi_n \to \phi$，则在 $\mathbb{R}$ 中，对于任意使 $F$ 连续的 $x$ 处，有 $F_n(x) \to F(x)$①。

弱收敛性在概率论中之所以重要，是因为其在著名的中心极限定理中有所应用。而中心极限定理，刻画了样本均值 $\overline{X_n} := n^{-1} \sum_{t=1}^{n} X_t$ 的渐近分布②。

**定理 11.1.39** 已知 $(X_t)_{t \geqslant 1}$ 为独立同分布的实值随机变量列，若 $u := \mathbb{E}X_1$ 和 $\sigma^2 := \text{Var}X_1$ 都是有限的，则有 $n^{1/2}(\overline{X}_n - u)$ 弱收敛到 $N(0, \sigma^2)$。

虽然从定义来看并不明显，但是 $\mathscr{P}(S)$ 上的弱收敛也是可度量化的。也就是说，存在 $\mathscr{P}(S)$ 上的度量 $\rho$，使 $\phi_n$ 弱收敛到 $\phi$，当且仅当 $\rho(\phi_n, \phi) \to 0$。实际上，虽然满足如上条件的度量不止一个，但是都有一些复杂。本书主要介绍被称为 Fortet – Mourier 距离的度量。

回想一下，如果存在 $K \in \mathbb{R}$ 使对于所有 $x$，$y \in S$，$|h(x) - h(y)| \leqslant K d_2(x, y)$ 成立，则函数 $h: S \to R$ 被称为 Lipschitz 函数。令 $b\ell S$ 为 $S$ 上有界 Lipschitz 函数的集合，并取范数如下：

$$\|h\|_{b\ell} := \sup_{x \in S} |h(x)| + \sup_{x \neq y} \frac{|h(x) - h(y)|}{d_2(x, y)} \tag{11-2}$$

---

① 有关证明，请参见 Taylor(1997) 中的命题6.2.3。值得注意的是，该命题在 $\mathbb{R}$ 中成立，但通常情况并非如此。对于满足存在紧集 $K \subset S$ 使 $h(S \setminus K) = \{0\}$ 成立的有界连续函数 $h \in bcS$，在所有使 $F$ 连续的 $x \in \mathbb{R}$，有当 $F_n(x) \to F(x)$ 时，可以获得 $\phi_n(h) \to \phi(h)$。

② 有关证明，请参见 Taylor(1997) 命题6.7.4.。

则有，$\mathscr{P}(S)$中的元素 $\phi$ 和 $\psi$ 间的 Fortet – Mourier 距离定义如下：

$$d_{FM}(\phi, \psi) := \sup\{|\phi(h) - \psi(h)|: h \in b\ell S, \|h\|_{b\ell} \leq 1\} \tag{11-3}$$

结果表明，如上构造的 $d_{FM}$ 是一个度量，且据此度量的收敛性等价于测度的弱收敛①。

鉴于测度的弱收敛是一个庞大纷繁的研究体系，且其中很多理论与本书介绍的内容距离太远，因此本书仅选取部分相关命题进行陈述。下面主要介绍 Prohorov 定理，借助 Prohorov 定理可以证明 $\mathscr{P}(S)$ 在度量 $d_{FM}$ 对应的拓扑下是紧的，当且仅当 $S$ 是紧集，同时还给出了当 $S$ 非紧时，判断 $\mathscr{P}(S)$ 子集是否紧致及预紧致的条件。

**定义 11.1.40** 称 $\mathscr{P}(S)$ 的子集 $\mathscr{M}$ 为胎紧集，当且仅当对任意 $\phi \in \mathscr{M}$，任意 $\varepsilon > 0$，存在紧致集 $K \subset S$，使 $\phi(S \setminus K) \leq \varepsilon$②。

**定理 11.1.41** （Prohorov）下述命题等价：

（1）$\mathscr{M} \subset \mathscr{P}(S)$ 是胎紧的；

（2）$\mathscr{M}$ 是度量空间（$\mathscr{P}(S)$，$d_{FM}$）的预紧子集。

有关证明参见 Pollard（2002）的第 185 页或 Dudley（2002）的第 11 章。

## 11.2 稳定性的分析方法

本节介绍一般状态空间下的马尔科夫链的稳定性。这一节的分析方法主要来自第 3 章度量空间分析方法，而概率方法则更多地留到 11.3 中介绍。

### 11.2.1 平稳分布

在讨论有限状态空间上随机核 $p$ 的分布的动态性质时，已知 $\mathscr{P}(S)$ 是 $S$ 上的分布集，则随机核 $p$ 对应的马尔科夫算子 $\mathbf{M}$ 往往给出了形为($\mathscr{P}(S)$，$\mathbf{M}$)的动力系统。具体表示如下：若$(X_t)_{t \geq 0}$可以写作马尔科夫 –$(p, \psi)$，则 $\psi \mathbf{M}^t$ 是 $X_t$ 的分布。从而有算子 $\mathbf{M}$ 的不动点被称为马尔科夫链的平稳分布。

对于密度情况（第 8 章）我们也有类似的处理，当考虑了动力系统($D(S)$，

① 例如，见 Dudley（2002）的定理 11.3.3。

② 这是对第 172 页上的密度给出的定义的概括。

$\mathbf{M}$)时，其轨迹为对应的概率密度函数的序列，并且 $D(S)$ 中 $\mathbf{M}$ 的不动点被称为平稳密度。

对于一般情形，也就是测度情形而言。若 $S$ 是 $\mathbb{R}^n$ 的 Borel 子集，且 $p$ 是任意随机核，$\mathbf{M}$ 是对应马尔科夫算子，据此可以构造动力系统($\mathscr{P}(S)$，$\mathbf{M}$)，其中 $\mathscr{P}(S)$ 表示 $S$ 的 Borel 概率度量。且在集合 $\mathscr{P}(S)$ 上配备度量 $d_{TV}$ 或 $d_{FM}$(分别参见 11.1.2 和 11.1.3)。此时，若有 $\psi^*\mathbf{M}=\psi^*$，则将分布 $\psi^*\in\mathscr{P}(S)$ 称为 $p$ 或者 $\mathbf{M}$ 的平稳分布，该定义等价于：

$$\int P(x,B)\psi^*(\mathrm{d}x)=\psi^*(B),(B\in\mathscr{B}(S))$$

**练习 11.2.1** 证明对确定模型 $X_{t+1}=X_t$，每个 $\psi\in\mathscr{P}(S)$ 都是平稳的①。

本节介绍如何使用连续性和紧性证明平稳分布的存在。首先介绍如何借助连续性证明平稳分布的存在，有：

**定义 11.2.2** 令 $P$ 为 $S$ 上的随机核，$\mathbf{M}$ 为对应的马尔科夫算子。$P$ 被称为满足 Feller 性质，当且仅当对于任意 $h\in bcS$，均有 $\mathbf{M}h\in bcS$。

具体应用中，Feller 性质是容易验证的，具体例子可参考（9－7）中的典范（规范）SRS。

**引理 11.2.3** 若对于任意 $z\in Z$，均有 $x\mapsto F(x, z)$ 在 $S$ 上连续，则 $P$ 满足 Feller 性质。

**证明：** 回顾(9－17)，对于任何 $h\in b\mathscr{B}(S)$，特别是对于 $h\in bcS$，我们有：

$$\mathbf{M}h(x)=\int h[F(x,z)]\phi(\mathrm{d}z),(x\in S)$$

则有对于给定的 $h\in bcS$，我们仅需要证明 $\mathbf{M}h$ 是连续有界函数，有界性的证明留给读者。连续性的证明如下：给定 $x_0\in S$，不妨取收敛序列 $x_n\to x_0$，因为函数 $x\mapsto F(x, z)$ 和 $h$ 的连续性，可知任意 $z\in Z$，当 $n\to\infty$ 时，有 $h[F(x_n, z)]\to h[F(x_0, z)]$。又因为 $h$ 是有界的，借助于控制收敛定理，可以获得：

$$\mathbf{M}h(x_n):=\int h[F(x_n,z)]\phi(\mathrm{d}z)\to\int h[F(x_0,z)]\phi(\mathrm{d}z)=:\mathbf{M}h(x_0)$$

因为 $x_0$ 可以取任意点，从而有 $\mathbf{M}h$ 在集合 $S$ 上是处处连续的。

Feller 性质等价于（$\mathscr{P}(S)$，$d_{FM}$）中 $\psi\to\psi\mathbf{M}$ 的连续性：

**引理 11.2.4** 带有马尔科夫算子 $\mathbf{M}$ 的随机核 $P$ 满足 Feller 性质，当且仅当 $\psi\to\psi\mathbf{M}$ 作为从 $\mathscr{P}(S)$ 到 $\mathscr{P}(S)$ 的映射是弱连续的。

---

① 提示：请参阅示例 9.2.5。

**证明：** 首先，当 $\mathbf{M}$ 满足 Feller 性质时，对于在弱收敛意义下 $\psi_n \to \psi \in \mathscr{P}(S)$ 的任意序列 $(\psi_n) \subset \mathscr{P}(S)$，我们只需要证明对于任意 $h \in bcS$，有 $\psi_n(\mathbf{M}h) \to \psi(\mathbf{M}h)$。由于 $\mathbf{M}h \in bcS$，对于任意的有界连续函数 $h$，借助定理 9.2.15 可给出：

$$\psi_n(\mathbf{M}h) = \psi_n(\mathbf{M}h) \to \psi(\mathbf{M}h) = \psi(\mathbf{M}h), \ (n \to \infty)$$

逆命题的证明留作练习①。

下面介绍著名的 Krylov – Bogolubov 存在定理，其证明在本章附录中给出。

**定理 11.2.5** （Krylov – Bogolubov）已知 $P$ 为 $S$ 上的随机核，且 $\mathbf{M}$ 为对应的马尔科夫算子。如果 $P$ 满足 Feller 性质并且存在某个 $\psi \in \mathscr{P}(S)$ 使 $(\psi \mathbf{M}^t)_{t \geqslant 0}$ 是胎紧的，则 $P$ 至少具有一个平稳分布②。

**备注 11.2.6** 若 $S$ 是紧致集，则 $\mathscr{P}(S)$ 的任意子集都是紧的（为什么?）。因为从 Stokey 和 Lucas（1989）中的定理 12.10 得到，$S$ 上的任意满足 Feller 性质的随机核都至少具有一个平稳分布。

在经济理论中，定理 11.2.5 有很多应用，尤其是在状态空间紧致时。事实上，在经济学中，因为希望构造出紧致的状态空间，所以通常假设模型的冲击是有上下界的（实际上，通常没有必要对冲击进行如此严格的限制，可以使用如下的漂移条件来处理无界冲击）。

**示例 11.2.7** 对于商品定价模型，在 8.2.4 中已经证明，当冲击为对数正态时存在平稳分布。该模型的运动方程为 $X_{t+1} = \alpha I(X_t) + W_{t+1}$，且冲击的分布 $\phi \in \mathscr{P}(Z)$。因为 $I$ 是连续的，所以这个马尔科夫过程满足 Feller 性质。不妨取正数 $a \leqslant b$③，定义 $Z := [a, b]$ 和 $S := [a, b/(1-\alpha)]$，可以证明对于 $x \in S$ 和 $z \in Z$，有 $\alpha I(X) + z \in S$。取紧集 $S$ 为状态空间，借助 Krylov – Bigulubv 定理可知至少存在一个平稳分布 $\psi^*$，同时满足：

$$\psi^*(B) = \int \left[ \int 1_B[\alpha I(x) + z] \phi(\mathrm{d}z) \right] \psi^*(\mathrm{d}x), (B \in \mathscr{B}(S)) \tag{11-4}$$

如果 $S$ 是非紧的，那么需要证明至少存在一条 $\mathbf{M}$ 的轨迹是胎紧的，之后通过 Krylov – Bigulubv 定理证明存在性。幸运的是，至少在概率密度表示的情况下，已经获得了关于轨迹胎紧的结论。例如，在趋于中心的几何漂移下，每条轨迹都

---

① 提示：尝试定理 9.2.15 的另一个应用。

② 即，$M$ 在 $P(S)$ 中有至少一个不动点。

③ 由于 $Z$ 是紧的，从而人们常说 $\phi$ 有紧支撑。

是胎紧的（命题8.2.12）。在一般情况下（即基于测度表示而非概率密度表示），上述结果也适用。

**引理 11.2.8** 已知 $\mathscr{M}$ 是 $\mathscr{P}(S)$ 的子集，若 $S$ 上存在类范数函数 $\omega$①，使 $\sup_{\psi\in\mathscr{M}}\psi(\omega)<\infty$，则 $\mathscr{M}$ 胎紧②。

**证明：** 令 $M:=\sup_{\psi\in\mathscr{M}}\psi(\omega)<\infty$，对于给定 $\varepsilon>0$，任选 $\psi\in\mathscr{M}$，对任意 $k\in\mathbb{N}$，有

$$\psi\{x\in S: \omega(x)>k\}\leqslant\frac{\psi(\omega)}{k}\leqslant\frac{M}{k}$$

第一个不等号来自 $\omega\geqslant k\mathbb{1}\{x\in S: \omega(x)>k\}$。因为 $\psi$ 是任意的，所以对于任意的 $k\in\mathbb{N}$，有

$$\sup_{\psi\in\mathscr{M}}\psi\{x\in S: \omega(x)>k\}\leqslant\frac{M}{k}$$

当 $k$ 足够大时，不等式左侧小于 $\varepsilon$。定义 $C:=\omega^{-1}([0, k])$，不等式可以写作 $\sup_{\psi\in\mathscr{M}}\psi(C^c)<\varepsilon$，由于 $\omega$ 是类范数，可知 $C$ 预紧。借助习题3.2.17，可知存在紧致集 $K$ 满足 $C\subset K$ 或 $K^c\subset C^c$。但是，对于任意 $\psi\in\mathscr{M}$，均有 $\psi(K^c)\leqslant\psi(C^c)\leqslant\varepsilon$。

引理 11.2.8 的最简单的应用是通过漂移条件。

**引理 11.2.9** 已知 $P$ 为 $S$ 上的随机核，且对应的马尔科夫算子为 $\mathbf{M}$，同时已知 $\psi\in\mathscr{P}(S)$。若存在 $S$ 上的类范数 $\omega$，以及常数 $\alpha\in[0, 1)$ 和 $\beta\in\mathbb{R}_+$，使对于所有 $x\in S$ 均有

$$\mathbf{M}\omega(x)\leqslant\alpha\omega(x)+\beta \tag{11-5}$$

那么存在 $\psi\in\mathscr{P}(S)$，使轨迹 $(\psi_t):=(\psi\mathbf{M}^t)$ 是胎紧的。

该命题的直觉和命题8.2.12相似。

**证明：** 对于给定 $x\in S$，取 $\psi:=\delta_x$，使用定理9.2.15以及积分的单调性(4)，有

$$\psi_t(\omega)=(\psi_{t-1}\mathbf{M})(\omega)=\psi_{t-1}(\mathbf{M}\omega)\leqslant\psi_{t-1}(\alpha\omega+\beta)=\alpha\psi_{t-1}(\omega)+\beta$$

使用数学归纳法，可以获得如下结论，对于任意的 $t\in\mathbb{N}$，有

$$\psi_t(\omega)\leqslant\alpha^t\psi(\omega)+\frac{\beta}{1-\alpha}=\alpha^t\psi(x)+\frac{\beta}{1-\alpha}$$

---

① 当任意水平子集都是准压缩时，函数 $\omega: S\to\mathbb{R}_+$ 被称为类范数的。见定义8.2.9。

② 实际上，反之亦然。参见 Meyn 和 Tweedie（1993，引理D.5.3）。

之后借助引理 11. 2. 8，可以获得（$\psi_t$）的胎紧性。

### 11. 2. 2　存在性检验

本节介绍如何在实际应用中使用引理 11. 2. 9。上一节的结论可视为命题 9 – 7 中给出的规范（典范）SRS 的推论，证明细节留作习题。

**推论 11. 2. 10**　若对于任意 $z \in Z$，均有 $x \mapsto F(x, z)$ 在 $S$ 上连续，同时存在 $S$ 上的类范数 $\omega$ 以及常数 $\alpha \in [0, 1)$，$\beta \in \mathbb{R}_+$，使对于任意的 $x \in S$ 如下等式成立：

$$\int \omega[F(x,z)]\phi(\mathrm{d}z) \leqslant \alpha\omega(x) + \beta \tag{11-6}$$

那么至少存在一个平稳分布。

**示例 11. 2. 11**　令 $S = Z = \mathbb{R}^n$，$F(x, z) = Ax + b + z$，其中 $A$ 为 $n \times n$ 的矩阵，$b$ 为 $n \times 1$ 的向量，同时取 $\phi \in \mathscr{P}(Z)$。对于 $S$ 上的范数 $\|\cdot\|\cdot$，假设 $\lambda := \sup\{\|Ax\|: \|x\| = 1\} < 1$，同时满足 $\int \|z\|\phi(dz) < \infty$，借助习题 4. 1. 17，我们有

$$\int \|Ax + \|b\| + z\|\phi(\mathrm{d}z) \leqslant \|Ax\| + \|b\| + \int \|z\|\phi(\mathrm{d}z) \leqslant \lambda\|x\| + \|b\| + \int \|z\|\phi(\mathrm{d}z)$$

令 $\alpha := \lambda$ 和 $\beta := \|b\| + \int \|z\|\phi(\mathrm{d}z)$ 可得出漂移条件（11 – 6），这里将上述过程满足 Feller 性质的证明留作习题。由于 $\|\cdot\|$ 在 $S$ 上是类范数（请参见示例 8. 2. 10），因此存在平稳分布。

**示例 11. 2. 12**　令 $S = Z = \mathbb{R}^n$，$F(x, z) = G(x) + z$，其中 $G: \mathbb{R}^n \to \mathbb{R}^n$ 是连续函数，具有以下性质：存在 $M < \infty$ 和 $\alpha < 1$，使对任意 $\|x\| > M$，均有 $\|G(x)\| \leqslant \alpha\|x\|$。换言之，当 $x$ 距离原点足够远时，$G(x)$ 就比 $x$ 更接近原点。同时 $L := \sup_{\|x\| \leqslant M}\|G(x)\|$ 有限，因为连续函数将紧集映射为紧集。通过考虑 $\|x\| \leqslant M$ 和 $\|x\| > M$ 这两种不同情况，你可以证明对于任意 $x \in \mathbb{R}^n$，均有 $\|G(x)\| \leqslant \alpha\|x\| + L$，从而可以推出：

$$\int \|G(x) + z\|\phi(\mathrm{d}z) \leqslant \|G(x)\| + \int \|z\|\phi(\mathrm{d}z) \leqslant \alpha\|x\| + L + \int \|z\|\phi(\mathrm{d}z)$$

如果 $\int \|z\|\phi(\mathrm{d}z) < \infty$，则漂移条件（11 – 6）成立。因此，该过程显然满足 Feller 性质，从而平稳分布存在。

**练习 11. 2. 13**　证明示例 11. 2. 11 是示例 11. 2. 12 的特殊情况。

**练习 11. 2. 14**　考虑对数线性化的 Solow – Swan 模型 $k_{t+1} = sk_t^{\alpha}W_{t+1}$。此时 $S =$

$Z=(0, \infty)$，不妨假设 $\alpha<1$ 和 $\mathbb{E}|\ln W_t|<\infty$。此时可以通过取对数的方式，将上述方程转换为线性系统，之后使用示例 11.2.11 得出的结论，从而证明平稳分布的存在性。但是，之后仍需证明当线性模型的平稳分布存在时，可以推知原模型的平稳分布存在。因此，相较于采用对数线性方法，可以借助推论 11.2.10 直接证明原模型存在平稳分布①。

最后，让我们解决一些应用中更复杂的存在性问题，这需要我们对引理 11.2.9 进行进一步扩展。读者也可以参考 Meyn 和 Tweedie（1993）的定理 12.1.3。

**引理 11.2.15** 已知 $P$ 为 $S$ 上的随机核，其对应的马尔科夫算子符为 $\mathbf{M}$，同时有 $\psi\in\mathscr{P}(S)$。如果 $P$ 满足 Feller 性质，且存在 $S$ 上的类范数 $\omega$ 以及 $\alpha\in[0, 1)$，$\beta\in\mathbb{R}_+$ 使存在某个 $t\in\mathbb{N}$，有如下不等式对于任意 $x\in S$ 成立：

$$\mathbf{M}^t\omega(x)\leqslant\alpha\omega(x)+\beta \tag{11-7}$$

则 $P$ 具有至少一个平稳分布。

作为应用，请考虑面临如下冲击的 SRS：

$$X_{t+1}=g(X_t)+\xi_{t+1} \text{ 且 } \xi_{t+1}=A\xi_t+W_{t+1} \tag{11-8}$$

这里 $X_t$ 和 $\xi_t$ 的值域为 $\mathbb{R}^k$，且 $(W_t)_{t\geqslant1}$ 是取值在 $\mathbb{R}^k$ 上的独立同分布随机变量序列，对应的分布为 $\phi\in\mathscr{P}(\mathbb{R}^k)$，矩阵 $A$ 是 $k\times k$，且函数 $g$：$\mathbb{R}^k\to\mathbb{R}^k$ 是 Borel 可测的。尽管 $(X_t)_{t\geqslant0}$ 通常不是马尔科夫的，但联合过程 $(X_t, \xi_t)_{t\geqslant0}$ 是在 $S:=\mathbb{R}^k\times\mathbb{R}^k$ 上的马尔科夫过程，且其对应的随机核定义如下，对于 $(x, \xi)\in S$，$B\in\mathscr{B}(S)$，有：

$$P((x,\xi),B)=\int\mathbb{1}_B[g(x)+A\xi+z, A\xi+z]\phi(\mathrm{d}z)$$

如果 $g$ 是一个连续函数，则根据引理 11.2.15，只要漂移条件（11-7）成立，$P$ 就会存在平稳分布。当满足下述命题的条件时，即可证明漂移条件成立。

**命题 11.2.16** 已知 $\|\cdot\|$ 为 $\mathbb{R}^k$ 上的范数，$u:=\mathbb{E}\|W_1\|$。且对于矩阵 $A$，有常数 $\rho$ 满足对所有 $x\in\mathbb{R}^k$，均有 $\|Ax\|\leqslant\rho\|x\|$。同时，$\omega$ 为类范数，且 $\omega(x, \xi)=\|x\|+\|\xi\|$。如果 $u<\infty$，$\rho<1$ 并且存在常数 $\lambda\in[0, 1)$ 和 $L\in\mathbb{R}_+$，使对于任意的 $x\in\mathbb{R}^k$，均有：

$$\|g(x)\|\leqslant\lambda\|x\|+L$$

---

① 提示：$\omega(x)=|\ln x|$ 是类范数。

那么存在常数 $t\in\mathbb{N}$，$\alpha\in[0,1)$和$\beta\in\mathbb{R}_+$使(11－7)成立。

**证明：**对于联合过程$(x_t,\ \xi_t)_{t\geq 0}$，假设其初始值取值常数$(x_0,\ \xi_0)\in S$。根据 SRS 的定义和 $g$ 的增长条件，有：

$\mathbb{E}\|X_{t+1}\|\leqslant\lambda\mathbb{E}\|X_t\|+L+\mathbb{E}\|\xi_{t+1}\|$ 且 $\mathbb{E}\|\xi_{t+1}\|\leqslant\rho\mathbb{E}\|\xi_t\|+u$

使用数学归纳法，可获得对于任意的 $t\geqslant 0$，均有：

$$\mathbb{E}\|X_t\|\leqslant\lambda^t\|X_0\|+\frac{L}{1-\lambda}+\sum_{i=0}^{t-1}\lambda^i\mathbb{E}\|\xi_{t-i}\| \tag{11-9}$$

$$\mathbb{E}\|\xi_t\|\leqslant\rho^t\|\xi_0\|+\frac{u}{1-\rho} \tag{11-10}$$

将(11－10)代入(11－9)，重新整理之后可以获得：

$$\mathbb{E}\|X_t\|\leqslant\lambda^t\|X_0\|+\frac{L}{1-\lambda}+\frac{u}{(1-\lambda)(1-\rho)}+\sum_{i=0}^{t-1}\lambda^i\rho^{t-i}\|\xi_0\| \tag{11-11}$$

将(11－10)和(11－11)相加，我们得到如下等式，其中 $\beta$ 是常数，

$$\mathbb{E}\|X_t\|+\mathbb{E}\|\xi_t\|\leqslant\lambda^t\|X_0\|+\rho^t\|\xi_0\|+\sum_{i=0}^{t-1}\lambda^i\rho^{t-i}\|\xi_0\|+\beta$$

由于$\lim\limits_{t\to\infty}\sum_{i=0}^{t-1}\lambda^i\rho^{t-i}=0$,从而存在 $t\in\mathbb{N}$,使

$$\rho^t+\sum_{i=0}^{t-i}\lambda^i\rho^{t-i}<1$$

令 $\alpha$ 为 $\max\left(\rho^t+\sum_{i=0}^{t-i}\lambda^i\rho^{t-i},\lambda^t\right)$ 的最大值，可以得到：

$$\mathbb{E}\|X_t\|+\mathbb{E}\|\xi_t\|\leqslant\alpha\|X_0\|+\alpha\|\xi_0\|+\beta$$

上述不等式等价于漂移条件(11－7)。

### 11.2.3 Dobrushin 系数，测度案例

本节讨论平稳分布的唯一性和稳定性。首先介绍基于 Dobrushin 系数的压缩映射方法，在 8.2.2 中已经看到，对于无界状态空间这种方法并不总是适用的。但是，这是一个好的出发点，其思想可以扩展到一般情形中去。

已知 $S$ 为$\mathbb{R}^n$ 的 Borel 子集，其上的随机核 $P$ 由概率密度表示 $p$（对任意 $x\in S$，均有 $P(x,\ dy)=P(x,\ y)\ dy$），则 8.2.2 中的 Dobrushin 系数可以定义如下：

$$\alpha(p):=\inf\left\{\int p(x,y)\wedge p(x',y)\mathrm{d}y:(x,x')\in S\times S\right\} \tag{11-12}$$

当 $\alpha(p)>0$ 时，$P$ 对应的马尔科夫算子是在度量空间（$D(S)$，$d_1$）上模

长为 $1-\alpha(p)$ 的一致压缩映射。

Dobrushin 系数可以推广到没有用概率密度表示的随机核上，为此需将（11-12）中概率密度 $f$ 和 $g$ 之间亲密度指标（affinity measure）进行推广。因为 $f\wedge g$ 是比所有 $f$ 和 $g$ 都小的函数中最大的函数，自然而然地对于给定的测度 $u$ 和 $v$，测度 $u\wedge v$ 为小于测度 $u$ 和 $v$ 的最大测度①，并称之为 $u$ 和 $v$ 的下确界。

不同于概率密度情况，使用函数 $m: B\mapsto u(B)\wedge v(B)$ 定义 $u\wedge v$ 是错误的，因为函数 $m$ 不一定满足可加性假设（为什么?），从而不构成测度。但是对任意两个测度而言，其下确界始终存在。

**引理 11.2.17** 已知 $u\in b\mathscr{M}(S)$，$v\in b\mathscr{M}(S)$，则存在唯一的 $b\mathscr{M}(S)$ 中的元素 $u\wedge v$，使如下条件成立：

（1）$u\wedge v\leqslant u$ 和 $u\wedge v\leqslant v$；

（2）如果 $\kappa\in b\mathscr{M}(S)$，$\kappa\leqslant u$ 和 $\kappa\leqslant v$，则 $\kappa\leqslant u\wedge v$。

**证明：** 取 $S^+$ 为 $u-v$ 的正集合，令 $S^-$ 为负集合。因此，当 $B\in\mathscr{B}(S)$ 且 $B\subset S^+$ 时，有 $u(B)\geqslant v(B)$；而当 $B\subset S^-$ 时，则有 $v(B)\geqslant u(B)$。令

$$(u\wedge v)(B):=u(B\cap S^-)+v(B\cap S^+)$$

显然，$u\wedge v$ 满足可数可加性，同时根据下式有 $u\wedge v\leqslant u$：

$$u(B)=u(B\cap S^-)+u(B\cap S^+)\geqslant u(B\cap S^-)+v(B\cap S^+)$$

同理证明 $u\wedge v\leqslant v$。条件(2)的证明如下，对任意满足 $\kappa\leqslant u$ 和 $\kappa\leqslant v$ 的 $\kappa\in b\mathscr{M}(S)$，有

$$\kappa(B)=\kappa(B\cap S^-)+\kappa(B\cap S^+)\leqslant u(B\cap S^-)+v(B\cap S^+)$$

因此，可以获证 $\kappa\leqslant u\wedge v$。

**练习 11.2.18** 证明若测度 $u$ 的概率密度为 $f$，测度 $v$ 的概率密度为 $g$，则测度 $u\wedge v$ 的概率密度为 $f\wedge g$。

对于测度 $u$ 和 $v$，$(u\wedge v)(S)$ 也被称为是 $u$ 和 $v$ 之间的亲密度(affinity)，是刻画测度相似性的指标。

**练习 11.2.19** 证明对于 $\mathscr{P}(S)$ 中的任何 $u$ 和 $v$，有 $(u\wedge v)(S)=\min_\pi\sum_{A\in\pi}u(A)\wedge v(A)$，这里最小的取值范围是对 $S$ 的所有有限可测划分 $\pi$ 选取的。显然，$u$ 和 $v$ 之间的亲密度的最大值为 1②，当且仅当 $u=v$ 时才可获得。

---

① 测度的序关系定义如下，称 $u\leqslant v$，当且仅当对于任意 $B\in\mathscr{B}(S)$，均有 $u(B)\leqslant v(B)$。

② 此处的 $u(A)\wedge v(A)$ 是 $\mathbb{R}$ 中序关系下的下确界，而不是 $bM(S)$ 中序关系下的下确界。除此之外，考虑 $\pi=\{S^+, S^-\}$ 可以获得最小值的取值，其中 $S^+$ 和 $S^-$ 的定义与引理 11.1.27 中相同。

下面，可以针对一般的随机核 $P$ 定义其 Dobrushin 系数。

**定义 11.2.20** 已知 $P$ 为 $S$ 上的随机核，且测度的下确界 $P(x, dy) \wedge P(x', dy)$ 简写作 $P_x \wedge P_{x'}$，此时 $P$ 的 Dobrushin 系数定义如下，

$$\alpha(P) := \inf\{(P_x \wedge P_{x'})(S) : (x, x') \in S \times S\}$$

当 $P(x, dy) = p(x, y)dy$ 时，这就回到了定义(11－12)，而当 $S$ 是有限的时，则 $P$ 可以通过有限核 $p$ 定义(即对于任意的 $x \in S$ 和 $B \subset S$，有 $P(x, B) = \sum_{y \in B} p(x, y)$)，因此上述定义就回到了前文中给出的定义。

在前面的章节中，我们已经讨论了当状态有限时以及随机核在有概率密度表示的情况下，如何使用 Dobrushin 系数分析稳定性。而对于一般情形，有如下定理成立：

**定理 11.2.21** 已知 $P$ 为 $S$ 上的随机核，其对应的马尔科夫算子为 $\mathbf{M}$。且对 $\mathscr{P}(S)$ 中的任意 $\phi$，$\psi$，均有 $\|\phi\mathbf{M} - \psi\mathbf{M}\|_{TV} \leqslant (1 - \alpha(P))\|\phi - \psi\|_{TV}$。特别地，此处的上界是最优上界，即对于任意的 $\lambda < 1 - \alpha(P)$，$\phi$，$\psi$ 都存在 $\mathscr{P}(S)$ 中，使 $\|\phi\mathbf{M} - \psi\mathbf{M}\|_{TV} > \lambda \|\phi - \psi\|_{TV}$。

该定理与定理 4.3.17 非常相似，两者的证明也类似，因此留作练习。从直觉上讲，该定理和有限情况相同，因为密度指标 $(P_x \wedge P_{x'})(S)$ 衡量的是随机核 $P(x, dy)$ 和 $P(x', dy)$ 的相似性，由两个随机核相同可得 $\alpha(P) = 1$。此时 $\mathbf{M}$ 是常数映射，就全局稳定性而言此时取到了最大。换言之，较高的 $\alpha(P)$ 值意味着随机核的相似度更高，因此稳定性更高。

定理 11.2.21 的前半部分表示，当 $\alpha(P) > 0$ 时，可得 $\mathbf{M}$ 是在度量空间 $(\mathscr{P}(S), d_{TV})$ 上的模长为 $1 - \alpha(P)$ 的一致压缩映射。因为 $(\mathscr{P}(S), d_{TV})$ 是完备度量空间(定理 11.1.30)，所以若存在 $t \in \mathbb{N}$ 使 $\alpha(P^t) > 0$①，则有 $(\mathscr{P}(S), \mathbf{M})$ 全局稳定，整理后可以获得如下推论。

**推论 11.2.22** 已知 $P$ 为 $S$ 上有马尔科夫算子 $\mathbf{M}$ 的随机核，若存在 $t \in \mathbb{N}$ 使 $\alpha(P^t) > 0$，则 $(\mathscr{P}(S), \mathbf{M})$ 全局稳定，且有唯一的平稳分布 $\psi^*$。此外，若 $h$：$S \to \mathbb{R}$ 可测，$\psi \in \mathscr{P}(S)$，并满足 $\psi^* |h| < \infty$，则对任意马尔科夫 $(P, \psi)$ 链 $(X_t)_{t \geqslant 0}$，都有当 $n \to \infty$ 时，以概率 1 取得：

$$\frac{1}{n}\sum_{t=1}^{n} h(X_t) \to \psi^*(h) \tag{11-13}$$

推论的后半部分借助于全局稳定证明了马尔科夫链的大数定律，本书不叙述

① 当 $M$ 对 $d_{TV}$ 是非扩张的(请参阅引理 11.1.28)，借助引理 4.1.21，基于 Banach 不动点定理可以证明。

该证明，有兴趣的读者可以参考 Meyn 和 Tweedie(1993)的第17章。

**例 11.2.23** 常用的稳定性条件如下：

$$\exists m \in \mathbb{N},\ v \in \mathscr{P}(S),\ \varepsilon > 0 \quad 使\ P^m(x, dy) \geqslant \varepsilon v,\ \forall x \in S \tag{11-14}$$

此处 $P^m(x, dy) \geqslant \varepsilon v$ 意味着对于所有 $B \in \mathscr{B}(S)$，$P^m(x, dy) \geqslant \varepsilon v(B)$。此时 $\alpha(P^m) > 0$，从而($\mathscr{P}(S)$，**M**)全局稳定，具体证明留作习题。

**练习 11.2.24** 证明如果(11-14)成立，则 $\alpha(P^m) \geqslant \varepsilon$。

当 $z \in S$ 时，若 $P^m(x, dy)$ 在该点施加一个正质量的概率，则(11-14)条件很容易满足，此时有：

$$\exists z \in S,\ \gamma > 0 \quad 使\ P^m(x, \{z\}) \geqslant \gamma,\ \forall x \in S \tag{11-15}$$

事实证明，如果(11-15)成立，则(11-14)在 $v := \delta_z$ 和 $\varepsilon := \gamma$ 的情况下也成立。要证明该论断，不妨任选 $x \in S$ 和 $B \in \mathscr{B}(S)$，一方面，当 $z \in B$ 时，则有：

$$P^m(x, B) \geqslant P^m(x, \{z\}) \geqslant \gamma = \varepsilon v(B)$$

另一方面，若 $z \notin B$，则 $P^m(x, B) \geqslant 0 = \varepsilon v(B)$。因此，对任意 $x \in S$ 和 $B \in \mathscr{B}(S)$ 均有 $P^m(x, B) \geqslant 0 = \varepsilon v(B)$。

**例 11.2.25** Stokey 和 Lucas(1989)使用以下条件来确保稳定性，这也被称为条件 $M$。存在 $m \in \mathbb{N}$ 以及 $\varepsilon > 0$，使对于任何 $A \in \mathscr{B}(S)$，$x \in S$，要么有 $P^m(x, A) \geqslant \varepsilon$ 成立，要么有 $P^m(x, A^c) \geqslant \varepsilon$ 成立。请读者证明，此条件包含了 $\alpha(P^m) > 0$。

**练习 11.2.26** 证明若条件 $M$ 成立，则 $\alpha(P^m) \geqslant \varepsilon$①。

我们在 8.2.2 中看到，当状态空间无界时，并不总是存在 $t \in \mathbb{N}$ 使 $\alpha(P^t) > 0$（回顾 8.2.2 关于 AR（1）模型的讨论），本节讨论的全局稳定性方法并不适用于该情况。但是在本节中我们也展示了如何将 Dobrushin 系数方法的基本思想扩展到各种各样的应用中去，包括一些状态空间无界的情况。

### 11.2.4 应用：信用约束的增长

本节借助推论 11.2.22 中给出的稳定条件，分析 Matsuyama（2004）提出的信贷约束的经济增长模型。该模型刻画了全球金融市场一体化的影响，并试图容纳了新古典视角和结构主义视角。新古典学派认为，全球金融市场的融合可以使发展中国家获得更多资本，从而促进了发展中国家的经济增长；结构主义学派认

① 提示：对于任何 $x, x' \in S$，都可以定义 $(P_x \wedge P_{x'})(S) = P^m(x, S^-) + P^m(x', S^+)$，其中 $S^-$ 和 $S^+$ 是 $P^m(x, dy) - P^m(x', dy)$ 的负集合和正集合，之后借助于 $S^+ = (S^-)^c$ 即可获证。

为，在全球金融市场上，发展中经济体无法与发达国家竞争，从而导致贫富差距的扩大。

本书并不深入探讨该文中涉及的丰富的经济思想，而是将研究重点放在具体的技术问题上。特别地，为了方便讨论 Matsuyama 构建的小国开放经济模型的动态性质，本书对该模型进行了部分修改。

首先，考虑一个存在着两期家庭的小国开放经济，居民在年轻时候提供劳动，而在老年则仅仅消费不劳动。且家庭中的每一代人数不变，都是一单位。在 $t$ 期的初始期，经济中的冲击 $\xi_t$ 得以实现，厂商使用当期老年人持有的资本总数 $k_t$ 和当期年轻人提供的劳动进行生产[①]，产出 $y_t=f(k_t)\xi_t$，其中生产函数 $f$：$\mathbb{R}_+\to\mathbb{R}_+$ 单调递增、严格凹并且可微，同时当 $x\downarrow 0$ 时有 $f'(x)\uparrow\infty$，冲击 $(\xi_t)_{t\geq 0}$ 是取值在 $\mathbb{R}_+$ 上独立同分布随机变量序列，简便起见不妨设 $\mathbb{E}\xi_t=1$[②]。

因为要素市场是完全竞争的，从而有劳动工资为 $w_t:=w(k_t)\xi_t$，当 $k\in\mathbb{R}_+$ 时，可得：

$$w(k):=f(k)-kf'(k)$$

同时，资本的毛利率为 $f'(k_t)\xi_t$，因为资本 $k_t$ 是由当前的老年人提供的，所以要素回报之和等于总产出[③]。

在进行生产行为后获得资本收益，老年人才能进行消费行为，然后从经济中消失。年轻人在获得工资收入后进行投资，此时年轻人有两种选择：

（1）以无国际金融市场的风险利率 $R$ 向他国投资者提供的贷款；

（2）投资一个不可分的项目，每消费一单位的最终产品，在下一期可得 $Q$ 单位的资本品。

对于第二种选择，每单位最终消费品的回报率为 $Qf'(k_{t+1})\xi_{t+1}$，其中 $k_{t+1}$ 是年轻人对项目的投资额。假设国际市场上生产要素并不流动，同时这里不考虑国外直接投资。假设居民风险呈中性，则居民会投资 $k_{t+1}$ 直到预期回报率 $Qf'(k_{t+1})$ 等于无风险利率 $R$，从而 $k_{t+1}$ 可由等式确定

$$R=Qf'(k_{t+1}) \tag{11-16}$$

假设 $Qf'(Q)\leqslant R$，则当年轻人投资项目时，该项目的收益低于无风险利率。

---

① 假设各期的资本完全折旧，因此资本存量等于投资。

② 若冲击的期望不为 1，则可以调整生产函数定义，使该条件成立。因此 $\mathbb{E}\xi_t=1$ 意味着一阶矩存在。

③ 即，$k_tf'(k_t)\xi_t+w(k_t)\xi_t=y_t$。

现在，本节已经构建了一个动态模型，其中$(k_t)_{t\geq0}$会收敛到(11－16)的(常数)解。下面，我们讨论当资本品市场不完备时，模型会发生什么变化。我们通过融资限制来引入资本品市场不完备，这里的融资约束受到抵押品担保的影响。

假设$\omega_t<1$，每一期的年轻人需以无风险利率$R$借入$1-\omega_t$来设立投资项目，在$t+1$时需要偿还债务$R(1-\omega_t)$。同时对于该债权，借款人仅可保证能获得预期收益$Qf'(k_{t+1})$中的$\lambda\in[0,1]$本金，这就导致了融资约束如下：

$$R(1-\omega_t)\leqslant\lambda Qf'(k_{t+1})$$

仅当$1-\omega_t>\lambda$，或者$\omega_t$满足$\omega_t<1-\lambda$时，该约束才是紧的。其他情形下，年轻人会选择没有融资约束时的资本数额$k_{t+1}$，此时资本数额由(11－16)决定。当面临紧融资约束时，由上述等式取等号，即

$$R=\frac{\lambda}{1-\omega_t}Qf'(k_{t+1})$$

结合(11－16)，$k_{t+1}$可由如下等式决定：

$$R=\theta(\omega_t)Qf'(k_{t+1})\qquad\theta(\omega):=\begin{cases}\lambda/(1-\omega)\text{当}\ \omega<1-\lambda\\1\qquad\text{其他情况}\end{cases}\tag{11－17}$$

由函数$\omega\mapsto\theta(\omega)$单调递增，取值范围在$[\lambda,1]$，具体图像如图11－1所示。从而有下期的资本存量$k_{t+1}$的决定过程如图11－2所示，为曲线$k\mapsto\theta(\omega_t)Qf'(k)$与水平线$R$的交点。

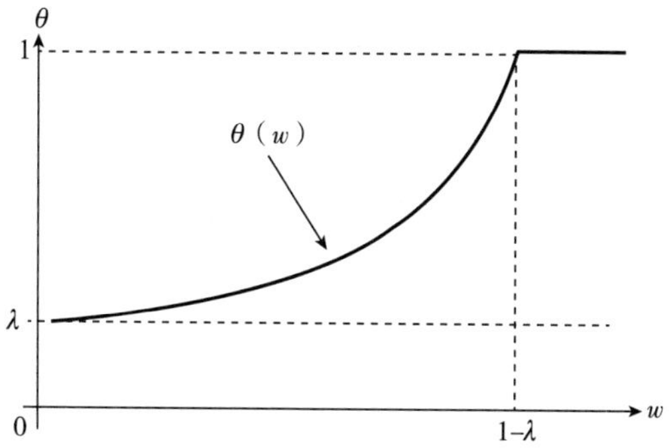


**图11－1　函数θ (ω)**

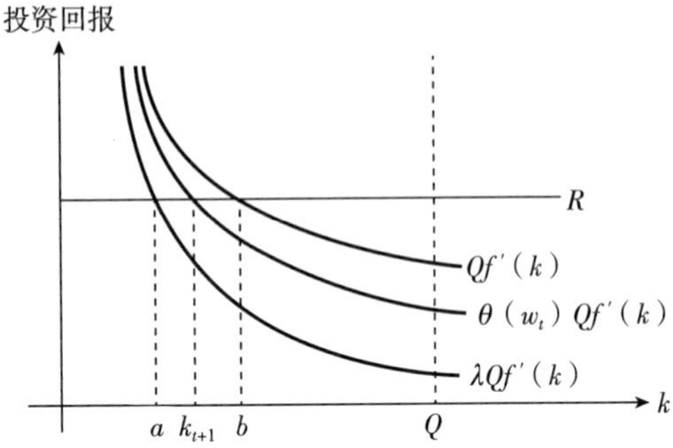


**图 11－2　$k_{t+1}$的确定**

令 $g:=(f')^{-1}$是$f'$的反函数，图 11－2 中常数 $a$ 和 $b$ 定义如下：

$$a:=g\left(\frac{R}{\lambda Q}\right)\text{和 } b:=g\left(\frac{R}{Q}\right)$$

$a$ 是 $\omega_t=0$ 时下一期的国内资本数量，为国内资本存量的下限。此时，投资项目的全部资本都必须通过借贷来融资，从而解 $R=\lambda Qf'(k_{t+1})$ 可得 $k_{t+1}$。而 $b$ 是当融资约束非紧时，通过解(11－16)获得的资本存量，为资本存量上限。可以看到工资越高，$\theta$ 越高，$k_{t+1}$越高。

$$k_{t+1}=g\left(\frac{R}{\theta(\omega(k_t)\xi_t)Q}\right) \tag{11-18}$$

从而该 SRS 问题的状态空间可以取为区间 $S=[a, b]$。

**练习 11.2.27**　证明：若 $k_t\in S$ 和 $\xi_t\in\mathbb{R}_+$，则 $k_{t+1}\in S$。

此时所有冲击$(\xi_t)_{t\geqslant 0}$的分布形式均为 $\phi$，则对应的 $S$ 上随机核 $P$ 的定义如下，对于任意的 $x\in S$，$B\in\mathscr{B}(S)$，有

$$P(x, B)=\int\prod \mathbb{1}_B\left[g\left(\frac{R}{\theta(\omega(x)z)Q}\right)\right]\phi(\mathrm{d}z)$$

根据推论 11.2.22，仅需 $\alpha(P)>0$，就可以证明全局稳定性。而为了证明 $\alpha(P)>0$，借助条件(11－15)：

$\exists z\in S$，$\gamma>0$，使得 $P(x, \{z\})\geqslant\gamma$，$\forall x\in S$

这里仅需验证当 $z$ 取 $S=[a, b]$的上限 $b$ 时的情况。现在定义 $\gamma$ 如下：

$$\gamma:=\mathbb{P}\{\omega(a)\xi_t\geqslant 1-\lambda\}=\phi\left\{z\in\mathbb{R}_+: z\geqslant\frac{1-\lambda}{f(a)-af'(a)}\right\}$$

不妨选取 $\phi$ 使 $\gamma>0$。下面仅需证明对于任意 $x\in S$，有 $P(x, \{b\})\geqslant\gamma$。注意到借助单调性，可以获得对于任意 $x\in S$，均有 $P(x, \{b\})\geqslant P(a, \{b\})$，常数 $P(a, \{b\})$表示在一期内资本存量从下限 $a$ 跳到上限 $b$ 的概率，这种情况在

$\theta(\omega(a)\xi_t)=1$，或者 $\omega(a)\xi_t \geqslant 1-\lambda$ 时就会发生。注意到该事件的概率恰为 $\gamma$，因此对于任意 $x$ 均有 $P(x, \{b\}) \geqslant \gamma$。

尽管该动力习题的全局稳定性始终成立，但一般性的结论不能揭示参数变化时，经济的动态性质是如何变化的。下面来计算平稳分布 $\psi^*$，并分析它如何受到参数变化的影响。

鉴于平稳分布未必有概率密度形式（因为它在 $b$ 上施加了正质量），因此不能使用前文介绍的前瞻性估计量（6－12）。因此，我们借助经验累积分布函数进行分析，对于 $x \in S$：

$$F_n^*(x) := \frac{1}{n}\sum_{t=1}^{n} \mathbb{1}\{k_t \leqslant x\} = \frac{1}{n}\sum_{t=1}^{n} \mathbb{1}_{[0,x]}(k_t)$$

其中 $(k_t)_{t\geqslant 0}$ 是从（11－18）生成的时间序列，借助（11－13）的大数定律，可得下面等式在概率为 1 的意义下成立：

$$\lim_{n\to\infty} F_n^*(x) = \int \mathbb{1}_{[0,x]}(y)\psi^*(\mathrm{d}y) = \psi^*\{y: y \leqslant x\} =: F^*(x)$$

其中，等式最右边的函数 $F^*$ 被定义为对应测度 $\psi^*$ 的累积概率分布，因此，估计量 $F_n^*$ 以概率 1 在状态空间上收敛到 $F^*$。

图 11－3 显示了 $F_n^*$ 的四个观测值，每个观测值都是用长度为5000 的单个时间序列生成的。如图所示，这四个观测值都对应于融资约束参数 $\lambda$ 的不同值①。可以看到平稳分布对 $\lambda$ 非常敏感，随着 $\lambda$ 的增加，概率质量迅速移向无约束的均衡状态 $b$。

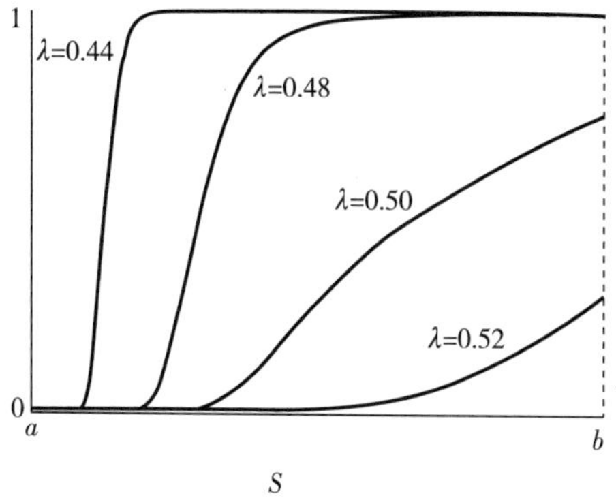


**图 11－3　不同 $\lambda$ 的 $F^*$ 估计**

① 该模型由 $f(k)=k^{\alpha}$，$\alpha=0.6$，$R=1$，$Q=2$ 和 $\ln\xi_t \sim N(u, \sigma^2)$ 定义，其中 $\sigma=0.1$ 和 $u=-\sigma^2/2$（为了保证 $E\xi_t=1$）。

**练习 11.2.28** 借助大数定律，估计不同 $\lambda$ 值的 $\psi^*(\{b\})$，并讨论当 $\lambda$ 在 $[0.4, 0.6]$ 变化时 $\psi^*(\{b\})$ 的取值，将这些值与 $\lambda$ 作图①。

# 11.3 稳定性的概率方法

之前的内容主要是借助分析方法处理马尔科夫链的稳定性问题。下面将介绍如何使用概率方法分析马尔科夫链的稳定性，也许这种分析方法在现代马尔科夫链的研究中更重要。在下文中可以看到，两种证明的风格完全不同。而这种研究风格的差异，在一定程度上限制了概率方法在经济学中的传播和使用。但是，这些证明思路又是强大而优雅的。

概率方法中的基础是耦合这一概念。我们往往采用耦合方法来获得一些关于分布的相关结论，具体来说，是在一个概率空间构造一组随机变量，并保证这些分布在概率空间中是存在的，同时该概率空间满足一些希望有的性质，可以帮助我们证明分布的相关定理。在马尔科夫链的应用中经常讨论的分布式平稳分布 $\psi^*$ 和边缘分布 $\psi\mathbf{M}^t$，而具体希望获得的结论是当 $t\to\infty$ 时有 $\|\psi\mathbf{M}^t-\psi^*\|\to 0$。

回顾 5.2.3 中使用耦合方法证明了有限状态的马尔科夫链的稳定性，这有助于理解本节的内容。当然，单独阅读本节也不会出现理解障碍，虽然此时状态空间的基数无穷，但可能更为直观。

## 11.3.1 带再生过程的耦合

本节我们再次讨论商品定价模型的稳定性。这是因为该模型具有再生过程的结构，特别适合说明耦合的基本原理。收入过程作为冲击，其分布是对数正态的。在 8.2.4 中已经证明了商品定价模型是全局稳定的。下面将证明，当仅仅要求收入过程的分布形式满足一般的 Borel 概率测度 $\phi$ 对应的分布（不一定要求有概率密度函数存在）时，全局稳定性依旧成立。

在 6.3.1 中，我们假设冲击取值的下界是零，这是为了便于在有界函数空间中构造压缩映射。因此不妨假设 $W_t$ 具有紧支撑 $[0, b]$，且 $P$ 是反需求函数，若

① 借助大数定律从长期来看，$\psi^*(\{b\})$ 可解释为从时间上看 $(k_t)_{t\geq 0}$ 落在无约束均衡 $b$ 上的频率。

$P(0)<\infty$，则可沿用 6.3.1 中借助压缩映射对平稳分布的分析。

商品定价模型的运动方程形式如下；

$X_{t+1}=\alpha I(X_t)+W_{t+1}$，$\phi\,(W_t)_{t\geq 1}\overset{\text{IID}}{\sim}\phi$，$x_0\sim\psi$

其中，$I$ 是（6－27）中的均衡投资函数。通常来说，我们假设 $X_0$ 与$(W_t)_{t\geq 1}$ 之间不相关，且存在概率空间（$\Omega$，$\mathscr{F}$，$\mathbb{P}$），使冲击$(W_t)_{t\geq 1}$和初始条件 $X_0$ 是其上的随机变量，随机核 $P$ 满足对于任意 $x\in S$，$B\in\mathscr{B}$（$S$），有：

$$P(x,B):=\int \mathbb{1}_B[\alpha I(X)+z]\phi(\mathrm{d}z)$$

其对应的马尔科夫算子 $\mathbf{M}$ 定义如常。在例 11.2.7 中可以看到，当 $\bar{s}:=b/(1-\alpha)$ 时，$S:=[0,\bar{s}]$是该模型的有效状态空间，且此时平稳分布 $\psi^*\in\mathscr{P}(S)$始终存在。为了讨论稳定性，定义度量如下，且在$\mathscr{P}(S)$上它与全变差度量成正比：

$$\|\mu-v\|:=\sup_{B\in\mathscr{B}(S)}|u(B)-v(B)| \tag{11-19}$$

**定理 11.3.1** 若当 $z_0>0$ 时 $\phi(z_0)>0$ 成立，则($\mathscr{P}(S)$，$\mathbf{M}$)是全局稳定的。实际上，此时存在 $k\in\mathbb{N}$ 和 $\delta<1$ 使对于任意 $\psi\in\mathscr{P}(S)$，$t\in\mathbb{N}$，有

$$\|\psi\mathbf{M}^{t\times k+1}-\psi^*\|\leq\delta^t \tag{11-20}$$

当不等式(11－20)成立时，($\mathscr{P}(S)$，$\mathbf{M}$)的全局稳定性成立①，这一证明留作习题。而不等式(11－20)的证明依赖于如下的不等式，其具体证明参考引理 5.2.5：

**引理 11.3.2** 如果 $X$ 和 $Y$ 是($\Omega$，$\mathscr{F}$，$\mathbb{P}$)上的两个随机变量，且 $X\sim\psi_X\in\mathscr{P}(S)$和 $Y\sim\psi_Y\in\mathscr{P}(S)$，则

$$\|\psi_X-\psi_Y\|\leq\mathbb{P}\{X\neq Y\} \tag{11-21}$$

直觉上，当 $X$ 和 $Y$ 不相等的概率很小时，它们分布之间的距离也会足够小。引理 11.3.2 的优点在于，它对于有着分布的任意随机变量 $X$ 和 $Y$ 都成立，因此可以选择合适的随机变量来构造出适当的上界。

**证明**：任选 $B\in\mathscr{B}(S)$均有

$\mathbb{P}\{X\in B\}=\mathbb{P}\{X\in B\}\cap\{X=Y\}+\mathbb{P}\{X\in B\}\cap\{X\neq Y\}$，

$\mathbb{P}\{Y\in B\}=\mathbb{P}\{Y\in B\}\cap\{X=Y\}+\mathbb{P}\{Y\in B\}\cap\{X\neq Y\}$

因为$\{Y\in B\}\cap\{X=Y\}=\{X\in B\}\cap\{X=Y\}$，从而有

$\mathbb{P}\{X\in B\}-\mathbb{P}\{Y\in B\}=\mathbb{P}\{X\in B\}\cap\{X\neq Y\}-\mathbb{P}\{Y\in B\}\cap\{X\neq Y\}$

因此

---

① 提示：使用非扩张性，请参阅引理 11.1.28。

$\mathbb{P}\{X\in B\}-\mathbb{P}\{Y\in B\}\leqslant\mathbb{P}\{X\in B\}\cap\{X\neq Y\}\leqslant\mathbb{P}\{X\neq Y\}$

交换 $X$ 和 $Y$ 之后，可以获得

$|\mathbb{P}\{X\in B\}-\mathbb{P}\{Y\in B\}|\leqslant\mathbb{P}\{X\neq Y\}$

因此此处可以任选 B，使（11－21）成立。

定理 11.3.1 的证明步骤如下：已知收入过程 $(W_t)_{t\geqslant1}$，令 $(X_t)_{t\geqslant0}$ 和 $(X_t^*)_{t\geqslant0}$ 定义如下：

$X_{t+1}=\alpha I(X_t)+W_{t+1}$，$X_0\sim\psi$ 和 $X_{t+1}^*=\alpha I(X_t^*)+W_{t+1}$，$X_0^*\sim\psi^*$

注意，对于任意 $t$ 有 $X_0^*\sim\psi^*$，因此，借助（11－21）我们可以得到对于任意 $t\in\mathbb{N}$ 有：

$$\|\psi\mathbf{M}^t-\psi^*\|\leqslant\mathbb{P}\{X_t\neq X_t^*\} \tag{11－22}$$

此时若希望 $\|\psi\mathbf{M}^t-\psi^*\|$ 有上界，仅需要对 $\mathbb{P}\{X_t\neq X_t^*\}$ 施加约束即可。换而言之，仅需证明随着 $t$ 的增长，$X_t$ 和 $X_t^*$ 不等的概率收敛到零，或者说 $X_t$ 和 $X_t^*$ 最终相等的概率极高。

该证明的核心是如下两个事实。一个关键在于，$(X_t)_{t\geqslant0}$ 和 $(X_t^*)_{t\geqslant0}$ 是由相同的收入过程 $(W_t)_{t\geqslant1}$ 引起的。因此，若这两个过程在某一期相等，则之后每一期都相等，即若存在某个 $j$ 使 $X_j=X_j^*$，那么对于任意 $t\geqslant j$ 均有 $X_t=X_t^*$。另一个关键在于，存在 $x_b>0$，使对于任意 $x\leqslant x_b$ 均有 $I(x)=0$（具体证明见下文的引理 11.3.3）。可以推知，若 $X_j\leqslant x_b$ 和 $X_j^*\leqslant x_b$ 成立，则有 $I(X_j)=I(X_j^*)=0$，此时 $X_{j+1}=X_{j+1}^*=W_{j+1}$。

若要证明 $X_t=X_t^*$，借助上述命题的推论，仅需证明存在 $j<t$，使 $X_j\leqslant x_b$ 和 $X_j^*\leqslant x_b$ 成立，仅仅需要收入过程保持足够低的收入，维持足够长的时间，就可以发现上述情况总会发生。之后将证明，随着 $t\to\infty$，上述情形在 $t$ 之前至少发生一次收敛到 1 的概率，因此可以获得 $\mathbb{P}\{X_j\neq X_{j+1}^*\}\to0$。

图 11－4 给出了 $(X_t)_{t\geqslant0}$ 和 $(X_t^*)_{t\geqslant0}$ 的耦合示意图，该图显示了这两个时间序列的模拟路径①。在 $t=4$ 时，$X_t$ 和 $X_t^*$ 都低于使投资为零的阈值 $x_b$。因此对任意 $t\geqslant5$，均有 $X_t=X_t^*$。因此可称在 $t=5$ 时上述过程耦合，而该时刻被称为耦合时间。

① 模拟中的初始值设定如下：$\alpha=0.9$，$\zeta\sim cU$，其中 $c=4$，$U$ 为 Beta（5，5），$P(x)=\bar{s}e^{-x}$。从而 $\bar{s}=b(1-\alpha)^{-1}$。为了保证 $U\leqslant1$，取 $b=4$，$\bar{s}=40$。

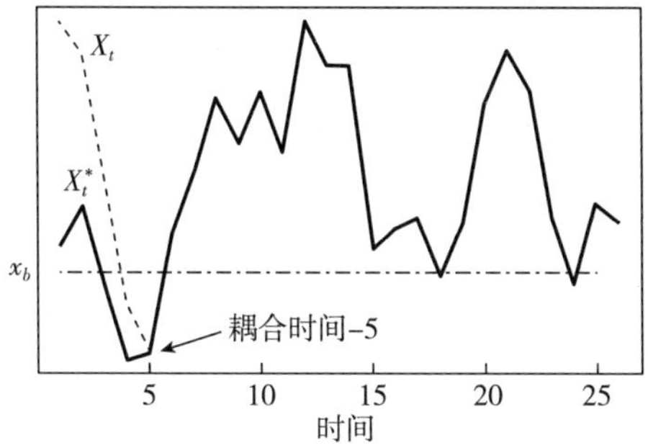


**图 11-4 在时刻 $t=5$，$(X_t)_{t\geq 0}$ 和 $(X_t^*)_{t\geq 0}$ 发生耦合**

从下述引理开始，将转向细节分析（为了保持连续性，具体证明见本章附录）。

**引理 11.3.3** 存在 $x_b>0$，使对于任意 $x\leq x_b$ 均有 $I(x)=0$。

如果事件 $\{X_j\leq x_b\}\cap\{X_j^*\leq x_b\}$ 发生了，则随机过程 $(X_t)_{t\geq 0}$ 和 $(X_t^*)_{t\geq 0}$ 在时刻 $j+1$ 耦合。为了检验事件是否发生，不妨定义一个新过程如下，使其为 $(X_t)_{t\geq 0}$ 和 $(X_t^*)_{t\geq 0}$ 的上界：

$$X'_{t+1}=\alpha X'_t+W_{t+1},\quad X'_0=\bar{s}$$

**练习 11.3.4** 使用数学归纳法，可以证明不等式 $X_j\leq X'_j$ 和 $X_j^*\leq X'_j$ 在 $\Omega$ 上逐点成立，因此可知对于所有的 $j\geq 0$ 有

$$\{X'_j\leq x_b\}\subset\{X_j\leq x_b\}\cap\{X_j^*\leq x_b\}$$

已知当 $(X_t)_{t\geq 0}$ 与 $(X_t^*)_{t\geq 0}$ 相遇之后保持相等，并且由 $X'_j\leq x_b$ 可得 $X_{j+1}=X_{j+1}^*$，则有

存在 $j\leq t$，使 $X'_j\leq x_b\Rightarrow X_{t+1}=X_{t+1}^*$

若采用 $\Omega$ 上的集合语言进行描述，则可以写作：

$$\cup_{j\leq t}\{X'_j\leq x_b\}\subset\{X_{t+1}=X_{t+1}^*\}$$

$$\therefore\ \mathbb{P}\cup_{j\leq t}\{X'_j\leq x_b\}\leq\mathbb{P}\{X_{t+1}=X_{t+1}^*\}$$

$$\therefore\ \mathbb{P}\{X_{t+1}\neq X_{t+1}^*\}\leq\mathbb{P}\cap_{j\leq t}\{X'_j>x_b\}$$

从而事件 $\cap_{j\leq t}\{X'_j>x_b\}$ 的概率的上界不难给出。实际上，当 $k$ 和 $z_0$ 满足如下不等式时，收入过程 $W_{n+1}$ 到 $W_{n+k}$ 都在 $z_0$ 以下：

$$\alpha^k\bar{s}+z_0\frac{1-\alpha^k}{1-\alpha}\leq x_b \tag{11-23}$$

而当收入低于 $z_0$ 时，对于 $j=n+1,\cdots,n+k$，可以获得

$X'_j \leqslant \alpha X'_{j-1} + z_0$

结合上述 $k$ 个不等式，可得

$$X'_{n+k} \leqslant \alpha^k X'_n + z_0 \frac{1-\alpha^k}{1-\alpha} \leqslant \alpha^k \bar{s} + z_0 \frac{1-\alpha^k}{1-\alpha} \leqslant x_b$$

由(11 - 23)可得最后的不等号。因此，连续 $k$ 期的收入低于 $z_0$，会使 $(X'_t)_{t\geqslant 0}$在之后均低于 $x_b$。定义形如 $t\times k$ 形式的指标，且 $t\times k$ 之前有 $t$ 个不相重叠的 $k$ 次收入连续相同。假设事件 $E_i$ 表示这 $t$ 个序列中所有第 $i$ 次收入都低于 $z_0$，则有对于 $i=1$，…，$t$，有：

$E_i = \cap_{j=k\times(i-1)+1}^{i\times k} \{W_j \leqslant z_0\}$

如果直到 $t\times k$，$X'_j$ 从未低于 $x_b$，则任意事件 $E_i$ 均未发生。

$\therefore \cap_{j\leqslant t\times k} \{X'_j > x_b\} \subset \cap_{i=1}^{t} E_i^C$

$\therefore \mathbb{P}\{X_{t\times k+1} \neq X^*_{t\times k+1}\} \leqslant \mathbb{P} \cap_{j\leqslant t\times k} \{X'_j > x_b\} \leqslant \mathbb{P} \cap_{i=1}^{t} E_i^C$

由于构成事件 $E_i$ 的收入过程不相重叠，因此事件独立，且$\mathbb{P}\cap_{i=1}^{t} E_i^C = \prod_{i=1}^{t} (1-\mathbb{P}(E_i))$。

$$\therefore \mathbb{P}\{X_{t\times k+1} \neq X^*_{t\times k+1}\} \leqslant \prod_{i=1}^{t} (1-\mathbb{P}(E_i)) = (1-\phi(z_0)^k)^t$$

从而（11 -20）和定理 11. 3. 1 获证。

### 11. 3. 2　耦合和 Dobrushin 系数

已知 $S\in\mathscr{B}(\mathbb{R}^n)$，且 $P$ 为 $S$ 上的任意随机核。在上一节中，$S$ 是$\mathbb{R}$ 的子集，且 $P$ 具有如下的良好性质，即对于任意 $x$，$x'$属于区间 $[0, x_b] \subset S$ 均有 $P(x, dy) = P(x', dy)$，这样的集合称为 $P$ 下的原子集。若随机核中存在原子集，则此时状态空间会变得简单，因此使用耦合方法会变得特别简单。对于 11. 3. 1 中任意两个马尔科夫链$(X_t)_{t\geqslant 0}$和$(X_t^*)_{t\geqslant 0}$，当其同时进入原子集时，这两个马尔科夫链就发生耦合。

可惜的是，经济学研究的大多数马尔科夫过程并不具有原子集的结构。但是借助一些技巧，就可以在不使用原子集的情况下构造马尔科夫链之间的耦合。本节主要讨论随机核 $P$ 的 Dobrushin 系数为正的情况。参考后文可知 Dobrushin 系数取值的正负性与耦合成功的概率紧密相关。

我们希望可以理解耦合与 Dobrushin 系数之间的关系，这是因为 Dobrushin 系数对于分析马尔科夫链的稳定性意义重大，而耦合可以从一个新的视角来理解 Dobrushin 系数的意义。更重要的是，耦合证明背后的思想可以推广到一般模型中去。

延续 11.3.1 中的设定，对于空间 $\mathscr{P}(S)$ 配备由（11－19）定义的度量，且该度量与全变差度量成比例。此时，可以获得如下命题：

**命题 11.3.5**　已知 $\psi$，$\psi' \in \mathscr{P}(S)$，并且 $\mathbf{M}$ 是 $P$ 对应的马尔科夫算子，$\alpha(P)$ 是 Dobrushin 系数，则有对于任意的 $t \in \mathbb{N}$，均有

$$\|\psi\mathbf{M}^t - \psi'\mathbf{M}^t\| \leqslant (1-\alpha(P))^t$$

当 $\alpha(P)=0$ 时，该不等式显然成立。而 $\alpha(P)>0$ 时，对任意初始分布 $\psi$，$\psi'$ 有 $\|\psi\mathbf{M}^t - \psi'\mathbf{M}^t\| \to 0$ 以指数速度趋于 0，尤其当 $\psi' = \psi^*$ 是平稳分布时，有 $\|\psi\mathbf{M}^t - \psi^*\| \to 0$。这里结论和定理 11.2.21 相同，但是其证明方法迥异。

由于当 $\alpha(P)=0$ 时该命题明显成立，因此在之后始终假设 $\alpha(P)$ 严格为正。为了完成证明，不妨构造过程 $(X_t)_{t\geqslant 0}$ 和 $(X'_t)_{t\geqslant 0}$，使 $X_t$ 的分布 $\psi_t$ 为 $\psi'\mathbf{M}^t$，$X'_t$ 的分布 $\psi'_t$ 为 $\psi'\mathbf{M}^t$。借助于引理 11.3.2，有

$$\|\psi\mathbf{M}^t - \psi'\mathbf{M}^t\| \leqslant \mathbb{P}\{X_t \neq X'_t\} \tag{11-24}$$

由 (11－24) 可获得 $\mathbb{P}\{X_t \neq X'_t\} \leqslant (1-\alpha(P))^t$。这里需要用特殊的方式构造 $(X_t)_{t\geqslant 0}$ 和 $(X'_t)_{t\geqslant 0}$，使每一步相遇的概率都是独立的，且为 $\alpha(P)$。同时，一旦上述随机过程相遇（即存在 $j$ 使 $X_j = X'_j$），则之后它们将保持耦合（对任意 $t \geqslant j$ 均有 $X_t = X'_t$）。不难得到，若 $X_t \neq X$ 这意味着这两个过程从未相遇，则这个概率小于 $(1-\alpha(P))^t$。

虽然 $(X_t)_{t\geqslant 0}$ 和 $(X'_t)_{t\geqslant 0}$ 的构造方式特殊，但是 $\psi_t = \psi\mathbf{M}^t$ 和 $\psi'_t = \psi'\mathbf{M}^t$ 依旧成立。这就要求 $X_0 \sim \psi$，$X'_0 \sim \psi'$，同时有 $X_{t+1} \sim P(x_t,\ dy)$ 和 $X'_{t+1} \sim P(x'_t,\ dy)$。从构造过程来看，这一结论并不显然，但是最后我们将证明这一结论依旧成立。

在构造过程 $(X_t)_{t\geqslant 0}$ 和 $(X'_t)_{t\geqslant 0}$ 之前，先引入新的定义。首先，不妨取 $P(x,\ dy)$ 和 $P(x',\ dy)$ 之间的亲密度指标如下，对 $(x,\ x') \in S \times S$ 有：

$$\gamma(x,\ x') := (P_X \wedge P_{X'})(S)$$

因此 $\alpha(P) = \inf_{x,x'} \gamma(x,\ x')$。显然，对于任意 $x$，$x'$ 均有 $\gamma(x,\ x') \geqslant \alpha(P) > 0$。其次，不妨定义如下三个从 $S \times S \times \mathscr{B}(S)$ 到 $[0,\ 1]$ 上的函数：

$$v(x,\ x',\ B) := \frac{(P_x \wedge P_{x'})(B)}{\gamma(x,\ x')}$$

$$\mu(x,\ x',\ B) := \frac{P(x,\ B) - (P_x \wedge P_{x'})(B)}{1-\gamma(x,\ x')}$$

$$\mu'(x,\ x',\ B) := \frac{P(x',\ B) - (P_x \wedge P_{x'})(B)}{1-\gamma(x,\ x')}$$

特别地，$v(x, x', dy)$，$\mu(x, x', dy)$，$\mu'(x, x', dy)$均为 $S$ 上的概率测度，对任意 $B \in \mathscr{B}(S)$，$v(x, x', B)$，$\mu(x, x', B)$，$\mu'(x, x', B)$非负；且有 $v(x, x', S) = \mu(x, x', S) = \mu'(x, x', S) = 1$。上述论断留作练习 11.3.6。

**练习 11.3.6** 证明，因为对于任意$(x, x') \in S \times S$ 均有 $\gamma(x, x') < 1$①，从而有 $v(x, x', dy)$，$u(x, x', dy)$和 $u'(x, x', dy)$均为 $S$ 上的概率测度。

现在已经完成构造过程$(X_t)_{t \geqslant 0}$和$(X'_t)_{t \geqslant 0}$的准备工作。而具体的构造方法见算法 11-1，其中的 while 循环是无限循环。假定随机变量都是定义在概率空间$(\Omega, \mathscr{F}, \mathbb{P})$上的。若对时刻 $t$ 有 $X_t \neq X'_t$，从均匀分布中随机选取 $U_{t+1}$ 以确定下一步的行动，同时 $U_{t+1} \leqslant \gamma(X_t, X'_t)$的概率为 $\gamma(X_t, X'_t)$。若上述情况发生，则 $X_{t+1}$ 和 $X'_{t+1}$ 取值相等，且均是依 $v(X_t, X'_t, dy)$随机选取，否则分别依 $u(X_t, X'_t, dy)$和 $u'(X_t, X'_t, dy)$随机取值。

**算法 11-1　耦合算法**

```
draw X_0 ~ ψ and X'_0 ~ ψ*
set t = 0
while True do
    if X_t = X'_t then
        draw Z ~ P(X_t, dy) and set X_{t+1} = X'_{t+1} = Z
    else
        draw U_{t+1} independently from Uniform(0,1)
        if U_{t+1} ≤ γ(X_t, X'_t) then            // with probability γ(X_t, X'_t)
            draw Z ~ ν(X_t, X'_t, dy) and set X_{t+1} = X'_{t+1} = Z
        else                                       // with probability 1 − γ(X_t, X'_t)
            draw X_{t+1} ~ μ(X_t, X'_t, dy)
            draw X'_{t+1} ~ μ'(X_t, X'_t, dy)
        end
    end
    set t = t + 1
end
```

首先证明如下命题，对于过程$(X_t)_{t \geqslant 0}$和$(X'_t)_{t \geqslant 0}$，对于任意 $t \in \mathbb{N}$ 均有

$$\mathbb{P}\{X_t \neq X'_t\} \leqslant (1 - \alpha(P))^t \tag{11-25}$$

该命题的证明并不困难。对于任意给定的 $t \in \mathbb{N}$，若存在 $j \leqslant t$ 使 $U_j \leqslant \gamma(X_{j-1}, X'_{j-1})$，则两个过程耦合且 $X_t = X'_t$。因此若 $X_t \neq X'_t$ 成立，则对任意 $j \leqslant t$，均有

① 不妨设 $\gamma(x, x') > 0$。

$U_j > \gamma(X_{j-1}, X'_{j-1})$。因为 $\gamma(X_{j-1}, X'_{j-1}) \geqslant \alpha(P)$ 且 $(U_t)_{t\geqslant 1}$ 独立同分布，且为 $(0, 1)$ 上的均匀分布，因此该事件发生的概率不超过 $(1-\alpha(P))^t$。最后，因为 $t$ 是任意取值的，从而(11－25)获证。

借助于（11－25），则仅需要证明（11－24）就可以获得11.3.5。换句话说，仅需证明：

$\|\psi\mathbf{M}^t - \psi'\mathbf{M}^t\| \leqslant \mathbb{P}\{X_t \neq X'_t\}$

前面已经证明，当 $X_t$，$X'_t$ 的分布分别为 $\psi\mathbf{M}^t$ 和 $\psi'\mathbf{M}^t$ 时，则借助引理11.3.2可以获得上述等式的结论。由于 $X_0 \sim \psi$，$X'_0 \sim \psi'$ 成立，因此仅需证明 $X_{t+1} \sim p(X_t, dy)$，同时有 $X'_{t+1} \sim p(X'_t, dy)$。

为了证明上述命题，不妨假设在时刻 $t$ 有 $(X_t, X'_t) = (x, x')$，从而依据算法11－1，在进行下一次迭代后，$X_{t+1} \in B$ 的概率为 $P(x, B)$，$X'_{t+1} \in B$ 的概率为 $P(x', B)$。下面集中讨论 $X_{t+1} \in B$ 的概率 $P(x, B)$。

不妨先假设 $x \neq x'$。若 $\gamma(x, x') = 1$，则 $X_{t+1}$ 以概率1依 $v(x, x', dy)$ 随机选取。不过 $\gamma(x, x') = 1$ 也意味着 $p(x, dy) = p(x', dy)$，因此 $v(x, x', dy) = p(x, dy) = p(x', dy)$，此时 $X_{t+1} \in B$ 的概率为 $P(x, B)$。反之，若 $\gamma(x, x') < 1$，则 $X_{t+1}$ 以概率 $\gamma(x, x')$ 依 $v(x, x', dy)$ 随机选取，同时以概率 $1-\gamma(x, x')$ 依 $u(x, x', dy)$ 随机选取。从而有 $X_{t+1} \in B$ 的概率为：

$\gamma(x, x')v(x, x', B) + (1-\gamma(x, x'))u'(x, x', B)$

回顾 $v$ 和 $u$ 的定义，可以发现这恰是 $P(x, B)$。类似可证 $X'_{t+1} \in B$ 的概率为 $P(x', B)$。

最后，假设 $x = x'$。则 $X_{t+1} \sim P(x, dy)$，$X_{t+1} \in B$ 的概率显然为 $P(x, B)$。因为 $X'_{t+1} = X_{t+1}$，所以 $X'_{t+1} \in B$ 的概率为 $P(x, B)$，而借助 $x' = x$，有 $P(x', B) = P(x, B)$，因此 $X'_{t+1} \in B$ 的概率是 $P(x', B)$，证明完毕。

### 11.3.3 稳定性的单调方法

经济模型的运动方程，往往具有一定程度的单调性。既然拥有单调性这样的性质，就应当考虑如何将其应用在稳定性分析中。本节主要讨论，如何在随机动力系统中使用单调性分析稳定性。

这里依旧采用典范（规范）SRS作为例子。状态空间 $S$ 是 $\mathbb{R}^n$ 的Borel子集，冲击空间 $Z$ 是 $\mathbb{R}^k$ 的Borel子集。同时该SRS是由（Borel）可测量函数 $F$：$S \times Z \rightarrow S$ 和分布 $\phi \in \mathscr{P}(Z)$ 来描述的，其中

$$X_{t+1}=F(X_t,\ W_{t+1}),\ (W_t)_{t\geqslant 1}\overset{\text{IID}}{\sim}\phi,\ X_0\sim\psi\in\mathscr{P}(S) \tag{11-26}$$

冲击$(W_t)_{t\geqslant 1}$构成的随机序列和初始条件$X_0$都定义在概率空间（$\Omega$，$F$，$\mathscr{P}$）上，且相互独立。从而典范 SRS（11－26）的随机核可由下式给出，有对任意$x\in S$，$B\in\mathscr{B}$（$S$）均有：

$$P(x,B)=\int \mathbb{1}_B[F(x,z)]\phi(dz) \tag{11-27}$$

$\mathbf{M}$为对应的马尔科夫算子，则当且仅当$\psi^*\mathbf{M}=\psi^*$时，$\psi^*$是（11－26）的平稳分布。

**定义 11.3.7** SRS（11－26）被称为单调递增[①]，当且仅当对于任意$z\in Z$均有$x<x'$时，

$$F(x,\ z)\leqslant F(x',\ z) \tag{11-28}$$

**例 11.3.8** 考虑一维线性系统：

$$X_{t+1}=\alpha X+W_{t+1}\qquad (W_t)_{t\geqslant 1}\overset{\text{IID}}{\sim}\phi\in\mathscr{P}(\mathbb{R}) \tag{11-29}$$

其中$S=Z=\mathbb{R}$并且$F(x,\ z)=\alpha x+z$，当且仅当$\alpha\geqslant 0$时，此 SRS 是单调递增的。

**练习 11.3.9** 若（11－26）单调递增，且$h$：$S\to\mathbb{R}$。证明如果$h\in ibS$，则$\mathbf{M}h\in ibS$[②]。

**练习 11.3.10** 若对于任意$x\in B$，$x'\in S$，当$x\leqslant x$时，有$x'\in B$，则集合$B\subset S$称为递增集。证明$B\subset S$是递增集当且仅当$1_B\in ibS$(因为$P(x,\ B)=\mathbf{M}\mathbb{1}_B(x)$，所以当$B$是递增集时，$x\mapsto P(x,\ B)$是增函数。这个背后的直觉是什么?)。

回到一般的 SRS(11－26)，不妨假设至少存在一个平稳分布$\psi^*$，下面来看看在施加何种单调性假设下可以获得$\psi^*$的唯一性和稳定性。本节中$\psi^*$的稳定性定义有别于标准定义。

$$\forall\psi\in\mathscr{P}(S)\text{，当 }t\to\infty\text{ 时，对于任意的 }h\in ibS\text{，均有}(\psi\mathbf{M}^t)(h)\to\psi^*(h) \tag{11-30}$$

回顾如下结论，若对任意的$h\in bcS$，当$n\to\infty$时，有$u_n(h)\to u(h)$，可以推知随机变量序列$(u_n)\subset\mathscr{P}(S)$会在弱收敛的意义下收敛到$u\subset\mathscr{P}(S)$，这可以帮助理解条件(11－30)。更进一步地，借助引理 11.1.35 可知，若需要证明弱收敛性，仅需要验证对于任意$h\in ibcS$，$u_n(h)\to u(h)$成立即可。因为$ibcS\subset ibS$，所以(11－30)定义的$\psi\mathbf{M}^t\to\psi^*$的收敛性强于弱收敛。最后，条件(11－30)可以推出

---

① $\mathbf{R}^n$上的顺序关系定义如下：$(x_i)_{i=1}^n\leqslant(y_i)_{i=1}^n$，当且仅当对任意$1\leqslant i\leqslant n$，均有$x_i\leqslant y_i$。

② 通常，$ibS$表示递增的有界函数$h$：$S\to\mathbf{R}$。

$\psi^*$ 的唯一性，证明留作习题。

**练习 11.3.11**　证明如果 $\psi^{**} \in \mathscr{P}(S)$ 满足 $\psi^{**}\mathbf{M} = \psi^{**}$ 且(11－30)成立，则 $\psi^{**}$ 和 $\psi^*$ 必须相等①。

不妨设 $(W_t)_{t\geq 1}$ 和 $(W'_t)_{t\geq 1}$ 是 $Z$ 上的联合独立同分布的随机过程，分布均为 $\phi$，且都定义在相同的概率空间$(\Omega, \mathscr{F}, \mathbb{P})$上。借助于上述的独立随机过程，我们可以引入如下条件，使得单调习题的稳定性得以成立。

**定义 11.3.12**　SRS(11－26)被称为混序的，当且仅当对于随机过程 $X_{t+1} = F(X_{t+1}, W_{t+1})$ 和 $X'_{t+1} = F(X'_t, W'_{t+1})$，若有任意给定的初始分布 $X_0$ 和 $X'_0$ 独立，且随机变量序列$(X_t)_{t\geq 0}$和$(X'_t)_{t\geq 0}$满足如下等式：

$$\mathbb{P}\cup_{t\geq 0}\{X_t \leqslant X'_t\} = \mathbb{P}\cup_{t\geq 0}\{X'_t \leqslant X_t\} = 1 \tag{11－31}$$

**练习 11.3.13**　证明：$\mathbb{P}\cup_{t\geq 0}\{X_t \leqslant X'_t\} = 1$ 等价于 $\lim\limits_{T\to\infty}\mathbb{P}\cap_{t\leq T}\{X_t \not\leq X'_t\} = 0$②。

配合单调性，混序性足以保证平稳分布的稳定性。特别是，我们得到如下结果：

**定理 11.3.14**　假设（11－26）具有至少一个平稳分布 $\psi^* \in \mathscr{P}(S)$，且该 SRS 若同时满足单增性和混序性，则 $\psi^*$ 是唯一的平稳分布，而且依据 11－30 的定义 $\psi^*$ 是全局稳定的。

定理的证明将在第 11.3.4 节的末尾给出。这里先介绍如何使用该结果。为了方便验证混序性质，下面有必要给出其充分条件。Razin 和 Yahav（1979）给出了充分条件，之后 Stokey 和 Lucas（1989）以及 Hopenhayn 和 Prescott（1992）都对其进行了推广。本书沿用 Stokey 和 Lucas（1989）的假设 12.1，给定 $a, b \in \mathbb{R}^n$，假设 $S = [a, b] := \{x \in \mathbb{R}^n : a \leqslant x \leqslant b\}$，有

$$\exists m \in \mathbb{N},\ c \in S,\ \epsilon > 0 \text{ s. t } P^m(a, [c, b]) \geqslant \epsilon \ \&\ P^m(b, [a, c]) \geqslant \epsilon \tag{11－32}$$

本节后续默认该条件成立，且随机 $P$ 定义如(11－27)，同时有 SRS(11－26)单增。

**练习 11.3.15**　证明当(11－32)成立时，有对任意 $x \in S$，随机核 $P$ 都满足 $p^m(x, [c, b]) \geqslant \epsilon$ 且 $p^m(x, [a, c]) \geqslant \epsilon$③。

若 SRS 11－26 满足条件(11－32)，则该 SRS 是混序的。该命题的直觉如下，

---

① 提示：请参见定理 11.1.36。

② 提示：使用练习 7.1.25 的结论。请注意，所有集合都是 Ω 的子集。

③ 提示：借助练习 11.3.10。

不妨设对于 SRS(11 - 32)，上述命题在 $m=1$ 时成立，考虑当 $X_t \leq X$ 时存在 $t \geq 0$ 的概率。要证明该概率恰为 1，借助练习 11.3.13 可知仅需证明事件 $E_T := \cap_{t \leq T} \{X_t \not\subseteq X'_t\}$，有 $\lim_{T\to\infty} \mathbb{P}(E_T)=0$。当给定 $(X_{t-1}, X'_{t-1})=(x, x')$ 时，$X_t \leq X'_t$ 的概率如下：

$$\begin{aligned}\mathbb{P}\{F(x, W_t) \leq F(x', W'_t)\} &\geq \mathbb{P}\{F(x, W_t) \leq c\} \cap \{F(x', W'_t) \geq c\} \\ &= \mathbb{P}\{F(x, W_t) \leq c\} \mathbb{P}\{F(x', W'_t) \geq c\} \\ &= P(x, [a, c]) P(x', [c, b]) \geq \epsilon^2\end{aligned}$$

因此，对于任意 $t$，$X_t \leq X'_t$ 发生的概率至少为 $\epsilon^2$，而与状态的滞后值无关。不难得出，在时刻 $T$ 之前，该事件从未发生过的概率 $\mathbb{P}(E_T) \leq (1-\epsilon^2)^T \to 0$①。借助练习 11.3.13 可以得到 $\mathbb{P} \cup_{t \geq 0} \{X_t \leq X'_t\} = 1$。类似可证 $\mathbb{P} \cup_{t \geq 0} \{X_t \geq X'_t\} = 1$，从而该 SRS 是混序的。

因为条件(11 - 32)要求状态空间的形式必须为 $\{x \in \mathbb{R}^n: a \leq x \leq b\}$，所以限制较强。之后为了获得较弱的充分条件，下面引入了诱序集和类序范数的概念。

**定义 11.3.16** 集合 $C \in \mathscr{B}(S)$ 被称为随机核 $P$ 上的诱序集，当且仅当存在 $c \in S$ 和 $m \in \mathbb{N}$ 使得下述不等式成立：

$$\inf_{x \in c} P^m(x, \{z: z \leq c\}) > 0 \text{ 且} \inf_{x \in c} P^m(x, \{z: z \geq c\}) > 0$$

可测函数 $v: S \to \mathbb{R}_+$ 被称为类序范数的，当且仅当任意 $v$ 的水平集都是 $P$ 的诱序集②。

**例 11.3.17** 继续例 11.3.8 对模型（11 - 29）的讨论。不妨假设对任意 $d \in S = \mathbb{R}$ 有下列不等式成立：$\mathbb{P}\{W_t \leq d\} > 0$，$\mathbb{P}\{W_t \geq d\} > 0$。因此当 $m=1$ 且 $c=0$ 时，形如 $[-b, b]$ 的集合都是诱序集。要证明该命题，不妨任选 $b \geq 0$，因为 $x \in [-b, b]$，则有下面概率为正，

$$P(x, \{z: z \leq 0\}) = \mathbb{P}\{\alpha x + W \leq 0\} = \mathbb{P}\{W \leq -\alpha x\} \geq \mathbb{P}\{W \leq -\alpha b\}$$

同理可证 $\inf_{x \in C} P(x, \{z: z \geq 0\}) > 0$。因为形如 $[-b, b]$ 的集合都是诱序集，所以 $v(x) = |x|$ 是该模型的类序范数。(为什么?)

**练习 11.3.18** 证明任意诱序集的可测子集都是诱序集。证明函数 $v: S \to \mathbb{R}_+$ 是类序范数，当且仅当存在 $K \in \mathbb{R}_+$ 使对于任意的 $a \geq K$，集合 $\{x \in S: v(x) \leq$

---

① 可参考命题 5.2.6 或借助条件期望以完成该命题的完整证明，或参考 Kamihigashi 和 Stachurski (2008)。

② 对于任意 $a \in \mathbb{R}_+$，$v$ 的水平子集是形如 $\{x \in S: v(x) \leq a\}$ 的集合。

$a\}$ 是诱序集。

此时，介绍混序性的充分条件陈述如下：

**定理 11.3.19** 若(11-26)存在类序范数 $v$ 以及常数 $\alpha \in [0, 1)$、$\beta \in \mathbb{R}_+$ 使对于任意 $x \in S$，如下不等式成立：

$$\int v[F(x,z)]\phi(\mathrm{d}z) \leq \alpha v(x) + \beta \tag{11-33}$$

则典范 SRS(11-26)是混序的。

当(11-33)成立时，则有一个(足够大的)$v$ 的水平子集，使随机过程都会返回该集合，且这个集合是诱序集。当两个独立的马尔科夫链$(X_t)_{t\geq 0}$，$(X'_t)_{t\geq 0}$进入这样的诱序集时，则在 $m$ 期内，事件 $X_t \leq X'_t$、$X_t \geq X'_t$ 发生的概率为正。因为上述事件会在无穷期内反复出现，所以最终 $X_t \leq X'_t$、$X_t \geq X'_t$ 发生的概率为 1。具体证明参考 Kamihigashi 和 Stachurski(2008)。

**例 11.3.20** 延续例 11.3.17 中的讨论，有 $v(x) = |x|$是该模型下的类序范数，且当$\mathbb{E}|W_t| < \infty$、$|\alpha| < 1$ 成立，则该模型是混序的，这是因为对于任何 $x \in S$ 有，

$$\int v[F(x,z)]\phi(\mathrm{d}z) = \int |\alpha x + z|\phi(\mathrm{d}z) \leq |\alpha| v(x) + \int |z|\phi(\mathrm{d}z)$$

### 11.3.4 单调性的其他结论

下面借助一个简单例子，说明如何使用单调性和混序性来保证稳定性[①]。回顾例 9.2.4 中的随机 Solow - Swan 增长模型，该模型的运动方程如下：

$$k_{t+1} = sf(k_t)W_{t+1} + (1-\delta)k_t \tag{11-34}$$

且有生产函数$f$: $\mathbb{R}_+ \to \mathbb{R}_+$满足对所有 $k > 0$ 都具有 $f(k) > 0$，生产率冲击 $W_t$ 和资本存量 $k_t$ 值域为 $Z := S := (0, \infty)$，同时有参数 $s \in (0, 1)$、$\delta \in (0, 1]$。模型(11-34)依据定义 11.3.7 可知是单增的。

下面，将介绍对模型(11-34)施加何种条件，可使其满足混序性。不妨设 $\delta = 1$[②]。不妨设$\lim_{k\to 0} f(k)/k = \infty$ 和$\lim_{k\to\infty} f(k)/k = 0$($f$ 可微时，使用 Inada 条件即可)。对于分布 $\phi$，不妨假设$\mathbb{E}W_t$、$\mathbb{E}(1/W_t)$有限，并且对任意 $x \in S$，$\mathbb{P}\{W_t \leq x\}$、$\mathbb{P}\{W_t \geq x\}$严格为正[③]。

---

① 也可参考 12.1.3，该节也使用单调性来处理最优增长模型。

② $\delta < 1$ 的情况的证明仅仅是更长。

③ 因为$f$ 未必是凹函数，所以若要证明全局稳定性，这里就需要进行多次混序。实际上$f$ 的具体形式是任意的，因此在确定性模型(即所有的 $t$ 有 $W_t = 1$)下，经济可能存在多个不动点。

首先证明任意闭区间$[a, b]\subset S$都是该模型的诱序集。不妨任选$a\leqslant b$，对于任意给定的$c\in S$，仅需证明$\inf_{a\leqslant x\leqslant b}P(x, [c, \infty))>0$以及$\inf_{a\leqslant x\leqslant b}P(x, (0, c])>0$。当$\phi$满足如上假设时，对任何$x\in[a, b]$有：

$$P(x, [c, \infty))=\mathbb{P}\{sf(x)W_{t+1}\geqslant c\}$$

$$=\mathbb{P}\{W_{t+1}\geqslant c/(sf(x))\}\geqslant\mathbb{P}\{W_{t+1}\geqslant c/(sf(a))\}>0$$

同理有$\inf\limits_{a\leqslant x\leqslant b}P(x, (0, c])>0$。函数$v(x)\triangleq x+1/x$，因其水平子集均为$S$中的闭区间，所以$v$是$S$上的类序范数。

**练习 11.3.21** 假设$f$无界，且$f(0)=0$。证明对于(11－34)，$x\mapsto x$和$x\mapsto 1/x$都不是类序范数。

若想证明稳定性成立，则须证明漂移条件(11－33)对$v$成立。也就要证明存在$\alpha\in[0, 1)$和$\beta\in\mathbb{R}_+$，使当$v(x)\triangleq x+\dfrac{1}{x}$时，

$$\mathbf{M}v\leqslant\alpha v+\beta \tag{11-35}$$

$\mathbf{M}$是马尔科夫算子，定义为$\mathbf{M}h(x)=\int h[sf(x)z]\phi(dz)$。若存在参数$\alpha_1$，$\alpha_2\in[0, 1)$和$\beta_1$，$\beta_2\in\mathbb{R}_+$，使对于$v_1(x)=x$以及$v_2(x)=1/x$，有如下不等式成立

$$\mathbf{M}v_1\leqslant\alpha_1 v_1+\beta_1 \text{ 且 } \mathbf{M}v_2\leqslant\alpha_2 v_2+\beta_2 \tag{11-36}$$

由于$v=v_1+v_2$，将(11－36)的不等式相加即得不等式(11－35)，其中$\alpha:=\max\{\alpha_1, \alpha_2\}$且$\beta:=\beta_1+\beta_2$，步骤如下：

$$\mathbf{M}v=\mathbf{M}(v_1+v_2)=\mathbf{M}v_1+\mathbf{M}v_2\leqslant\alpha_1 v_1+\beta_1+\alpha_2 v_2+\beta_2\leqslant\alpha v+\beta$$

换句话说，要保证漂移条件(11－35)和混序性成立，只需分别保证(11－36)中的两个漂移条件成立即可。直观上来看，$v_1$的漂移条件可防止发散到$+\infty$，$v_2$的漂移条件可防止发散到零。

下面给出（11－36）的证明，先从第一个不等式开始（即$\mathbf{M}v_1\leqslant\alpha_1 v_1+\beta_1$）。

**练习 11.3.22** 对于任意给定常数$\alpha_1\in(0, 1)$，并借助$\lim\limits_{x\to\infty}f(x)/x=0$，证明存在$\gamma\in S$，使对于$\forall x>\gamma$，有$sf(x)\mathbb{E}W_1\leqslant\alpha_1 x$。之后再借助$f$的单调性，证明存在$\beta_1\in\mathbb{R}_+$使对于$\forall x>\gamma$，有$sf(x)\mathbb{E}W_1\leqslant\beta_1$。根据上述不等式，可以获得结论，对于$\forall x\in S$：

$$\mathbf{M}v_1(x)=sf(x)\mathbb{E}W_1\leqslant\alpha_1 x+\beta_1=\alpha_1 v_1(x)+\beta_1$$

上述练习给出（11－36）中第一个不等式的证明，下面练习将给出第二个不等式的证明。

**练习 11.3.23** 对任何给定常数$\alpha_2\in(0, 1)$，因为$\lim\limits_{x\to 0}f(x)/x=\infty$，所以存在

$\gamma \in S$，使：

$$\mathbb{E}\left[\frac{1}{sf(x)W_1}\right] \leqslant \alpha_2 \frac{1}{x}, \quad \forall x < \gamma$$

借助$f$的单调性，可以证明存在$\beta_1 \in \mathbb{R}_+$，使：

$$\mathbb{E}\left[\frac{1}{sf(x)W_1}\right] \leqslant \beta_2, \quad \forall x \geqslant \gamma$$

根据这两个不等式，可以得出结论：

$$\mathbf{M}v_2(x) = \mathbb{E}\left[\frac{1}{sf(x)W_1}\right] \leqslant \alpha_2 \frac{1}{x} + \beta_2 = \alpha_2 v_2(x) + \beta_2, \quad \forall x \in S$$

因此，（11－36）中的第二个不等式也成立，从而借助定理11.3.19可以推知，随机Solow－Swan增长模型是混序的。由于它也是单增的，所以借助定理11.3.14可得当该模型存在平稳分布$\psi^* \in \mathscr{P}(S)$时，则该平稳分布在定义（11－30）的意义下是唯一且全局稳定的。当$f$连续时，则$v$是类范数（同时也是类序范数，具体讨论引理8.2.17），此时借助推论11.2.10可得平稳分布$\psi^*$的存在性。

最后，给出定理11.3.14的证明。借助混序定义中的独立随机变量序列$(W_t)_{t\geqslant 1}$和$(W'_t)_{t\geqslant 1}$，算法11－2定义了四个随机过程，记为$(X_t)_{t\geqslant 0}$、$(X'_t)_{t\geqslant 0}$、$(X_t^L)_{t\geqslant 0}$和$(X_t^U)_{t\geqslant 0}$①，过程$(X_t)_{t\geqslant 0}$是（11－26）中的原始SRS，且初始条件为$\psi$。$(X'_t)_{t\geqslant 0}$和$(X_t)_{t\geqslant 0}$有相同的运动方程，但是由独立的冲击$(W'_t)_{t\geqslant 1}$引致，且初始分布即为平稳分布$\psi^*$。对任意$t\geqslant 0$，有$X'_t \sim \psi^*$。过程$(X_t^L)_{t\geqslant 0}$初期等于$X_0$，且当$X_t^L \leqslant X'_t$时，其面临的冲击为$W_{t+1}$，否则面临的冲击为$W'_{t+1}$。过程$(X_t^U)_{t\geqslant 0}$也是从$X_0$开始，且当$X_t^U \geqslant X'_t$时，其面临的冲击为$W_{t+1}$，否则面临的冲击为$W'_{t+1}$。图11－5给出了过程$(X_t^L)_{t\geqslant 0}$的图示。

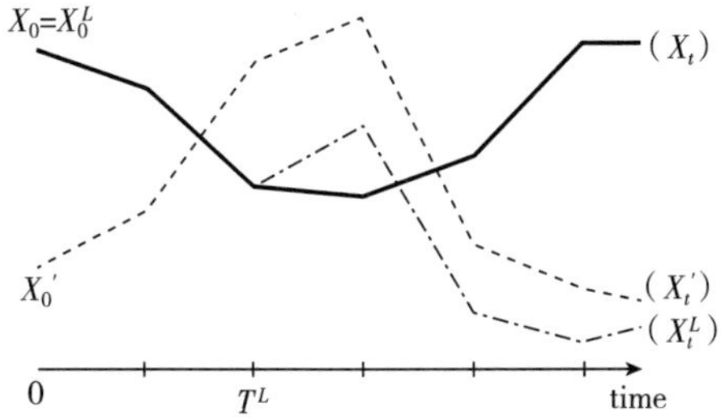


**图11－5 过程$(X_t^L)_{t\geqslant q}$**

① 形式上，初期$\omega \in \Omega$是依据$P$随机选取的，并据此确定初值$X_0$（$\omega$）和$X'_0$（$\omega$），以及冲击的实现（$W_t$（$\omega$））$_{t\geqslant 1}$和（$W'_t$（$\omega$））$_{t\geqslant 1}$，这些又决定了其他随机变量的实现。

**算法 11－2　四个随机过程**

generate independent draws $X_0 \sim \psi$ and $X_0' \sim \psi^*$
set $X_0^L = X_0^U = X_0$
**for** $t \geqslant 0$ **do**
　draw $W_{t+1} \sim \phi$ and $W_{t+1}' \sim \phi$ independently
　set $X_{t+1} = F(X_t, W_{t+1})$ and $X_{t+1}' = F(X_t', W_{t+1}')$
　**if** $X_t^L \leqslant X_t'$ **then**
　　set $X_{t+1}^L = F(X_t^L, W_{t+1}')$
　**else**
　　set $X_{t+1}^L = F(X_t^L, W_{t+1})$
　**end**
　**if** $X_t^U \geqslant X_t'$ **then**
　　set $X_{t+1}^U = F(X_t^U, W_{t+1}')$
　**else**
　　set $X_{t+1}^U = F(X_t^U, W_{t+1})$
　**end**
**end**

为了帮助阐明算法，我们引入了如下两个随机变量，且采用 $\min\varnothing = \infty$：

$T^L := \min\ \{t \geqslant 0：X_t \leqslant X'_t\}$　以及　$T^U := \min\ \{t \geqslant 0：X_t \geqslant X'_t\}$

$(X_t^L)_{t\geqslant 0}$ 和 $(X_t^U)_{t\geqslant 0}$ 中有三个性质是相关的。首先，分别截止 $T^L$，$T^U$，$(X_t^L)_{t\geqslant 0}$ 以及 $(X_t^U)_{t\geqslant 0}$ 均等于 $(X_t)_{t\geqslant 0}$，这可以根据算法定义直接获得。其次，当 $t \geqslant T^L$ 时有 $X_t^L \leqslant X'_t$，当 $t \geqslant T^U$ 时有 $X_t^U \geqslant X'_t$。仅需讨论 $(X_t^L)_{t\geqslant 0}$，根据 $T^L$ 的定义有 $X_{T^L}^L = X_{T^L} \leqslant X'_{T^L}$，再根据单调性

$$X_{T^L+1}^L = F(X_{T^L}^L,\ W'_{T^L+1}) \leqslant F(X'_{T^L},\ W'_{T^L+1}) = X'_{T^L+1}$$

重复这个步骤，可以获得对于任意 $t \geqslant T^L$，均有 $X_t^L \leqslant X'_t$。同理证明 $(X_t^U)_{t\geqslant 0}$ 相关结论。最后，对于任意 $t$，$X_t^L$ 和 $X_t^U$ 的分布形式都与 $X_t$ 相同，为 $\psi\mathbf{M}^t$。这是因为 $X_t^L$ 和 $X_t^U$ 是依据 $\psi$ 随机选取的，即使冲击源在时刻 $T^L$ 和 $T^U$ 分别从 $(W_t)_{t\geqslant 1}$ 切换为 $(W'_t)_{t\geqslant 1}$①，这两个过程依旧是基于与原过程 $(X_t)_{t\geqslant 0}$ 相同的 SRS 更新。

现在来证明命题。任选 $h \in ibS$，下面来证明当 $t \to \infty$ 时，有 $(\psi\mathbf{M}^t)(h) \to \psi^*(h)$。混序性保证了有 $\mathbb{P}\{T^L < \infty\} = 1$ 或当 $t \to \infty$ 时，$\mathbb{P}\{T^L \leqslant t\} \to 1$ 成立。$T^L \leqslant t$ 等价于 $X_t^L \leqslant X'_t$，由 $h$ 递增可知，$h(X_t^L) \leqslant h(X'_t)$。因此

① 该命题的证明可以借助强马尔科夫性质获得，参见 Kamihigashi 和 Stachurski（2008）。

$h(X_t^L)\mathbb{1}\{T^L \leqslant t\} \leqslant h(X'_t)\mathbb{1}\{T^L \leqslant t\}$

$$\therefore \mathbb{E}h(X_t^L)\mathbb{1}\{T^L \leqslant t\} \leqslant \mathbb{E}h(X'_t)\mathbb{1}\{T^L \leqslant t\} \tag{11-37}$$

借助于$\mathbb{P}\{T^L \leqslant t\} \to 1$，并在不等式两端取上极限，则有：

$$\limsup_{t\to\infty} \mathbb{E}h(X_t^L) \leqslant \limsup_{t\to\infty} \mathbb{E}h(X'_t) \tag{11-38}$$

对不等式(11－38)推导的细节留到本节最后展开。由于对于任意 $t$ 均有 $X'_t \sim \psi^*$，从而不等式右侧为 $\psi^*(h)$。因为对于任意 $t$，有 $X_t^L \sim \psi\mathbf{M}^t$，从而可以获得：

$$\limsup_{t\to\infty} (\psi\mathbf{M}^t)(h) \leqslant \psi^*(h)$$

同理可得，对于 $X_t^U$，有：

$$\psi^*(h) \leqslant \liminf_{t\to\infty} (\psi\mathbf{M}^t)(h)$$

现在可得$\lim_{t\to\infty}(\psi\mathbf{M}^t)(h) = \psi^*(h)$，并且由于 $h$ 是 $ibS$ 的任意元素，从而命题(11－30)得证。

最后介绍不等式（11－38）的推导细节。因为有：

$$\limsup_{t\to\infty} \mathbb{E}h(X_t^L) \leqslant \limsup_{t\to\infty} \mathbb{E}h(X_t^L)1\{T^L \leqslant t\} + \limsup_{t\to\infty} \mathbb{E}h(X_t^L)\mathbb{1}\{T^L > t\}$$

因为 $h$ 有界，所以最后一项为零，因此

$$\limsup_{t\to\infty} \mathbb{E}h(X_t^L) \leqslant \limsup_{t\to\infty} \mathbb{E}h(X_t^L)\mathbb{1}\{T^L \leqslant t\} \leqslant \limsup_{t\to\infty} \mathbb{E}h(X'_t)\mathbb{1}\{T^L \leqslant t\} = \psi^*(h)$$

借助(11－37)可以证明第二个不等号，而最后一个等号成立，是因为

$$\mathbb{E}h(X'_t)\mathbb{1}\{T^L \leqslant t\} = \mathbb{E}h(X'_t) - \mathbb{E}h(X'_t)\mathbb{1}\{T^L > t\} = \psi^*(h) - \mathbb{E}h(X'_t)\mathbb{1}\{T^L > t\}$$

$h$ 的有界性使当 $t \to \infty$ 时，$\mathbb{E}h(X'_t)1\{T^L > t\} \to 0$。

### 11.3.5　进一步的稳定性理论

到目前为止，本书介绍了如何使用漂移条件来分析无界状态空间下的稳定性问题。最早在 8.2.3 中，基于存在概率密度分布的情况下，漂移条件被用来确定平稳分布的存在性、唯一性和稳定性；而到了 11.2.1 中，漂移条件被扩展到了用来确定一般情况（即测度语言下）的平稳分布的存在性；11.3.3 中，在单调性假设的前提下，漂移条件被用来分析一般情形下的稳定性。我们希望可以在一个既没有用概率密度表示，也不存在单调性的情况下，针对无界状态空间（比如存在漂移）来获得合适的稳定性结果。下面，让我们填补这一缺陷，在无连续性、单调性或者用概率密度表示的情况下，针对一般情形给出平稳分布的存在性、唯一性和稳定性结果。虽然该命题的完整证明超出了本书的范围，但是这给出了耦合和 Dobrushin 系数方法的直观解释。

已知 $P$ 是 $S\in B(\mathbb{R}^n)$ 上的随机核。11.3.2 中展示了当 Dobrushin 系数严格为正时，$S$ 上的随机过程会如何耦合，以及如何使用耦合来证明稳定性。但是在无界状态空间上，随机核 $P$ 的 Dobrushin 系数 $\alpha(P)$ 通常为零①。这是因为 $\alpha(P)$ 是对 $(x, x')$ 取 $\gamma(x, x')$ 的下确界，其中 $\gamma(x, x')$ 为定义在 $S\times S$ 上的亲密度指标 $\gamma(x, x'):=(P_x \wedge P_{x'})(S)$。则有当 $P(x, dy)$ 和 $P(x', dy)$ 放置概率质量的区域相似时，其亲密度指标接近于 1；且随着支撑集相互分离，其亲密度指标收敛到零。若 $S$ 无界，则 $x$ 和 $x'$ 之间的距离并没有上界，此时 $P(x, dy)$ 和 $P(x', dy)$ 的支撑可能彼此分离，而 $\gamma(x, x')$ 可以取到任意小值，从而 $\alpha(P)=0$。

如果 $\alpha(P)=0$，则 11.3.2 中关于耦合的结论都将失效。这是因为上述结论都基于上界估计，其中随机过程 $(X_t)_{t\geqslant 0}$ 和 $(X'_t)_{t\geqslant 0}$ 分别满足运动方程 $X_{t+1}\sim P(X_t, dy)$ 和 $X'_{t+1}\sim P(X'_t, dy)$，且初值为 $X_0\sim\psi$，$X'_0\sim\psi'$：

$$\|\psi \mathbf{M}^t-\psi'\mathbf{M}^t\|\leqslant\mathbb{P}\{X_t\neq X'_t\} \tag{11-39}$$

为了证明当 $t\to\infty$ 时，$\mathbb{P}\{X_t\neq X'_t\}\to 0$，我们使用算法 11-3 构造了随机过程序列 $(X_t)_{t\geqslant 0}$ 和 $(X'_t)_{t\geqslant 0}$，时刻 $t+1$ 耦合的概率为 $\gamma(X_t, X'_t)\geqslant\alpha(P)$，因此有 $\mathbb{P}\{X_t\neq X'_t\}\leqslant(1-\alpha(P))^t$。

**算法 11-3　耦合与漂移**

```
draw X_0 ~ ψ, X'_0 ~ ψ* and set t = 0
while True do
    if X_t = X'_t then
        draw Z ~ P(X_t, dy) and set X_{t+1} = X'_{t+1} = Z
    else
        if X_t ∈ C and X'_t ∈ C then
            draw U_{t+1} from the uniform distribution on (0,1)
            if U_{t+1} ⩽ γ(X_t, X'_t) then          // with probability γ(X_t, X'_t)
                draw Z ~ ν(X_t, X'_t, dy) and set X_{t+1} = X'_{t+1} = Z
            else                                 // with probability 1 − γ(X_t, X'_t)
                draw X_{t+1} ~ μ(X_t, X'_t, dy) and X'_{t+1} ~ μ'(X_t, X'_t, dy)
            end
        else
            draw X_{t+1} ~ P(X_t, dy) and X'_{t+1} ~ P(X'_t, dy)
        end
    end
    set t = t + 1
end
```

① 回想一下如图 8-7 所示的示例。

显然当 $\alpha(P)=0$ 时，此上界不能提供新的信息。此时，借助如下方法可以将稳定性结果扩展到此类情况中去。基本思想如下：尽管当$(x, x')$取遍 $S\times S$ 时，$\gamma(x, x')$的下确界可能为零，但是可能存在 $S$ 的有界子集 $C$，使 $C\times C$ 上 $\gamma(x, x')$的下确界大于某个正实数 $\varepsilon$。若 $C$ 存在，则仅当马尔科夫链都在 $C$ 中才考虑耦合，且时刻 $t+1$ 发生耦合的概率为 $\gamma(X_t, X'_t)\geqslant\epsilon$。

算法流程如下：假设对于随机核 $P$ 和集合 $C$，有$(X_t)_{t\geqslant 0}$和$(X'_t)_{t\geqslant 0}$无穷多次返回 $C$ 的概率为 1。每当两条马尔科夫链同时返回集合 $C$ 时，其发生耦合的概率都为 $\varepsilon$。不难获得当 $t\to\infty$ 时，$\mathbb{P}\{X_t\neq X'_t\}\to 0$，之后借助(11－39)可以获得稳定性证明。

因为严密的证明较为繁复，所以比起给出一个完整的证明，本书更倾向通过基于命题背后的直观内容来获得一些基本结果。特别地，我们需要找到：①集合 $C\subset S$，使$\gamma(x, x')$在 $C\times C$ 上下确界为正。②特定漂移条件以确保马尔科夫链会无穷多次地返回集合 $C$。这两个条件抓住了无界状态空间上稳定性的本质：在状态中心 $C$ 上的混序性排除了局部多重均衡，反复经过状态中心 $C$ 排除了发散性。

在给出基本结果前，不妨考虑如下的例子，该例子中存在集合 $C\subset S$，使 $\gamma(x, x')$在 $C\times C$ 上的下确界为正。

**例 11.3.24** 回顾 8.2.4 中介绍的 STAR 模型，其中 $Z=S=\mathbb{R}$，且状态演化方程如下：

$$X_{t+1}=g(X_t)+W_{t+1}, \quad (W_t)_{t\geqslant 1}\overset{\text{IID}}{\sim}\phi\in D(S) \tag{11－40}$$

$P$ 为该模型对应的随机核，且有 $P(x, dy)=p(x, y)\mathrm{d}y$，其中 $p(x, y)=\phi(y-g(x))$，从而有亲密度指标的具体表示如下：

$$\gamma(x, x') = \int p(x, y)\wedge p(x', y)\mathrm{d}y = \int \phi(y-g(x))\wedge\phi(y-g(x'))\mathrm{d}y$$

假设 $\phi$ 和 $g$ 连续，并且 $g$ 在$\mathbb{R}$上严格为正，此时函数 $p$ 是定义在 $S\times S$ 上的连续正函数：

$$S\times S\ni(x, y)\mapsto p(x, y)=\phi(y-g(x))\in\mathbb{R}$$

因此对于任何紧集 $C$，有存在 $\delta>0$，使定义在 $C\times C$ 上的$(x, y)\mapsto p(x, y)$的最小值大于 $\delta$。从而有：

$$\gamma(x, x') = \int p(x, y)\wedge p(x', y)\mathrm{d}y \geqslant \int_C p(x, y)\wedge p(x', y)\mathrm{d}y\geqslant\delta\lambda(C)=:\epsilon$$

因此，对于任何$(x, x')\in C\times C$。当 $\lambda(C)>0$ 时，有$\inf_{(x,x')\in C\times C}\gamma(x, x')\geqslant\epsilon>0$。

集 $C$ 称为小集，其定义如下：

**定义 11.3.25** 令 $v \in \mathscr{P}(S)$ 且 $\epsilon > 0$。集合 $C \in \mathscr{B}(S)$ 被称为 $P$ 下的 $(v, \epsilon)$ - 小集，当且仅当对于任意 $x \in C$，均有

$$P(x, A) \geqslant \epsilon v(A) \quad (A \in \mathscr{B}(S))$$

若存在某个 $v \in \mathscr{P}(S)$ 以及 $\epsilon > 0$，使 $C$ 为 $P$ 下的 $(v, \epsilon)$ - 小集，则称 $C$ 为 $P$ 下的小集。

小集的概念之所以有用，是因为当 $C$ 为小集时，$\gamma$ 在 $C \times C$ 上的下确界严格为正。特别地，如果 $C$ 为 $(v, \epsilon)$ - 小集，则其下确界大于 $\epsilon$。该陈述的证明留作练习：

**练习 11.3.26** 证明如果对于核 $P$ 而言，$C$ 为 $(v, \epsilon)$ - 小集，则对于 $C$ 中的任何 $x$，$x'$，均有 $\gamma(x, x') := (P_x \wedge P_{x'})(S) \geqslant \epsilon$。

**练习 11.3.27** 证明任意小集的可测子集都是小集。

**练习 11.3.28** 对某个概率密度核 $p$，若有 $P(x, dy) = p(x, y)\, dy$，则对于集合 $C \in \mathscr{B}(S)$，存在可测函数 $g$：$S \to \mathbb{R}_+$，使对于任意 $x \in C$ 和 $y \in S$，均有 $\int g(y) \mathrm{d}y > 0$ 和 $p(x, y) \geqslant g(y)$，证明此时 $C \in \mathscr{B}(S)$ 是 $P$ 下的小集。

**练习 11.3.29** 已知随机核 $P(x, dy) = p(x, y)\, dy = N(ax, 1)$，且对应于具有正态分布的线性 AR（1）过程。证明，在这个过程中任意有界集合 $C \subset \mathbb{R}$ 都是小集。

下面将介绍合适的漂移条件。

**定义 11.3.30** 随机核 $P$ 被称为满足漂移到小集的条件，当且仅当存在某个小集 $C$，可测函数 $v$：$S \to [1, \infty)$ 以及常数 $\lambda \in [0, 1)$ 和 $L \in \mathbb{R}_+$。使对于任意 $x \in S$，均有：

$$\mathbf{M}v(x) \leqslant \lambda v(x) + L \mathbb{1}_C(x) \tag{11-41}$$

漂移到小集的条件与其他的漂移条件没有什么不同。在这种情况下，如果当前状态 $X_t$ 取值在某个点 $x \notin C$，由于 $\lambda < 1$，则 Lyapunov 函数 $v$ 的下一期的条件期望 $\mathbb{E}[v(X_{t+1}) \mid X_t = x]$ 小于当前值 $v(x)$。由于 $v \geqslant 1$，因此这个状态不会无限地持续下去，终将返回 $C$①。有时以下条件比(11-41)更容易验证。

**引理 11.3.31** 假设存在可测的函数 $v$：$S \to \mathbb{R}_+$ 以及常数 $\alpha \in [0, 1)$ 和 $\beta \in \mathbb{R}_+$，使

① 条件(11-41)对应于 Meyn 和 Tweedie(1993)15.2.2 中的(V4)。

$$\mathbf{M}v(x) \leqslant \alpha v(x) + \beta, \ (x \in S) \tag{11-42}$$

如果 $v$ 的任意水平子集都是小集，则 $P$ 满足漂移到小集①的条件。

**练习 11.3.32**　证明引理 11.3.31。证明不失一般性地，可以假设引理中的 $v$ 满足 $v \geqslant 1$②，然后证明，若我们任选 $\lambda \in (\alpha, 1)$，且设 $C := \{x: v(x) \leqslant \beta/(\lambda - \alpha)\}$ 和 $L := \beta$，则 $v$，$C$，$\lambda$ 和 $L$ 满足 11.3.30 的条件。

最后为了介绍下面的结论，需要给出两个在经典马尔科夫链理论中经常出现的定义。

**定义 11.3.33**　当存在 $P$ 下的 $(v, \epsilon)$ - 小集 $C$，使 $v(C) > 0$ 则随机核 $P$ 被称为非周期性的③。

**练习 11.3.34**　继续练习 11.3.28 中的讨论，若存在一个 $C \in \mathscr{B}(S)$ 和可测函数 $g: S \to \mathbb{R}_+$ 且对于所有的 $x \in C$ 和 $y \in S$ 有 $\int g(y)dy > 0$ 和 $p(x, y) \geqslant g(y)$。证明：若 $\int_C g(x)dx > 0$，则 $P$ 非周期性。

**定义 11.3.35**　令 $\mu \in \mathscr{P}(S)$，则随机核被称为 $\mu$ 不可约的，当且仅当对于任意的 $x \in S$ 和 $B \in \mathscr{B}(S)$，有 $\mu(B) > 0$；同时存在 $t \in \mathbb{N}$ 使 $P^t(x, B) > 0$。若存在 $\mu \in \mathscr{P}(S)$，使 $P$ 是 $\mu$ 不可约的，则此时随机核 $P$ 被称为不可约的。

已知 $P$ 为 $S$ 上的随机核，$\mathbf{M}$ 为对应的马尔科夫算子，并在 $\mathscr{P}(S)$ 上赋予总变差度量。我们有如下的稳定性结果：

**定理 11.3.36**　如果 $P$ 是不可约的、非周期性的并且满足漂移到小集的条件，则系统 $(\mathscr{P}(S), \mathbf{M})$ 是全局稳定的，具有唯一的静态分布 $\psi^* \in \mathscr{P}(S)$。此外，如果 $v$ 是定义 11.3.30 中的函数并且 $h: S \to \mathbb{R}$ 是任何满足 $|h| \leqslant v$ 的可测函数，则有当 $n \to \infty$ 时，下述等式依概率 1 收敛：

$$\frac{1}{n}\sum_{t=1}^{n} h(X_t) \to \psi^*(h) \tag{11-43}$$

最后，如果 $h^2 \leqslant v$，则存在 $\sigma \in \mathbb{R}_+$ 使当 $n \to \infty$ 时，下面等式以弱收敛的意义取得：

$$\sqrt{n}\left(\frac{1}{n}\sum_{t=1}^{n} h(X_t) - \psi^*(h)\right) \to N(0, \sigma^2) \tag{11-44}$$

---

① 对于 $K \in \mathbb{R}_+$，有 $v$ 的水平子集是形如 $\{x \in S: v(x) \leqslant K\}$ 的集合。

② 证明如果引理对于某些 $v$，$\alpha$ 和 $\beta$ 成立，那么它对函数 $v' := v + 1$，常数 $\alpha' := \alpha$ 和 $\beta' = \beta + 1$ 也成立。

③ 该定义对应于通常所说的强非周期性，参见 Meyn 和 Tweedie(1993)第 5 章。

有关定理 11.3.36 的证明，请读者参阅 Meyn 和 Tweedie（1993）16.0.1 和 17.0.1，或 Roberts 和 Rosenthal（2004）第 9 页和第 28 页。第二本参考资料中给出的证明更接近算法 11－3 中提供的耦合直觉。

**备注 11.3.37** 在定理 11.3.36 的条件下，已知 $\psi^*(v)<\infty$，因此 $|h|\leqslant v$ 表示 $\psi^*(|h|)<\infty$。实际上，最后一个限制足以使 $h$ 满足大数定律(11－43)。

**备注 11.3.38** 为什么定理 11.3.36 中需要用到非周期性？为了获得直观解释，先来看算法 11－3。基于定理 11.3.36，可知马尔科夫链会无穷多次漂移回一个小集，且该小集即为算法 11－3 中的 $C$。每次两条马尔科夫链同时返回 $C$ 时，就有一个耦合的机会。从而随着 $t$ 趋于无穷，在 $t$ 之前不耦合的概率收敛为零。这里的问题是，不同的马尔科夫链不仅必须无穷多次漂移回到 $C$，而且还必须同时返回 $C$。而对于周期性链，若初始值选取周期上的不相同的点，则可能会导致两条马尔科夫链虽各自无穷多次地经过集合 $C$，但是却始终无法同时经过集合 $C$。

下面将定理 11.3.36 应用于(11－40)中的 STAR 模型。假设(11－40)中的函数 $g$ 连续，且存在常数 $\alpha<1$ 和 $c\in\mathbb{R}_+$，使如下不等式成立：

$$|g(x)|\leqslant\alpha|x|+c,\quad(x\in S=\mathbb{R})$$

同时概率密度分布 $\phi$ 连续且在$\mathbb{R}$ 上各处都为正，且有$\mathbb{E}|W_1|=\int|z|\phi(z)\mathrm{d}z<\infty$。

**练习 11.3.39** 证明在 $S=\mathbb{R}$ 时，对应的核 $P$ 是不可约的①。

接下来证明，任意紧集合 $C\subset S$ 对于 $P$ 都是小集。由于小集的可测子集也是小集（练习 11.3.27），不失一般性。首先，不妨假设 $C$ 的 Lebesgue 测度 $\lambda$（$C$）严格为正。（为什么?）其次，取 $\delta:=\min\{p(x,y):(x,y)\in C\times C\}$，且 $\delta$ 严格为正（为什么?）。最后，取 $g:=\delta\mathbb{1}_C$。

**练习 11.3.40** 证明 $C$ 和 $g$ 满足练习 11.3.28 和练习 11.3.34 中的所有条件。

通过练习 11.3.40 我们得出结论，所有紧集都是小集，而且 $P$ 是非周期性的。若要证明定理 11.3.36，仅需证明此时漂移到小集的条件成立。借助引理 11.3.31，仅需要证明存在函数 $v$：$S\to\mathbb{R}_+$和常数 $\alpha\in[0,1)$，$\beta\in\mathbb{R}_+$，使 $v$ 的任意水平子集紧致且满足（11－42）中的漂移条件。在 8.2.4 中已经证明条件

---

① 提示：首先表明如果 $x\in S$ 和 $B\in\mathscr{B}(S)$ 具有正的 Lebesgue 测度，则 $P(x,B)>0$。现在让 $f\in D(S)$，并让 $\mu\in P(S)$ 被定义为 $\mu(B)=\int_B f(x)\,\mathrm{d}x$，证明 $P$ 是 $u$ 不可约的。

(11 −42) 对于 $v(x) := |x|$ 成立。此外，由于 $v$ 的水平子集显然是紧致的，从而获证明定理 11.3.36。

## 11.4　评述

Meyn 和 Tweedie（1993）是分析在一般状态空间下的马尔科夫链稳定性的重要参考文献。（目前第二版已由剑桥大学出版社在 2013 年出版。）关于该主题的另一个重要参考文献是 Hernández − Lerma 和 Lasserre（2003）。此外，Bhattacharya 和 Majumdar（2007）对马尔科夫链进行了一般性论述，也讨论了稳定性。有关 Meyn 和 Tweedie 的思想在时间序列模型中的应用，请参阅 Kristensen（2007）。

关于耦合方法和 Dobrushin 系数及其在稳定性中的作用，可以参考 Eric Moulines 的讲义，Lindvall（1992）、Rosenthal（2002）以及 Roberts 和 Rosenthal（2004）。用耦合方法来证明马尔科夫链的稳定性，是由沃尔夫冈·多布林（Wolfgang Doeblin，1938）首次提出的。而本书 11.3.2 中的 Dobrushin 系数与耦合之间的联系则是本书著者所揭示的，它扩展了上述的研究。因为著者并没有在其他书籍中找到这些研究，所以著者认为这是其开创性的贡献。

而单调性方法在稳定性分析中的应用，则归功于 Kamihigashi 和 Stachurski（2008）。对该问题感兴趣的读者，可以参阅 Razin 和 Yahav（1979）、Bhattacharya 和 Lee（1988）、Hopenhayn 和 Prescott（1992）、Zhang（2007）。

在本章中，我们仅简要讨论了马尔科夫链的中心极限定理。这部分的结果可以参考 Meyn 和 Tweedie（1993），对本章相关理论的新的综述，可以参考 Jones（2004）。

# 第 12 章　更多的随机动态规划

第 10 章中我们讨论了关于动态规划基本理论的一些扩展。在 12.1 中，我们研究了如何使用附加结构来获得关于值函数和最优策略的新结果。在 12.2 中，我们证明了如何在回报函数无界的情况下修改先前的最优结果。

## 12.1　单调性与凹性

在经济模型中，我们有更多的结构可供处理，而不仅只有连续性和紧性（见第 205 页假设 10.1.3 ~ 10.1.5），使我们能够更精确地描述最优行为并进行更高效的数值算法。这种附加结构的形式通常是单调性与凸性。我们先从单调性开始讨论。

### 12.1.1　单调性

让我们来回顾一些定义。在$\mathbb{R}^n$中给定向量 $x=(x_1, \cdots, x_n)$和 $y=(y_1, \cdots, y_n)$，我们说，如果$x_i \leqslant y_i$且 $1 \leqslant i \leqslant n$，那么 $x \leqslant y$；如果 $x \neq y$，那么 $x<y$。如果给定 $x$，$x' \in E$ 且 $x \leqslant x'$，意味着 $w(x) \leqslant w(x')$，称函数 $w$：$\mathbb{R}^n \supset E \to \mathbb{R}$ 在 $E$ 上递增；如果 $x<x'$，意味着 $w(x)<w(x')$，则称函数为严格递增；如果 $x \leqslant x'$，意味着 $\Gamma(x) \subset \Gamma(x')$，则称为 $E$ 到任意集合 $A$ 的对应 $\Gamma$ 在 $E$ 上递增。如果$\mathbb{1}_B$是在 $E$ 上递增的函数，则称集合 $B \subset E$ 为 $E$ 的递增子集；同样，如果 $x \in B$，$x' \in B$ 且 $x \leqslant x'$，那么 $x' \in B$。如果 $x' \in B$，$x \in E$ 且 $x \leqslant x'$，意味着 $x \in B$，那么它称为 $E$ 子集的递减函数。对于凸集 $E \subset \mathbb{R}^n$，如果

$\lambda w(x)+(1-\lambda)w(y)\leqslant w(\lambda x+(1-\lambda)y) \quad \forall \lambda\in[0,1],\ x,\ y\in E$

则 $w$：$E\to\mathbb{R}$ 为凹函数；如果 $x\neq y$ 且 $\lambda\in(0,1)$，则为严格凹。

在本部分，$S\in\mathrm{B}(\mathbb{R}^n)$，且 $A\in\mathrm{B}(\mathbb{R}^k)$。此外，$S$ 集被假定为凸。我们将任意使用遵从我们通常假设的 SDP（$r$，$F$，$\Gamma$，$\varphi$，$\rho$）。状态空间是 $S$，行动空间是 $A$，冲击空间是 $Z$。最后，$ibcS$ 是 $S$ 上递增有界连续函数。

**习题 12.1.1**　证明若 $ibcS$ 是一个（$bcS$，$d_\infty$）的闭子集①，对于严格递增的有界连续函数则不成立。为什么？

我们的第一个结论给出了与该 SDP 相关的值函数为 $S$ 上增函数的充分条件。

**定理 12.1.2**　当 $\Gamma$ 在 $S$ 上为增，值函数 $v$ 在 $S$ 为增函数时，则对于任意的 $x$，$x'\in S$ 且 $x\leqslant x'$，我们有：

(1) $r(x,u)\leqslant r(x',u)$，$u\in\Gamma(x)$

(2) $F(x,u,z)\leqslant F(x',u,z)$，$u\in\Gamma(x)$，$z\in Z$

**证明**：在引理 10.1.20 的证明中我们看到，贝尔曼算子 $T$ 满足 $T$：$bcS\to bcS$。由于 $ibcS$ 是 $bcS$ 的一个闭合子集且 $v^*$ 是 $T$ 的一个不动点，我们仅需要证明 $T$：$ibcS\to ibcS$（回顾习题 4.1.20）。为此，从 $S$ 中抽取任意的 $x$ 和 $x'$ 且 $x\leqslant x'$，固定 $w\in ibcS$。令 $\sigma$ 成为 $w$－贪心（定义 10.1.19），$u^*=\sigma(x)$。从 $w\in ibcS$ 和假设中我们可得：

$$
\begin{aligned}
Tw(x) &= r(x,u^*)+\rho\int w[F(x,u^*,z)]\phi(\mathrm{d}z)\\
&\leqslant r(x',u^*)+\rho\int w[F(x',u^*,z)]\phi(\mathrm{d}z)\\
&\leqslant \max_{\Gamma(x')}\left\{r(x',u)+\rho\int w[F(x',u,z)]\phi(\mathrm{d}z)\right\} =: Tw(x')
\end{aligned}
$$

第二个不等式来自 $\Gamma$ 为增的假设。我们得出 $Tw\in ibcS$，$v^*$ 亦然。■

**习题 12.1.3**　证明在定理假设的基础上，若 $x<x'$ 意味着 $r(x,u)<r(x',u)$，则 $v^*$ 为严格增。②

**习题 12.1.4**　回顾最优增长模型，$S=A=\mathbb{R}_+$，$\Gamma(y)=[0,y]$，$gr\Gamma=(y,k)$，$k\in[0,y]$。回报函数在 $gr\Gamma$ 上给定为 $r(y,k):=U(y-k)$，其中 $U$：$\mathbb{R}_+\to\mathbb{R}$。转换函数 $F(y,k,z)=f(k,z)$。冲击 $(W_t)_{t\geqslant 1}$ 是独立的，并根据 $\phi\in P(Z)$，取值 $Z\subset\mathbb{R}$。满足假设 10.1.12 中的条件。证明价值函数 $v^*$ 在 $U$（严格）增时为

---

① 提示：回忆一下，如果 $f_n\to f$ 一致，则 $f_n\to f$ 逐点。

② 提示：定理证明中的结果 $Tw(x)\leqslant Tw(x')$ 可以增强为 $Tw(x)<Tw(x')$。因此 $T$ 将 $ibcS$ 映射到严格递增的有界连续函数中。由于 $v^*\in ibcS$，因此 $Tv^*$ 严格增加。但是 $v^*$ 严格递增（为什么？）。

（严格）增。（注意生产函数的单调性没有影响）。

下面，让我们来考虑一下参数单调性。问题如下：假设一个目标函数有最大值 $u$。如果现在改变目标函数中的一个给定参数并再次最大化，那么就可以确定一个新的最大值 $u'$。当参数增加时，函数最大值是否总是相应地增加。当以状态变量为参数且相应的最优行为为最大化时，就与动态规划产生了联系。我们想知道在什么状态下的最优行为是单调的。单调策略的意义不仅在于它们的经济解释，还在于可以加速逼近最优策略的算法。

**定义 12.1.5** 令 $\Gamma$ 和 $gr\Gamma$ 定义如上。函数 $g$：$gr\Gamma \to \mathbb{R}$ 满足在 $gr\Gamma$ 上增差（increasing differences），如果当 $x$，$x' \in S$ 且 $x \leqslant x'$，$u$，$u' \in \Gamma(x) \cap \Gamma(x')$ 且 $u \leqslant u'$，我们有：

$$g(x, u') - g(x, u) \leqslant g(x', u') - g(x', u) \tag{12-1}$$

如果不等式（12－1）是严格的，当 $x < x'$，$u < u'$，则函数满足在 $gr\Gamma$ 上严格增差。

直观地，参数 $x$ 越大，参数从 $u$ 增加到 $u'$ 对 $g$ 的影响就越大。$u$，$u' \in \Gamma(x) \cap \Gamma(x')$ 这一条件保证了 $g$ 在（12－1）中的所有点上被合理地定义。

**例 12.1.6** 考虑习题 12.1.4 中的最优增长模型。如果 $U$ 是严格凹的，则 $r(y, k) = U(y-k)$ 在 $gr\Gamma$ 上有严格增差。为证明，任选 $y$，$y'$，$k$，$k' \in \mathbb{R}_+$ 满足 $y < y'$，$k < k'$ 和 $k$，$k' \in \Gamma(y) \cap \Gamma(y') = [0, y]$。我们认为

$$U(y-k') - U(y-k) < U(y'-k') - U(y'-k)$$

或者，

$$U(y-k') + U(y'-k) < U(y'-k') + U(y-k) \tag{12-2}$$

留给大家作为练习：证明 $U$ 严格凹，意味着任何 $\lambda \in (0, 1)$，$x$，$x'$ 满足 $0 \leqslant x < x'$，则有

$$U(x) + U(x') < U(\lambda x + (1-\lambda)x') + U(\lambda x' + (1-\lambda)x)$$

当 $\lambda := \dfrac{k'-k}{y'-y+k'-k}$，$x := y-k'$，$x' := y'-k$，可得（12－2）。

**习题 12.1.7** 证明：如果 $g$：$gr\Gamma \to \mathbb{R}$ 满足在 $gr\Gamma$ 上严格增差，$h$：$gr\Gamma \to \mathbb{R}$ 满足在 $gr\Gamma$ 上增差，那么 $g+h$ 满足在 $gr\Gamma$ 上严格增差。

我们现在给出一个当行动空间 $A$ 在一维情况下的参数单调性结果，虽然不像其他结果那样普遍，但结果证明它是有用的，因为定理中的条件在应用中比较容易验证。在定理陈述中我们假设 $A \subset \mathbb{R}$，$g$：$gr\Gamma \to \mathbb{R}$，$\mathrm{argmax}_{u \in \Gamma(x)} g(x, u)$ 对于任何一个 $x \in S$ 非空。

**定理 12.1.8** 假设 $g$ 满足在 $gr\Gamma$ 上严格增差，$\Gamma$ 在 $S$ 上递增，对每一个 $x\in S$，$\Gamma(x)$是 $A$ 的一个减子集。令 $x$，$x'\in S$ 满足 $x\leqslant x'$。如果 $u$ 是 $a\mapsto g(x, a)$在 $\Gamma(x)$的最大值点，$u'$是 $a\mapsto g(x', a)$在 $\Gamma(x')$的最大值点，则 $u\leqslant u'$。

**证明：** 当 $x=x'$时，结果是显然的，所以取 $x<x'$。令 $u$ 和 $u'$与定理中的表述一致。相反地，假设 $u>u'$。由于 $\Gamma$ 为增，$\Gamma(x)\subset\Gamma(x')$，因此 $u$ 和 $u'$都在$\Gamma(x')$内。由于 $u'<u\in\Gamma(x)$，$\Gamma(x)$是一个减集，因此 $u$ 和 $u'$都在 $\Gamma(x)$内。根据严格增差，有

$$g(x', u)-g(x', u')>g(x, u)-g(x, u')$$

然而，根据 $u\in\Gamma(x')$，$u'\in\Gamma(x)$以及极大值的定义，

$$g(x', u')-g(x', u)\geqslant 0\geqslant g(x, u')-g(x, u)$$

$$\therefore g(x', u)-g(x', u')\leqslant g(x, u)-g(x, u')$$

矛盾。■

我们现在可以推导出 SDPs 的一般参数单调性结果。

**推论 12.1.9** 让（$r$，$F$，$\Gamma$，$\phi$，$\rho$）定义一个 SDP 满足定理 12.1.2 中的条件。此外，$\Gamma$（$x$）是一个 $x\in S$ 的 $A$ 的减子集，$r$ 满足在 $gr\Gamma$ 上严格增差，$\forall w\in ibcS$，

$$gr\Gamma\ni(x, u)\mapsto\int w[F(u, x, z)]\phi(\mathrm{d}z)\in\mathbb{R}$$

满足在 $gr\Gamma$ 上增差，那么，每个最优策略都在 $S$ 上为增。

**证明：** 令 $v^*$ 作为 SDP 的值函数，在 $gr\Gamma$ 上集合 $g(x, u):=r(x, u)+\rho\int v^*[F(x, u, z)]\phi(\mathrm{d}z)$。如果一个策略是最优的，那么对于每一个 $x\in S$ 它是 $a\mapsto g(x, a)$在 $\Gamma(x)$ 上的最大化。因此，在选择 $g$ 和 $\Gamma$ 时，我们只需验证定理 12.1.8 中的条件。唯一重要的要求是 $g$ 满足在 $gr\Gamma$ 上严格增差。这可由习题 12.1.7 和 $v^*\in ibcS$ 这一事实得到（见定理 12.1.2）■

从推论 12.1.9 可以看出，当 $U$ 为增且严格凹时，最优增长模型中的投资是单调递增的。特别地，对 $f$ 没有形状限制是必要的。

**习题 12.1.10** 验证这一判断。

### 12.1.2 凹性与可微性

接下来，我们考虑凹性和可微性在动态规划中的作用。这个主题很自然地引出了欧拉方程，当为内点解且所有参数足够光滑时，欧拉方程在最优策略下成

立。虽然我们关注的是增长模型，但经济学中的许多其他模型都有欧拉方程，它们可以通过如下所示的类似步骤推导出来。虽然给出了详细证明，但大多数已在本章附录中给出。

用 $BibcS$ 表示 $ibcS$ 中所有凹函数的集合，$ibcS$ 通常被赋予上确界规范$d_\infty$。

**习题 12.1.11** 证明 $BibcS$ 是 $ibcS$ 的一个闭子集。

我们的第一个结论给出了值函数$v^*$为凹的条件。$v^*$对应服从标准假设的规范 SDP（$r$，$F$，$\Gamma$，$\varphi$，$\rho$）。

**定理 12.1.12** 令定理 12.1.2 的条件成立。如果：

（1）$gr\Gamma$ 为凸，

（2）$r$ 在 $gr\Gamma$ 上为凹，且

（3）对所有的 $z\in Z$，$(x, u)\mapsto F(x, u, z)$ 在 $gr\Gamma$ 上为凹，

则值函数$v^*$为凹。特别地，$v^*\in BibcS$。

**证明：** 根据定理 12.1.2，$T$：$ibcS\to ibcS$，$v^*\in ibcS$。除此，我们希望证明 $v^*\in BibcS$，类似于定理 12.1.2 的证明。因为 $BibcS$ 是 $ibcS$ 的一个闭子集，只要证明 $T$ 是 $BibcS$ 到自身的映射即可。所以，设 $w\in BibcS$，由于 $Tw\in ibcS$，我们只需证明 $Tw$ 为凹。令 $x$，$x'\in S$，且 $\lambda\in[0, 1]$。设 $x'':=\lambda x+(1-\lambda)x'$。再令 $\sigma$ 为 $w$－贪心，$u:=\sigma(x)$，$u':=\sigma(x')$。定义 $u'':=\lambda u+(1-\lambda)u'$。条件（1）意味着 $u''\in\Gamma(x')$，因此

$$Tw(x'')\geqslant r(x'',u'')+\rho\int w[F(x'',u'',z'')]\varphi(\mathrm{d}z)$$

考虑大于等于号右边的两项。通过条件（2）：

$$r(x'', u'')\geqslant\lambda r(x, u)+(1-\lambda)r(x', u')$$

通过条件（3）以及 $w\in BibcS$：

$$\begin{aligned}\int w[F(x'',u'',z)]\phi(\mathrm{d}z) &\geqslant \int w[\lambda F(x,u,z)+(1-\lambda)F(x',u',z)]\phi(\mathrm{d}z)\\ &\geqslant \lambda\int w[F(x,u,z)]\phi(dz)+(1-\lambda)\int w[F(x',u',z')]\phi(\mathrm{d}z)\\ &\therefore Tw(x'')\geqslant\lambda Tw(x)+(1-\lambda)Tw(x')\end{aligned}$$

因此，$Tw$ 在 $S$ 上为凹，$Tw\in BibcS$，$v^*$为凹。■

**习题 12.1.13** 证明：如果除定理的假设外，$r$ 在 $gr\Gamma$ 上严格为凹，那$v^*$严格为凸[①]。

---

① 提示：该论点与习题 12.1.3 相似。

**习题 12.1.14**　再次考虑随机最优增长模型（符号见练习 12.1.4，参数假设见假设 10.1.12）。假设效用函数 $U$ 是严格增函数且严格为凹，$v^*$ 是严格增（见习题 12.1.4），则任何最优投资政策为增（习题 12.1.10）。证明：除此，如果 $k \mapsto f(k, z)$ 在 $\mathbb{R}_+$ 上对每一个不动点 $z \in Z$ 为凹，则 $v^*$ 也是严格为凹。

在目前的假设下，可以证明对于最优增长模型，最优政策是唯一的。唯一性意味着连续性。细节留给读者。

**习题 12.1.15**　令 $[a, b] \subset \mathbb{R}$，$a < b$，$g: [a, b] \to \mathbb{R}$。证明如果 $g$ 为严格凹，则 $g$ 在 $[a, b]$ 至多有一个极大值时。证明在习题 12.1.14 的条件下，该增长模式有且只有一个最优策略。此外，证明最优策略在 $S$ 上连续①。

现在我们来看欧拉方程。首先，我们需要加强我们的假设。特别地，我们需要确保参数是平滑的。

**假设 12.1.16**　当对每一个 $k \in \mathbb{R}_+$，$z \mapsto f(k, z)$ 是博雷尔可测：当对任意 $z \in Z$，函数 $k \mapsto f(k, z)$ 为凹、增、可微。则效用函数 $U$ 是有界、严格增、严格凹和可微。更有，

$$\lim_{k \downarrow 0} f'(k, z) > 0, \ \forall z \in Z, \text{ 以及} \lim_{k \downarrow 0} U'(c) = \infty$$

此处及以下，$f'(k, z)$ 表示 $f$ 对 $k$ 的偏导。因为 $U$ 有界，所以我们假设 $U(0) = 0$。②

在假设 12.1.16 的条件下，我们知道当最优策略为唯一的、递增的和连续的时，则值函数为严格凹和严格增。初步结果如下。

**命题 12.1.17**　令假设 12.1.16 成立，$w \in BibcS$。如果 $\sigma$ 是 $w$ - 贪心，那么当每一个 $y > 0$ 时，有 $\sigma(y) < y$。

证据可以在本章附录中找到。我们现在准备陈述一个主要可微性的结果。

**命题 12.1.18**　令 $w \in BibcS$，$\sigma$ 为 $w$ - 贪心。如果假设 12.1.16 成立，那么 $Tw$ 是 $y \in (0, \infty)$ 上可微函数，此外

$$(Tw)'(y) = U'(y - \sigma(y)), \ (y > 0)$$

凹性在证明中起着关键作用，可参见本章附录。③

**推论 12.1.19**　令 $\sigma$ 是最优策略。如果假设习题 12.1.16 成立，则 $v^*$ 可微，

---

① 提示：关于连续性，请参见 Berge 定理。

② 将常数添加到目标函数（在这种情况下，函数 $\sigma \mapsto v_\sigma(y)$）会影响最大值，但不会影响最大值点。

③ 该论据是包络定理结果的一类，没有一个包络定理可以涵盖所有感兴趣的情况，因此值得一试来证明这些情况如何组合在一起。

且对所有 $y>0$，有 $(v^*)'(y)=U'(y-\sigma(y))$。

推论 12.1.19 可从命题 12.1.18 中得到，留作练习。

**习题 12.1.20** 利用推论 12.1.19 证明最优消费关于收入严格递增。

还有另一种方法得到推论 12.1.19，即使用下述来自凸分析中的引理。

**引理 12.1.21** 如果 $g: \mathbb{R}_+ \to \mathbb{R}$ 为凸，在$y_0 \in (0, \infty)$某个领域 $N$，有可微凹函数 $h: N \to \mathbb{R}$，满足在 $N$ 上 $h(y_0)=g(y_0)$，$h \leqslant g$，则 $g$ 在$y_0$可微且 $g'(y_0)=h'(y_0)$。

**习题 12.1.22** 用引理 12.1.21 证明命题 12.1.18。

我们一直致力于推导欧拉（不）等式。在我们的结论陈述中，$\sigma:=\sigma^*$ 是最优策略，$c(y):=y-\sigma(y)$是最优消费。

**命题 12.1.23** 令 $y>0$。在假设 12.1.16 下，我们有：

$$U' \circ c(y) \geqslant \rho \int U' \circ c[f(\sigma(y), z)] f'(\sigma(y), z) \varphi(\mathrm{d}z), (y>0) \tag{12-3}$$

什么时候欧拉不等式对等式成立？此处有一个答案：

**命题 12.1.24** 一方面，在对所有 $z \in Z$，有 $f(0, z)=0$ 的附加假设下，对所有的 $y>0$，我们有 $\sigma(y)>0$，欧拉不等式对等式始终成立。另一方面，如果不等式在某一 $y>0$ 是严格的，则 $\sigma(y)=0$。

这些命题的证明见本章附录。

### 12.1.3 最优增长动态

接下来我们考虑当代理人遵循最优策略时的增长模型的动态。我们想知道这个系统是否在全局范围内稳定，以及当不是集中在零上时得到的平稳分布是否非平凡。这个问题与 11.3.4 中处理的 Solow－Swan 模型并无不同。然而，储蓄率是内生的，非常数值意味着我们必须更加努力地工作。特别是，我们需要从欧拉方程中提取任何有关储蓄的必要信息。

在本节中，我们将令假设 12.1.16 的条件全部成立。此外，对所有的 $z \in Z$，有$f(0, z)=0$。综合这些条件，与定理 12.1.12 和命题 12.1.24 共同给出了最优策略的内在性和欧拉等式：

$$U' \circ c(y)=\rho \int U' \circ c[f(\sigma(y), z)] f'(\sigma(y), z) \phi(\mathrm{d}z), (y>0)$$

我们研究由最优运动定律：

$$y_{t+1}=f(\sigma(y_t), W_{t+1}) \quad (W_t)_{t \geqslant 1} \overset{\text{IID}}{\sim} \phi \in \mathscr{P}(Z) \tag{12-4}$$

所生成的过程 $(y_t)_{t\geqslant 0}$。

对于状态空间 $S$，我们选用 $(0, \infty)$ 而不是 $\mathbb{R}_+$。原因在于当 $S=\mathbb{R}_+$ 时，对（12-4）退化测度 $\delta_0 \in P(S)$ 是平稳的。因此，任何基于像 Krylov-Bogolubov 定理这样的结论，来对存在性做出证明都是完全多余的。此外，全局收敛到非平凡平稳分布是不可能的，因为 $\delta_0$ 永远不会收敛到这样的分布。因此，全局稳定永不成立。再次，如果我们取 $S:=(0, \infty)$，那么我们能得到的任何平稳分布必然是非平凡的。

为了允许 $(0, \infty)$ 为状态空间，当 $k>0$ 和 $z\in Z$ 时，我们要求 $f(k, z)>0$。例如：如果 $f(k, z)=k^a z$，$Z=(0, \infty)$，那么假设成立。由于对所有的 $y\in S=(0, \infty)$，有 $\sigma(y)>0$，则对所有的 $y\in S$ 和 $z\in Z$，我们有 $f(\sigma(y), z)$。因此，$S$ 是模型的有效状态空间。如果 $Z$ 的一个子集中的 $z$ 满足 $\varphi$-测度 $\varepsilon>0$，$f(k, z)=0$ 独立于 $k$，则对所有的 $t$ 和 $y_t$ 收敛到 0，有 $\mathbb{P}\{y_t\neq 0\}\leqslant(1-\in)^t$。（为什么？）在这种情况下，一个非平凡的稳态是不被支持的。

为了明晰我们的假设，现在让我们正式表述。

**假设 12.1.25**　所有假设 12.1.16 中的条件成立。此外，当且仅当 $k=0$ 时，对任意 $z\in Z$，$f(k, z)=0$。

让我们首先考虑一个（非平凡）平稳分布的存在性。我们将使用 Krylov-Bogolubov 定理，特别是推论 11.2.10。推论要求对每一个 $z\in Z$，$y\mapsto f(\sigma(y), z)$ 都在 $S$ 上连续，以及在 $S$ 上存在一个类范数函数 $w$ 和非负常数 $\alpha$，$\beta$ 满足 $\alpha<1$，以及

$$\mathbf{M}w(y) = \int w[f(\sigma(y),z)]\phi(\mathrm{d}z) \leqslant \alpha w(y) + \beta \quad \forall y \in S \tag{12-5}$$

由于 $\sigma$ 在 $S$ 上连续，$z\in Z$。我们只需要证明存在一个类似于法向量的函数 $w$ 以及非负常数 $\alpha$，$\beta$，$\alpha<1$，因此（12-5）成立。

在这方面，回顾一下引理 8.2.17：$w$：$S\to\mathbb{R}_+$ 是 $S$ 上类范数函数，当且仅当 $\lim\limits_{x\to 0} w(x)=\lim\limits_{x\to\infty} w(x)=\infty$。因此，假设我们在 $S$ 上有两个非负实值函数 $w_1$ 和 $w_2$，满足 $\lim\limits_{x\to 0} w_1(x)=\infty$ 和 $\lim\limits_{x\to\infty} w_2(x)=\infty$，则 $w:=w_1+w_2$ 是 $S$ 上类范数函数。（为什么？）此外，如果对 $\alpha_1$，$\alpha_2$，$\beta_1$，$\beta_2$，$\alpha_i<1$，$\beta_i<\infty$，$S$ 上逐点有：

$$\mathbf{M}w_1 \leqslant \alpha_1 w_1 + \beta_1 \text{ 和 } \mathbf{M}w_2 \leqslant \alpha_2 w_2 + \beta_2 \tag{12-6}$$

则 $w:=w_1+w_2$ 满足（12-5），作为下一个习题要求读者去证明。

**习题 12.1.26**　使用线性 $\mathbf{M}$ 和假设（12-6），证明对 $\alpha:=\max\{\alpha_1, \alpha_2\}$ 和

$\beta := \beta_1 + \beta_2$，$w$ 满足(12－5)。

这样分解 $w$ 的好处在于我们必须要面对两个截然不同的问题。我们需要试图证明至少有一个分布轨迹是紧密的，能够把几乎所有的质量都压在一个紧的 $K \subset S$ 上。由于 $S$ 的一个典型紧子集是闭区间[$a$，$b$]，满足 $0 < a < b < \infty$。因此，我们要求正值 $a$ 使几乎所有的概率质量大于 $a$，以及有限 $b$ 使几乎所有的概率质量都小于 $b$。换言之，收入既不能暴跌至零，也不能漂移至无穷大。存在满足 $\lim_{x \to 0} w_1(x) = \infty$ 和 $\mathbf{M} w_1 \leqslant \alpha_1 w_1 + \beta_1$ 的 $w_1$ 防止漂移至零点，且要求代理人在低收入水平时有充足的投资激励。存在满足 $\lim_{x \to 0} w_2(x) = \infty$ 和 $\mathbf{M}\, w_2 \leqslant \alpha_2 w_2 + \beta_2$ 的 $w_2$ 防止漂移至无穷，且需要足够的收益递减。

让我们从第一个(也是最难的)问题开始，保证代理人处于低收入水平时有足够的投资激励。我们需要某种投资边际收益的稻田(Inada)条件。在确定性情形下，即 $f(k, z) = f(k)$，一个众所周知的条件是 $\lim_{k \downarrow 0} \rho f'(k) > 1$，或者 $\lim_{k \downarrow 0} 1/\rho f'(k) < 1$。这激发了如下假设：

**假设 12.1.27**　$\varphi$，$\rho$，$f$ 共同满足：

$$\lim_{k \downarrow 0} \int \frac{1}{\rho f'(k,z)} \varphi(\mathrm{d}z) < 1$$

根据这个假设，我们可以得到满足所需属性的函数 $w_1$，正如下一个引理所示。(因为是直接证明的，所以技术性强，可参见本章附录。)

**引理 12.1.28**　对于 $w_1 := (U' \circ c)^{\frac{1}{2}}$，存在正常数 $\alpha_1 < 1$ 和 $\beta_1 < \infty$，是在 $S$ 上逐点 $M\, w_1 \leqslant \alpha_1 w_1 + \beta_1$。

现在我们来看第二个问题，包括通过收益递减远离无穷远的边界概率质量。我们假设：

**假设 12.1.29**　存在常数 $a \in [0, 1)$ 和 $b \in \mathbb{R}_+$，使

$$\int f(k,z) \varphi(\mathrm{d}z) \leqslant ak + b, \forall k \in S \tag{12-7}$$

这是一个稍微不标准且相对较弱的收益递减假设。迫使边际收益在无穷大时，为零的标准假设可以被证明意味着假设 12.1.29。

我们现在为适当函数 $w_2$ 建立一个互补的结论。

**引理 12.1.30**　对于 $w_2(y) := y$，存在正常数 $\alpha_2 < 1$ 和 $\beta_2 < \infty$，使 $S$ 上逐点 $\mathbf{M} w_2 \leqslant \alpha_2 w_2 + \beta_2$。

**习题 12.1.31**　使用假设 12.1.29 证明引理 12.1.30。

由于$\lim_{x\to 0} w_1(x)=\infty$和$\lim_{x\to\infty} w_2(x)=\infty$，我们得证如下结论：

**命题 12.1.32** 在假设 12.1.25、假设 12.1.27、假设 12.1.29 下，在 $S$ 上存在类范数函数 $w$，非负常数 $\alpha<1$ 和 $\beta<\infty$ 使 $S$ 上逐点 $\mathbf{M}w\leqslant\alpha w+\beta$。结论是，最优收入过程（12－4）至少有一个非平凡的平稳分布$\psi^*\in\mathscr{P}(S)$。

在确立了存在性之后，现在让我们考虑全局稳定性问题。如果冲击是无界的（例如是乘法的、对数正态冲击），那么可以很容易地获得这个性质；如果这些冲击是有界的，那么证明就变得更加复杂，感兴趣的读者可以参阅本章结尾的评注。①

**假设 12.1.33** 对每一个 $k>0$ 和 $c\in S$，$\mathbb{P}\{f(k, W)\geqslant c\}$和$\mathbb{P}\{f(k, W)\leqslant c\}$皆严格为正。

**命题 12.1.34** 如果除命题 12.1.32 中的条件，假设 12.1.33 中的条件也成立，则最后收入过程是全局稳定的。

**证明：** 我们将证明命题 12.1.32 中的函数 $w$ 也是有序类范数（定义 11.3.16）。由于 $y\mapsto f(\sigma(y), z)$ 是单调递增，则这个证明是充分的（见 11.3.3 中的定理 11.3.14 和定理 11.2.19）。构建对增长模型都是序诱导的所有区间 $[a, b]\subset S$。为此，任取 $a\leqslant b$，任意固定 $c\in S$。基于假设 12.1.33：

$$\forall y\in[a, b],\ \mathbb{P}\{f(\sigma(y), W_{t+1})\geqslant c\}\geqslant\mathbb{P}\{f(\sigma(a), W_{t+1})\geqslant c\}>0$$

$$\therefore \inf_{a\leqslant y\leqslant b} P(y, [c, \infty))>0$$

一个类似的论点证明$\inf_{a\leqslant y\leqslant b} P(y, (0, c])>0$。总之，$[a, b]$是序诱导。现在，由于 $w$ 的任意分段集包含于闭区间$[a, b]\subset S$（为什么?），以及序诱导集的子集是序诱导的，可得 $w$ 的每一个分段集是序诱导的。因此，$w$ 是有序类范数，正如所证。■

## 12.2 无界回报

第 10 章所介绍的动态规划理论的一个缺点是回报函数必须是有界的。在许

① 不要害怕假设无界冲击，这只是一个近似现实的建模假设。例如，通常使用正态分布来模拟人的身高，但是没有人会声称能够诞生 20 米高的巨人。

多应用中这一约束不被满足。由于潜在的无界回报函数的问题有时可以通过紧化状态空间来解决，从而（必然连续的）回报函数在状态上自动有界（尽管可能在更大的域上是无界的）。在其他情况下，这类技巧不起作用，或者最终不能满足它们所意味的模型。

不幸的是不存在真正的无界报酬动态规划的一般理论。用不同方式处理不同的模型，这既浪费时间，又没有智力上的回报。如下我们讨论的对有回报和值函数的程序，可能是最常用的方法，当加权为某个函数 $k$ 时，这些函数是有界的。我们来到了加权上确界范数的领域，发现了一种优雅的技术，以及能够处理相当大模型的能力。

如果读者试图将此理论用在给定的应用中，将很快发现，虽然基本思想很简单，但选择合适的权重函数的问题可能相当棘手。所以，我们使用基准示例——最优增长模型，给出了如何实现这一点的指示。

### 12.2.1　加权上界范数

令 $k$ 为从 $S$ 到$\mathbb{R}$ 的一个函数，使 $\kappa \geqslant 1$。对于其他任意 $v$：$S \to \mathbb{R}$，定义 $k$ 加权的最小规范：

$$\| v \|_{\kappa} := \sup_{x \in S} \frac{|v(x)|}{\kappa(x)} = \left\| \frac{v}{\kappa} \right\|_{\infty} \tag{12-8}$$

**定义 12.2.1**　让$b_{\kappa}S$ 作为所有 $v$：$S \to \mathbb{R}$ 的集合，使 $\| v \|_{\kappa} < \infty$。我们将这些函数称为 $S$ 上的 $k$ - 有界函数。在$b_{\kappa}S$ 上定义度量：

$d_{\kappa}$（$v$，$w$）$:= \| v - w \|_{\kappa} = \| v/\kappa - w/\kappa \|_{\infty}$

同样定义$b_{\kappa}\mathscr{B}$（$S$）$:= b_{\kappa}S \cap m\mathscr{B}$（$S$）以及$b_{\kappa}cS := b_{\kappa}S \cap cS$。换言之，$b_{\kappa}\mathscr{B}$（$S$）是 $S$ 上的也是（博雷尔）可测的 $k$ - 有界函数，$b_{\kappa}cS$ 是 $S$ 上连续的 $k$ - 有界函数。

**习题 12.2.2**　证明：$v \in b_{\kappa}S$，当且仅当 $v/\kappa \in bS$。

**习题 12.2.3**　证明：$b\mathscr{B}$（$S$）$\subset b_{\kappa}\mathscr{B}$（$S$）和 $bcS \subset b_{\kappa}cS$。

**习题 12.2.4**　证明：（$b_{\kappa}S$，$d_{\kappa}$）是一个度量空间。

事实是，$d_{\kappa}$ - 收敛意味着逐点收敛。准确地说，如果（$w_n$）是$b_{\kappa}S$ 中的一个序列，对某些 $w \in b_{\kappa}S$，$d_{\kappa}$（$w_n$，$w$）$\to 0$，则对每个 $x \in S$，$w_n$（$x$）$\to w$（$x$）。为证明这一点，任取 $x \in S$，可得

$$|w_n(x)/\kappa(x) - w(x)/\kappa(x)| \leqslant \|w_n - w\|_{\kappa} \to 0$$

$$\therefore |w_n(x) - w(x)| \leqslant \|w_n - w\|_{\kappa}\kappa(x) \to 0$$

下一个引理指出，$b_{\kappa}S$ 上的逐点序相对于$d_{\kappa}$度量为闭。证明作为练习。

**引理 12.2.5** 如果对于所有的 $n \in \mathbb{N}$，$w_n \leq w \in b_\kappa S$，$(w_n)$ 是$b_\kappa S$ 中一个$d_\kappa$ - 收敛序列，则$\lim w_n \leq w$。

如果空间 $(b_\kappa S, d_\kappa)$ 及其闭子空间不完备，则对我们用处不大。幸运的是，所有 $k$ - 有界函数空间在合理假设下是完备的。

**定理 12.2.6** 空间 $(b_\kappa S, d_\kappa)$ 是完备的度量空间。

**证明：** 令$(v_n)$为$(b_\kappa S, d_\kappa)$中一个柯西序列。留给读者证明$(v_n/\kappa)$是$(bS, d_\infty)$中的柯西序列。由于后一个空间是完备的，那么存在函数$\hat{v} \in bS$ 满足 $\|v_n/\kappa - \hat{v}\|_\infty \to 0$。我们称$\hat{v} \cdot \kappa \in b_\kappa S$ 和$\|v_n - \hat{v} \cdot \kappa\|_\kappa \to 0$，是在这种情况下确立$(b_\kappa S, d_\kappa)$的完备性。根据$\hat{v}$的有界性，有$\hat{v}\kappa \in b_\kappa S$。此外，

$$\|v_n - \hat{v}\kappa\|_\kappa = \|v_n/\kappa - (\hat{v}\kappa)/\kappa\|_\infty = \|v_n/\kappa - \hat{v}\|_\infty \to 0, \ (n \to \infty)$$

现在，$(bS, d_\infty)$ 的完备性得以验证。■

**习题 12.2.7** 证明：如果 $k$ 是博雷尔可测，则$b_\kappa \mathscr{B}(\mathscr{S})$ 是 $(b_\kappa S, d_\kappa)$ 的闭子集；如果 $k$ 是连续的，则$b_\kappa cS$ 是 $(b_\kappa S, d_\kappa)$ 的闭子集。[①] 现在证明如下定理：

**定理 12.2.8** 如果$k$是可测的，那么 $(b_\kappa \mathscr{B}(S), d_\kappa)$ 是完备的。如果 $k$ 是连续的，那么 $(b_\kappa cS, d_\kappa)$ 是完备的。

以下结果是 Blackwell 充分条件的有用扩展，可以用来确定构造$b_\kappa S$ 上一致压缩的算子。

**定理 12.2.9** 令 $T: b_\kappa S \to b_\kappa S$ 为一个单调算子，即 $v \leq v'$ 意味着 $Tv \leq Tv'$。此外，如果存在 $\lambda \in [0, 1)$，对所有的 $v \in b_\kappa S$ 和 $a \in \mathbb{R}_+$ 使：

$$T(v + a\kappa) \leq Tv + \lambda a\kappa \tag{12-9}$$

那么 $T$ 是在 $(b_\kappa S, d_\kappa)$ 上模为 $\lambda$ 的一致压缩。

**习题 12.2.10** 通过适当修改定理 6.3.8 的证明来证明该结论。

### 12.2.2 结果与应用

令 $S$，$A$，$r$，$F$，$\Gamma$ 和$\rho$ 再次定义为 10.1 中的 SDP，$gr\Gamma$ 的定义如初。然而，用一下假设替换假设 10.1.3 ~ 假设 10.1.5。

**假设 12.2.11** 回报函数 $r$ 在 $gr\Gamma$ 上连续。

**假设 12.2.12** $\Gamma: S \to \mathscr{B}(A)$ 为连续且紧的。

① 提示：可测函数的逐点极限是可测的，连续函数的一致极限是连续的。

**假设 12.2.13** 对于所有的 $z \in Z$，$gr\Gamma \ni (x, u) \mapsto F(x, u, z) \in S$ 是连续的。

到目前为止，唯一的区别是 $r$ 不需要以限制为有界。对于我们最后的一个假设，将 $r$ 的有界性替换为：

**假设 12.2.14** 存在连续函数 $\kappa$：$S \to [1, \infty)$，常数 $R \in \mathbb{R}_+$ 和 $\beta \in [1, 1/\rho)$ 满足条件：

$$\sup_{u \in \Gamma(x)} |r(x, u)| \leqslant R\kappa(x) \quad \forall x \in S \tag{12-10}$$

$$\sup_{u \in \Gamma(x)} \int \kappa[F(x,u,z)]\phi(\mathrm{d}z) \leqslant \beta\kappa(x), \forall x \in S \tag{12-11}$$

此外，映射 $(x, u) \mapsto \int \kappa[F(x,u,z)]\phi(\mathrm{d}z)$ 在 $gr\Gamma$ 上连续。

**备注 12.2.15** 事实上，足以找到一个连续的非负函数 $k$ 满足假设 12.2.14 中的条件。原因在于如果函数 $k$ 满足其中的条件，那么 $\hat{\kappa} := \kappa + 1$ 是一个比 1 大的连续函数且满足相同常数 $R$ 和 $\beta$ 的假设条件。把验证这一判断当作一个练习。

在应用中，困难在于构建所需函数 $k$，如下例子解释了如何构建：

**例 12.2.16** 再次分析随机最优增长模型，本次满足假设 10.1.12 中除了 $U$ 的有界之外的所有条件，要求 $U$ 为非负。此外，我们假设

$$\kappa(y) := \sum_{t=0}^{\infty} \delta^t \, \mathbb{E}U(\hat{y}_t) < \infty, (y \in S) \tag{12-12}$$

其中，$\delta$ 是满足 $\rho < \delta < 1$ 的参数，$(\hat{y}_t)_{t \geqslant 0}$ 定义为

$$\hat{y}_{t+1} = f(\hat{y}_t, W_{t+1}) \text{ 和 } \hat{y}_0 = y \tag{12-13}$$

根据可行策略集下，过程 $(\hat{y}_t)$ 是收入的上限。当每个时期的消费为零时，它是收入的路径。

我们认为（12－12）中的函数 $k$ 满足最优增长模型的假设 12.2.14 中的所有条件。[①] 在进行论证时，将 **N** 定义为对应于（12－13）的马尔科夫算子是有用的。希望读者清楚，关于该算子，对于每个 $t \geqslant 0$，我们都有 $\mathbb{E}\mathbf{U}(\hat{y}_t) = \mathbf{N}^t U(y)$，因此 $k$ 可以表示为 $\sum_t \delta^t \mathbf{N}^t U$。

**引理 12.2.17** （12－12）中函数 $k$ 是在 $\mathbb{R}_+$ 上连续且递增的。

证明参见本章附录。让我们从（12－10）开始证明满足假设 12.2.14 中的条件。在最优增长模型中，$r(x, u) = U(y-k)$ 和 $\Gamma(x) = \Gamma(y) = [0, y]$。由于 $U$

① 鉴于注释 12.2.15，我们不必验证 $\kappa \geqslant 1$。

递增且非负，所以我们有：

$$\sup_{u\in\Gamma(x)}|r(x,\ u)|=\sup_{0\leqslant k\leqslant y}U(y-k)\leqslant U(y)\leqslant\kappa(y)$$

因此，当 $R=1$ 时，(12－10) 成立。现在让我们验证 (12－11) 是否成立。观察：

$$\sup_{0\leqslant k\leqslant y}\int\kappa(f(k,z))\phi(\mathrm{d}z)\ \leqslant\ \int\kappa(f(y,z))\phi(\mathrm{d}z)\ =\mathbf{N}\kappa(y)$$

其中，我们使用 $\kappa$ 在 $S$ 上递增的事实。现在

$$\mathbf{N}\kappa\ =\ \mathbf{N}\sum_{t=0}^{\infty}\ \delta^t\ \mathbf{N}^tU\ =\ \sum_{t=0}^{\infty}\ \delta^t\ \mathbf{N}^{t+1}U\ =\ (1/\delta)\sum_{t=0}^{\infty}\ \delta^{t+1}\ \mathbf{N}^{t+1}U\leqslant(1/\delta)\kappa$$

$$\therefore\ \sup_{0\leqslant k\leqslant y}\int\kappa(f(k,z))\varphi(\mathrm{d}z)\ \leqslant\beta\kappa(y)\text{，其中 }\beta:=1/\delta$$

由于选择了 $\delta$ 来满足 $\rho<\delta<1$，所以根据需要，我们有 $1\leqslant\beta<1/\rho$。

最后，为了完成对假设 12.2.14 的验证，我们需要验证 $(x,u)\mapsto\int\kappa[F(x,u,z)]\phi(\mathrm{d}z)$ 是连续的，这在当前情况下等于证明如果 $(y_n,\ k_n)$ 是一个 $0\leqslant k_n\leqslant y_n$ 并收敛到 $(y,\ k)$ 的序列，则

$$\int\kappa(f(k_n,z))\phi(\mathrm{d}z)\rightarrow\int\kappa(f(k,z))\phi(\mathrm{d}z)$$

显然，$z\mapsto\kappa(f(k_n,\ z))$ 由 $\kappa(f(\bar{y},\ z))$ 所控制，其中 $\bar{y}:=\sup_nk_n$，并通过使用控制收敛定理完成证明。

回到一般情况，如第 10 章，我们通过对 $x\in S$ 定义函数 $v_\sigma$：

$$v_\sigma(x):=\mathbb{E}\sum_{t=0}^{\infty}\ \rho^t\ r_\sigma(X_t)$$

其中，$X_{t+1}=F(X_t,\ \sigma(X_t),\ W_{t+1})$，$X_0=x$。

与 $r$ 有界的情况不同，此表达式并不是明显有限或良好定义的。实际上，尚不清楚 $\sum_{t=0}^{\infty}\rho^t\ r_\sigma(X_t(\omega))$ 在每个 $\omega\in\Omega$ 处收敛。即使这个随机变量良好定义且有限，但其期望值也可能不是有限或定义良好。①

为解决该问题，让我们开始证明：

**引理 12.2.18**　对于所有 $x\in S$ 和所有 $\sigma\in\Sigma$，我们有 $\mathbb{E}|r_\sigma(X_t)|\leqslant R\beta^t\kappa(x)$。

**证明：** 可以通过归纳证明在 $S$ 上逐点 $\mathbb{E}|r_\sigma(X_t)|=\mathbf{M}_\sigma^t|r_\sigma|\leqslant R\beta^t\kappa$。对于 $t=0$，根据(12－10)，我们有 $|r_\sigma(x)|\leqslant R\kappa(x)$。另外假设 $\mathbf{M}_\sigma^t|r_\sigma|\leqslant R\beta^t\kappa$，对于任

① 它可以是无限的，也可以表示为 $\infty-\infty$ 的形式。

意$t \geqslant 0$成立。则

$$\mathbf{M}_\sigma^{t+1}|r_\sigma| = \mathbf{M}_\sigma \mathbf{M}_\sigma^t |r_\sigma| \leqslant \mathbf{M}_\sigma R\beta^t \kappa = R\beta^t \mathbf{M}_\sigma \kappa \leqslant R\beta^t\ (\beta\kappa)\ = R\beta^{t+1}\kappa$$

其中，第二个不等式来自（12－11）。■

**引理 12.2.19** 对所有$\sigma \in \Sigma$和$x \in S$，我们有$\mathbb{E}\sum_{t=0}^{\infty}\rho^t|r_\sigma(X_t)| < \infty$。

**证明：** 任取$\sigma \in \Sigma$和$x \in S$，对引理 12.2.18 使用单调收敛定理，我们得到

$$\mathbb{E}\sum_{t=0}^{\infty}\rho^t|r_\sigma(X_t)| = \sum_{t=0}^{\infty}\rho^t\,\mathbb{E}|r_\sigma(X_t)| \leqslant \sum_{t=0}^{\infty}\rho^t R\beta^t\kappa(x)$$

由于$\rho \cdot \beta < 1$，因此右侧是有限的，即为所证。■

这个引理意味着对$\mathbb{P}$－几乎每个$\omega \in \Omega$，存在$\lim_{T\to\infty}\sum_{t=0}^{T}\rho^t r_\sigma(X_t(\omega))$（因此，无穷大被良好定义）。原因是当它绝对收敛时，即当$\sum_t|a_t| < \infty$时，实值序列$\sum_t a_t$在收敛。根据引理 12.2.19，以及优先期望的随机变量是几乎处处有限的事实，对$\mathbb{P}$－几乎每个$\omega$的$\sum_t \rho^t r_\sigma(X_t(\omega))$的绝对收敛都是成立的。① 它还通过控制收敛定理（为什么?），意味着我们可以通过无限加总传递期望来获得$v_\sigma$的先前表达式：

$$v_\sigma(x) := \mathbb{E}\left[\sum_{t=0}^{\infty}\rho^t r_\sigma(X_t)\right] = \sum_{t=0}^{\infty}\rho^t \boldsymbol{M}_\sigma^t r_\sigma(x)$$

我们将需要以下引理，证明见本章附录：

**引理 12.2.20** 假设 12.2.11～假设 12.2.14 全部成立。如果$w \in b_\kappa cS$，则映射$(x,u) \to \int w[F(x,u,z)]\phi(dz)$在$gr\Gamma$上是连续的。

平行于定义 10.1.9，对于$w \in b_\kappa B\ (S)$，我们说$\sigma \in \Sigma$是$\omega$－贪心，如果

$$\sigma(x) \in \operatorname*{argmax}_{u \in \Gamma(x)}\left\{r(x,u) + \rho\int w[F(x,u,z)]\phi(\mathrm{d}z)\right\},(x \in S) \qquad (12-14)$$

**引理 12.2.21** 令假设 12.2.11～假设 12.2.14 成立。如果$w \in b_\kappa cS$，则$\Sigma$至少包含一个$\omega$－贪心策略。

该证明来自引理 12.2.20，基本上与引理 10.1.10 相同。现在，我们可以说明本节的主要结论。

**定理 12.2.22** 在假设 12.2.11～假设 12.2.14 下，值函数$v^*$在$b_\kappa\mathscr{B}\ (\mathscr{S})$是唯一的，满足

① 有关此最后事实的证明，请参阅 Schilling（2005）推论 10.13。

$$v^*(x) = \sup_{u \in \Gamma(x)} \left\{ r(x,u) + \rho \int v^*[F(x,u,z)]\phi(\mathrm{d}z) \right\}, (x \in S) \quad (12-15)$$

而且$v^* \in b_\kappa cS$。可行策略是最优的，当且仅当它是$v^*$ -贪心的，所以至少存在一种这样策略。

### 12.2.3 证明

让我们转向定理 12.2.22 的证明。与 10.1 中类似，对所有的 $\sigma \in \Sigma$，令 $T_\sigma$：$b_\kappa \mathscr{B}(S) \to b_\kappa \mathscr{B}(S)$定义为：

$$T_\sigma w(x) = r(x,\sigma(x)) + \rho \int w[F(x,\sigma(x),z)]\phi(\mathrm{d}z) = r_\sigma(x) + \rho \mathbf{M}_\sigma w(x)$$

并令贝尔曼算子 $T$：$b_\kappa \mathbb{B}$（$S$）$\to b_\kappa \mathbb{B}$（$S$）定义为：

$$Tw(x) = \sup_{u \in \Gamma(x)} \left\{ r(x,u) + \rho \int w[F(x,u,z)]\phi(\mathrm{d}z) \right\}, \ (x \in S)$$

**习题 12.2.23** 证明：$T_\sigma$和 $T$ 实际上都将$b_\kappa \mathscr{B}$（$S$）映射到自身（特别地，证明 $k$ 界函数的图像是 $k$ 界）。引理 A.2.31 在 $T$ 的情况下可能有用。

**引理 12.2.24** 令 $\gamma := \rho\beta$。对于每个 $\sigma \in \Sigma$，算子$T_\sigma$在度量空间（$b_\kappa \mathscr{B}$（$S$），$d_\kappa$）上均匀收缩，满足：

$$\|T_\sigma w - T_\sigma w'\|_\kappa \leqslant \gamma \|w - w'\|_\kappa, \quad \forall w, \ w' \in b_\kappa \mathscr{B}(S) \quad (12-16)$$

且$b_\kappa \mathscr{B}(S)$中$T_\sigma$的唯一不动点是$v_\sigma$。另外，$T_\sigma$在$b_\kappa \mathscr{B}(S)$上单调，即如果 $w$，$w' \in b\mathscr{B}(S)$并且 $w \leqslant w'$，则$T_\sigma w \leqslant T_\sigma w'$。

**证明：** $T_\sigma$是单调的证明留给读者。$T_\sigma v_\sigma = v_\sigma$的证明与 10.1 中有界 $r$ 的证明相同。$T_\sigma$是一致压缩的证明如下：任选 $w$，$w' \in b_\kappa \mathscr{B}$（$S$）。利用$\mathbf{M}_\sigma$的线性和单调性，有：

$$|T_\sigma w - T_\sigma w'| = |\rho \mathbf{M}_\sigma w - \rho \mathbf{M}_\sigma w'| = \rho |\mathbf{M}_\sigma (w - w')|$$

$$\leqslant \rho \mathbf{M}_\sigma |w - w'| \leqslant \rho \|w - w'\|_\kappa \mathbf{M}_\sigma \kappa \leqslant \rho\beta \|w - w'\|_\kappa \kappa$$

其余论证作为练习。■

接下来，我们转向贝尔曼算子。

**引理 12.2.25** 算子 $T$ 在($b_\kappa \mathscr{B}(S)$，$d_\kappa$)上一致压缩，满足：

$$\|Tw - Tw'\|_\kappa \leqslant \gamma \|w - w'\|_\kappa, \quad \forall w, \ w' \in b_\kappa \mathscr{B}(S) \quad (12-17)$$

其中，$\gamma := \rho\beta$。此外，$T$ 在$b_\kappa \mathscr{B}(S)$上是单调的，即如果 $w$，$w' \in b_\kappa \mathscr{B}(S)$且 $w \leqslant w'$，则 $Tw \leqslant Tw'$。

**习题 12.2.26** 证明引理 12.2.25。特别地，通过应用定理 12.2.9 证明 $T$ 是模为 $\gamma$ 的一致收缩。

定理 12. 2. 22 的证明现在从引理 12. 2. 24 和引理 12. 2. 25 中得到，几乎与有界情况相同。证明细节留给读者。

## 12.3 评述

参数的单调性是数理经济学和动态规划中的一个重要主题。有用的参考文献包括 Lovejoy（1987），Puterman（1994），Topkis（1998），Hopenhayn 和 Prescott（1992），Huggett（2003），Amir（2005）和 Mirman（2008）等。对单调动态规划和最优增长的早期分析，见 Amir（1991）等。

我们对凹度和可微性的处理是标准的，经典参考文献是 Stokey 和 Lucas（1989）。推论 12. 1. 19 是由 Mirman 和 Zilcha（1975）提出的，引理 12. 1. 21 与值函数的可微性之间的联系是基于 Rockafellar（1970）的早期结果由 Benveniste 和 Scheinkman（1979）提出的。

Brock 和 Mirman（1972）证明了在某些 Inada 条件下，随机最优增长模型的全局稳定性。另请参见 Mirman（1970、1972、1973），Mirman 和 Zilcha（1975），Hopenhayn 和 Prescott（1992），Stachurski（2002），Nishimura 和 Stachurski（2004），Zhang（2007），Kamihigashi（2007），Chatterjee 和 Shukayev（2008）。这里使用的技术来自 Nishimura 和 Stachurski（2004）。

我们在 12. 2 中对无界动态规划的讨论紧紧遵循 Hernández – Lerma 和 Lasserre（1999）第 8 章中的发展理论。Boyd（1990）是经济学中，加权范数方法的一个早期应用于递归效用的例子，另见 Becker 和 Boyd（1997）。Le Van 和 Vailakis（2005）是对同一主题的最新处理。Stokey 和 Alvarez（1998）对具有某些同质性的动态规划使用加权范数技术，另见 Rincon – Zapatero 和 Rodriguez – Palmero（2003）。

# 附　　录

# A 实分析

本附录回顾了本书中所使用实分析的一些基本要点。若读者缺乏分析训练，那么最好在学习正文之前认真学习本章并尝试做一些习题。

## A.1 基本要点

我们从集合和函数等基本概念开始介绍，然后简要讨论有限样本空间概率。

### A.1.1 集合和逻辑

数学家或许会告诉你世间的一切都是集合，或者集合是唯一的本原（primitive）（即唯一不是由其他所定义的数学对象）。我们将不考虑这些纯粹的观点。对我们而言，集合仅是对象整体的汇集，而函数是将一组元素与另一组元素相关联的规则。

例如，$\mathbb{N}$，$\mathbb{Z}$，$\mathbb{Q}$ 分别表示自然数（正整数）、整数、有理数的集合。构成集合的对象被称为元素。如果 $a$ 是 $A$ 的一个元素，记为 $a \in A$。称不包含任何元素的集合为空集，记为$\varnothing$。如果集合 $A$ 和 $B$ 包含相同元素，则称 $A$ 等价于 $B$。如果集合 $A$ 中的每一个元素是集合 $B$ 中的元素，则称 $A$ 为 $B$ 的子集，记为 $A \subset B$。[①] 显然地，$A = B$，当且仅当 $A \subset B$ 和 $B \subset A$。

如果 $S$ 是一个给定集合，则 $S$ 中的所有子集的族集记为$\mathbb{B}(S)$。

---

① 思考一下：数学中，任何不能被检验的逻辑陈述都被认定为（空洞）真。基于此，$\varnothing$是任何集合的子集。

集合 $A$ 和 $B$ 的交集 $A\cap B$，包含所有同时在 $A$ 和 $B$ 中的元素。如果 $A\cap B=\varnothing$，则 $A$ 和 $B$ 不相交。$A$ 和 $B$ 的并集 $A\cup B$，包含至少其中一个集合中的所有元素。集合差 $A\setminus B$ 定义为：

$A\setminus B:=\{x:x\in A$ 且 $x\notin B\}$

在讨论某个固定集合 $A$ 的子集的情况下，集合差 $A\setminus B$ 叫作 $B$ 的补集，记作 $B^C$。

如果 $A$ 是任意的指数集，$\{K_\alpha\}_{\alpha\in A}$ 是集合的族集，那么定义：

$\cap_{\alpha\in A}K_\alpha:=\{x:x\in K_\alpha$，所有 $\alpha\in A\}$

以及

$\cup_{\alpha\in A}K_\alpha:=\{x:$ 存在一个 $\alpha\in A$ 使 $x\in K_\alpha\}$

如果对任意 $\alpha\neq\beta$，$K_\alpha$ 和 $K_\beta$ 不相交，则族集 $\{K_\alpha\}_{\alpha\in A}$ 称作点点不相交。

称如下两个等式为摩根律（Morgen's Law）：

（1）$(\cup_{\alpha\in A}K_\alpha)^C=\cap_{\alpha\in A}K_\alpha^C$

（2）$(\cap_{\alpha\in A}K_\alpha)^C=\cup_{\alpha\in A}K_\alpha^C$

我们通过证明第一个等式来看下如何用此方法证明这些类型的集合等式。令 $A:=(\cup_{\alpha\in A}K_\alpha)^C$，$B:=\cap_{\alpha\in A}K_\alpha^C$。任取元素 $x\in A$。因为 $x\in A$，故对任意的 $\alpha$，$x$ 不属于 $K_\alpha$。换句话说，对任意的 $\alpha$，$x\in K_\alpha^C$。如果这为真，根据 $B$ 的定义，则有 $x\in B$。由于 $x$ 为任取的元素，则有 $A\subset B$。同理可证 $B\subset A$。因此，$B=A$。

随着我们的推进，一些步骤将会被省略，因此如果证明看起来不明显，读者请多阅读几次，慢慢地会习惯这种思维方式。

集合 $A$ 和 $B$ 的笛卡尔乘积（Cartesian product）是序对的集合，

$A\times B:=\{(a,b):a\in A,b\in B\}$

如果集合 $A$ 为第一个随机试验结果，$B$ 为第二个随机试验结果，那么 $A\times B$ 为 $C$ 的所有试验结果，其中，$C$ 包含 $A$ 轮和 $B$ 轮试验。因为数对（$a$，$b$）是有序的，所以（$a$，$b$）和（$b$，$a$）并不是相同的点。前面的例子需要这一区别，因此我们可以区分第一次和第二次试验结果。

无限笛卡尔乘积同样有用。如果 $A_n$ 是一个集合的族集，有 $n\in\mathbb{N}$，那么

$x_n\geqslant 1\ A_n:=\{(a_1,a_2,\cdots):a_n\in A_n\}$

如果对所有的 $n$，有 $A_n=A$，那么 $x_n\geqslant 1\ A_n$ 通常被记为 $A^{\mathbb{N}}$。

集合讨论到此为止。下面，我们简要讨论数学语言和逻辑。我们通过一个简单的方式（并非不证自明）来快速介绍符号和意义。如果读者对正式数学的表

达不熟悉，可快速浏览学习这些基本知识。如果需要，可回来学习。

逻辑通过数学命题表达，我们用大写字母 $P$ 和 $Q$ 表示。典型例子如下：

$P$ = 矩形面积等于两边之积

$Q = x$ 严格为正

接下来，我们将真值分配给这些语句，每个语句都标记为“真”或“假”。逻辑的起点是每一个合理的数学表达为真或为假。不允许有“或许”这样的真值。

一般而言，数学命题不应该被认为是为真或为假。例如，你可认为上面的命题 $P$ 总是为真。但最好将 $P$ 视为与自然世界（natural world）一致，因此在进行几何计算时要做出有用的假设。同时，我们不排除通过假设 $P$ 为假，来发现由此产生的可能影响。

简而言之，许多数学命题都是关于求出给定的真值与数学表达集合的一致性的体现。这是根据逻辑规则计算的，所以很合乎逻辑。例如，如果一个语句 $P$ 被标记为真，那么它的否定 $\sim P$ 是假的，并且 $\sim(\sim P)$ 必须与 $P$ 有相同的真值。

可以使用基本连词“和”、“或”来组合语句。如果 $P$ 和 $Q$ 都为真，则语句“$P$ 和 $Q$”为真，否则为假。如果 $P$ 和 $Q$ 均为假，则语句“$P$ 或 $Q$”为假，否则为真。读者可尝试验证：

$\sim$（$A$ 或 $B$）$\equiv(\sim A)$和$(\sim B)$& $\sim$（$A$ 和 $B$）$\equiv(\sim A)$或$(\sim B)$

其中，符号 $P\equiv Q$ 表示 $P$ 和 $Q$ 在逻辑上是等价的（即总是具有相同的真值）。

命题之间的另一种形式的关系是推导（implication）。例如，假设集合 $A\subset B$。令 $P$ 为命题 $x\in A$，$Q$ 为命题 $x\in B$。如果 $P$ 为真，那么 $Q$ 一定为真，因为 $A$ 中的元素也是 $B$ 中的元素。我们就说 $P$ 推导出 $Q$（或者，如果 $P$，那么 $Q$），记作 $P\Rightarrow Q$。

某些时候并不容易得到 $P\Rightarrow Q$。数学证明通常涉及创建一系列的命题 $R_1,\cdots,R_n$

$$P\Rightarrow R_1\Rightarrow\cdots\Rightarrow R_n\Rightarrow Q$$

这是通过从 $P$ 向前推导和从 $Q$ 向后推导来完成的，并希望在中间的某个地方相遇。证明 $P\Rightarrow Q$ 的另一种策略是表明 $\sim P\Rightarrow\sim Q$。[①] 如果后者成立，那么 $P\Rightarrow Q$ 必须有效，因为当 $P$ 为真时，$Q$ 不能为假（如果是假，则 $P$ 不能为真）。

① 后者的含义被称为是前者的对立面。

通用量词$\forall$（对所有）和存在量词$\exists$（存在）的使用如下。如果$P$（$\alpha$）是关于元素$\alpha$的命题，$\forall\alpha\in\Lambda$，$P$（$\alpha$）意味着集合$\Lambda$中的所有元素，那么命题$P$（$\alpha$）成立。$\exists\alpha\in\Lambda$使$P$（$\alpha$）意味着$P$（$\alpha$）对至少一个元素$\alpha\in\Lambda$为真。如下等式成立：

$\sim[\forall\alpha\in\Lambda, P(\alpha)]\equiv\exists\alpha\in\Lambda$ 使 $\sim P(\alpha)$，以及

$\sim[\exists\alpha\in\Lambda$ 使 $P(\alpha)]\equiv\forall\alpha\in\Lambda, \ \sim P(\alpha)$

### A.1.2 函数

从集合$A$到集合$B$的函数$f$，记作$A\ni x\mapsto f(x)\in B$或$f$: $A\to B$，是对$A$中每一个元素$a$，都只存在唯一元素$b\in B$的关联规则。① 点$b$也记作$f$（$a$），称为$f$下$a$的像。对于$C\subset A$，$f$（$C$）是$C$中所有点的像集，称为$f$下$C$的像。正式地，

$f(C):=\{b\in B: f(a)=b$ 对 $a\in C\}$

另外，对于$D\subset B$，集合$f^{-1}$（$D$）是$f$下$A$映射到$D$中所有点的集合，并且称为$f$下$D$的原像，即

$f^{-1}(D):=\{a\in A: f(a)\in D\}$

当$D$由单点$b\in B$组成时，我们记作$f^{-1}(b)$而不是$f^{-1}(\{b\})$。通常，$f^{-1}(b)$可能包含$A$中许多元素或一个也不包含。

$\mathbb{1}_{A^c}=\mathbb{1}_S-\mathbb{1}_A$

令$S$是任意集合。对每一个$A\subset S$，令$S\ni x\mapsto\mathbb{1}_A(x)\in\{0, 1\}$是这样一个函数，当$x\in A$时取值为1，否则为0，该函数称为$A$的指示函数。

**习题 A.1.1** 论证$\mathbb{1}_{A^c}=\mathbb{1}_S-\mathbb{1}_A$在$S$上逐点成立（即$\mathbb{1}_{A^c}(x)=\mathbb{1}_S(x)-\mathbb{1}_A(x)$，对于每个$x\in S$）。下文中，我们通常把$\mathbb{1}_S$简记成1。进一步论证，如果$A_1$，…，$A_n$是一个集族，则$\max_i\mathbb{1}_{A_i}=1-\prod_i\mathbb{1}_{A_i^c}$。

函数$f$: $A\to B$称为单射，如果$A$中的不同元素总是映射到$B$中的不同元素；$f$是满射，如果$B$中每个元素是$f$下$A$中至少一个元素的像。若其既是单射又是满射，则函数称为双射。

读者可以证明，$f$: $A\to B$是双射，当且仅当对每一个$b\in B$，$f^{-1}(b)$精确地包含$A$中的一个点。这种情况下，$f^{-1}$定义了从$A$到$B$的函数，令$f^{-1}(b)$等于$A$中

① 一些作者用符号$f$（$x$）表示函数$f$，如“生产函数$f$（$x$）递增”，或类似。尽量不要使用这种表达。符号$f$（$x$）表示值，而不是函数。

映射到 $b$ 的唯一点，则这个函数称为 $f$ 的反函数。注意，对所有的 $b\in B$，$f(f^{-1}(b))=b$，以及对所有的 $a\in A$，$f^{-1}(f(a))=a$。

可以通过复合旧函数来定义新函数。若 $f$：$A\to B$，$g$：$B\to C$，则 $g\circ f$：$A\to C$ 通过 $(g\circ f)(x):=g(f(x))$ 在 $x\in A$ 处定义。容易验证，若 $f$ 和 $g$ 都是单射和满射，则 $g\circ f$ 也是单射和满射。

原像与集合运算互动良好。例如，若 $f$：$A\to B$，且 $E$ 和 $F$ 是 $B$ 的子集，则

$$f^{-1}(E\cup F)=f^{-1}(E)\cup f^{-1}(F)$$

为证明该等式，假设 $x\in f^{-1}(E\cup F)$，那么 $f(x)\in E\cup F$，所以 $f(x)\in E$ 或 $f(x)\in F$（或都属于），因此 $x\in f^{-1}(E)$ 或 $x\in f^{-1}(F)$，由此 $x\in f^{-1}(E)\cup f^{-1}(F)$。这就证明了 $f^{-1}(E\cup F)\subset f^{-1}(E)\cup f^{-1}(F)$。同理可证，$f^{-1}(E\cup F)\supset f^{-1}(E)\cup f^{-1}(F)$，则可得该等式。

更一般地，我们有以下结果。（验证它们。）

**引理 A.1.2** 令 $f$：$A\to B$，且 $E$ 和 $\{E_\gamma\}_{\gamma\in C}$ 都是 $B$ 的任意子集。[①] 有：

(1) $f^{-1}(E^C)=[f^{-1}(E)]^C$

(2) $f^{-1}(\cup_\gamma E_\gamma)=\cup_\gamma f^{-1}(E_\gamma)$

(3) $f^{-1}(\cap_\gamma E_\gamma)=\cap_\gamma f^{-1}(E_\gamma)$

前向像（forward image）的表现不如原像。

**习题 A.1.3** 构造一个例子，集合 $A$，$B$，$C$，$D$ 满足 $C$，$D\subset A$ 和函数 $f$：$A\to B$，使 $f(C\cap D)\neq f(C)\cap f(D)$。

现在让我们使用双射的概念来讨论一些无穷的概念。首先请注意，两个集合间并不总是可以建立双射。（考虑这样情形：一个集合有两个元素而另一集合有一个元素，试图找到双射。）当存在双射，或有相同的势（cardinality）时，这两个集合被称为一一对应。这个概念使用了这样一种想法：有相同数量元素的两个集合，该想法可应用于无穷集合。

**定义 A.1.4** 非空集合 $A$ 被称为有限集，若它与集合 $\{1, 2, \cdots, n\}$ 有相同的势，对某个 $n\in\mathbb{N}$。否则，$A$ 被称为无限集。若 $A$ 是一个有限集或者与 $\mathbb{N}$ 一一对应，则称 $A$ 为可数集。否则，$A$ 是不可数的[②]。

区分可数集和不可数集非常重要，特别是对于测度论。本节的剩余部分我们会讨论关于这些性质的示例和结果，证明并不是非常严格，虽然所有的情形没有

① 此处 $C$ 是任意“指数”集。

② 我们称作可数集的集合，有些作者会称作至多可数集。

完全概括，但读者可以从部分实分析教科书中找到严格的证明。

可数集的一个例子是 $E:=\{2, 4, \cdots\}$，$\mathbb{N}$ 中偶数。令 $f(n)=2n$，我们可构建双射 $f\colon \mathbb{N}\to E$。$\mathbb{N}$ 中奇数集合 $O:=\{1, 3, \cdots\}$ 也是可数的，令 $f(n)=2n-1$。这些例子说明对于无限集，真子集与原集合可有相同的势。

**定理 A.1.5**　可数集合的并集是可数的。

**证明**：令 $A_n:=(a_n^1, a_n^2, \cdots)$ 是可数集合，$A:=\cup_{n\geqslant 1}A_n$。为简单起见，我们假设集合 $(A_n)$ 全部是无限的且两两互斥。把 $A$ 中的元素排成一个无限的矩阵，我们可以用如下方式进行计数：

$$
\begin{array}{ccccccc}
a_1^1 & \rightarrow & a_1^2 & & a_1^3 & \rightarrow & \cdots \\
 & \swarrow & & \nearrow & & & \\
a_2^1 & & a_2^2 & & \cdots & & \\
\downarrow & \nearrow & & & & & \\
a_3^1 & & \vdots & & & & \\
\vdots & & & & & &
\end{array}
$$

这个计数系统构造了与 $\mathbb{N}$ 的双射。■

**习题 A.1.6**　证明 $\mathbb{Z}:=\{\cdots, -1, 0, 1, \cdots\}$ 是可数的。

**定理 A.1.7**　可数集合的有限笛卡尔积是可数的。

**证明**：我们仅使用一对 $A$ 和 $B$ 证明这个定理，这里 $A$ 和 $B$ 是无限的。在这种情况下，笛卡尔积可以成：

$$
\begin{array}{ccccccc}
(a_1, b_1) & \rightarrow & (a_1, b_2) & & (a_1, b_3) & \rightarrow & \cdots \\
 & \swarrow & & \nearrow & & & \\
(a_2, b_1) & & (a_2, b_2) & & \cdots & & \\
\downarrow & \nearrow & & & & & \\
(a_3, b_1) & & \vdots & & & & \\
\vdots & & & & & &
\end{array}
$$

现可按上图计数。■

**定理 A.1.8**　所有有理数 $\mathbb{Q}$ 的集合是可数的。

**证明**：集合 $\mathbb{Q}=\{\frac{p}{q}\colon p\in\mathbb{Z}\}$ 可以和 $\mathbb{Z}\times\mathbb{Z}=\{(p, q)\colon p\in\mathbb{Z}, q\in\mathbb{Z}\}$ 的子集构成一一对应。根据定理 A.1.7，这个子集是可数的。即可数集合的子集是可数的。■

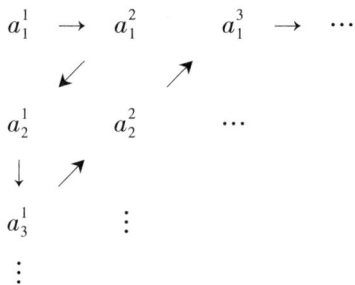

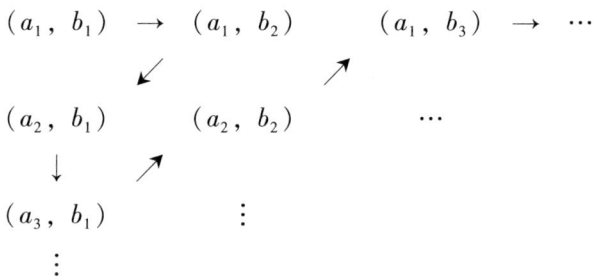

但并不是所有的集合都是可数的。事实上，可数集合的可数笛卡尔积可能不可数。例如，考虑$\{0,1\}^{\mathbf{N}}$，所有的二进制序列的集合（$a_1$，$a_2$，…），其中$a_i\in\{0,1\}$。如果这个集合是可数的，则可将其排列如下：

$$\begin{array}{lll} 1 & \leftrightarrow & a_1,\ a_2,\ a_3,\ \cdots \\ 2 & \leftrightarrow & b_1,\ b_2,\ b_3,\ \cdots \\ \vdots & & \vdots \end{array}$$

其中，右侧的是二进制序列。实际上，这样的列表永远不能完备。我们总是可以构建一个新的二进制序列$c_1$，$c_2\cdots$，通过令$c_1$和$a_1$不同（令$c_1$为0如果$a_1$为1，其他情况令$c_1$为1），$c_2$和$b_2$不同，等等。这同我们所假设完备列表中的每个元素都不同（特别地，它与第$n$个序列的不同之处在于它们的第$n$个元素不同）；这一矛盾表明$\{0,1\}^{\mathbf{N}}$是不可数的。①

二进制序列集合的势被称为连续统的幂（power of continuum）。连续统假设是指不存在势大于可数和小于连续统的集合，至少说是一个相当棘手的问题。

### A.1.3 概率基础

在这一部分，我们将会简洁地回顾有限集上的基础概率问题。考虑一个有限集合$\Omega$，典型元素为$\omega$。$\Omega$上的概率$\mathbb{P}$是一个来自$\mathfrak{P}(\Omega)$的函数，即所有$\Omega$子集的集合映射到$[0,1]$，具有性质：

（1）$\mathbb{P}(\Omega)=1$，以及

（2）如果$A$，$B\subset\Omega$，并且$A\cap B=\varnothing$，则$P(A\cup B)=P(A)+P(B)$。

$(\Omega,\mathbb{P})$有时被称为有限概率空间，$\Omega$的子集也被称作事件，组成$\Omega$的元素$\omega$被称为原始事件，更一般的$B\subset\Omega$为复合事件，包含$M\leqslant\#\Omega$个原始事件②。$\mathbb{P}(B)$表示事件$B$发生的概率。换言之，$\mathbb{P}(B)$表示当不确定性被消除时，$\omega\in\Omega$被自然选择且表述$\omega\in\Omega$为真的概率。

**习题 A.1.9** 令$p$：$\Omega\to[0,1]$，其中$\sum_{\omega\in\Omega}p(\omega)=1$，并且令

$$\mathbb{P}(B):=\sum_{\omega\in B}p(\omega)\,(B\subset\Omega) \tag{A-1}$$

证明A-1中定义的$\mathbb{P}$满足性质（1）和（2）。

从概率定义可得如下几个结果，并根据概率的定义很容易理解。

---

① 这是著名的康托尔对角线法。

② 如果$A$是一个集合，那么$\#A$表示$A$中元素的个数。

**引理 A.1.10**　如果$A\subset\Omega$，那么$\mathbb{P}(A^c)=1-\mathbb{P}(A)$。

**证明：**此处，显然$A^c:=\Omega\setminus A$。根据性质(1)和(2)可直接证明，因为$1=\mathbb{P}(\Omega)=\mathbb{P}(A\cup A^c)=\mathbb{P}(A)+\mathbb{P}(A^c)$。

**习题 A.1.11**　证明：$\mathbb{P}(\varnothing)=0$。如果$A\subset B$，那么$\mathbb{P}(B\setminus A)=\mathbb{P}(B)-\mathbb{P}(A)$。进一步，如果$A\subset B$，那么$\mathbb{P}(A)\leqslant\mathbb{P}(B)$。

如果$A\subset B$，那么$\mathbb{P}(A)\leqslant\mathbb{P}(B)$。当事件$A$发生的时候恒有事件$B$发生，则事件$B$发生的概率更大。很多概率方面的关键概念归结于这一点。

**习题 A.1.12**　证明：如果$A$和$B$(并不一定互斥)是$\Omega$的子集，那么$\mathbb{P}(A\cup B)\leqslant\mathbb{P}(A)+\mathbb{P}(B)$。构建一个概率$\mathbb{P}$和子集$A$，$B$，使该不等式严格成立。在一般情况下，$\mathbb{P}(A\cup B)\leqslant\mathbb{P}(A)+\mathbb{P}(B)-\mathbb{P}(A\cap B)$。

如果$A$和$B$是两个事件，并且$\mathbb{P}(B)>0$，那么给定$B$下$A$的条件概率为：

$$\mathbb{P}(A\mid B)=\frac{\mathbb{P}(A\cap B)}{\mathbb{P}(B)} \tag{A-2}$$

这表示给定事件$B$已经发生时，事件$A$发生的概率。

表达式(A-2)的合理性是什么？非正式地，当$n\to\infty$，事件$C$的概率$\mathbb{P}(C)$可以被认为是$n$次独立相同试验中事件$C$发生的次数。令$\omega_n$表示第$n$次试验的结果，$\#A$表示集合$A$中元素的个数，我们可以把此记为：

$$\mathbb{P}(C)=\lim_{n\to\infty}\frac{\#\{n:\ \omega_n\in C\}}{n}$$

条件概率$\mathbb{P}(A\mid B)$(大约)是在大量的观察数据中$A$和$B$都发生的次数，表示$B$发生次数的比例：

$$\mathbb{P}(A\mid B)\simeq\frac{\#\{n:\ \omega_n\in A,\ \mathrm{B}\}}{\#\{n:\ \omega_n\in B\}}$$

分子分母同时除$n$并且取极限：

$$\mathbb{P}(A\mid B)\simeq\frac{\#\{n:\ \omega_n\in A,\ B\}/n}{\#\{n:\ \omega_n\in B\}/n}\to\frac{\mathbb{P}(A\cap B)}{\mathbb{P}(B)}$$

如果$\mathbb{P}(A\cap B)=\mathbb{P}(A)\mathbb{P}(B)$，那么事件$A$和$B$是独立的。读者会发现，当事件$A$和$B$是独立的时候，给定$B$时$A$的条件概率就是$A$的概率很容易证明。

我们将对全概率公式进行拓展，如果$A\subset\Omega$，$B_1$，…，$B_M$是$\Omega$的划分(即对每个$m$，$B_m\subset\Omega$，$B_m$都是互斥的，当$j\neq k$时，$B_j\cap B_k$是空集且$\cup_{m=1}^{M}B_m=\Omega$)，对所有的$j$，$\mathbb{P}(B_m)>0$，则：

$$\mathbb{P}(A)=\sum_{m=1}^{M}\mathbb{P}(A\mid B_m)\cdot\mathbb{P}(B_m)$$

这个公式易于证明。若之前没有见过该公式，读者还是应该验证一下交集和并集的运算：

$$\mathbb{P}(A)=\mathbb{P}(A\cap\cup_{m=1}^{M}B_m)=\mathbb{P}(\cup_{m=1}^{M}(A\cap B_m))$$
$$=\sum_{m=1}^{M}\mathbb{P}(A\cap B_m)=\sum_{m=1}^{M}\mathbb{P}(A\mid B_m)\cdot\mathbb{P}(B_m)$$

现在考虑一个随机变量，取一些数集 $S$ 中的值。正式地，随机变量 $X$ 是样本空间 $\Omega$ 映射到 $S$ 的函数。其思想是自然基于一定概率来选取 $\Omega$ 中的元素 $\omega$，随机变量就是把 $\omega$ 对应到 $X(\omega)\in S$。我们可把 $X$ 看作是抽签的结果以更易于分析形式的汇报。例如，$\Omega$ 可为二进制序列的集合，$X$ 把这些序列转换为（十进制）数字。

$\Omega$ 上的每一个概率$\mathbb{P}$，以及 $X$：$\Omega\to S$ 生成 $S$ 上的分布[①] $\phi$ 为：

$$\phi(x)=\mathbb{P}(\omega\in\Omega:X(\omega)=x),\ (x\in S) \tag{A-3}$$

**习题 A. 1. 13** 证明：$\phi(x)\geqslant 0$ 且 $\sum_{x\in S}\phi(x)=1$。

在下文中我们会经常把（A－3）右侧简写为$\mathbb{P}\{X=x\}$，请注意这个表达。我们会说，$X$ 服从 $\phi$ 分布，记作 $X\sim\phi$。

一个补充：如果一直学习初等概率，读者会觉得基本概率$\mathbb{P}$和 $X$ 的分布 $\phi$ 之间的区别在很大程度上是无关紧要的。为什么我们不能说 $X$ 是服从分布 $\phi$ 的随机变量，$Y$ 是另一个服从分布 $\psi$ 的随机变量呢？这些表述的含义很清楚，不需要介绍$\mathbb{P}$和 $\Omega$，或者将 $X$ 和 $Y$ 看作函数。

简短回答这个问题，在$\mathbb{P}$和 $\Omega$ 上定义的一个在概率空间中获取不同随机变量通常是有用的。通过这种构造，可以讨论更复杂的事件，比如$(\mathbb{P},\Omega)$上随机变量序列收敛于$(\mathbb{P},\Omega)$上另外的随机变量。

接下来我们定义期望。令 $X$：$\Omega\to S$，$\mathbb{P}$ 是 $\Omega$ 上的概率。$X$ 的期望$\mathbb{E}X$ 定义为：

$$\mathbb{E}X:=\sum_{\omega\in\Omega}X(\omega)\,\mathbb{P}\{\omega\} \tag{A-4}$$

**习题 A. 1. 14** 证明：如果 $X\sim\phi$，那么 $\mathbb{E}X=\sum_{x\in S}x\phi(x)$；[②] 更一般地，如果 $h$ 是 $X$ 上的实值函数（即 $h$：$S\to\mathbb{R}$）$Y=h(X)$，那么

$$\mathbb{E}Y:=\sum_{\omega\in\Omega}h(X(\omega))\,\mathbb{P}\{\omega\}=\sum_{x\in S}h(x)\phi(x) \tag{A-5}$$

---

① 这里我们所说的分布通常也称为概率密度函数。

② 提示：将 $\Omega$ 分成集合$B_x$，对于 $x\in S$，其中$B_x:=\{\omega\in\Omega:X(\omega)=x\}$。

# A.2 实数

通常，$\mathbb{R}$ 表示实数，读者可以将其想象为连续实线。我们将使用它的几个性质。在开始之前，值得一提的一个性质是集合$\mathbb{R}$ 是不可数的。可以通过$\mathbb{R}$ 与所有二进制序列的集合一一对应来证明，A. 1. 2 中证明了二进制序列的集合是不可数的。(关于对应，考虑计算机以二进制形式表示数字的方式。)$\mathbb{R}$ 还具有某些代数、序和完备性质，我们现在详细介绍。

## A.2.1 实数序列

在下文中，如果 $x \in \mathbb{R}$，则 $|x|$表示其绝对值。对于任意的 $x$，$y \in \mathbb{R}$，三角不等式 $|x+y| \leqslant |x| + |y|$都成立。

**习题 A.2.1** 如果 $a$，$b$ 和 $x$ 是任意实数，则：

$$|a-b| \leqslant |a-x| + |x-b|, \quad ||x| - |a|| \leqslant |x-a| \qquad (A-6)$$

$\mathbb{R}$ 的子集 $A$ 是有界的，若有一个 $M \in \mathbb{N}$ 使对所有 $x \in A$，则有 $|x| \leqslant M$。$a \in \mathbb{R}$ 的 $\epsilon$ - 球或者 $\epsilon$ - 邻域是使 $|a-x| < \epsilon$ 的 $x \in \mathbb{R}$ 的集合。[①] $X$ - 值序列$\mathbb{N} := \{1, 2, \cdots\}$是从自然数到非空集 $X$ 的函数，一般用$(x_n)$表示。当 $x \in \mathbb{R}$ 时，则称$(x_n)$为实数序列。若它的值域是有界集(即 $\exists M \in \mathbb{N}$，对所有 $n \in \mathbb{N}$，满足 $|x_n| \leqslant M$)则实数序列$(x_n)$有界。

实数序列$(x_n)$收敛，若有 $x \in \mathbb{R}$，使对于任意给定 $\epsilon > 0$，存在 $N \in \mathbb{N}$ 满足性质：当 $n \geqslant N$ 时，$|x_n - x| < \epsilon$。这一性质通常表述为$(x_n)$最终在 $x$ 的任意 $\epsilon$ - 邻域内。当 $n \to \infty$，点 $x$ 称为序列的极限点，记作$\lim_{n\to\infty} x_n = x$ 或者$x_n = x$。

刚开始，这种收敛的定义可能有点难以理解。助于理解的一种方式是玩"$\epsilon$，$N$ 游戏"。如果我认为一个序列是收敛的，那么对你给我的任意 $\epsilon$ - 邻域，我都可以给你找到一个充分大的数 $N$，使沿着序列在第 $N$ 个以外的所有点(即点$x_N$，$x_{N+1}$，…)都在 $\epsilon$ - 邻域。例如，考虑$x_n = \frac{1}{n^2}$，我认为$x_n$收敛于 0。当你给我一个

---

① 当讨论更高维空间时，球看起来更像球。

$\epsilon=\frac{1}{3}$，我可以给你找到 $N=2$，因为 $n\geqslant 2$ 就意味着 $x_n=\frac{1}{n^2}\leqslant\frac{1}{4}<\epsilon$。事实上，我可以给你找到一个算法来产生这样一个 $N$：给定任意 $\epsilon>0$，任取 $N\in\mathbb{N}$ 大于 $\frac{1}{\sqrt{\epsilon}}$。

有时候，“点”的 $+\infty$ 和 $-\infty$ 会被认为是序列的极限。接下来，如果对每一个 $M\in\mathbb{N}$ 都有一个 $N\in\mathbb{N}$，使当 $n\geqslant N$ 时，有 $x_n\geqslant M$，则我们称 $x_n\to\infty$ 或 $\lim_n x_n=\infty$。同样，序列 $(x_n)$ 称为单调递增（递减），若对所有的 $n\in\mathbb{N}$，有 $x_n\leqslant x_{n+1}$（$x_n\geqslant x_{n+1}$）。如果 $(x_n)$ 是单调递增（递减）并收敛于 $x\in\mathbb{R}$，则我们记为 $x_n\uparrow x$（$x_n\downarrow x$）。

**引理 A.2.2** 令 $(x_n)$ 为 $\mathbb{R}$ 中的序列，$x\in\mathbb{R}$，则 $x_n\to x$，当且仅当 $|x_n-x|\to 0$。

证明：第一个论述是说当 $n$ 足够大时，我们可以使 $|x_n-x|$ 比任意给定的 $\epsilon>0$ 小。第二个论述是说当 $n$ 足够大时，我们可以使 $||x_n-x|-0|$ 比任意给定的 $\epsilon>0$ 小。显然，这两个表述是等价的。■

**引理 A.2.3** 每一个实序列最多有一个极限点。

证明：令 $x_n\to a$ 和 $x_n\to b$，假设 $a\neq b$。选择一个足够小的 $\epsilon$，我们可以取 $\epsilon$-球 $B_a$ 和 $B_b$ 作为 $a$ 和 $b$ 的邻域，两球不相交①。由收敛的定义可知，$x_n$ 最终在 $B_a$ 和 $B_b$ 上。在这种情况下，一定有一个 $N$ 使 $x_N\in B_a$ 和 $x_N\in B_b$。但是这是不可能的，因此 $a=b$。■

虽然我们在日常生活中处理的大多数数字都可以用有理数表示，但对于更复杂的数字来说还不够。有理数的简单方程可能不存在有理数解，并且那些看起来可能收敛的有理数序列可能不会收敛于任何有理数。那些看起来似乎收敛的有理数或实数序列都会在实数集 $\mathbb{R}$ 中有一个极限，从这种意义上看，实数“完备化”有理数。

为了明确上面的定理，请回想一下实数集 $\mathbb{R}$ 中的柯西序列（Cauchy sequence）$(x_n)$。对任意 $\epsilon>0$，存在 $N\in\mathbb{N}$ 使对任意 $n$，$m$ 大于 $N$，都有 $|x_n-x_m|<\epsilon$。柯西序列似乎正收敛于某个值，我们可以认为 $\mathbb{R}$ 中的每个柯西序列都会收敛于 $\mathbb{R}$ 中的一个元素，（与有理数中的表达不同）以此来表达 $\mathbb{R}$ 的完备性。

**公理 A.2.4** （$\mathbb{R}$ 的完备性）实数轴上的每个柯西序列都是收敛的。

可以通过有理数正式构造实数的方法来证明这个命题，但我们会把它作为公理。$\mathbb{R}$ 的完备性是实分析中最重要且最基本的思想之一。例如，它允许我们将特定问题的解刻画为由某些近似过程生成的柯西实数序列的极限，而不用担心由于

---

① 使用（A-6），证明如果 $\epsilon<|a-b|/2$，则 $x\in B_a$ 和 $x\in B_b$ 是不可能的。

这样的极限点不存在所导致的尴尬。这是很重要的，因为许多类型的序列都是柯西序列。以下示例在理论和应用中都非常有用。

**定理 A. 2. 5** $\mathbb{R}$ 中的任意有界单调序列都是收敛的。

证明：我们证明了$(x_n)$单调递增（$\forall n \in \mathbb{N}$ 都有$x_n \leqslant x_{n+1}$）的情况。根据公理 A. 2. 4，只需证明$(x_n)$是一个柯西序列。假设它不是柯西序列，我们就可以找到一个$\epsilon_0 > 0$，满足$\forall N \in \mathbb{N}$，都有一对 $n$，$m \in \mathbb{N}$ 且 $N \leqslant n < m$，使$x_m - x_n \geqslant \varepsilon_0$。但是，此时的$(x_n)$不满足有界条件，因此产生了矛盾。[①] ■

**习题 A. 2. 6** 证明：若$(x_n) \subset \mathbb{R}$ 收敛，则$(x_n)$有界。[②]

现在我们介绍子序列的概念。正式地，序列$(y_n)$被称为另一序列$(x_n)$的子序列，若有一个严格增函数$f$：$\mathbb{N} \to \mathbb{N}$ 使$y_n = x_{f(n)}$，对所有 $n \in \mathbb{N}$。更简单地说，$(y_n)$是省略了原始序列$(x_n)$中一些点的新序列。函数$f$取一个严格递增正整数序列$n_1 < n_2 < \cdots$构成子序列，即$y_1 = x_{n_1}$，$y_2 = x_{n_2} \cdots$。通常把这个新的序列记为$(x_{n_k})$。

**习题 A. 2. 7** 证明：若$(x_n) \subset \mathbb{R}$ 收敛于 $x \in \mathbb{R}$，则所有子序列也都收敛于 $x$。

**习题 A. 2. 8** 证明：$(x_n)$收敛于 $x \in \mathbb{R}$，当且仅当$(x_n)$的每个子序列都收敛于 $x \in \mathbb{R}$。

**定理 A. 2. 9** 每个实序列都有一个单调子序列。

证明：若接下来所有的元素小于或等于它，则称$(x_n)$中元素$x_k$占优。如果存在无限多个占优元素，那么我们可以选择它们作为我们的单调子序列（单调递减）。如果不存在（无限多个占优元素），则令$x_m$为最后一个占优元素。由于$x_{m+1}$不被占优，因此存在 $j > m+1$，使$x_j > x_{m+1}$。由于$x_j$也不是占优元素，因此存在 $i > j$，使$x_i > x_j$。继续这种方式，我们可以选出单调子序列（单调递增）。■

现在我们有如下$\mathbb{R}$ 的重要性质，通常称为波尔查诺－维尔斯特拉斯（Bolzano－Weierstrass）定理，它也拓展到更高维空间（参见定理 3. 2. 18），并作为分析中无数结果的基础。

**定理 A. 2. 10** $\mathbb{R}$ 中的每一有界序列都有一个收敛子序列。

证明：取$\mathbb{R}$ 中的一个给定序列。根据定理 A. 2. 9，该序列具有单调子序列，其单调子序列本身就是一个序列。显然这个单调子序列也是有界的。根据定理

① 你如何通过反证法来证明？读者会慢慢熟悉这种论证风格。$(x_n)$不是柯西序列的判断会导致矛盾生成，在这种假设的情况下$(x_n)$是有界的。我们被迫得出这个判断（即$(x_n)$不是柯西序列）是错误的。换言之，$(x_n)$是柯西序列。

② 提示：给定围绕极限点的 $\varepsilon$－球外有多少个点？

A. 2. 5，每个有界单调序列都收敛。■

下一个结果在应用中很重要，它的证明作为练习。

**定理 A. 2. 11** 令$(x_n)$和$(y_n)$为$\mathbb{R}$中的两个序列，满足$\lim x_n = x$且$\lim y_n = y$。若$x_n \leqslant y_n$对所有$n \in \mathbb{N}$，则$x \leqslant y$。[①]

通常，当我们使用这个结论时，其中一个序列将会是常数序列。例如，如果$x_n \leqslant b$，对所有$n \in \mathbb{N}$，则$\lim x_n \leqslant b$。注意，取极限并不保持严格的顺序。例如，$\frac{1}{n} > 0$，对所有$n \in \mathbb{N}$，但是$\lim_n \left(\frac{1}{n}\right) > 0$是错误的。

**定理 A. 2. 12** 令$(x_n)$、$(y_n)$和$(z_n)$为$\mathbb{R}$中的三个序列，满足$x_n \leqslant y_n \leqslant z_n$，对所有$n \in \mathbb{N}$，如果都有$x_n \to a$和$z_n \to a$都成立，则$y_n \to a$。

证明：固定$\varepsilon > 0$，我们可以选择一个$N \in \mathbb{N}$使当$n > N$时，有$x_n > a - \varepsilon$和$z_n < a + \varepsilon$。（为什么？）对于这样的$n$，我们一定有$|y_n - a| < \varepsilon$。■

你可能更简单地认为：对所有$n \in \mathbb{N}$，$x_n \leqslant y_n \leqslant z_n$，根据定理 A. 2. 11 可得$\lim x_n \leqslant \lim y_n \leqslant \lim z_n$。定理 A. 2. 11 明确要求这一极限存在。但这是不可接受的，因为我们在证明开始时并不知道$\lim y_n$存在。（这是一个容易犯的错误。）

**定理 A. 2. 13** 令$(x_n)$和$(y_n)$为实数序列，若$x_n \to x$，$y_n \to y$，则$x_n + y_n \to x + y$。

证明：固定$\epsilon > 0$，根据三角不等式，

$$|(x_n + y_n) - (x + y)| \leqslant |x_n - x| + |y_n - y| \tag{A-7}$$

选择$N \in \mathbb{N}$，使当$n \geqslant N$，$|x_n - x| < \varepsilon/2$，且当$n \geqslant N'$时，$|y_n - y| < \varepsilon/2$。对于$n \geqslant \max\{N, N'\}$，不等式(A-7)右边小于$\varepsilon$。■

**习题 A. 2. 14** 证明若$a \in \mathbb{R}$，$x_n \to x$，则$a x_n \to ax$。

**定理 A. 2. 15** 令$(x_n)$和$(y_n)$为实数序列，若$x_n \to x$，$y_n \to y$，则$x_n y_n \to xy$。

证明：在习题 A. 2. 6 中，有一个正整数$M$，对所有的$n \in \mathbb{N}$使$|x_n| \leqslant M$。根据三角不等式，

$$\begin{aligned}|x_n y_n - xy| &= |x_n y_n - x_n y + x_n y - xy| \leqslant |x_n y_n - x_n y| + |x_n y - xy| \\ &= |x_n||y_n - y| + |y||x_n - x| \leqslant M|y_n - y| + |y||x_n - x| < \epsilon\end{aligned}$$

■

这一结论来自习题 A. 2. 14 和定理 A. 2. 13。

---

① 证明提示：假设$x > y$。对每个不相交的点取$\varepsilon$-球。现在尝试反证$x_n \leqslant y_n$，对所有的$n$。

如果$(x_n)$是$\mathbb{R}$上的序列，当极限存在时，定义$\sum_{n\geqslant 1} x_n$或$\sum_n x_n$为序列$(s_k)$的极限，其中$s_k = \sum_{n=1}^{k} x_n$。如果$s_k \to \infty$，我们记为$\sum_n x_n = \infty$。当然，这个极限可能不存在，例如$x_n = (-1)^n$。

**引理 A.2.16** 令$(x_n) \in \mathbb{R}_+$，若$\sum_n x_n < \infty$，则$x_n \to 0$。

证明：假定$x_n \to 0$不成立，则$\exists \varepsilon > 0$使$x_n > \varepsilon$恒成立。因此，$\sum_n x_n = \infty$，（为什么?）矛盾。■

### A.2.2 最大值、最小值、上确界和下确界

令$x$和$y$为任意两个实数。我们将使用符号$x \vee y$表示$x$和$y$中的最大值，而$x \wedge y$表示它们的最小值。以下的等式是很基本的：

**引理 A.2.17** 对于任意$x$，$y \in \mathbb{R}$和任意$a \geqslant 0$，我们有以下等式：

(1)$x + y = x \vee y + x \wedge y$

(2)$|x - y| = x \vee y - x \wedge y$

(3)$|x - y| = x + y - 2(x \wedge y)$

(4)$|x - y| = 2(x \vee y) - x - y$

(5)$a(x \vee y) = (ax) \vee (ay)$

(6)$a(x \wedge y) = (ax) \wedge (ay)$

为证明$x + y = x \vee y + x \wedge y$，取任意$x$，$y \in \mathbb{R}$。不失一般性，假设$x \leqslant y$。正如将要展示的那样，则$x \vee y + x \wedge y = y + x$。剩余的等式留作练习。

**习题 A.2.18** 证明：如果在$\mathbb{R}$中，$x_n \to x$，则$|x_n| \to |x|$。（提示：使用(A-6)）使用该结论和引理 A.2.17 中等式(3)和(4)，论证如果$x_n \to x$和$y_n \to y$，那么$x_n \wedge y_n \to x \wedge y$和$x_n \vee y_n \to x \vee y$。

如果$A \subset \mathbb{R}$，当$A$的最大值$m \in A$存在时，则对于所有$a \in A$满足$a \leqslant m$的数。类似地定义最小值，对于任何有限的实数集合，最大值和最小值始终存在。对于无限集合，情况并非如此。为了处理无限集，我们引入上确界和下确界的概念。

给定一个集合$A \subset \mathbb{R}$，$A$的上界是任意数$u$，使对于所有$a \in A$，$a \leqslant u$。如果$s \in \mathbb{R}$是$A$的上界，并且对于$A$的每个上界$u$也满足$s \leqslant u$，那么$s$称为$A$的上确界。读者可以验证最多存在一个这样的$s$。我们记作$s = \sup A$。

**引理 A.2.19** 假设$s$是$A$的上界。以下陈述是等价的：

(1) $s=\sup A$

(2) $s\leqslant u$ 对 $A$ 所有上界 $u$

(3) $\forall\varepsilon>0$，$\exists a\in A$ 有，$a>s-\varepsilon$

(4)存在一个序列 $(a_n)\subset A$ 有 $a_n\uparrow s$。

**习题 A. 2. 20** 证明引理 A. 2. 19。

**习题 A. 2. 21** 证明：$\sup(0,1)=1$ 和 $\sup(0,1]=1$。证明：如果集合 $A$ 包含其上界 $u$，那么 $u=\sup A$。

**定理 A. 2. 22** 若$\mathbb{R}$中每个非空有上界子集，则在$\mathbb{R}$中有一个上确界。

证明略去，但这实际上等同于公理 A. 2. 4。可以任选两者之一，将其视为公理。他们断言实数的“完备性”。

如果 $A$ 没有上界，则通常设定 $\sup A:=\infty$。有了这个设定，以下表述为真：

**引理 A. 2. 23** 如果 $A$，$B\subset\mathbb{R}$ 且 $A\subset B$，则 $\sup A\leqslant\sup B$。

证明：如果 $\sup B=\infty$，结果是显然的。假设 $B$ 有上界的，令$\bar{b}:=\sup B$，$\bar{a}:=\sup A$。根据引理 A. 2. 19，存在序列$a_n\subset A$ 有$a_n\uparrow\bar{a}$。但是$\bar{b}$是 $A$ 的上界(为什么?)，因此对所有 $n$，$a_n\leqslant\bar{b}$。从定理 A. 2. 11 可得$\bar{a}=\lim a_n\leqslant\bar{b}$。■

对于 $A\subset\mathbb{R}$，$A$ 的下界是任意数 $l$，使对于所有 $a\in A$，有 $a\geqslant l$。如果 $i\in\mathbb{R}$ 是 $A$ 的下界，并且满足对 $A$ 的每个下界 $l$，有 $i\geqslant l$，则 $i$ 称为 $A$ 的下确界。最多存在一个这样的 $i$，我们记作 $i=\inf A$。$\mathbb{R}$ 的每个非空有下界子集有下确界。

**习题 A. 2. 24** 令 $A$ 有下界。证明 $i=\inf A$，当且仅当 $i$ 是 $A$ 的下界，以及对每个 $\varepsilon>0$，有 $a\in A$ 使 $a<i+\varepsilon$。

**引理 A. 2. 25** 如果 $A$，$B\subset\mathbb{R}$，并且 $A\subset B$，则 $\inf A\geqslant\inf B$。

证明：这证明作为练习。■

对于$(x_n)\subset\mathbb{R}$。令 $\liminf x_n:=\lim\limits_{n\to\infty}\inf\limits_{k\geqslant n}x_k$ 和 $\limsup x_n:=\lim\limits_{n\to\infty}\sup\limits_{k\geqslant n}x_k$

如果$(x_n)$是有界的，那么 $\liminf x_n$ 和 $\limsup x_n$ 在$\mathbb{R}$上总是存在的。(为什么?)

**习题 A. 2. 26** $A$ 是$\mathbb{R}$上的有界子集，令 $-A$ 为所有的 $b\in\mathbb{R}$，满足 $b=-a$，对某些 $a\in A$。证明：$-\sup A=\inf(-A)$。令$(x_n)$是有界实数序列。证明：$-\limsup x_n=\liminf -x_n$。

**习题 A. 2. 27** 令$(x_n)$为实数序列，$x\in\mathbb{R}$。证明：$\lim_n x_n=x$，当且仅当 $\limsup_n x_n=\liminf_n x_n=x$。

**习题 A. 2. 28** 令$(x_n)$、$(y_n)$和$(z_n)$为实数序列，对 $n\in\mathbb{N}$ 满足有$x_n\leqslant y_n+z_n$。

证明以下不等式总是成立：

$\limsup x_n \leqslant \limsup y_n + \limsup z_n$

**习题 A.2.29** 证明：$(x_n) \subset \mathbb{R}_+$ 和 $\sup x_n = 0$ 意味着 $\lim x_n = 0$。[1]

令 $f$：$A \to \mathbb{R}$，其中 $A$ 是一个非空集合。我们将使用符号：

$\sup f := \sup_{x \in A} f(x) := \sup\{f(x) : x \in A\}$

并且，如果 $g$：$A \to \mathbb{R}$，则 $f+g$ 由 $(f+g)(x) = f(x) + g(x)$ 定义，$|f|$ 由 $|f|(x) = |f(x)|$ 定义。

**引理 A.2.30** 令 $f$，$g$：$A \to \mathbb{R}$，其中 $A$ 是任意非空集合，则

$\sup(f+g) \leqslant \sup f + \sup g$

证明：我们可以假设 $\sup f$ 和 $\sup g$ 是有限的。（否则结论就是显然的。）对任意 $x \in A$，有 $f(x) \leqslant \sup f$ 和 $g(x) \leqslant \sup g$。

$\therefore f(x) + g(x) \leqslant \sup f + \sup g$

$\therefore \sup(f+g) \leqslant \sup f + \sup g$ ■

**引理 A.2.31** 如果 $f$：$A \to \mathbb{R}$，则 $|\sup f| \leqslant \sup|f|$。

证明：我们可以假设 $\sup|f| < \infty$。显然 $\sup f < \sup|f|$。[2] 要完成证明，我们只需要证明 $-\sup f < \sup|f|$。的确如此，这是因为：

$0 = \sup(-f+f) \leqslant \sup(-f) + \sup f \leqslant \sup|f| + \sup f$ ■

**习题 A.2.32** 通过反例证明 $|\sup f| = \sup|f|$ 不成立。

令 $A \subset \mathbb{R}$，如果 $x$，$y \in A$ 且 $x \leqslant y$，有 $f(x) \leqslant f(y)$，则称函数 $f$：$A \to \mathbb{R}$ 在 $A$ 上单调递增；如果 $x \leqslant y$，我们有 $f(x) \geqslant f(y)$，则称为单调递减。如果前面的不等式可以用严格的不等式替换，我们称其严格单调递增或严格单调递减。

**习题 A.2.33** 令 $S$ 为任意集合，$g$：$A \to \mathbb{R}$，并且令 $\bar{x}$ 为 $g$ 在 $S$ 上的最大值点（maximizer），即对所有 $x \in S$，有 $g(\bar{x}) \geqslant g(x)$。证明：如果 $f$：$\mathbb{R} \to \mathbb{R}$ 单调递增，那么 $\bar{x}$ 是 $f \circ g$ 在 $S$ 上的最大值点。

### A.2.3 实变量函数

让我们回顾一下 $\mathbb{R}$ 子集映射到 $\mathbb{R}$ 函数的基本知识。如下，我们定义连续性、可微、凸凹等概念。如果读者对这些定义不太熟悉，那么可以浏览本节再完成一些习题。

---

① 提示：从定理 A.2.12 得出一个简洁的论证。

② 取任意 $x \in A$。因为 $x$ 是任意的，则 $f(x) \leqslant |f(x)| \leqslant \sup|f|$，$\sup f \leqslant \sup|f|$。

令 $A\subset\mathbb{R}$，及 $f$，$g$：$A\to\mathbb{R}$。一般地，$f$ 和 $g$ 之和是函数 $f+g$，定义为 $(f+g)(x):=f(x)+g(x)$。类似地，乘积 $fg$ 定义为 $(fg)(x):=f(x)g(x)$。实数 $\alpha$ 与函数 $f$ 的乘积定义为 $(\alpha f)(x):=\alpha f(x)$。若函数有界则其值域是有界集（即 $\exists M\in\mathbb{N}$，使对所有的 $a\in A$，$|f(a)|\leqslant M$）。

**习题 A. 2. 34** 证明：如果 $f$ 和 $g$ 是有界的并且 $\alpha\in\mathbb{R}$，则 $f+g$，$fg$ 和 $\alpha f$ 也是有界函数。

函数 $f$：$A\to\mathbb{R}$ 在 $a\in A$ 连续，如果 $A$ 中的每个序列 $(x_n)$ 收敛到 $a$ 时，有 $f(x_n)\to f(a)$；且在每个 $a\in A$ 处连续，称其在 $A$ 上连续（或只是连续）。函数的连续性刻画了这样一个想法，输入值的微小变动不会导致结果产生突然跳跃。注意，对每一 $x_n\to a$ 要求 $f(x_n)\to f(a)$，我们不仅要求对每一个选择 $x_n\to a$，$f(x_n)$ 是收敛的，而且所有序列收敛于相同的极限，且极限是 $f(a)$。

**习题 A. 2. 35** 仔细证明函数 $f(x)=x+1$ 和 $g(x)=x^2$ 是连续的。给出一个不连续函数的例子，说明为何不满足连续定义。

更一般地，对于相同的 $f$：$A\to\mathbb{R}$ 和 $a\in A$，若对每个序列 $(x_n)\subset A$，$x_n\to a$，$f(x_n)\to y$，则我们称 $y=\lim\limits_{x\to a}f(x)$。注意，$\lim\limits_{x\to a}f(x)$ 可能不存在。是因为收敛于 $a$ 的不同序列所产生的序列 $f(x_n)$ 有不同的极限点，或者 $f(x_n)$ 的确不收敛。但是这个新符号很有用，因为我们现在可以说 $f$ 在 $a$ 处连续，当且仅当 $\lim\limits_{x\to a}f(x)$ 存在且等于 $f(a)$。

**习题 A. 2. 36** 证明：如果 $f$ 和 $g$ 是连续函数且 $\alpha\in\mathbb{R}$，那么 $f+g$，$fg$ 和 $\alpha f$ 也是连续的。

**习题 A. 2. 37** 如果每个序列 $x_n\uparrow x$ 有 $f(x_n)\to f(x)$，则函数 $f$：$A\to R$ 在 $x\subset A$ 左连续；如果每个序列 $x_n\downarrow x$ 有 $f(x_n)\to f(x)$，则函数 $f$：$A\to R$ 在 $x\subset A$ 右连续。显然，函数不仅在 $x$ 处连续，而且在 $x$ 处连既左连续又右连续。证明反过来仍然成立。①

关于连续函数的许多令人愉快的结论之一是中值定理：

**定理 A. 2. 38** 令 $f$：$[a, b]\to\mathbb{R}$，其中 $a<b$。如果 $f$ 在 $[a, b]$ 上连续且 $f(a)<0<f(b)$，则存在 $s\in(a, b)$，使 $f(s)=0$。

证明：令 $A:=\{x\in[a, b]: f(x)<0\}$，且令 $s$ 为该集的上确界，（为什么我们可以确定该上确界存在?）我们要证 $f(s)=0$。因为 $s=\sup A$，且存在一个序列

① 提示：你可能会用到习题 A. 2. 8 和定理 A. 2. 9。

$(x_n)$，满足$f(x_n)<0$和$x_n\uparrow s$。(为什么?)又根据$f$的连续性，我们有$\lim f(x_n)=f(s)$。对所有$n$，因为$f(x_n)<0$，所以$\lim f(x_n)\leqslant 0$。因此，$f(s)\leqslant 0$。由于$s$是$A$的上界，我们知道$x>s$意味着$x\notin A$，那么在这种情况下$f(x)\geqslant 0$。取$(s, b]$上严格减序列$(x_n)$，满足$x_n\downarrow s$。(理解确实存在这样的序列。)因为对所有的$n$，有$f(x_n)\geqslant 0$，所以$\lim f(x_n)=f(s)\geqslant 0$。因此，$f(s)=0$。■

**习题 A. 2. 39** 使用定理 $A$. 2. 38(结论而不是证明)，证明当$f(b)<0<f(a)$时结果同样成立。

让我们简要讨论一下可微性。令$f$: $(a, b)\to\mathbb{R}$，$x\in(a, b)$。函数$f$在$x$处可微，如果对每个收敛到0的序列$(h_n)$，且满足$h_n\neq 0$和$x+h_n\in(a, b)$，则对每一个$n$，序列：

$$\frac{f(x+h_n)-f(x)}{h_n}$$

收敛，极限不依赖于$(h_n)$的选择。如果存在这样的极限，用$f'(x)$表示。若其在定义域中每一点都是可微的，则函数$f$称为可微；除可微外，若$x\mapsto f'(x)$在$f$的定义域上处处连续，则称$f$连续可微。

**习题 A. 2. 40** 令$f$: $\mathbb{R}\to\mathbb{R}$，定义$f(x)=x^2$。证明对任意$x\in\mathbb{R}$，$f'(x)=2x$。

从区间$I$映射到$\mathbb{R}$的函数$f$称为凸(严格凸)，若对所有$\lambda\in[0, 1]$，及$x$，$y\in I$[对所有的$x\neq y$和$\lambda\in(0, 1)$]，有：

$$\lambda f(x)+(1-\lambda)f(y)\geqslant f(\lambda x+(1-\lambda)y)$$

$f$为凹(严格凹)，若对所有$\lambda\in[0, 1]$，及$x$，$y\in I$[对所有的$x\neq y$和$\lambda\in(0, 1)$]，有：

$$\lambda f(x)+(1-\lambda)f(y)\leqslant f(\lambda x+(1-\lambda)y)$$

因为$f$为凹，当且仅当$-f$为凸，所以我们可以认为凸性是基本性质，凹性仅是对$-f$凸性的简写方式。

连续、可微和凸性之间有多种联系。如果$f$: $[a, b]\to\mathbb{R}$是凸的，则其在$(a, b)$上处处连续。毫无疑问，若$f$二阶可微，则$(a, b)$上$f''$的非负性等价于凸性。这些事实可以用上面的定义证明。

最后，让我们考虑左右导数。令$f$: $[a, b]\to\mathbb{R}$，固定$x\in(a, b)$，我们定义：

$$D(x, h):=\frac{f(x+h)-f(x)}{h}, \quad ((h\neq 0, x+h\in(a, b))$$

如果对每个序列$h_n\downarrow 0$，则极限$\lim\limits_{n\to\infty}D(x, h_n)$存在且等于相同的值，我们称该

数为 $f$ 在 $x$ 处的右导数，用 $f'_{+}(x)$ 表示。如果对每个序列 $h_n \uparrow 0$，则极限 $\lim_{n\to\infty} D(x, h_n)$ 存在且等于相同的值，我们称该数为 $f$ 在 $x$ 处的右导数，用 $f'_{-}(x)$ 表示。事实证明，$f$ 在 $x$ 处可微，当且仅当左右导数在 $x$ 处存在且等于相同的值。如果读者把该证明作为一个练习，也并不太难。

下面的引理收集了一些有用的事例：

**引理 A. 2. 41** 如果 $f$ 在 $(a, b)$ 上为凹，则 $f'_{+}$ 和 $f'_{-}$ 在 $(a, b)$ 上的每一点都存在。对每一 $x \in (a, b)$，有：

$f'_{+}(x) = \sup_{h>0} D(x, h)$ 和 $f'_{-}(x) = \inf_{h<0} D(x, h)$

此外，在 $(a, b)$ 上每一点都有 $f'_{+}(x) \leqslant f'_{-}(x)$。若在 $x \in (a, b)$ 的某一点存在 $f'_{+}(x) = f'_{-}(x)$，则 $f$ 在 $x$ 处可微，且 $f'(x) = f'_{+}(x) = f'_{-}(x)$。

**习题 A. 2. 42** 证明引理 A. 2. 41。首先证明当 $f$ 为凹时，$D(x, h)$ 中的 $h$ 为减函数。然后对单调有界序列的极限应用存在的结论。

# B　章节附录

## B.1　第3章附录

让我们简短地讨论参数连续性的问题。我们要解决的问题是，一个最优化问题的解是否随着定义该问题的参数的变化而连续变化。在这个领域中最经典的理论是 Berge 的极大值定理，你至少应该熟悉该定理的陈述。

首先，给定 $A$ 和 $B$ 两个集合，一个从 $A$ 到$(B)$($B$ 的一个子集)的函数 $\Gamma$，被称为是从 $A$ 到 $B$ 的对应关系。对应关系通常用于定义约束集。例如 $a \in A$ 可以表示一种商品的价格或者是财富的水平，$\Gamma(a) \subset B$ 表示与该参数相关联的预算集。

现在假定 $A$ 和 $B$ 是度量空间，函数 $\Gamma$ 为从 $A$ 到 $B$ 的对应关系。$\forall a \in A$，如果 $\Gamma(a)$是 $B$ 的紧致子集，我们称 $\Gamma$ 为紧凑值；如果 $\Gamma(a) \neq \varnothing$，我们称 $\Gamma$ 为非空值。如果对于所有的 $n \in N$，任意的序列$(a_n) \subset A$，$(a_n) \to a$，任意的序列$(b_n) \subset A$，$(b_n) \to a$，序列$(b_n)$有一个极限在 $\Gamma(a)$ 中的收敛子集，则我们称从 $A$ 到 $B$ 的非空紧致对应关系 $\Gamma$ 为在 $a \in A$ 处上半连续。如果对于所有的 $n \in N$，任意的序列$(a_n) \subset A$，$(a_n) \to a$，且对于 $b \in \Gamma(a)$，存在序列 $b_n \in B$，$b_n \in \Gamma(a_n)$，且 $b_n \to b$，则我们称从 $A$ 到 $B$ 的非空紧致对应关系 $\Gamma$ 为在 $a$ 处的下半连续。最后，如果 $\Gamma$ 在 $a$ 处上半连续且下半连续，则 $\Gamma$ 在 $a$ 处是连续的；如果 $\Gamma$ 对于任意的 $a \in A$都是连续的，那么 $\Gamma$ 是连续的。

下面的引理解决了一个重要的特殊情形：

**引理 B.1.1**　对于$A \subset \mathbb{R}$，$g$ 和 $h$ 是从 $A$ 到$\mathbb{R}$ 的连续函数，且 $\Gamma$ 为 $A \to (R)$的

集合：

$\Gamma(x)=\{y\in R: g(x)\leqslant y\leqslant h(x)\}(x\in A)$

如果 $g$ 和 $h$ 都是连续函数，那么对应关系 $\Gamma$ 也是连续的。

证明：选取任意的 $a\in A$，首先我们来检验 $a$ 处的上半连续。对于所有的 $n$，任意$(a_n)\subset A$，$a_n\to a$，任意$(b_n)\subset B$，$b_n\in\Gamma(a_n)$，我们认为存在子序列 $b_{n_j}$和一个 $b\in\Gamma(a)$，且 $b_{n_j}$的极限为 $b$。

为了说明其原理，填补证明中的任何遗漏之处，请注意 $a_n$ 是有界的，$C(C:=\{a\}\cup\{a_n\}_{n\in N})$是封闭的，由此得出 $G:=\inf_{x\in C}g(x)$和 $H:=\sup_{x\in C}h(x)$是存在的（见定理 3.2.20）。但是对于所有的 $n$，$G\leqslant b_n\leqslant H$，$b_n$ 是有界的，因而包含一个极限为 $b$ 的子序列 $b_{n_j}$。注意对于所有自然数 $n$，$g(a_{n_j})\leqslant b_{n_j}\leqslant h(a_{n_j})$，因而我们可以选取这个极限去说明，$g(a)\leqslant b\leqslant h(a)$，换句话说，我们证明了$b\in\Gamma(a)$。

接下来考虑 $a$ 处的下半连续性。选取极限为 $a$ 的序列$(a_n)$，$b\in\Gamma(a)$，我们要证明存在序列$(b_n)$，对于所有的 $n$，$(b_n)\subset B$，$b_n\in\Gamma(a_n)$，并且 $b_n$ 的极限为 $b$。为了证明这个结论，假定 $b=g(a)$，设 $b_n=g(a_n)$也可以获得期望的结论。$b=h(a)$的情况也是类似的，假设 $g(a)<b<h(a)$，当 $N$ 足够大时，我们有 $n\geqslant N$，$g(a_n)<b<h(a_n)$。任意选取 $b_1$，…，$b_{N-1}$，且当 $n\geqslant N$ 时，选取 $b_n=b$，这就是一个合适的极限为 $b$ 的序列。

**练习 B.1.2** 假定 $\Gamma$：$A\to B$，满足 $\Gamma(a)$是序列 $b_a$ 的单元素集合（$\forall a\in A$）。证明如果 $\Gamma$ 是连续的，那么 $a\mapsto b_a$ 也是连续函数。

现在我们可以说明 Berge 极大值定理。

**定理 B.1.3** 假定 $\Theta$ 和$U$是两个度量空间，$\Gamma$：$\Theta\to U$，

$gr\Gamma:=\{(\theta, u)\in\Theta\times U: u\in\Gamma(\theta)\}$

如果$f$：$gr\Gamma\to R$ 是连续的，并且 $\Gamma$ 是非空的、紧致的、连续的，那么，函数 $g$：$\Theta\ni\theta\mapsto\max\limits_{u\in\Gamma(\theta)}f(\theta, u)\in R$ 在 $\Theta$ 是连续的。最大的对应关系为：

$M: \Theta\ni\theta\mapsto\mathop{\mathrm{argmax}}\limits_{u\in\Gamma(\theta)}f(\theta, u)\subset U$

且函数 $M$ 在 $\Theta$ 上是紧致的、上半连续的。特别地，如果 $M(\theta)$是单值的，那么 $M$ 是连续的。

在这个定理中，$f$ 在 $gr\Gamma$ 上的连续性是指，如果$(\theta, u)\in gr\Gamma$，并且$(\theta_n, u_n)$是 $gr\Gamma$ 中以$(\theta, u)$为极限的序列，那么$f(\theta_n, u_n)\to f(\theta, u)$。（与假设$f$固定一个参数而且$f$在每个参数中都是连续的相比，这是一个更强的要求）。该结论非常著名，我们在这里省略了证明。证明参考 Aliprantis 和 Border（1999）以及Stokey

和 Lucas(1989)。

下一个结论是 Berge 极大值定理的直接推论，但是和不动点的参数连续性有关。

**定理 B.1.4** 假定 $\Theta$，$U$，$\Gamma$ 是定理 B.1.3 中的函数，$g$：$gr\Gamma \to \mathcal{U}$，

$F(\theta) := \{u \in \mathcal{U}: u = g(\theta, u)\}$，$(\theta \in \Theta)$

如果 $\forall \theta \in \Theta$，$F(\theta)$ 是非空的，$\Gamma$ 是非空的、紧致的、连续的，且 $g$ 在 $gr\Gamma$ 上是连续的，那么 $\theta \mapsto F(\theta)$ 在 $\Theta$ 上是紧致的、上半连续的。特别地，如果 $F(\theta)$ 是单值的，那么也是连续的。

**证明：**$g$ 在 $gr\Gamma$ 是连续的，说明如果 $(\theta, u) \in gr\Gamma$，并且 $(\theta_n, u_n)$ 是 $gr\Gamma$ 中以 $(\theta, u)$ 为极限的序列，那么 $g(\theta_n, u_n) \to g(\theta, u)$。假定 $f$：$gr\Gamma \to R$ 被 $f(\theta, u) = -\rho(u, g(\theta, u))$ 决定，其中 $\rho$ 是 $U$ 的度量。你将能证明 $f$ 在 $gr\Gamma$ 上也是连续的。定理 B.1.3 说明 $\theta \mapsto M(\theta)$ 是紧致的、上半连续的，其中 $M(\theta)$ 是最大化集合 $\operatorname{argmax}_{u \in \Gamma(\theta)} f(\theta, u)$ 的子集。

现在选取 $\forall \theta \in \Theta$，由于假定 $F(\theta)$ 是非空的，所以 $f$ 的最大化子集和 $g$ 的不动点是一致的。这就说明，$M(\theta) = F(\theta)$。由于 $\theta$ 是任意的，那么 $M$ 和 $F$ 是 $\Theta$ 上相同的函数，并且 $\theta \mapsto F(\theta)$ 也是紧致的、上半连续的。

现在我们来证明：

**定理 B.1.5** 唯一性已经在练习 3.2.34 中证明。为了证明存在性，定义 $r$：$S \to R$，$r(x) = \rho(Tx, x)$，不难证明 $r$ 是连续的(关于 $\rho$)。由于 $S$ 是紧致的，那么 $r$ 有一个最小值 $x^*$，并且 $Tx^* = x^*$ 必须成立，否则，

$r(Tx^*) = \rho(TTx^*, Tx^*) < \rho(Tx^*, x^*) = r(x^*)$

这与 $x^*$ 的定义相矛盾。

接下来我们证明当 $n \to \infty$ 时，$\forall x \in S$，$T^n x \to x^*$。为了证明这个结论，取 $\forall x \in S$，考虑由 $\alpha_n := \rho(T^n x, x^*)$ 定义的实数序列 $(\alpha_n)$。因为 $T$ 在减小，序列 $(\alpha_n)$ 是单调递减的，所以序列 $(\alpha_n)$ 是收敛的(为什么?)，且收敛于 $\alpha \geq 0$，下面证明 $\alpha = 0$。

为了说明 $\alpha = 0$，我们提出以下观点：一方面由于 $S$ 的紧致性，序列 $T^n x$ 有一个子序列 $T^{n(k)} x$，$(T^{n(k)} x \to x')$，对于某些 $x' \in S$，$\rho(x', x^*) = \alpha$ 一定成立，这是因为 $y \mapsto \rho(T^{n(k)} x, x^*)$ 在 $S$ 到 $R$ 的映射上是连续的。因此 $\rho(T^{n(k)} x, x^*) \to \rho(x', x^*)$。另一方面 $\rho(T^{n(k)} x, x^*) \to \alpha$，由于序列的极限具有唯一性，所以 $\rho(x', x^*) = \alpha$。

式$\rho(Tx', x^*)=\alpha$也是显然成立的，为了证明这一点，我们注意到由于$T$具有连续性，所以

$$T(T^{n(k)}x)=T^{n(k)+1}x\to Tx'$$

因为$y\mapsto\rho(y, x^*)$是连续的，所以$\rho(T^{n(k)+1}x, x^*)\to\rho(Tx', x^*)$，同时$\rho(T^{n(k)}x, x^*)\to\alpha$，因此，$\rho(Tx', x^*)=\alpha$。

我们已经说明存在一个点$x'\in S$，使$\rho(x', x^*)=\rho(Tx', x^*)=\alpha$，如果$\alpha>0$，$x'\neq x^*$，这意味着

$$\alpha=\rho(x', x^*)>\rho(Tx', Tx^*)=\rho(Tx', x^*)=\alpha$$

这是矛盾的。

# B.2 第4章附录

我们现在证明定理4.3.17。开始证明之前，我们先提出下面的引理：

**引理B.2.1** 如果$\phi$和$\psi$是$P(S)$中的多项式，并且$h: S\to R_+$，那么

$$\left|\sum_{x\in S}h(x)\phi(x)-\sum_{x\in S}h(x)\psi(x)\right|\leqslant\frac{1}{2}\sup_{x,x'}|h(x)-h(x')|\cdot\|\phi-\psi\|_1$$

证明：令$\rho(x):=\phi(x)-\psi(x)$，$\rho^+(x):=\rho(x)\vee 0$，$\rho^-(x):=(-\rho(x))\vee 0$，留给读者去证明，$\rho(x)=\rho^+(x)-\rho^-(x)$，$|\rho(x)|=\rho^+(x)+\rho^-(x)$，$\sum_{x\in S}\rho^+(x)=\sum_{x\in S}\rho^-(x)=\frac{1}{2}\|\rho\|_1$。

考虑到等式$|a-b|=a\vee b-a\wedge b$(定理A.2.17)，我们有：

$$\begin{aligned}\left|\sum h\phi-\sum h\psi\right|&=\left|\sum h\rho\right|=\left|\sum h\rho^+-\sum h\rho^-\right|\\&=\left(\sum h\rho^+\right)\vee\left(\sum h\rho^-\right)-\left(\sum h\rho^+\right)\wedge\left(\sum h\rho^-\right)\end{aligned}$$

接下来考虑最后一个等式右边的两项，如果$\sup h:=\sup_{x\in S}h(x)$且$\inf h:=\inf_{x\in S}h(x)$，那么右边的第一项满足：

$$\begin{aligned}\left(\sum h\rho^+\right)\vee\left(\sum h\rho^-\right)&\leqslant\left(\sup h\sum\rho^+\right)\vee\left(\sup h\sum\rho^-\right)\\&=\sup h\left(\sum\rho^+\right)\vee\left(\sum\rho^-\right)=\sup h\frac{\|\rho\|_1}{2}\end{aligned}$$

右边的第二项满足：

$$(\sum h\rho^+)\wedge(\sum h\rho^-)\geqslant(\inf h\sum\rho^+)\wedge(\inf h\sum\rho^-)$$

$$=\inf h(\sum\rho^+)\wedge(\sum\rho^-)=\inf h\frac{\|\rho\|_1}{2}$$

因此，

$$\left|\sum h\phi-\sum h\psi\right|\leqslant(\sup h-\inf h)\frac{\|\rho\|_1}{2}$$

这与引理中的结论是相同的，证毕。

为了证明定理4.3.17，我们需要另外两个引理，这两个引理是很容易证明的。

**引理 B.2.2** 假定 $p$，$M$，$\phi$，$\psi$ 满足定理4.3.17中的条件，那么①，

$$\|\phi M-\psi M\|_1\leqslant\frac{1}{2}\sup_{x,x'}\|p(x,dy)-p(x',dy)\|_1\cdot\|\phi-\psi\|_1$$

证明：在该引理的证明中，如果 $\phi\in P(S)$ 且 $A\subset S$，我们将把 $\sum_{y\in A}\phi(x)$ 简写为 $\phi(A)$。选取 $\forall A\subset S$，并联系引理 B.2.1，我们有：

$$\left|\sum_{x\in S}P(x,A)\phi(x)-\sum_{x\in S}P(x,A)\psi(x)\right|\leqslant\frac{1}{2}\sup_{x,x'}|P(x,A)-P(x',A)|\cdot\|\phi-\psi\|_1$$

应用练习4.3.2中的结论，我们得到：

$$\left|\sum_{x\in S}P(x,A)\phi(x)-\sum_{x\in S}P(x,A)\psi(x)\right|\leqslant\frac{1}{4}\sup_{x,x'}|P(x,dy)-P(x',dy)|\cdot\|\phi-\psi\|_1$$

该式又可以写成：

$$\|\phi M(A)-\psi M(A)\|_1\leqslant\frac{1}{4}\sup_{x,x'}\|p(x,dy)-p(x',dy)\|_1\cdot\|\phi-\psi\|_1$$

$$\therefore\sup_{A\subset S}\|\phi M(A)-\psi M(A)\|_1\leqslant\frac{1}{4}\sup_{x,x'}\|p(x,dy)-p(x',dy)\|_1\cdot\|\phi-\psi\|_1$$

再次使用练习4.3.2中的结论，我们就可以得到想要的结论。

为了证明定理4.3.17中的第一个结论，我们只需证明：

$$\frac{1}{2}\sup_{x,x'}\|p(x,dy)-p(x',dy)\|_1=1-\inf_{x,x'}\sum_{y\in S}p(x,y)\wedge p'(x',y)$$

对于 $\forall x,x',\frac{1}{2}\|p(x,dy)-p(x',dy)\|_1=1-\sum_{y\in S}p(x,y)\wedge p'(x',y)$ 显然

① $\|p(x,dy)-p(x',dy)\|_1=\sum_{y\in S}|p(x,y)-p(x'y)|$。

是成立的(为什么?)。接下来的引理将证明，实际上这个是始终成立的。

**引理 B.2.3** $\forall \mu, \nu \in P(S)$，我们有$\frac{1}{2}\|\mu - v\|_1 = 1 - \sum_{y \in S} \mu(y) \wedge v(y)$。

**证明：**从引理 A.2.17 中我们可以证明 $\forall a, b \in R$，$|a - b| = a + b - 2a \wedge b$。因此，对 $\forall x \in S$，我们可以得到：

$$|\mu(x) - v(x)| = \mu(x) + v(x) - 2\mu(x) \wedge v(x)$$

再对 $x$ 求和，我们就可以得到想要的结论。■

我们已经证明了定理 4.3.17 中的第一个结论，接下来我们证明第二个结论：

$$1 - \alpha(p) = \frac{1}{2}\sup_{x,x'} \| p(x, dy) - p(x', dy) \|_1$$

$$= \sup_{x \neq x'} \frac{\| p(x, dy) - p(x', dy) \|_1}{\| \delta_x - \delta_{x'} \|_1} \leqslant \sup_{\mu \neq v} \frac{\| \mu M - vM \|_1}{\| \mu - v \|_1}$$

现在我们已经证明了上确界的存在。

# B.3 第 6 章附录

证明定理 6.3.8。取 $\forall u, v \in bU$，可以得到：

$$u = u + v - v \leqslant v + |u - v| \leqslant v + \| u - v \|_\infty$$

这个不等式的成立是针对 $U$ 的。通过 $T$ 的单调性，我们可得 $Tu \leqslant T(v + \| u - v \|_\infty)$，结合(6-29)进一步得到 $Tu - Tv \leqslant \lambda \| u - v \|_\infty$，调换 $u$ 和 $v$ 的位置，可得 $Tv - Tu \leqslant \lambda \| u - v \|_\infty$，这两个不等式足够证明该定理(为什么?)

# B.4 第 8 章附录

首先我们来证明引理 8.2.3，我们先进行一些初步讨论，可以通过映射 $fM(y) := \int p(x,y) f(x) dx$ 将 $M$ 扩展为 $L_1(S)$ 中的所有函数 $f$，不等式 $\| fM \|_1 \leqslant \| f \|_1$ 始终成立。在下面的条件中，这是严格成立的。

**引理 B. 4. 1** 假定 $f \in L_1(S)$，那么 $\| fM \|_1 < \| f \|_1$，当且仅当 $\lambda[(f^+M) \wedge (f^-M)] > 0$。

证明：通过引理 A. 2. 17，可以得到点态不等式 $|fM| = |f^+M - f^-M| = f^+M + f^-M - 2(f^+M) \wedge (f^-M)$ 成立，在 $S$ 上进行积分我们可以得到：

$$\| fM \|_1 = \lambda(f^+) + \lambda(f^-) - 2\lambda[(f^+M) \wedge (f^-M)]$$

$$\therefore \| fM \|_1 = \| f \|_1 - 2\lambda[(f^+M) \wedge (f^-M)]$$

证毕。■

证明引理 8. 2. 3。当 $t = 1$ 时，这个结论显然是成立的。因为当 $t = 1$ 时，对任意的一个核 $q$ 及其相关的马尔科夫算子 $N$，$q := p^t$ 成立，并且与 $p^t$ 相关联的马尔科夫算子是 $M^t$。

取 $\forall \phi, \psi \in D(S)$，使 $f := \phi - \psi$，通过引理 B. 4. 1 我们可以得到 $\| \phi M - \psi M \|_1 < \| \phi - \psi \|$，当

$$\int \left[ \left( \int p(x,y) f^+(x) \mathrm{d}x \right) \wedge \left( \int p(x,y) f^-(x) dx \right) \right] \mathrm{d}y > 0 \tag{B-1}$$

进一步我们可以证明，$\forall y \in S$，

$$\left( \int p(x,y) f^+(x) \mathrm{d}x \right) \wedge \left( \int p(x',y) f^-(x') \mathrm{d}x' \right) \geqslant \iint p(x,y) \wedge p(x',y) f^+(x) f^-(x') \mathrm{d}x \mathrm{d}x'$$

该式中对 $y$ 积分表明(B-1)主导了算式：

$$\iint \left[ \int p(x,y) \wedge p(x',y) \mathrm{d}y \right] f^+(x) f^-(x') \mathrm{d}x \mathrm{d}x'$$

由于假设保证了该积分内部始终为正数，并且 $f^+$ 和 $f^-$ 都是非零的(因为 $\phi \neq \psi$)，那么这个算式是严格为正的，这就证明了引理 8. 2. 3。

证明命题 8. 2. 12。在引理 11. 2. 9 中我们证明了，如果 $\lambda(w\phi) < \infty$，并且几何漂移条件成立，那么 $(\phi M^t)_{t \geqslant 0}$ 是紧致的。对于一般的 $\psi \in D(S)$，我们仍需要证明该结论，证明需要通过以下两个条件：

(1) 满足 $\lambda(w\phi) < \infty$ 且 $\phi \in D(S)$ 的所有集合 $D_0$ 在 $D(S)$①中是密集的。

(2) 如果存在一个序列 $(\phi_n) \subset D(S)$，满足 $\forall n \in N$，$(\phi_n M^t)_{t \geqslant 0}$ 是紧致的，$d_1(\phi_n, \psi) \to 0$，那么 $(\phi M^t)_{t \geqslant 0}$ 是紧致的。

这两个条件是显然的，因为如果第一个条件成立，那么存在一个密集的子集 $D_0 \subset D(S)$，使从 $D_0$ 开始的轨迹是密集的。如果 $D_0$ 是密集的，那么第二个条件

---

① 如果 $U$ 的每个元素都是 $A$ 中序列的极限，则度量空间 $U$ 的子集 $A$ 在 $U$ 中称为密集。

中的要求得以保证。

关于第一个条件，假定 $C_n:=\{x: w(x)\leqslant n\}$，选取 $\forall\phi\in D(S)$。定义 $\phi_n:=a_n\mathrm{I}c_n\phi$，其中 $a_n$ 是归一化常数 $1/\lambda(\mathrm{I}c_n\phi)$，可以证明序列$(\phi_n)$在 $D_0$ 处收敛于 $\phi$。Lehmauu－Scheffe 引理表明点密度逐点收敛意味着 $d_1$ 也是收敛的，因为任意的密度函数 $\phi$，$D_0$ 是密集的。

关于第二个条件，取 $\forall\varepsilon>0$，选择 $n$，满足 $d_1(\phi_n, \psi)\leqslant\varepsilon/2$。$M$ 的非延展性表明，$\forall t$，$d_1(\phi_n M^t, \psi M^t)\leqslant\varepsilon/2$。因为$(\phi_n M^t)$是紧致的，所以存在一个紧致的集合 $K$，使 $\forall t$，$\lambda(\mathrm{I}_{K^c}\phi_n M^t)\leqslant\varepsilon/2$。由此我们可以得到：

$$\lambda(\mathbb{1}_{K^c}\psi\mathbf{M}^t)=\lambda(\mathbb{1}_{K^c}|\psi\mathbf{M}^t-\phi_n\mathbf{M}^t+\phi_n\mathbf{M}^t|)\leqslant d_1(\psi\mathbf{M}^t, \phi_n\mathbf{M}^t)+\lambda(\mathbb{1}_{K^c}\phi_n\mathbf{M}^t)\leqslant\varepsilon$$

该式对所有的 $t\in N$ 都成立，因此$(\Psi M^t)_{t\geqslant 0}$是紧致的。

证明命题 8.2.13。固定 $\varepsilon>0$，我们可以证明存在一个 $\delta>0$，满足 $\int_A \psi M^t(x)dx<\varepsilon$，只要 $\lambda(A)<\delta$。因为$(\Psi M^t)_{t\geqslant 0}$是紧致的，所以存在一个集合 $K$，满足

$$\lambda(\mathbb{1}_{K^c}\psi\mathbf{M}^t):=:\int_{K^c}\psi\mathbf{M}^t\mathrm{d}\lambda<\frac{\epsilon}{2}, \forall t\in\mathbb{N} \tag{B－2}$$

对于任意的博雷尔集 $A\subset S$，以下等式成立：

$$\int_A\psi\mathbf{M}^t\mathrm{d}\lambda=\int_{A\cap K}\psi\mathbf{M}^t\mathrm{d}\lambda+\int_{A\cap K^c}\psi\mathbf{M}^t\mathrm{d}\lambda \tag{B－3}$$

考虑式子求和的第一项，我们有：

$$\begin{aligned}\int_{A\cap K}(\psi\mathbf{M}^t)(x)\lambda(\mathrm{d}x) &= \int_{A\cap K}\left[\int p(x,y)(\psi\mathbf{M}^{t-1})(x)\lambda(\mathrm{d}x)\right]\lambda(\mathrm{d}y)\\ &= \int\left[\int_{A\cap K}p(x,y)\lambda(\mathrm{d}y)\right](\psi\mathbf{M}^{t-1})(x)\lambda(\mathrm{d}x)\end{aligned}$$

通过假设 $p\leqslant m$ 以及连续函数 $m$ 的图像在 $K$ 上是有界的$(N<\infty)$，我们可以得到，

$$\int_{A\cap K}p(x,y)\lambda(\mathrm{d}y)\leqslant\int_{A\cap K}m(y)\lambda(\mathrm{d}y)\leqslant N\cdot\lambda(A)$$

$$\therefore\int_{A\cap K}\psi\mathbf{M}^t\mathrm{d}\lambda=\int\left[\int_{A\cap K}p(x,y)\lambda(\mathrm{d}y)\right]\psi\mathbf{M}^{t-1}\mathrm{d}\lambda\leqslant N\lambda(A) \tag{B－4}$$

结合(B－2)、(B－3)、(B－4)我们可以得出结论，$\forall t$，$\forall A\in B(S)$，有：

$$\int_A(\psi\mathbf{M}^t)(x)\lambda(\mathrm{d}x)\leqslant N\cdot\lambda(A)+\frac{\varepsilon}{2}$$

集合 $\delta:=\varepsilon/(2N)$满足最终的结果。 ■

# B.5 第10章附录

现在我们给出定理10.2.11的证明。为了简化符号表达，我们把“$\|\ \|_\infty$”写成“$\|\ \|$”。这个定理说明，如果 $\sigma$ 是近似值迭代算法的策略，那么

$$\|v^* - v_\sigma\| \leqslant \frac{2}{(1-\rho)^2}(\rho\|v_n - v_{n-1}\| + \|v^* - Lv^*\|)$$

这个结论可以由以下两个引理得出。

**引理 B.5.1** $v_n$ 贪婪策略的结果 $\sigma$ 满足：

$$\|v^* - v_\sigma\| \leqslant \frac{2}{1-\rho}\|v_n - v^*\| \tag{B-5}$$

证明：我们有：

$$\|v^* - v_\sigma\| \leqslant \|v^* - v_n\| + \|v_n - v_\sigma\| \tag{B-6}$$

式(B-6)的右边第二项满足：

$$\|v_n - v_\sigma\| \leqslant \|v_n - Tv_n\| + \|Tv_n - v_\sigma\| \tag{B-7}$$

式(B-7)右边的第一项，我们发现对于 $\forall w \in bB(S)$，有：

$$\|w - Tw\| \leqslant \|w - v^*\| + \|v^* - Tw\| \leqslant \|w - v^*\| + \rho\|v^* - w\| = (1+\rho)\|w - v^*\|$$

用 $v_n$ 代替 $w$ 我们可以得到：

$$\|v_n - Tv_n\| \leqslant (1+\rho)\|v_n - v^*\| \tag{B-8}$$

现在我们再看(B-7)右边的第二项，因为 $\sigma$ 是 $v_n$ 贪婪策略的结果，所以我们有 $Tv_n = T_\sigma v_n$，并且

$$\|Tv_n - v_\sigma\| = \|T_\sigma v_n - v_\sigma\| = \|T_\sigma v_n - T_\sigma v_\sigma\| \leqslant \rho\|v_n - v_\sigma\|$$

将这个结果和式(B-8)代入到式(B-7)，得到：

$$\|v_n - v_\sigma\| \leqslant (1+\rho)\|v_n - v^*\| + \rho\|v_n - v_\sigma\|$$

$$\therefore \|v_n - v_\sigma\| \leqslant \frac{1+\rho}{1-\rho}\|v_n - v^*\|$$

由这个不等式和(B-6)共同推出：

$$\|v^* - v_\sigma\| \leqslant \|v^* - v_n\| + \frac{1+\rho}{1-\rho}\|v_n - v^*\|$$

通过简单的代数计算我们就证明了(B-5)。

**引理 B.5.2** 对于$\forall n \in N$，都有：

$$(1-\rho)\|v^*-v_n\| \leqslant \|v^*-Lv^*\| + \rho\|v_n-v_{n-1}\|$$

**证明**：设$\hat{v}$是$\hat{T}$的不动点，通过三角不等式，可以得到：

$$\|v^*-v_n\| \leqslant \|v^*-\hat{v}\| + \|\hat{v}-v_n\| \tag{B-9}$$

对于(B-9)右边的第一项，我们有：

$$\begin{aligned}\|v^*-\hat{v}\| &\leqslant \|v^*-\hat{T}v^*\| + \|\hat{T}v^*-\hat{v}\| \\ &= \|v^*-Lv^*\| + \|\hat{T}v^*-\hat{T}\hat{v}\| \leqslant \|v^*-Lv^*\| + \rho\|v^*-\hat{v}\|\end{aligned}$$

$$\therefore (1-\rho)\|v^*-\hat{v}\| \leqslant \|v^*-Lv^*\| \tag{B-10}$$

对于(B-9)右边的第二项，我们有：

$$\|\hat{v}-v_n\| \leqslant \|\hat{v}-\hat{T}^{n+1}v_0\| + \|\hat{T}^{n+1}v_0-\hat{T}^n v_0\| \leqslant \rho\|\hat{v}-v_n\| + \rho\|v_n-v_{n-1}\|$$

$$\therefore (1-\rho)\|\hat{v}-v_n\| \leqslant \rho\|v_n-v_{n-1}\| \tag{B-11}$$

联系(B-9)、(B-10)、(B-11)，我们就证明了想要的结论。

## B.6 第11章附录

引理11.1.29交给读者去证明，如果$\phi$，$\psi \in P(S)$，那么

$$\|\phi-\psi\| TV = 2(\phi-\psi)^+(S) = 2(\phi-\psi)^-(S) = 2(\phi-\psi)(S^+) \tag{B-12}$$

在该式中，$S^+$表示$\phi-\psi$的符号测度。现在我们假设$S^+$是$|\phi(B)-\psi(B)|$在$B(S)$上的最大值。得到：

$$\sup_{B\in\mathscr{B}(S)} |\phi(B)-\psi(B)| = |\phi(S^+)-\psi(S^+)| = (\phi-\psi)(S^+)$$

因为引理11.1.29的条件来自(B-12)，所以我们只需要证明，$S^+$的确是一个最大值。为了证明这个结论，选取$\forall B \in B(S)$，满足：

$$\begin{aligned}|\phi(B)-\psi(B)| &= |(\phi-\psi)^+(B)-(\phi-\psi)^-(B)| \\ &= (\phi-\psi)^+(B) \vee (\phi-\psi)^-(B) - (\phi-\psi)^+(B) \wedge (\phi-\psi)^-(B)\end{aligned}$$

在该式中，第二个等号成立的条件依赖于引理A.2.17。

$$\therefore |\phi(B)-\psi(B)| \leqslant (\phi-\psi)^+(B) \vee (\phi-\psi)^-(B) \leqslant (\phi-\psi)^+(S)$$

又因为$(\phi-\psi)^+(S) = (\phi-\psi)(S^+)$使我们定义了等式，所以$S^+$是最大值。

接下来我们证明定理11.2.5。在这个证明中，$P$代表随机核，$M$代表马尔科夫算子。由条件可得，对于$h \in bcS$，有$Mh \in bcS$。

证明定理 11.2.5：定义 $\psi$ 满足该定理的条件，所以$(\psi M^t)_{t\geqslant 1}$是紧致的。令 $v_n = \frac{1}{n}\sum_{t=1}^{n}\psi M^t$，则序列$(v_n)_{n\geqslant 1}$也是紧致的（为什么？）。进一步我们得到，$(v_n)$存在一个子序列$(v_{n_k})$，以及存在一个 $v\in P(S)$，满足 $d_{FM}(v_{n_k}, v)\to 0$。不难检验，对所有的 $n\in N$，都有：

$$v_n\mathbf{M} - v_n = \frac{\psi\mathbf{M}^{n+1} - \psi\mathbf{M}}{n}$$

我们为了证明 $d_{FM}(M, v)=0$，从而得到 $v$ 相对于 $M$ 是固定的。从 Fortet - Mourier 距离的定义容易说明对于任何有界的利普希茨连续函数，满足 $h\in blS$，$\|h\|_{bl}\leqslant 1$，可以推出$|vM(h)-v(h)|=0$。

所以我们任选一个 $h$，注意到对于所有的 $n\in N$，有：

$$|v\mathbf{M}(h)-v(h)|\leqslant|v\mathbf{M}(h)-v_n\mathbf{M}(h)|+|v_n\mathbf{M}(h)-v_n(h)|+|v_n(h)-v(h)| \tag{B-13}$$

(B-13)右边的三项均沿着子序列$(n_k)$趋近于0，这就表明$|vM(h)-v(h)|=0$。为了说明这个结论，考虑(B-13)右边的第一项，有：

$$|v\mathbf{M}(h)-v_{n_k}\mathbf{M}(h)|=|v(\mathbf{M}h)-v_{n_k}(\mathbf{M}h)|\to 0$$

这个等式成立的条件是源于定理9.2.15 中的对偶性，收敛是因为如果 $Mh$ 是有界的、连续的，则 $d_{FM}(v_{n_k}, v)\to 0$，$k\to\infty$。

再来考虑(B-13)右边的第二项。在 $k$ 趋于正无穷时，$|v_{n_k}M(h)-v_{n_k}(h)|\to 0$,这是因为

$$|v_{n_k}\mathbf{M}(h)-v_{n_k}(h)|=\frac{1}{n_k}|\psi\mathbf{M}^{n_k+1}(h)-\psi\mathbf{M}(h)|\leqslant\frac{2}{n_k}$$

最后考虑(B-13)右边的第三项。这一项沿着子序列$(n_k)$收敛时是微小的，综合以上的结论，我们就证明了定理 11.2.5。 ■

证明引理 11.3.3。方程 $P(x_b)=\alpha\int p^*(z)\phi(dz)$ 的解 $x_b$ 满足 $D(\alpha P(0))\leqslant x_b$，这是因为 $P(x_b)=\alpha\int p^*(z)\phi(dz)\leqslant\alpha p^*(0)=\alpha P(0)$，在这里我们认为 $p^*(0)=P(0)$。[①] 因为 $D(P(0))=0$ 且 $D$ 是严格递增的，所以 $D(\alpha P(0))>0$。由于 $x_b\geqslant D(\alpha P(0))$，因此我们证明了 $x_b>0$。

---

① 我们可以通过(6-28)证明这一点，一方面，如果 $p\leqslant P(0)$，那么 $Tp\leqslant P(0)$，进而得出 $=p^*\lim_n T^nP\leqslant P(0)$，因此 $p^*(0)\leqslant P(0)$。另一方面，因为 $p^*\geqslant P$，所以 $p^*(0)\geqslant P(0)$，因此，$p^*(0)=P(0)$。

总结以上的结论，如果 $x \leqslant x_b$，那么 $p^*(x)=P(x)$ 且 $I(x)=0$，这是因为 $I(x)=x-D(p^*(x))$。因此我们只需要证明当 $x \leqslant x_b$ 时，有 $p^*(x)=0$。如果 $x \leqslant x_b$，$P(x_b) \leqslant P(x)$，那么

$$P(x) \geqslant \alpha \int p^*(z)\phi(\mathrm{d}z) \geqslant \alpha \int p^*(\alpha I(x)+z)\phi(\mathrm{d}z)$$

现在我们就可以从 $p^*$ 的定义中得出 $p^*(x)=P(x)$ 的结论。[1] ■

# B.7 第12章附录

证明结论 12.1.17。取 $\forall y>0$，$h$：$[0, y] \to R$，满足

$$h(k):=U(y-k)+W(k), W(k):=\rho \int w[f(k,z)]\phi(\mathrm{d}z)$$

给定任何 $\varepsilon>0$，有：

$$\frac{h(y)-h(y-\varepsilon)}{\varepsilon}=-\frac{U(\varepsilon)}{\varepsilon}+\frac{W(y)-W(y-\varepsilon)}{\varepsilon} \tag{B-14}$$

如果 $\sigma(y)=y$，那么 $h(y) \geqslant h(y-\varepsilon)$，并且（B-14）对于所有的 $\varepsilon>0$ 是非负的。但这是不可能的，一方面，因为 $W(k)$ 是凹函数，并且在 $y$ 点的左侧存在导数（引理 A.2.41），所以这说明等式右边的第二项随着 $\varepsilon \to 0$ 收敛于一个有限数；另一方面，假设 $U'(0)=\infty$ 表明等式右边的第一项趋近于 $-\infty$。

证明结论 12.1.18。固定 $w \in 1ibcS$，$y>0$，定义：

$$W(x,k):=U(x-k)+\rho \int w(f(k,z))\phi(\mathrm{d}z), (x>0, k \leqslant x)$$

在结论 12.1.17 中我们有 $\sigma(y)<y$，通过这个不等式我们可以说明存在一个开邻域 $G$，该邻域对于所有的 $h \in G$，均有 $0 \leqslant \sigma(y) \leqslant y+h$。

$\therefore W(y+h, \sigma(y)) \leqslant Tw(y+h)=W(y+h, \sigma(y+h))$，$\forall h \in G$

进一步我们得出结论，$\forall h \in G$，有：

$$\begin{aligned} Tw(y+h)-Tw(y) &\geqslant W(y+h, \sigma(y))-W(y, \sigma(y)) \\ &=U(y-\sigma(y)+h)-U(y-\sigma(y)) \end{aligned}$$

取 $h_n \in G$，$h_n>0$，$h_n \downarrow 0$，因为 $h_n>0$，所以有：

---

[1] 定义式（6-26）。

$$\frac{Tw(y+h_n)-Tw(y)}{h_n}\geqslant\frac{U(y-\sigma(y)+h_n)-U(y-\sigma(y))}{h_n},\quad\forall n\in\mathbb{N}$$

由于 $Tw$ 是凹函数，所以令 $DTw_+$ 表示 $Tw$ 的右导数，通过取极限我们可以得到 $DTw_+(y)\geqslant U'(y-\sigma(y))$。

现在我们取 $h_n\in G$，$h_n<0$，$h_n\uparrow 0$，因为 $h_n<0$，所以我们得到下面的不等式（与上面的不等式相反）：

$$\frac{Tw(y+h_n)-Tw(y)}{h_n}\leqslant\frac{U(y-\sigma(y)+h_n)-U(y-\sigma(y))}{h_n},\quad\forall n\in\mathbb{N}$$

通过取极限我们可以得到 $DTw_-(y)\leqslant U'(y-\sigma(y))$，因此

$DTw_-(y)\leqslant u'(y-\sigma(y))\leqslant DTw_+(y)$

但是因为 $Tw$ 是凹函数以及由引理 A. 2. 41 表明，$DTw_+(y)\leqslant DTw_-(y)$，所以只能是 $DTw_+(y)=DTw_-(y)$（这说明 $Tw$ 在 $y$ 处是可微的，结果为 $U'(y-\sigma(y))$）。

证明结论 12. 1. 23。固定 $y>0$，定义 $k^*:=\sigma(y)$ 为最优投资，$v:=v^*$ 是值函数。通过利用结论 12. 1. 17，我们有 $k^*<y$，我们现在假定：

$$h(k):=U(y-k)+\rho\int v(f(k,z))\phi(\mathrm{d}z)$$

在 $[0,y]$ 是可微的，并且

$$h'(k)=-U'(y-k)+\rho\int U'\circ c(f(k,z))f'(k,z)\phi(\mathrm{d}z)\tag{B-15}$$

（如果 $k=0$，则通过可微的性质可知左侧极限 $h'_+(0)$ 存在，尽管可能是 $+\infty$。）

不等式(12－3)等于 $h'(k^*)\leqslant 0$，这是因为 $k^*$ 是一个最大值并且 $k^*<y$，所以 $h'(k^*)>0$ 是不可能的。因此我们只需要证明 $h$ 在 $[0,y]$ 是可微的，并且结果为(B－15)，根据推论 12. 1. 19，我们足以证明：

$$h'(k):=-U'(y-k)+\rho\int\frac{\partial}{\partial k}v(f(k,z))\phi(\mathrm{d}z),\quad(0<k<y)$$

现在我们证明的唯一难点是：

$$\frac{\mathrm{d}}{\mathrm{d}k}\int v(f(k,z))\phi(\mathrm{d}z)=\int\frac{\partial}{\partial k}v(f(k,z))\phi(\mathrm{d}z)\tag{B-16}$$

为了证明这一点，我们定义：

$$g(k):=\int v(f(k,z))\phi(\mathrm{d}z),\quad(k>0)$$

考虑固定 $k>0$ 时的导数，令 $h_0<0$，$k+h_0>0$。对于所有的 $h>h_0$，我们不难证明：

$$\frac{g(k+h)-g(k)}{h}=\int\left[\frac{v(f(k+h,z))-v(f(k,z))}{h}\right]\phi(\mathrm{d}z)$$

因为 $k\mapsto v(f(k,z))$ 对于所有的 $z$ 是凹函数，所以下面的不等式对于 $z$ 成立（习题 A. 2. 42）

$$\frac{v(f(k+h,z))-v(f(k,z))}{h}\leqslant\frac{v(f(k+h_0,z))-v(f(k,z))}{h_0}:=M(z)$$

函数 $M$ 是有界的，并且是 $\phi$ 可积的。因此，通过控制收敛定理表明，对于 $h_n\to0$，$h_n>h_0$，$h_n\neq0$，有：

$$\begin{aligned}g(k)&=\lim_{n\to\infty}\int\left[\frac{v(f(k+h_n,z))-v(f(k,z))}{h_n}\right]\phi(\mathrm{d}z)\\&=\int\lim_{n\to\infty}\left[\frac{v(f(k+h_n,z))-v(f(k,z))}{h_n}\right]\phi(\mathrm{d}z)\\&=\int\frac{\partial}{\partial k}v(f(k,z))\phi(\mathrm{d}z)\end{aligned}$$

最后一个等式是因为 $k\mapsto v(f(k,z))$ 对于每一个 $z$，在 $k$ 都是可积的。

证明结论 12. 1. 24。从该定理的第二个条件出发，我们指出如果 $h'(k^*)<0$，那么 $k^*=0$。这是由于当 $k^*>0$ 时，$k^*$ 是内部的点，导致 $h'(k^*)=0$。

若该定理的第一个条件想要成立，则需要对 $\forall z\in Z$，$f(0,z)=0$，能推出 $\forall y>0$，$\sigma(y)>0$（为什么？）假设在某一点处 $\exists y>0$，$\sigma(y)=0$，那么

$$v(y)=U(y)+\rho\int v[f(0,z)]\phi(\mathrm{d}z)=U(y)\tag{B-17}$$

在这里我们让 $U(0)=0$，定义下式：

$$v_\xi:=U(y-\xi)+\rho\int v[f(\xi,z)]\phi(\mathrm{d}z)\tag{B-18}$$

在该式中，$\xi$ 是一个小于 $y$ 的正数。使用最优条件以及 $U(y)=v(y)$，我们可以得到：

$$0\leqslant\frac{v(y)-v_\xi}{\xi}=\frac{U(y)-U(y-\xi)}{\xi}-\rho\int\frac{v[f(\xi,z)]}{\xi}\phi(\mathrm{d}z)\ ,\quad\forall\xi<y$$

注意等式右边的第一项，当 $\xi\downarrow0$ 时是收敛于有限常数 $U'(y)$。因此，如果等式右边的第二项（即积分项）收敛到正无穷大，就将引起矛盾。尽管我们的单调收敛定理的简单形式不包括这种情况，但足以证明对于每个固定 $z$，当 $\xi\downarrow0$

时，被积数会收敛到无穷大。有兴趣的读者可以参考 Dudley(2002)定理 4.3.2①。为了说明这是正确的，我们注意对于$\forall z\in Z$，有：

$$\lim_{\xi\downarrow 0}\frac{v[f(\xi,\ z)]}{\xi}=\lim_{\xi\downarrow 0}\frac{v[f(\xi,\ z)]}{f(\xi,\ z)}\frac{f(\xi,\ z)}{\xi}\geqslant\lim_{\xi\downarrow 0}\frac{U[f(\xi,\ z)]}{f(\xi,\ z)}\frac{f(\xi,\ z)}{\xi}\to\infty$$

这里我们使用了在逐点函数 $S$ 上，$v\geqslant U$。 ■

证明引理 12.1.28。如在引理中的设定相同，我们定义 $w_1=(U'\circ c)^{\frac{1}{2}}$，有：

$$\int w_1[f(\sigma(y),z)]\phi(\mathrm{d}z)=\int[U'\circ c[f(\sigma(y),z)]\frac{f'(\sigma(y),z)}{f'(\sigma(y),z)}]^{\frac{1}{2}}\phi(\mathrm{d}z)$$

为了突破这种陈述，我们利用以下条件：如果 $g$ 和 $h$ 都是 $S$ 上的正实数函数，则根据柯西－施瓦兹不等式，可以得到：

$$\int(gh)^{\frac{1}{2}}d\phi\leqslant\left(\int gd\phi\cdot\int hd\phi\right)^{\frac{1}{2}}\tag{B-19}$$

该式遵循：

$$\int w_1[f(\sigma(y),z)]\phi(\mathrm{d}z)$$

$$\leqslant\left[\int U'\circ c[f(\sigma(y),z)]f'(b(y),z)\phi(\mathrm{d}z)\right]^{\frac{1}{2}}\left[\int\frac{1}{f'(\sigma(y),z)}\phi(\mathrm{d}z)\right]^{\frac{1}{2}}$$

代入欧拉方程，得到：

$$\int w_1[f(\sigma(y))z]\phi(\mathrm{d}z)\leqslant\left[\frac{U'\circ c(y)}{\rho}\right]^{\frac{1}{2}}\left[\int\frac{1}{f'(\sigma(y),z)}\phi(\mathrm{d}z)\right]^{\frac{1}{2}}$$

将定义式 $w_1=(U'\circ c)^{\frac{1}{2}}$代入这个式子，得到：

$$\int w_1[f(\sigma(y))z]\phi(\mathrm{d}z)\leqslant\left[\int\frac{1}{\rho f'(\sigma(y),z)}\phi(\mathrm{d}z)\right]^{\frac{1}{2}}w_1(y)$$

从假说 12.1.27 中我们推出$\exists\delta>0$，$\alpha_1\in(0,\ 1)$，满足：

$$\left[\int\frac{1}{\rho f'(\sigma(y),z)}\phi(\mathrm{d}z)\right]^{\frac{1}{2}}<\alpha_1<1(y<\delta)$$

$$\therefore\int w_1[f(\sigma(y),z)]\phi(\mathrm{d}z)\leqslant\alpha_1 w_1(y),\ (y<\delta)$$

如果 $y\geqslant\delta$，我们可以得到：

$$\int w_1[f(\sigma(y),z)]\phi(\mathrm{d}z)\leqslant\beta_1:=\int w_1[f(\sigma(\delta),z)]\phi(\mathrm{d}z)$$

---

① 我们利用下面的事实：对于每个固定 $z$，被积数都随着 $\xi$ 单调增加，这是由于 $f$ 的第一个变量的凹性以及该函数是增函数。

最后两个不等式共同给出下面的结论：

$$\int w_1[f(\sigma(y),z)]\phi(\mathrm{d}z) \leqslant \alpha_1 w_1(y) + \beta_1, \quad (y \in S)$$

到这里我们完成了引理 12.1.28 的证明。

证明引理 12.2.17。我们首先注意到，如果 $w$ 是 $R^+$ 上任意一个连续的、递增的函数，满足 $\forall y \in R^+$，$Nw(y) = \int w(f(y,z))\phi(\mathrm{d}z) < \infty$，那么 $Nw$ 在 $R^+$ 上也是连续的、递增的，$Nw$ 的单调性是明显的。连续性的成立是因为如果 $y_n \to y$，那么 $y_n$ 存在一个界限 $\bar{y}$，并且 $w(f(y_{n'} \cdot)) \leqslant w(f(\bar{y} \cdot))$。由于 $\int w(f(\bar{y}, z))\phi(\mathrm{d}z) < \infty$，根据主导收敛原理，所以我们得到 $\lim_{n\to\infty} Nw(y_n) \to Nw(y)$。

通过简单的归纳推理，我们可以说明对 $\forall t > 0$，$N^t U$ 在 $R_+$ 上都是递增的、连续的。因此如果定义 $\kappa = \sum_t \delta^t N^t U$，我们就可以立即得出 $\kappa$ 在 $R_+$ 上是单调增加的(为什么?)。$\kappa$ 在 $R_+$ 上的连续性可以通过推论 7.3.15 证明。取 $y_n \to y$，再次注意存在一个界限 $\bar{y}$，使 $\forall n \in N$，$y_n \leqslant \bar{y}$。因此对于 $\forall n$，$t$，都有 $\delta^t N^t U(y_n) \leqslant \delta^t N^t U(\bar{y})$。并且对于 $\forall t$，当 $n \to \infty$ 时，都有 $\delta^t N^t U(y_n) \to \delta^t N^t U(y)$。现在我们就证明了推论 7.3.15

$$\lim_{n\to\infty} \kappa(y_n) = \sum_{t=0}^{\infty} \lim_{n\to\infty} \delta^t \mathbf{N}^t U(y_n) = \sum_{t=0}^{\infty} \delta^t \mathbf{N}^t U(y) = \kappa(y)$$

证明引理 12.2.20。取 $v \in b_\kappa cS$，$(x, u) \in gr\Gamma$，并且 $(x_n, u_n) \to (x, u)$。令 $\hat{v} := v + \|v\|_\kappa \kappa$。因为 $\hat{v}$ 是连续的、非负的，定义 $\hat{v}_k$ 是 $S$ 上的有界连续非负函数，且 $\hat{v}_k \uparrow \hat{v}$(你可以给出满足这个条件的例子吗?)。通过主导收敛原理，对于 $\forall k \in N$，都有：

$$\begin{aligned}\lim_n \inf \int \hat{v}[F(x_n, u_n, z)]\phi(\mathrm{d}z) &\geqslant \lim_n \inf \int \hat{v}_k[F(x_n, u_n, z)]\phi(\mathrm{d}z) \\ &= \int \hat{v}_k[F(x, u, z)]\phi(\mathrm{d}z)\end{aligned}$$

对 $k$ 取极限，得到：

$$\lim_n \inf \int \hat{v}[F(x_n, u_n, z)]\phi(\mathrm{d}z) \geqslant \int \hat{v}[F(x, u, z)]\phi(\mathrm{d}z)$$

这是由于函数 $\hat{g}(x,u) := \int \hat{v}[F(x,u,z)]\phi(\mathrm{d}z)$

在 $gr\Gamma$ 是下半连续的。并且，如果 $\hat{g}$ 是下半连续的，我们可以说明函数 $g(x,$

$u) := \int v[F(x,u,z)]\phi(\mathrm{d}z)$ 又可以写成 $g(x, u) = \hat{g}(x,u) - \|v\|_\kappa \int \kappa[F(x,u,z)]\phi(\mathrm{d}z)$。

因为 $v$ 是 $b_\kappa cS$ 上的任意一个元素，并且 $-v$ 也是 $b_\kappa cS$ 上的任意一个元素，所以我们可以说明 $-g$ 在 $gr\Gamma$ 上是下半连续的。相似地，$g$ 在 $gr\Gamma$ 上也是上半连续的。因此，$g$ 在 $gr\Gamma$ 上既是下半连续的又是上半连续的，进而可以推出 $g$ 在 $gr\Gamma$ 上是连续的，这就证明了我们想要的结论。

# 参考文献


Adda, J. , and R. Cooper. 2003. *Dynamic Economics: Quantitative Methods and Applications*. Cambridge: MIT Press.

Aiyagari, S. R. 1994. Uninsured idiosyncratic risk and aggregate saving. *Quarterly Journal of Economics* 109: 659 – 684.

Aliprantis, C. D. , and K. C. Border. 1999. *Infinite Dimensional Analysis*. New York: Springer.

Aliprantis, C. D. , and O. Burkinshaw. 1998. *Principles of Real Analysis*. London: Academic Press.

Alvarez, F. , and N. L. Stokey. 1998. Dynamic programming with homogeneous functions. *Journal of Economic Theory* 82: 167 – 189.

Amir, R. 1997. A new look at optimal growth under uncertainty. *Journal of Economic Dynamics and Control* 22: 67 – 86.

Amir, R. 2005. Supermodularity and complementarity in economics: An elementary survey. *Southern Economic Journal* 71: 636 – 660.

Amir, R. , L. J. Mirman, and W. R. Perkins. 1991. One – sector nonclassical optimal growth: Optimality conditions and comparative dynamics. *International Economic Review* 32: 625 – 644.

Amman, H. M. , D. A. Kendrick, and J. Rust, eds. 1990. *Handbook of Computational Economics*. Burlington, MA: Elsevier.

Angeletos, G – M. 2007. Uninsured idiosyncratic investment risk and aggregate saving. *Review of Economic Dynamics* 10: 1 – 30.

Aruoba, S. B. , J. Fernàndez – Villaverde, and J. Rubio – Ramírez. 2006. Comparing solution methods for dynamic equilibrium economies. *Journal of Economic Dynamics and Control* 30: 2447 – 2508.

Azariadis, C. 1993. *Intertemporal Macroeconomics.* New York: Blackwell.

Azariadis, C., and A. Drazen. 1990. Threshold externalities in economic development. *Quarterly Journal of Economics* 105: 501 – 526.

Barnett, W. A., and A. Serletis. 2000. Martingales, nonlinearity, and chaos. *Journal of Economic Dynamics and Control* 24: 703 – 724.

Bartle, R., and D. Sherbet. 1992. *Introduction to Real Analysis.* New York: Wiley.

Becker, R. A., and J. H. Boyd. 1997. *Capital Theory, Equilibrium Analysis and Recursive Utility.* New York: Blackwell.

Bellman, R. E. 1957. *Dynamic Programming.* Princeton: Princeton University Press.

Benhabib, J., and K. Nishimura. 1985. Competitive equilibrium cycles. *Journal of Economic Theory* 35: 284 – 306.

Benveniste, L. M., and J. A. Scheinkman. 1979. On the differentiability of the value function in dynamic models of economics. *Econometrica* 47: 727 – 732.

Bertsekas, D. P. 1995. *Dynamic Programming and Optimal Control.* New York: Athena Scientific.

Bewley, T. 2007. *General Equilibrium, Overlapping Generations Models, and Optimal Growth Theory.* Cambridge: Harvard University Press.

Bhattacharya, R. N., and O. Lee. 1988. Asymptotics of a class of Markov processes which are not in general irreducible. *Annals of Probability* 16: 1333 – 1347.

Bhattacharya, R., and M. Majumdar. 2007. *Random Dynamical Systems: Theory and Applications.* Cambridge: Cambridge University Press.

Bohm, V., and L. Kaas. 2000. Differential savings, factor shares, and endogenous growth cycles. *Journal of Economic Dynamics and Control* 24: 965 – 980.

Boldrin, M., and L. Montrucchio. 1986. On the indeterminacy of capital accumulation paths. *Journal of Economic Theory* 40: 26 – 39.

Boyd, J. H. 1990. Recursive utility and the Ramsey problem. *Journal of Economic Theory* 50: 326 – 345.

Breiman, L. 1992. *Probability.* SIAM Classics in Applied Mathematics, Philadelphia: SIAM.

Bremaud, P. 1999. *Markov Chains.* New York: Springer.

Brock, W. A., and L. J. Mirman. 1972. Optimal economic growth and uncertainty: The discounted case. *Journal of Economic Theory* 4: 479 – 513.

Brock, W. A. 1982. Asset prices in a production economy. In *Economics of Information and Uncertainty.* J. J. McCall, ed. Chicago: University of Chicago Press, pp. 1 – 43.

Brock, W. A., and C. H. Hommes. 1998. Heterogeneous beliefs and routes to chaos in a simple asset pricing model. *Journal of Economic Dynamics and Control* 22: 1235 – 1274.

Canova, F. 2007. *Methods for Applied Macroeconomic Research.* Princeton: Princeton University Press.

Caputo, M. R. 2005. *Foundations of Dynamic Economic Analysis: Optimal Control Theory and Applications.* Cambridge: Cambridge University Press.

Chan, K. S., and H. Tong. 1986. On estimating thresholds in autoregressive models. *Journal of Time Series Analysis* 7: 179 – 190.

Chatterjee, P., and M. Shukayev. 2008. Note on a positive lower bound of capital in the stochastic growth model. *Journal of Economic Dynamics and Control* 32: 2137 – 2147.

Chiarella, C. 1988. The cobweb model its instability and the onset of chaos. *Economic Modelling* 5: 377 – 384.

Christiano, L. J., and J. D. M. Fisher. 2000. Algorithms for solving dynamic models with occasionally binding constraints. *Journal of Economic Dynamics and Control* 24: 1179 – 1232.

Coleman, W. J. 1990. Solving the stochastic growth model by policy – function iteration. *Journal of Business and Economic Statistics* 8: 27 – 29.

Datta, M., L. J. Mirman, O. F. Morand, and K. Reffett. 2005. Markovian equilibrium in infinite horizon economies with incomplete markets and public policy. *Journal of Mathematical Economics* 41: 505 – 544.

Deaton, A., and G. Laroque. 1992. On the behavior of commodity prices. *Review of Economic Studies* 59: 1 – 23.

Dechert, W. D., and S. I. O' Donnell. 2006. The stochastic lake game: A numerical solution. *Journal of Economic Dynamics and Control* 30: 1569 – 1587.

Den Haan, W. J., and A. Marcet. 1994. Accuracy in simulations. *Review of Economic Studies* 61: 3 – 17.

Dobrushin, R. L. 1956. Central limit theorem for nonstationary Markov chains. *Theory of Probability and its Applications* 1: 65 – 80.

Doeblin, W. 1938. Exposé de la theorie des chais simples constantes de Markov à un nombre fini d' états. *Revue Mathematique de l' Union Interbalkanique* 2: 77 – 105.

Donaldson, J. B., and R. Mehra. 1983. Stochastic growth with correlated production shocks. *Journal of Economic Theory* 29: 282 – 312.

Dudley, R. M. 2002. *Real Analysis and Probability.* Cambridge: Cambridge University Press.

Duffie, D. 2001. *Dynamic Asset Pricing Theory.* Princeton: Princeton University Press.

Durlauf, S. 1993. Nonergodic economic growth. *Review of Economic Studies* 60: 349 – 366.

Durrett, R. 1996. *Probability: Theory and Examples.* New York: Duxbury Press.

Ericson, R., and A. Pakes. 1995. Markov – perfect industry dynamics: A framework for empirical work. *Review of Economic Studies* 62: 53 – 82.

Farmer, R. E. A. 1999. *The Macroeconomics of Self – Fulfilling Prophecies.* Cambridge: MIT Press.

de la Fuente, A. 2000. *Mathematical Methods and Models for Economists.* Cambridge: Cambridge University Press.

Galor, O. 1994. A two – sector overlapping generations model: A global characterization of the dynamical system. *Econometrica* 60: 1351 – 1386.

Gandolfo, G. 2005. *Economic Dynamics: Study Edition.* New York: Springer.

Glynn, P. W., and S. G. Henderson. 2001. Computing densities for Markov chains via simulation. *Mathematics of Operations Research* 26: 375 – 400.

Gordon, G. J. 1995. Stable function approximation in dynamic programming. Mimeo. Carnegie – Mellon University.

Grandmont, J – M. 1985. On endogenous competitive business cycles. *Econometrica* 53: 995 – 1046.

Green, E. J., and R. H. Porter. 1984. Noncooperative collusion under imperfect price information. *Econometrica* 52: 87 – 100.

Greenwood, J., and G. W. Huffman. 1995. On the existence of nonoptimal equilibria. *Journal of Economic Theory* 65: 611 – 623.

Grüne, L., and W. Semmler. 2004. Using dynamic programming with adaptive grid scheme for optimal control. *Journal of Economic Dynamics and Control* 28: 2427 – 2456.

Häggström, O. 2002. *Finite Markov Chains and Algorithmic Applications.* Cambridge: Cambridge University Press.

Hall, R. E. 1978. Stochastic implications of the life cycle – permanent income hypothesis: Theory and evidence. *Journal of Political Economy* 86: 971 – 987.

Hamilton, J. D. 2005. What's real about the business cycle? *Federal Reserve Bank of St. Louis Review.* July – August: 435 – 452.

Heer, B., and A. Maussner. 2005. *Dynamic General Equilibrium Modelling.* New York: Springer.

Hernández – Lerma, O., and J. B. Lasserre. 1996. *Discrete Time Markov Control Processes: Basic Optimality Criteria.* New York: Springer.

Hernández – Lerma, O., and J. B. Lasserre. 1999. *Further Topics on Discrete Time Markov Control Processes.* New York: Springer.

Hernández – Lerma, O., and J. B. Lasserre. 2003. *Markov Chains and Invariant Probabilities.* Boston: Birkhäuser.

Holmgren, R. A. 1996. *A First Course in Discrete Dynamical Systems.* New York: Springer.

Hopenhayn, H. A. 1992. Entry, exit, and firm dynamics in long run equilibrium. *Econometrica* 60: 1127 – 1150.

Hopenhayn, H. A., and E. C. Prescott. 1992. Stochastic monotonicity and stationary distributions for dynamic economies. *Econometrica* 60: 1387 – 1406.

Huggett, M. 1993. The risk – free rate in heterogeneous – agent incomplete – insurance economies. *Journal of Economic Dynamics and Control* 17: 953 – 969.

Huggett, M. 2003. When are comparative dynamics monotone? *Review of Economic Dynamics* 6: *1 – 11.*

Jones, G. L. 2004. On the Markov chain central limit theorem. *Probability Surveys* 1: 299 – 320.

Judd, K. L. 1992. Projection methods for solving aggregate growth models. *Journal of Economic Theory* 58: 410 – 452.

Judd, K. L. 1998. *Numerical Methods in Economics.* Cambridge: MIT Press.

Kamihigashi, T. 2007. Stochastic optimal growth with bounded or unbounded utility and with bounded or unbounded shocks. *Journal of Mathematical Economics* 43: 477 – 500.

Kamihigashi, T., and J. Stachurski. 2008. Asymptotics of stochastic recursive economies under monotonicity. Mimeo. Kyoto University.

Kandori, M., G. J. Mailath, and R. Rob. 1993. Learning, mutation and long run equilibria in games. *Econometrica* 61: 29 – 56.

Kendrick, D. A., P. R. Mercado, and H. M. Amman. 2005. *Computational Economics.* Princeton: Princeton University Press.

Kikuchi, T. 2008. International asset market, nonconvergence, and endogenous fluctuations. *Journal of Economic Theory* 139: 310 – 334.

Kolmogorov, A. N. 1955. *Foundations of the Theory of Probability.* Chelsea, NY: Nathan Morrison.

Kolmogorov, A. N., and S. V. Fomin. 1970. *Introductory Real Analysis.* New York: Dover Publications.

Krebs, T. 2004. Non – existence of recursive equilibria on compact state spaces when markets are incomplete. *Journal of Economic Theory* 115: 134 – 150.

Kristensen, D. 2007. Geometric ergodicity of a class of Markov chains with applications to time series models. Mimeo. University of Wisconsin.

Krusell, P., and A. Smith. 1998. Income and wealth heterogeneity in the macroeconomy. *Journal of Political Economy* 106: 867 – 896.

Krylov, N., and N. Bogolubov. 1937. Sur les properties en chaine. *Comptes Rendus Mathematique* 204: 1386 – 1388.

Kubler, F., and K. Schmedders. 2002. Recursive equilibria in economies with incomplete markets. *Macroeconomic Dynamics* 6: 284 – 306.

Kydland, F., and E. C. Prescott. 1982. Time to build and aggregate fluctuations. *Econometrica* 50: 1345 – 1371.

Langtangen, H. P. 2008. *Python Scripting for Computational Science.* New York: Springer.

Lasota, A. 1994. Invariant principle for discrete time dynamical systems. *Universitatis Iagellonicae Acta Mathematica* 31: 111 – 127.

Lasota, A., and M. C. Mackey. 1994. *Chaos, Fractals and Noise: Stochastic Aspects of Dynamics.* New York: Springer.

Le Van, C., and R – A. Dana. 2003. *Dynamic Programming in Economics.* New York: Springer.

Le Van, C., and Y. Vailakis. 2005. Recursive utility and optimal growth with bounded or unbounded returns. *Journal of Economic Theory* 123: 187 – 209.

Light, W. 1990. *Introduction to Abstract Analysis.* Oxford, UK: Chapman and Hall.

Lindvall, T. 1992. *Lectures on the Coupling Method.* New York: Dover Publications.

Ljungqvist, L., and T. Sargent. 2004. *Recursive Macroeconomic Theory.* Cambridge: MIT Press.

Long, J., and C. Plosser. 1983. Real business cycles. *Journal of Political Economy* 91: 39 – 69.

Lovejoy, W. 1987. Ordered solutions for dynamic programs. *Mathematics of Operations Research* 12: 269 – 276.

Lucas, R. E., Jr., and E. C. Prescott. 1971. Investment under uncertainty. *Econometrica* 39: 659 – 681.

Lucas, R. E., Jr. 1978. Asset prices in an exchange economy. *Econometrica* 46: 1429 – 1445.

Maliar, L., and S. Maliar. 2005. Solving nonlinear dynamic stochastic models: An algorithm computing value function by simulations. *Economics Letters* 87: 135 – 140.

Marcet, A. 1988. Solving nonlinear models by parameterizing expectations. Mimeo. Carnegie Mellon University.

Marimon, R. , and A. Scott, eds. 2001. *Computational Methods for the Study of Dynamic Economies.* Oxford: Oxford University Press.

Matsuyama, K. 2004. Financial market globalization, symmetry – breaking, and endogenous inequality of nations. *Econometrica* 72: 853 – 884.

McCall, J. J. 1970. Economics of information and job search. *Quarterly Journal of Economics* 84: 113 – 126.

McGrattan, E. R. 2001. Application of weighted residual methods to dynamic economic models. In *Computational Methods for the Study of Dynamic Economies.* R. Marimon and A. Scott, eds. Oxford: Oxford University Press, pp. 114 – 143.

McLennan, A. , and R. Tourky. 2005. From imitation games to Kakutani. Mimeo. University of Melbourne.

Medio, A. 1995. *Chaotic Dynamics: Theory and Applications to Economics.* Cambridge: Cambridge University Press.

Mehra, R. , and E. C. Prescott. 1985. The equity premium: A puzzle. *Journal of Monetary Economics* 15: 145 – 161.

Meyn, S. P. , and R. L. Tweedie. 1993. *Markov Chains and Stochastic Stability.* London: Springer.

Miao, J. 2006. Competitive equilibria of economies with a continuum of consumers and aggregate shocks. *Journal of Economic Theory* 128: 274 – 298.

Miranda, M. , and P. L. Fackler. 2002. *Applied Computational Economics and Finance.* Cambridge: MIT Press.

Mirman, L. J. 1970. Two essays on uncertainty and economics. PhD Thesis, University of Rochester.

Mirman, L. J. , 1972. On the existence of steady state measures for one sector growth models with uncertain technology. *International Economic Review* 13: 271 – 286.

Mirman, L. J. 1973. The steady state behavior of a class of one sector growth models with uncertain technology. *Journal of Economic Theory* 6: 219 – 242.

Mirman, L. J. , and I. Zilcha. 1975. On optimal growth under uncertainty. *Journal of Economic Theory* 11: 329 – 339.

Mirman, L. J. , O. F. Morand, and K. L. Reffett. 2008. A qualitative approach to Markovian equilibrium in infinite horizon economies with capital. *Journal of Economic*

*Theory* 139: 75 – 98.

Mirman, L. J., K. Reffett, and J. Stachurski. 2005. Some stability results for Markovian economic semigroups. *International Journal of Economic Theory* 1: 57 – 72.

Mitra, T., and G. Sorger. 1999. Rationalizing policy functions by dynamic optimization. *Econometrica* 67: 375 – 392.

Nirei, M. 2008. Aggregate fluctuations of discrete investments. Mimeo. Carleton University.

Nishimura, K., G. Sorger, and M. Yano. 1994. Ergodic chaos in optimal growth models with low discount rates. *Economic Theory* 4: 705 – 717.

Nishimura, K., and J. Stachurski. 2005. Stability of stochastic optimal growth models: A new approach. *Journal of Economic Theory* 122: 100 – 118.

Norris, J. R. 1997. *Markov Chains.* Cambridge: Cambridge University Press.

Nummelin, E. 1984. *General Irreducible Markov Chains and Nonnegative Operators.* Cambridge: Cambridge University Press.

Ok, E. A. 2007. *Real Analysis with Economic Applications.* Princeton: Princeton University Press.

Olsen, L., and S. Roy. 2006. Theory of stochastic optimal growth. In *Handbook of Optimal Growth*, vol. 1. C. Le Van, R – A. Dana, T. Mitra and K. Nishimura, eds. New York: Springer, pp. 297 – 335.

Pakes, A., and P. McGuire. 2001. Stochastic algorithms, symmetric Markov perfect equilibria and the curse of dimensionality. *Econometrica* 69: 1261 – 1281.

Pollard, D. 2002. *A User's Guide to Measure Theoretic Probability.* Cambridge: Cambridge University Press.

Prescott, E. C., and R. Mehra. 1980. Recursive competitive equilibrium: The case of homogeneous households. *Econometrica* 48: 1365 – 1379.

Puterman, M. 1994. *Markov Decision Processes: Discrete Stochastic Dynamic Programming.* New York: Wiley.

Quah, D. T. 1993. Empirical cross – section dynamics in economic growth. *European Economic Review* 37: 426 – 434.

Razin, A., and J. A. Yahav. 1979. On stochastic models of economic growth. *International Economic Review* 20: 599 – 604.

Reffett, K., and O. F. Morand. 2003. Existence and uniqueness of equilibrium in nonoptimal unbounded infinite horizon economies. *Journal of Monetary Economics* 50: 1351 – 1373.

Rios – Rull, V. 1996. Life – cycle economies with aggregate fluctuations. *Review of Economic Studies* 63: 465 – 490.

Rincon – Zapatero, J. P., and C. Rodriguez – Palmero. 2003. Existence and uniqueness of solutions to the Bellman equation in the unbounded case. *Econometrica* 71: 1519 – 1555.

Roberts, G. O., and J. S. Rosenthal. 2004. General state space Markov chains and MCMC algorithms. *Probability Surveys*, 1: 20 – 71.

Rockafellar, R. T. 1970. *Convex Analysis*. Princeton: Princeton University Press.

Rogerson, R., R. Shimer, and R. Wright. 2005. Search – theoretic models of the labor market: A survey. *Journal of Economic Literature* 43: 959 – 988.

Rosenthal, J. S. 2002. Quantitative convergence rates of Markov chains: A simple account. *Electronic Communications in Probability* 7: 123 – 128.

Rust, J. 1996. Numerical dynamic programming in economics. In *Handbook of Computational Economics*. H. Amman, D. Kendrick, and J. Rust, eds. Burlington, MA: Elsevier, pp. 619 – 729.

Sargent, T. J. 1987. *Dynamic Macroeconomic Theory*. Cambridge: Harvard University Press.

Santos, M. S., and J. Vigo – Aguiar. 1998. Analysis of a numerical dynamic programming algorithm applied to economic models. *Econometrica* 66: 409 – 426.

Santos, M. 1999. Numerical solutions of dynamic economic models. In *Handbook of Macroeconomics*, vol. 1A. J. B. Taylor and M. Woodford, eds. Burlington, MA: Elsevier, pp. 311 – 386.

Scheinkman, J. A., and J. Schectman. 1983. A simple competitive model with production and storage. *Review of Economic Studies* 50: 427 – 441.

Schilling, R. L. 2005. *Measures, Integrals and Martingales*. Cambridge: Cambridge University Press.

Shiryaev, A. N. 1996. *Probability*. New York: Springer.

Shone, R. 2003. *Economic Dynamics: Phase Diagrams and their Economic Appli-*

*cation.* Cambridge: Cambridge University Press.

Stachurski, J. 2002. Stochastic optimal growth with unbounded shock. *Journal of Economic Theory* 106: 40 – 65.

Stachurski, J. 2003. Economic dynamical systems with multiplicative noise. *Journal of Mathematical Economics* 39: 135 – 152.

Stachurski, J., and V. Martin. 2008. Computing the distributions of economics models via simulation. *Econometrica* 76: 443 – 450.

Stachurski, J. 2008. Continuous state dynamic programming via nonexpansive approximation. *Computational Economics* 31: 141 – 160.

Samuelson, P. A. 1971. Stochastic speculative price. *Proceedings of the National Academy of Science* 68: 335 – 337.

Sorger, G. 1992. On the minimum rate of impatience for complicated optimal growth paths. *Journal of Economic Theory* 56: 160 – 179.

Stokey, N. L. 2008. *The Economics of Inaction.* Princeton: Princeton University Press.

Stokey, N. L., and R. E. Lucas, with E. C. Prescott. 1989. *Recursive Methods in Economic Dynamics.* Cambridge: Harvard University Press.

Sundaram, R. K. 1996. *A First Course in Optimization Theory.* Cambridge: Cambridge University Press.

Tauchen, G., and R. Hussey. 1991. Quadrature – based methods for obtaining approximate solutions to nonlinear asset pricing models. *Econometrica* 59: 371 – 396.

Taylor, J. C. 1997. *An Introduction to Measure and Probability.* New York: Springer.

Tesfatsion, L., and K. L. Judd, eds. 2006. *Handbook of Computational Economics, Volume 2: Agent – Based Computational Economics.* Burlington, MA: Elsevier.

Topkis, D. 1998. *Supermodularity and Complementarity.* Princeton: Princeton University Press.

Torres, R. 1990. Stochastic dominance. Mimeo. Northwestern University.

Turnovsky, S. 2000. *Methods of Macroeconomic Dynamics.* Cambridge: MIT Press.

Uhlig, M. 2001. A toolkit for analysing nonlinear dynamic stochastic models easily. In *Computational Methods for the Study of Dynamic Economies.* R. Marimon and A.

Scott, eds. Oxford: Oxford University Press, pp. 30 – 62.

Venditti, A. 1998. Indeterminacy and endogenous fluctuations in a two – sector optimal growth model with externalities. *Journal of Economic Behavior and Organization* 33: 521 – 542.

Williams, D. 1991. *Probability with Martingales.* Cambridge, UK: Cambridge University Press.

Williams, N. 2004. Small noise asymptotics for a stochastic growth model. *Journal of Economic Theory* 119: 271 – 298.

Williams, J. C., and B. C. Wright. 1991. *Storage and Commodity Markets.* Cambridge: Cambridge University Press.

Zelle, J. M. 2003. *Python Programming: An Introduction to Computer Science.* Wilsonville, OR: Franklin Beedle and Associates.

Zhang, Y. 2007. Stochastic optimal growth with a non – compact state space. *Journal of Mathematical Economics* 43: 115 – 129.

# 译后记

经济数学方法已成为现代经济学分析的基本工具。掌握这些经济动态学方法是阅读前沿文献的基本要求。我们一直认为做好的、真的学术研究，一定要理解问题和方法的底层逻辑。在经济、金融等研究中需要应用数学方法，若对数学方法一知半解，做出来的研究大部分可能是滥用数学方法。当然经济学研究中应用数学方法与纯粹的数学研究是不同的。对于一些非常难的数学推导和证明方法，我们不一定需要完全掌握，只需熟悉其基本数学思想，但是对于基本推导和计算还是要熟练掌握的。要不然你就无法看懂前沿文献，也无法自己推导模型，更谈不上改进模型以写出自己的高水平文章。我们翻译的由约翰·斯塔修斯基所著的《经济动态学：理论和计算》就是一本非常好的书，对一些基本数学方法和技巧讲解得比较详细，它将数学方法的底层逻辑讲清楚了。对于非常复杂的证明，侧重于数学思想，相关证明则参阅相关书籍。

优秀的高级经济学教科书较多，且大部分的学生或者同行都能直接学习英文教科书。为什么翻译这本经济数学教科书呢？译者翻译此书的理由有三个：一是中文教科书易购买，英文教科书既贵又不好买到；二是约翰·斯塔修斯基和萨金特共同主持了数量经济学的网站，读者可以把本书中的理论和网站的编程结合起来学习；三是给读者一个快速浏览这本比较艰难的教科书的机会，毕竟我们阅读中文的速度要快得多，从而决定是否值得在这个领域下功夫。同时，我们在平时教学过程中发现，约翰·斯塔修斯基的《经济动态学：理论和计算》一书虽然有点难度，但是优点很多，因此，我们决定将该书翻译出版。

虽然我们一贯主张学习原著，但也不敢怠慢翻译。本书的翻译历时四年，经过数遍翻译和校对，但不免会有数学符号纰漏或者词不达意之处，还敬请读者自我修正或对照原文理解，并麻烦读者致信译者，以便下一版本纠正。

本书的翻译受到国家自然科学基金项目（72141309、71873142、72073142）、国家社会科学基金重大项目（22ZDA063）和中国社会科学院大学教材建设项目的大力支持，特此感谢。感谢在翻译中给予帮助和鼓励的中国社会科学院的同事、师生，感谢经济管理出版社的大力支持。当然，由于写作时间仓促和水平所限，书中难免存在错误和疏漏之处，敬请广大读者批评指正。

译　者

2022 年 6 月